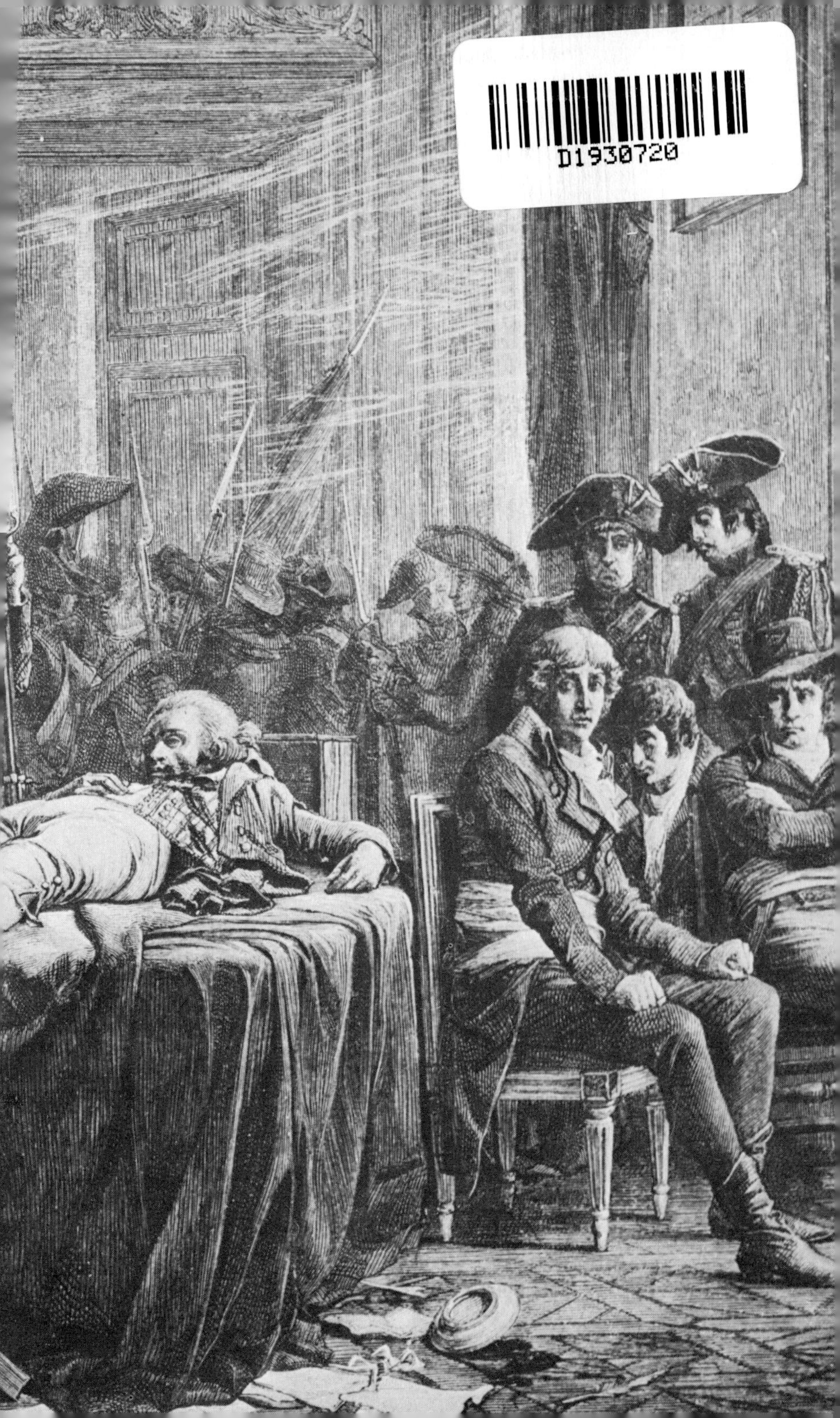

Zum Bild auf den Vorseiten:

Am Morgen des 10. Thermidor im Jahre II der Französischen Republik (28. Juli 1794): Verwundet liegt Maximilien Robespierre, das »Gewissen der Nation«, im Audienzsaal des Wohlfahrtsausschusses. Noch am selben Tage wird er hingerichtet.
(Nach dem Gemälde von Lucien Mélingue)

Max Gallo

ROBESPIERRE

Die Geschichte einer großen Einsamkeit

Gerhard Stalling Verlag

Ins Deutsche übertragen
von Pierre Bertaux und Bernd Witte.

Die Originalausgabe dieses Buches erschien unter
dem Titel »Maximilien Robespierre – Histoire d'une solitude«
im Verlag Librairie Académique Perrin, Paris.
Illustrationen im vorderen und hinteren Buchdeckel:
Ullstein-Bilderdienst.

1970

Schutzumschlag- und Einbandentwurf von Eberhard Wachsmuth.
Gesamtherstellung Gerhard Stalling AG, Oldenburg.
Gesetzt aus der Linotype-Janson. Printed in Germany.
ISBN 3 7979 1341 9

Inhalt

Max Gallos Interpretation des Falles Robespierre

Ein Vorwort

Der Französischen Revolution verdankt das politische Europa vieles, Frankreich alles. Der Staat in seiner heutigen Form, konzipiert als rationalisierter Verwaltungsstaat, gegründet auf der Souveränität des Volkes und verteidigt von seinen Bürgern in Waffen, ist durch sie zum ersten Mal geschichtliche Wirklichkeit geworden. Durch sie ist das Bürgertum an die Macht gekommen, das seither trotz aller Umsturzversuche von rechts und von links in Frankreich seine Herrschaft behauptet.

Doch die Ideale von 1789 haben sich schon bald zur bloßen Ideologie verfestigt, indem sie als Instrumente zur Verteidigung des gesellschaftlichen Status quo mißbraucht wurden. Zu dieser schnellen Erstarrung haben die Revolutionäre selbst nicht wenig beigetragen, weil sie die Forderung nach »Freiheit, Gleichheit, Brüderlichkeit« im eng juristischen Sinne als Kampf für die formale Rechtsgleichheit auslegten — nicht von ungefähr waren alle Köpfe der Revolution und ein Großteil der vom Volk gewählten Abgeordneten Juristen. Zwar beseitigten sie die feudalen Vorrechte des Adels, aber machten im selben Augenblick die soziale Ungleichheit zwischen dem Besitzbürgertum und der Masse des Volkes zum Fundament der von ihnen neu errichteten Ordnung, wogegen weder die zaghaften Versuche Robespierres, eine staatliche Güterverteilung an die Armen durchzusetzen, noch die Agitation von »Volksführern« wie Marat oder Jacques Roux etwas auszurichten vermochten.

Die Französische Revolution ist das große Lehrstück der modernen Geschichte geworden. Mit ihr war ein Modell dessen gegeben, was Klassenkampf heißt. Auch unter diesem Aspekt wird das Leben Robespierres in der vorliegenden Studie Max Gallos zu deuten versucht: Robespierre, der typische Vertreter des Provinzbürgertums und der kleinstädtischen Intelligenz, arbeitet mit der liberalen Großbourgeoisie zusammen, um den gemeinsamen Feind, den König und die in ihm verkörperte Feudalherrschaft, zu stürzen. Als jedoch mit den Girondisten das Besitzbürgertum an die Macht gekommen ist, stützt er sich auf die revolutionären Pariser Volksmassen, um auch die Gironde aus der Macht zu verdrängen. Doch ist er weder in der Lage – und darin liegt nach Gallo seine Tragik –, die soziale Tragweite der Forderungen der Cordeliers und anderer »volktümlicher« Clubs zu erkennen, weshalb er keine Basis für seine Politik findet, noch vermag er sich auf die Dauer gegen die ökonomischen Interessen des Bürgertums zu behaupten. Der Versuch, sich dennoch »über den Parteien« durchzusetzen, führt notwendig zur Terrorherrschaft und zu seinem Sturz am 9. Thermidor.

Gallo wendet sein Interesse aber vor allem einem zweiten Aspekt zu: der psychischen Konstitution des Revolutionärs. Dabei wird deutlich, wie das, was der Nachwelt als historische Notwendigkeit, als Kampf für eine progressive Idee, als Dienst an Staat und Menschheit erscheint, seine individuellen Wurzeln in den menschlichen Verkürzungen und der überwältigenden Einsamkeit eines Mannes hat, dessen ganzes Leben von einer lieblosen und harten Kindheit determiniert wird. Den ihm damals aufgezwungenen Vorstellungen von einem tugendhaften und pflichterfüllten Leben versucht er als Politiker Allgemeingültigkeit zu verschaffen, und mit Hilfe des Wohlfahrtsausschusses gelingt es ihm sogar, das Leben der ganzen Nation in die Form des von ihm erträumten egalitären Staates der Gerechtigkeit zu pressen. So gesehen, ist die Terrorherrschaft nichts anderes als die Objektivierung der Frustrationen und der daraus resultierenden Aggressionstriebe des »Unbestechlichen«.

Bleibt die Beunruhigung darüber, daß dieser Mann, der als Richter Skrupel hatte, ein Todesurteil auszusprechen, und noch 1789 für die Abschaffung der Todesstrafe plädierte, fünf Jahre später bereit war, »Gewalt auch gegen Menschen« zu gebrauchen, oder, um in der Sprache des 18. Jahrhunderts zu bleiben,

Prolog

»Der Tod ist der Beginn der Unsterblichkeit.«
Robespierre am 8. Thermidor des Jahres II

Verwundet

Ein sechsunddreißigjähriger Mann liegt ausgestreckt auf einem Tisch im Audienzsaal des Wohlfahrtsausschusses. Eine Kiste aus Fichtenholz, in der sich einige von der Nordarmee übersandte Munitionsproben befinden, ist unter seinen Kopf geschoben worden. Seit mehr als einer Stunde schon ist er ohne Bewußtsein, jetzt aber öffnet er die Augen. Von seinem zerschmetterten Kiefer rinnt das Blut über das gerötete Hemd und den himmelblauen Anzug. Von Zeit zu Zeit schaut er zur Decke und versucht, gestützt auf den linken Ellenbogen, mit einem kleinen weißen Ledersack in der Rechten das geronnene Blut von seinen Lippen abzuwischen.

Um ihn herum stehen im Kreise bewaffnete Männer und beobachten ihn. Einige schimpfen, andere halten ihm weißes Papier hin, damit er sich seine Wunde abtupfen kann.

Gegen sechs Uhr morgens nähert sich ihm ein Chirurg. Er untersucht die zerschmetterte linke Kinnlade, zieht ihm einige Zähne und verbindet die Wunde oberflächlich. Obwohl der Verwundete bei vollem Bewußtsein ist, läßt er nur von Zeit zu Zeit ein leises Stöhnen vernehmen. Als der Arzt fertig ist, gleitet er vom Tisch herab und setzt sich in einen Sessel.

Während die Anwesenden über ihn spotten und ihn unausgesetzt beobachten, erträgt er seine Schmerzen und die Neugier seiner Feinde, die im Saal ein und aus gehen, unter Schweigen. Dieser Mann, der trotz seiner Niederlage stoischen Gleichmut wahrt, ist Maximilien Marie Isidore Robespierre, der Unbestechliche, einige Stunden vor seiner Hinrichtung.

Tot

An diesem 10. Thermidor des Jahres II (28. Juli 1794) sollte sein Leidensweg noch etwa zehn Stunden dauern.

Von den Tuilerien transportiert man ihn ins Hotel-Dieu, wo

er erneut verbunden wird. Er muß für den Henker am Leben gehalten werden, Paris soll seinen »Tyrannen« fallen sehen! Die Menge in den Straßen ist noch überrascht und beunruhigt. Sie beschimpft ihn, und die Arbeiter, die ihn für die am 5. Thermidor angeordnete Begrenzung der Arbeitslöhne (das »Maximum«) für verantwortlich halten, rufen ihm zu: »Aus ist's mit dem Maximum!« Dann bringt man ihn in die Conciergerie, wo er warten muß, bis am Spätnachmittag, gegen achtzehn Uhr, die Henkerskarren heranpoltern. Der Konvent hat nur ein Ziel im Auge: seinen Tod. Er hat alle Hindernisse des Gerichtsverfahrens aus dem Wege geräumt, und Thuriot hat von der Tribüne herab gefordert: »Heute muß mit den Köpfen seiner Komplicen auch der Kopf dieses infamen Robespierre fallen ... Jeder Aufschub würde der Republik schaden. Das Schafott muß auf der Stelle errichtet werden!«

Gegen fünfzehn Uhr haben Fouquier-Tinville, die Richter und Geschworenen, die schon so viele Verdächtige auf die Guillotine geschickt hatten, die Identität von Robespierre, Couthon, Saint-Just und den anderen Verlierern dieser Nacht festgestellt. Scellier, der Vizepräsident des Gerichtshofes, führt den Vorsitz und unterzeichnet die Todesurteile. Unter den Verurteilten befindet sich auch der Präsident des Revolutionstribunals, Dumas, ein Kollege Scelliers. Aber in weniger als vierundzwanzig Stunden hat sich ein Abgrund zwischen ihnen aufgetan, der Abgrund, der Sieger von Besiegten trennt. Die Hinrichtung steht unmittelbar bevor.

In Paris jedoch flüstert man sich die widersprüchlichsten Gerüchte zu. Man wundert sich darüber, daß der Konvent den verhafteten Robespierre einen ganzen Tag lang am Leben gelassen hat; man fürchtet das Eingreifen der Anhänger Robespierres und die juristischen Hindernisse, die einige Getreue Maximiliens wie Herman, der ehemalige Präsident des Revolutionstribunals, und sein Stellvertreter Lanne zu errichten suchen.

Die in der Nacht vom 9. zum 10. Thermidor gedruckten Zeitungen können nur die Verhaftung Robespierres ankündigen, und ihre Zurückhaltung trägt dazu bei, die Unsicherheit zu verlängern. Aber bald erscheinen die Karren am Ende der langen, stets belebten Rue Saint-Denis, und sofort versammelt sich unter Drängen und Geschrei die Menge. Die Karren rumpeln langsam durch die Rue de la Ferronnerie weiter und erreichen die Rue du Faubourg Saint-Honoré, die auf den Platz der Revolution führt.

Auf einem der Karren hockt, an die Seitenstreben gefesselt, Robespierre, der Mann, dessen Name das Symbol der Revolution und der Schreckensherrschaft war. Sein Gesicht ist in einen blutigen Lumpen gehüllt. Er schaut auf die Menge herab. Von Zeit zu Zeit schließt er, vom Schmerz überwältigt und halb bewußtlos, die Augen. Er, der ausgerufen hatte: »Der Himmel, der mir die Leidenschaft für die Freiheit in die Seele gesenkt hat, wird mich vielleicht dazu berufen, mit meinem Blut den Weg vorzuzeichnen, der mein Land zur Glückseligkeit führen soll«, er, der einen Eid darauf abgelegt hatte, »er werde mit Freuden dieses süße und ruhmreiche Geschick annehmen«, sieht sich nun den Beschimpfungen der Straße ausgesetzt.

»Auf die Guillotine mit ihm! Bringt ihn um!« rufen die Menschen, die sich bisher als Verdächtige verborgen hielten und nun aus ihren Verstecken hervorgekrochen sind. Die Frauen heulen, die Schaulustigen schreien, und immer wieder hört man das »Aus ist's mit dem Maximum!« Die Gendarmen zeigen Robespierre den Schaulustigen, während die ersten Verurteilten, Saint-Just, Couthon, der jüngere Robespierre und Dumas, schon hingerichtet werden.

Nun ist die Reihe an ihm. Der Henker reißt ihm die blaue Jacke herunter, die er sich über die Schultern gelegt hat. Mit Lärm und Tumult drängt sich die Menge auf dem Platz. In seiner letzten Rede vor dem Konvent am 8. Thermidor hatte Robespierre gesagt: »Welcher Freund des Vaterlandes kann dann noch überleben wollen, wenn es ihm nicht mehr gestattet ist, der bedrängten Unschuld zu Hilfe zu kommen und sie zu verteidigen? Warum noch länger in einer Ordnung der Dinge ausharren, in der die Intrige immer über die Wahrheit triumphiert?« Seit dieser Rede sind erst zwei Tage vergangen, aber jetzt steht er allein der feindlichen Menge gegenüber. Ganz Paris scheint sich gegen ihn zu erheben, und nichts kann mehr den Triumph derer verhindern, die er »Schurken« genannt hat. Wie ist diese Isolierung, dieses Martyrium zu erklären?

Denn als ob die Hinrichtung nicht genüge, reißt ihm der Henker nun mit einem raschen Griff den blutdurchtränkten Lappen ab, der seine zerschmetterte Kinnlade hielt. Jetzt hängt der Unterkiefer herab und Blut tritt hervor, während er, das Gesicht von dem unerträglichen Schmerz verzerrt, einen lauten Schrei ausstößt.

Dann wird er vorwärts gestoßen, und sein Kopf fällt. Der Sechsunddreißigjährige ist tot.

Um 19.30 Uhr nimmt der Konvent seine Sitzung wieder auf. Die Volksvertreter sind zur Stelle, »nachdem sie an der öffentlichen Freude teilgenommen haben, welche die Hinrichtung der Usurpatoren erweckt«. Rufe wie »Es lebe die Republik! Nieder mit den Verrätern und Heuchlern!« werden laut. Der Abgeordnete André Dumont verkündet, daß »die Häupter der Ungeheuer unter dem Schwerte des Gesetzes gefallen sind«. Tallien, einer von denen, die den 9. Thermidor inszeniert haben, jubelt. Er lädt alle Abgeordneten ein, »sich ihren Mitbürgern anzuschließen und die allgemeine Freude und Erleichterung zu teilen«.

Währenddessen hat man am Fuß des Schafotts die zweiundzwanzig Köpfe in eine Holzkiste getan und die Körper auf einen Karren geworfen, der sich in Richtung auf den im März 1794 neu eröffneten Friedhof des Errancis entfernt. Die Leichen werden zusammen in ein Massengrab geworfen und ungelöschter Kalk darübergestreut, damit der Körper des »Tyrannen« keine Spur hinterläßt. Als gegen 1840 die Robespierristen auf dem seit dreißig Jahren geschlossenen Friedhof nachgruben, entdeckten sie nichts mehr. Kurze Zeit darauf wurde auf dem Gelände, einem Park, in dem Robespierre noch wenige Wochen vor seinem Sturz spazierengegangen war, ein Ballhaus errichtet. In diesem selben Park hatte auch Marie-Antoinette an einem 20. Juni ihren letzten Spaziergang gemacht.

In der Niederlage sterben heißt doppelt sterben

Die Geschichte vernichtet die Schwachen, aber sie zerbricht auch diejenigen, die mit ihrem Namen und ihren Taten eine Spur in ihr hinterlassen. Und die Nachfolger, die Überlebenden, tanzen über den Leichen der Hingerichteten und Verschwundenen.

Der Tod ist häufig ungerecht und die Geschichte immer grausam, aber beide erscheinen noch blinder, wenn sie einen einzelnen unter den Schreien, den Beschimpfungen und Schlägen der Menge isolieren wie hier Maximilien Robespierre, der nach seinen eigenen Worten »sein Leben der Wahrheit zum Opfer bringen« wollte und für den »die Liebe zur Gerechtigkeit, zur Menschheit und zur Freiheit eine Leidenschaft wie alle anderen« war.

Am 8. Thermidor hatte Robespierre sich zitternd an die Rednertribüne des Konvents geklammert, weil er fühlte, wie das Leben in ihm und um ihn floh und er von der Einsamkeit erstickt wurde. In einem letzten Aufruf hatte er versucht, den Konvent hinter sich zu bringen, und sich zugleich damit Mut zugesprochen, seinem Geschick entgegenzutreten. In pathetischen Sätzen hatte dieser noch junge Mann, ganz seiner Vision der Revolution und der Geschichte hingegeben, die feindliche Gegenwart verworfen und all diesen Skeptikern und Realisten gegenüber, deren bloße Existenz schon Beweis genug war, daß er niemals werde siegen können, sich selbst zu beschwichtigen versucht: »Nein! Nein, Chaumette, nein, Fouché, der Tod ist keineswegs ein ewiger Schlaf. Bürger, löscht auf den Gräbern diesen ruchlosen Satz aus, der einen dunklen Schleier über die Natur wirft und den Tod beschimpft. Laßt vielmehr einmeißeln: Der Tod ist der Beginn der Unsterblichkeit.«

Maximilien muß an einen Sieg nach dem Tode geglaubt haben. Aber wenn man, wie er, den Tod bewußt wählt und sich dem Tribunal der Geschichte überantworten will, bedeutet das, daß man das Leben und die Gegenwart nicht hat meistern können und daß man die Hoffnung aufgegeben hat.

Fouché, Barras, Tallien und dann auch Bonaparte sollten Robespierre überleben und ihn damit in einem gewissen Sinne besiegen.

Am Vorabend seines Todes blieb Robespierre nichts anderes übrig, als diese »unheilvolle Lehre« vor dem Konvent zu leugnen; zu glauben, daß die Überlebenden schließlich Sieger blieben, das hieße, sagte er, »die Seelen der Franzosen erniedrigen und ihrer Tugend die Kraft entziehen«. Er mußte vielmehr verkünden, daß »auch die Unterdrücker und Mörder der Verteidiger der Freiheit« sterben und daß ihr Tod ihnen nicht die

Unsterblichkeit bringen würde. Robespierre rief den Mitgliedern des Konvents und sich selber zu: Allein die Geschichte urteilt und vergibt Recht und Unrecht.

Aber was ist die Geschichte anderes als das, was die Überlebenden aus ihr machen? Diese Zukunft, die »die Verteidiger der Freiheit« zum Vorschein bringen und vor den »Unterdrückern« und Schurken auszeichnen soll, trägt die Namen eines Fouché, Tallien oder Bonaparte, und es sind diese Männer, die das Geschehen nach ihrem Bilde formen und die schließlich die Geschichte schreiben. So folgt auf die erste Tragödie eine zweite; denn die Überlebenden behalten den Toten gegenüber Recht nicht nur im Augenblick des Kampfes, sondern allzu häufig auch für alle Zukunft.

In der Niederlage sterben heißt somit doppelt sterben. Ohne Zweifel kann man die stoische Ruhe des Unbestechlichen auf dem Karren, der ihn zum Schafott brachte, seine Gleichgültigkeit gegenüber dem eigenen Leiden und der Feindseligkeit der Menge, mit diesem unerschütterlichen Glauben erklären, daß die Nachwelt – die Unsterblichkeit – ihm Gerechtigkeit widerfahren lassen werde. Aber hat er sich nicht auch in diesem Punkte getäuscht? Unzählige Historiker und Schriftsteller haben, häufig guten Glaubens, sein bleiches Gesicht mit all dem Haß verzeichnet, den sie gegen die Revolution und die Gewaltanwendung in der Geschichte überhaupt empfanden, so daß er auch heute noch für viele Menschen ein Besiegter und Verstümmelter ist. Ja schlimmer noch: Robespierre wird zu einer geschichtlichen Persönlichkeit unter anderen wie Mirabeau und Danton, Camille Desmoulins und Bonaparte, ohne daß man dem, was er sich selbst zum Ziel gesetzt hatte, noch Rechnung trägt.

Ein unnützes Leben?

Ist das Leben Maximilien Robespierres damit sogar bis in seinen Entwurf hinein gescheitert? Diese fünf Jahre politischer Leidenschaft voller Heroismus und Begeisterung, waren sie nichts anderes als die verzweifelte Geste eines Mannes, der schließlich von den Kräften, die er nicht meistern konnte, überwältigt wurde und unterlag?

Und warum hat er, der häufig so weitsichtig war, sich zum

Scheitern verurteilen lassen? Aus Tugend? Ist nicht die erste Tugend eines Politikers der Erfolg in der Realität der Gegenwart und nicht in einer unfaßbaren Unsterblichkeit? Denn die »Kröten aus dem Sumpf«, diese Masse kluger und geschickter Manövrierer wie Cambacérès und Siéyès, die allen aufeinanderfolgenden Regimen dienten, haben ihn überlebt und beeinflußten jahrelang durch ihre Taten, durch die Texte, die sie verfaßten, oder die Posten, die sie innehatten, die Geschichte Frankreichs. Ist ihr Einfluß nicht weit nachhaltiger als der Robespierres?

Oder ist Robespierre, dieser Meteor der Leidenschaft, dieses Symbol einer Revolution, die notwendig Leute wie Cambacérès und Siéyès hervorbringt, etwa das Sühneopfer, das die Tüchtigen benutzten, um sich den Weg frei zu machen, der Held, der schließlich überspielt, verurteilt und von den Vorsichtigen im Stich gelassen wurde? Kann man ihn als die Maske verstehen, die eine soziale Klasse in ihrer niedrigen Gesinnung sich einen Augenblick vorhielt, um dadurch die Armen zu verführen und zu ihren Bundesgenossen zu machen?

Schon Napoleon sagte von dem Unbestechlichen, daß er »der Sündenbock der Revolution« gewesen sei.

War dieser Mann, von dem am 10. Thermidor nur die verstümmelte Leiche übrigblieb, über die ungelöschter Kalk gestreut wurde, also nur ein von seinen eigenen Prinzipien in die Irre geführtes Opfer, der Vielfältigkeit der Realität gegenüber in einer starren Haltung fixiert, die ihn notwendig zum Scheitern verurteilte?

Und ist solches nur das persönliche Geschick Robespierres oder das aller kompromißlosen Revolutionäre?

Cambacérès, der als Mitglied des Konvents den König zum Tode verurteilt hatte und dann unter Napoleon Erzkanzler des Reiches geworden war, antwortete dem Korsen auf seine Frage über den Fall Robespierre: »Sire, das ist ein Prozeß, in dem das Urteil zwar gesprochen, der aber noch nicht zu Ende ist.«

Und doch betrifft das alles nur den Robespierre, der in die Geschichte eingegangen ist, der auf der Rednertribüne der Jakobiner und des Konvents gestanden hat. Hinter dieser ungeheuren Gestalt aber wird noch ein anderer Robespierre sichtbar.

Robespierre und Sigmund Freud

In einem Brief vom 29. November 1936 an Thomas Mann analysiert Sigmund Freud das Leben Napoleons I.: »Er war Korse, ein zweiter Sohn in einer Schar von Geschwistern ... und dieser Umstand wurde, wie sich nun einmal Zufälliges und Notwendiges im Menschenleben verketten, schicksalhaft für ihn.« Dann spricht er über den »Urhaß«, mit dem sich Napoleon gegen seinen älteren Bruder aufgelehnt hatte und der dann in Liebe umgeschlagen war. Abschließend stellt er fest: »Hunderttausende gleichgültiger Individuen werden dafür büßen, daß der kleine Wüterich seinen ersten Feind verschont hat.«

Diese wenigen erstaunlichen Zeilen stellen ein grundlegendes Problem, das der Beziehung zwischen den politischen Entscheidungen eines Menschen und den tieferen psychologischen Faktoren, die ihn dazu bringen, sich unbewußt unter den unzähligen Möglichkeiten, die die Geschichte ihm bietet, für eine ganz bestimmte zu entscheiden und seinen Taten einen ganz bestimmten Charakter zu geben, der, ohne die Grundlinien seiner Politik oder der geschichtlichen Periode zu ändern, doch das Schicksal von Tausenden von Menschen bestimmt.

Das ernste, einsame Kind, der enthaltsame, tugendhafte, unbestechliche Robespierre, dessen Reden stets Glaubensbekenntnisse sind und der mit immer fiebrigerer Leidenschaft seinen Opfertod feiert, den er zu erwarten, ja wie eine Befreiung zu erhoffen scheint, ist sicher der Musterfall eines Menschen, dessen ganzes Leben von solchen psychologischen Determinanten beeinflußt wird.

Diesen bestimmenden Faktoren, diesen heimlichen in der Kindheit geborenen Phantasien nachzuspüren und die versteckten psychologischen Triebfedern zu entdecken, könnte vielleicht eine Antwort auf die naive, aber niemals vollständig gelöste Frage geben: »Warum ist Robespierre Robespierre geworden?«

Erster Teil: Geboren werden

1. Zufälle (1758 bis 1781)

Der Mensch unter der Maske des Heroen

Es ist schwierig, das wahre Gesicht des Maximilien Marie Isidore de Robespierre zu entdecken. Die Geschichte hat diesen Mann auf sein öffentliches Wirken festgelegt und sein Bild auf jene fünf ungeheuren Jahre eingeschränkt, in denen revolutionäre Leidenschaft und politische Aktivität seine ganze Existenz bestimmten. Als der »Unbestechliche«, bleich, mit vorspringenden Backenknochen und starren, weit geöffneten Augen, ist er ein für allemal in Biographien und Darstellungen der Geschichte eingegangen.

Und doch lebte und atmete dieser Mensch. Wie will man ihn verstehen, wenn man vergißt, daß er in erster Linie ein Mensch war, eine durch Freuden und Leiden seiner Kindheit geformte und durch seine Herkunft bestimmte Persönlichkeit?

Später, als einflußreicher Politiker, waren ihm nur noch die von Leidenschaften beherrschten, meist oberflächlichen Begegnungen vergönnt, die ihn mit seinen Bewunderern, Parteigängern, Zuhörern und Gegnern zusammenbrachten. Da er ständig politisch aktiv war und Tag und Nacht von der Revolution und für die Revolution in Atem gehalten wurde, drang die Wirklichkeit des täglichen Lebens nur noch durch den Filter dieser beherrschenden Leidenschaft zu ihm durch. Im Laufe dieser Jahre zwischen 1789 und 1794 gewann der Revolutionär und politische Taktiker Gestalt. Die Persönlichkeit jedoch, die dahinterstand, war schon vor 1789 gewachsen – vor 1789, das heißt zunächst und vor allem in seiner Kindheit.

Das Land Damiens und der Enzyklopädie

Die Kindheit Maximilien Robespierres beginnt in Arras, wo er unter der Herrschaft Ludwigs XV. am 6. Mai 1758 um zwei Uhr morgens geboren wurde. Der künftige Ludwig XVI. war damals vier Jahre alt. Seit eineinhalb Jahren war Damiens tot, der den König durch ein Attentat mit blankem Messer an seine Pflichten hatte erinnern wollen. Er wurde gevierteilt, nachdem man ihn über eineinviertel Stunden lang mit geschmolzenem Blei, das in seine offenen Wunden gegossen wurde, auf das grausamste gefoltert hatte.

In der zweiten Hälfte des 18. Jahrhunderts ist Frankreich ein Land der Gegensätze. In ihm herrschen Hunger und Folter, aber zur gleichen Zeit druckt man die »Enzyklopädie«, deren erster Band im Jahre 1751 erscheint, und die »Rede über den Ursprung der Ungleichheit«, durch die Rousseau im Jahre 1754 berühmt wird.

Diese Gegensätze und Widersprüche sind Anzeichen dafür, daß das Land, mit seinen 25 Millionen Einwohnern das volkreichste Königreich Europas, in einer raschen Entwicklung begriffen ist und auf eine Krise zutreibt. Eine hohe Geburtenrate und das gleichzeitige Ansteigen der durchschnittlichen Lebensdauer bringt ein Heer von Gelegenheitsarbeitern ohne eigenen Bodenbesitz hervor. Die Steuern gehen nur unregelmäßig ein; denn die Monarchie, die blind und ohnmächtig in ihren Gewohnheiten verharrt, ist, wie die Tat Damiens beweist, in Mißkredit geraten.

Der Adel wird zwischen seinen ehrgeizigen Machtansprüchen und seinen Vorurteilen hin- und hergerissen. Um seinen politischen Einfluß wiederzuerringen, wendet er sich gegen die königliche Zentralgewalt, der nun kein Richelieu, kein Colbert, kein Louvois und kein Ludwig XIV. mehr zu Hilfe kommt. Zugleich jedoch läßt er die alten Feudalrechte wiederaufleben und wälzt so die materiellen Schwierigkeiten auf die ärmeren Schichten der Bevölkerung ab.

Während die Monarchie weder genügend innere Festigkeit besitzt, um die soziale Ordnung unverändert aufrechtzuerhalten, noch genügend Geschmeidigkeit, um sich der Entwicklung anzupassen, konzentriert allein das Bürgertum, das sich im Dritten Stand organisiert hat, in seinen Händen Begabung, Reichtum und sozialen Einfluß. Es hat eine privilegierte Stellung zwischen der Adelskaste, die zwar ihr Prestige, nicht aber ihre wirtschaftliche Vorrangstellung wahren kann und daher gänzlich ohne Einfluß auf die Entwicklung bleibt, und den bedürftigen Massen der Bauern, Tagelöhner und Handwerker.

Daher bietet die Bourgeoisie trotz ihrer inneren Gegensätze – denn auch in ihren Reihen gibt es Reiche und Arme – dem Ehrgeiz junger Leute eine Wirkungsmöglichkeit. Sie bemächtigen sich der neuen Ideen der Philosophen, um sie als Waffen gegen die Monarchie zu gebrauchen. Denn ihr individueller Machthunger und Aufstiegswille stößt sich an den veralteten Privilegien, Reglementierungen und adeligen Prärogativen, welche die Monarchie nicht abschaffen kann, ohne sich selbst zu verleugnen.

Eine Familie von Winkeladvokaten

Die Familie de Robespierre ist aufs engste mit der Bourgeoisie verbunden. Im 15. Jahrhundert wird in den Rechnungen der Stadt Bethune ein Pierre de Robespierre erwähnt, seines Zeichens Landarbeiter, wohnhaft in Ruitz. Im 16. Jahrhundert wohnen die Robespierres in Lens, wo Robert de Robespierre Wein- und Tuchhändler ist. Dann gelingt ihnen der klassische Aufstieg vom Handel zum Justizwesen; sie werden Juristen und gehören seither dem Anwaltsstand an.

Im Frankreich des Ancien Regime wimmelt es von Winkeladvokaten und Juristen jeder Art. Denn die königliche Bürokratie hat die unzähligen Prozeduren vervielfacht, die sie aus der lokalen Tradition der Rechtsprechung ererbt hat und die sich überlagern, ohne sich gegenseitig auszuschließen, so daß man schließlich alles vor Gericht vertreten kann.

Seit dem Beginn des 17. Jahrhunderts sind die de Robespierre Staatsanwälte und königliche Notare in Epinoy in Nordfrankreich, in der Nähe der Kreisstadt Carvin. Das Amt war erblich, doch ein Maximilien de Robespierre, Lizenziat der Universität Douai, läßt sich 1720 in Arras nieder. Er hatte Carvin verlassen und sich anderswo ein Auskommen suchen müssen, weil seine beiden älteren Brüder traditionsgemäß die Ämter des Vaters übernommen hatten.

Die Umstellung gelingt. Maximilien de Robespierre weiß sich, ohne Zweifel weil er Freimaurer ist, in die bessere Gesellschaft von Arras einzuführen. Er heiratet wie alle seine Vorfahren ein Mädchen aus dem Bürgertum, das das Erbe eines Kaufmanns mit in die Ehe bringt. Vermögen und Begabung finden so zueinander.

Dieser Maximilien de Robespierre, der Großvater des Unbestechlichen, hat drei Kinder. Der Älteste, der am 17. Februar 1732 geborene François, scheint zunächst auf das Amt seines Vaters verzichten zu wollen; mit 17 Jahren tritt er als Novize bei den Prämonstratensern von Dommartin en Ponthieu ein. Doch verläßt er den Orden bald wieder, wird Advokat und läßt sich am 30. Dezember am Conseil d'Artois einschreiben. Er setzt auch insofern die Tradition fort, als er am 2. Januar 1758 Jacqueline Marguerite Carraut, die Tochter eines reichen Brauers aus Arras, heiratet. An der Hochzeitsfeier nimmt jedoch kein Angehöriger seiner Familie teil.

Während der Revolution sollte das royalistische Journal »Die Apostelgeschichten«, das sich auf Angriffe gegen die Revolutionäre spezialisiert hatte, eine andere, natürlich falsche Version der mütterlichen Abstammung des Unbestechlichen geben:

»Glaubet nicht, daß Robert-Peter
Geboren sei, wie man so sagt, aus nichts.
Denn er gehört von seiner Mutter her
Zu Robert-Franzen Damiens selig,
Der auch mit seinem König strenge war.
Verachtend das Dekret,
Mit dem die Rechte ihm genommen,
Teilt er voll Stolz auf diesen schönen Ursprung
Sein Wappenfeld in Teile vier
Vom Onkel seiner Mutter, Robert-Franzen, her.«

Nur vier Monate nach der Hochzeit, am 6. Mai 1758 um zwei Uhr morgens, wurde Maximilien Marie Isidore de Robespierre geboren. Die Geburtsurkunde enthält die Eintragung: »Pate war Maître Maximilien de Robespierre, Advokat am Conseil d'Artois, und Patin die Frau des Jacques-François Carraut, geborene Marie Marguerite Cornu, Großmutter mütterlicherseits, welche unterzeichnet haben ...«

Später kommen noch Charlotte, Henriette und Augustin zur Welt. Nach der Totgeburt eines fünften Kindes stirbt die Mutter am 14. Juli 1764.

Maximilien ist sechs Jahre alt, als bei seinem Vater, dem es inzwischen gelungen ist, einer der bedeutendsten Anwälte von Arras zu werden, erneut Anzeichen der seelischen Labilität spürbar werden, die ihn vom Noviziat zum Anwaltsstand getrieben hatte. Er beginnt immer häufiger sich von zu Hause zu entfernen, verläßt Arras für längere Zeit und nimmt Anleihen bei seinen Schwestern auf. Schließlich verzichtet er zu ihren Gunsten auf seinen Erbteil, »sowohl für mein Teil, wie für das meiner Kinder«, wie er am 8. Juni 1770 aus Mannheim schreibt. In Deutschland schlägt er sich als Sprachlehrer durch und stirbt am 6. November 1777 in München. Dem in Arras angesiedelten Zweig der Familie de Robespierre scheint das geduldige Reifen versagt zu sein.

Die Labilität von Robespierres Vater ging so weit, daß er in vier Jahren viermal umzog, und das zu einer Zeit, als seine Frau fast ununterbrochen schwanger war; wie unverantwortlich er handelte, zeigt sich daran, daß er Maximilien vor der Ehe und die anderen Kinder ohne Rücksicht auf den Gesundheitszustand seiner Frau zeugte. Ein solches Verhalten und vor allem die Unbekümmertheit, mit der er seine vier Kinder im Stich ließ, waren durchaus unüblich unter Leuten seines Standes.

Das Fehlen des Vaters muß schwer auf dem empfindlichen Jungen gelastet haben. Er wird zusammen mit Augustin von seinem Großvater mütterlicherseits, Jacques Carraut, aufgenommen, während Charlotte und Henriette von ihren Tanten väterlicherseits in Pflege genommen werden. Man kann sich denken, daß man bei Jacques Carraut nicht gerade mit Zärtlichkeit von diesem Vater sprach, der zuerst das Mädchen entehrt – die Hochzeit fand im fünften Monat der Schwangerschaft statt – und damit die Ehe erzwungen hatte und dann durch die Vielzahl der Kinder den Tod seiner Frau verursachte.

Maximilien muß diese Wunde, diese erdrückende Erbschande, die auf ihm lag, tief empfunden haben. Er fühlt sich schuldig für seinen Vater, dessen Gedächtnis er auslöschen muß und den er verleugnet, indem er ein radikal entgegengesetztes Verhalten an den Tag legt. Psychologisch gesehen, hat er keine andere Wahl, als die Sorglosigkeit, den Leichtsinn und die

Prinzipienlosigkeit seines Vaters durch Pflichtbewußtsein, Würde und Tugend zu ersetzen.

»Eine radikale Veränderung ging in ihm vor«, schreibt seine Schwester Charlotte. »Vorher war er wie alle Kinder seines Alters sorglos, ausgelassen und leichtsinnig. Aber seit er sich als Ältester sozusagen in die Rolle des Familienoberhauptes gedrängt sah, wurde er vernünftig, gesetzt und strebsam. Er sprach zu uns mit einer Art gewichtiger Würde, die uns beeindruckte. Wenn er sich in unsere Spiele mischte, so nur, um sie zu lenken. Dabei liebte er uns zärtlich, und es gab keine Aufmerksamkeit und keine Liebkosung, die er uns nicht zuteil werden ließ . . .« Das ist das typische Verhalten des Ältesten, der die Pflichtvergessenheit und Schuld seines Vaters dadurch auszulöschen versucht, daß er dessen Platz einnimmt.

Seitdem konnte Maximilien nur noch ein Mann der Ordnung werden. Da der Vater sein Leben außerhalb der Konventionen und Gewohnheiten gelebt hatte und dadurch aus der Bahn geraten war, versucht er verzweifelt, sich anzupassen und sich in die soziale Ordnung einzufügen. Er muß die Schuld seines Vaters, die auf ihn übergegangen ist, auslöschen, zunächst weil er der Sohn ist, aber auch und vor allem weil er sich in Beziehung auf diesen Vater, den er wie seine Umgebung verachtet, schuldig fühlt. Hat nicht auch er irgendeinen unbekannten Fehler begangen, der den Vater davongejagt hat? So kommt Maximilien dazu, sich selbst anzuklagen und für schuldig zu halten, weil er seinen Vater zugleich liebt und haßt. Diese Situation ist um so eindeutiger, als er seine Mutter sehr verehrte und nun, wie seine Umgebung, allen Grund dazu hat, dem Vater die Schuld an ihrem Tod zu geben. Auch dafür zeugt Charlotte: »Er konnte sich nicht ohne Rührung ihrer erinnern. Jedesmal, wenn wir in unseren kindlichen Unterhaltungen von ihr sprachen, bemerkte ich, wie seine Stimme sich veränderte und seine Augen feucht wurden.« Diese wache Empfindlichkeit ist wohl auch ein Ausdruck des Bewußtseins, daß »irgend etwas« unwiederbringlich verloren ist, ein Ausdruck der Sehnsucht nach der Zärtlichkeit der Mutter.

Die Schuld, die er seines Vaters wegen und seinem Vater gegenüber empfindet, und die tiefe, aus dieser Schuld und dem vorzeitigen Tod der Mutter erwachsene Verzweiflung haben

Maximilien Robespierre für sein ganzes Leben gezeichnet. Mehr als bei anderen werden bei ihm Charakter und Lebensweise durch diese frühen Erfahrungen geprägt. Ohne Zweifel leidet er auch darunter, den anderen »zur Last zu fallen«, denn als Vollwaise ist er künftig vom Wohlwollen des Großvaters und bald auch von der Wohltätigkeit religiöser Institutionen abhängig. Innerhalb weniger Wochen, vielleicht sogar innerhalb weniger Tage, muß er sich in seine neue Lage finden.

Für das Kind bedeutet die Familie eine heile Welt: Dort hat es seinen natürlichen und rechtmäßigen Platz. Solcher Schutz ist unerläßlich, weil sich das Kind der Welt gegenüber nicht verteidigen kann und in allem von anderen abhängig ist. Maximilien aber wird im Alter von sechs Jahren allein gelassen, das heißt, dem Wohlwollen von Fremden ausgeliefert, auch wenn es seine eigenen Großeltern sind. Darauf kann er nur in einer Weise reagieren: Er muß, wenn er überleben will, seine Umwelt von seinem guten Willen, seiner Unschuld, seiner Vollkommenheit überzeugen. Mit dem instinktiven Begreifen des sechsjährigen Kindes leitet er aus dieser Verlorenheit und Abhängigkeit seine Verhaltensmodelle ab. Er weiß, daß er schweigsam, unauffällig, ja vorbildlich sein muß, vielleicht daß er dann von den anderen anerkannt wird.

Das verletzte Kind

Im Jahre 1765 wird Maximilien von seinem Großvater auf das Collège von Arras geschickt, wo der Unterricht von Geistlichen erteilt wird. Er ist dort ein guter Schüler, diszipliniert, ernsthaft und fleißig, aber verschlossen. An den Spielen seiner Mitschüler beteiligt er sich nicht. Um sich zu zerstreuen, klöppelt er am liebsten Spitze oder baut kleine Kapellen. Diese schweigsamen Spiele ziehen ihn in ihren Bann und schließen ihn zugleich von der Umwelt ab, so daß er niemanden stört, ja beinahe gar nicht mehr vorhanden zu sein scheint. Er zieht auch »mit größter Sorgfalt Tauben und Spatzen auf, mit denen er häufig die Zeit verbrachte, die nicht dem Studium gewidmet war«.

Sonntags treffen sich die Kinder von François Robespierre bei ihrem Großvater, und die Bindungen der Geschwister aneinander sind um so enger, je mehr sie solcherart verfälscht und zu etwas Außergewöhnlichem gemacht werden. Dieser lächerliche Versuch einer Wiederherstellung der Familie kann bei den Kindern, und vor allem bei dem Ältesten, Maximilien, nur das Gefühl der Verlassenheit und der Abhängigkeit verstärkt haben.

Aber er weiß sich zu beherrschen. Er sammelt Bilder und Drucke und breitet vor seinen Schwestern »seine Reichtümer aus . . ., glücklich über die Freude, die sie bei deren Betrachten empfinden«. Mit ernster Würde spielt er so die Rolle des Ältesten, wobei er den abwesenden Vater ersetzt, um ihn dadurch, unbewußt, von seiner Schuld zu befreien und zugleich selber als vorbildlich zu erscheinen. So hofft er, die Achtung der anderen, vor allem seiner Geschwister, wiederzugewinnen. Gewissenhaft und sorgfältig kümmert er sich um sein Vogelbauer, und sonntags überläßt er »seine Spatzen und Tauben uns Schwestern«. »Eines Tages«, fügt Charlotte hinzu, »gab er uns eine schöne Taube . . . Wir vergaßen sie im Garten, und sie ging in einer Gewitternacht zugrunde. Als Maximilien von ihrem Tod erfuhr, konnte er seine Tränen nicht zurückhalten und überhäufte uns mit Vorwürfen.« – Diese Tränen, die plötzlich seine Selbstbeherrschung vernichten, zeugen dafür, daß unter der Maske des Erwachsenen, die Maximilien angelegt hat, ein durch seine Verletzung überempfindliches Kind lebt.

Auch die sonntäglichen Treffen, diese allzu kurzen Augenblicke des Wiedersehens, müssen bald aufhören. Die Schwestern Maximiliens werden in die Manarres von Tournai aufgenommen, eine Stiftung, in der arme junge Mädchen als Stipendiatinnen leben. Charlotte tritt im Jahre 1768 ein, Henriette 1773. Auch Maximilien selbst kommt die Fürsorge zugute, die die »bessere Gesellschaft« einigen der ihren zuteil werden läßt, die in Gefahr sind, ihren sozialen Rang zu verlieren. Der Pfarrer von Saint-Vaast verfügt über vier Stipendien am Collège Louis-le-Grand. Maximilien erhält mit Unterstützung des Bischofs von Arras eines davon. So reist er zu Beginn des Schuljahres 1769/70 nach Paris und tritt mit elf Jahren in die Quinta des Collège ein.

So wird Maximilien von neuem aus dem ihm vertrauten Milieu gerissen, wodurch ein weiterer Bruch in seiner Entwicklung eintritt. Zwar hat sich der entscheidende Umbruch beim

Tod seiner Mutter und dem Verschwinden seines Vaters ereignet; aber die Abreise nach Paris muß den Jungen in seiner Verschlossenheit und in der unbewußten Überzeugung, die Wirklichkeit sei ihm feindlich gesonnen, bestärken, so daß sich in ihm die zähe »Melancholie« festsetzt, von der Charlotte spricht. Sie erwähnt auch, daß ihre jüngere Schwester Henriette starb, »während Maximilien in Paris seinen Studien nachging«. »So kam es«, fügt sie hinzu, »daß unsere Kindheit mit Tränen getränkt und jedes unserer frühen Jahre durch den Tod eines geliebten Wesens markiert war. Dieses fatale Geschick hat den Charakter Maximiliens mehr beeinflußt, als man denkt, und hat ihn traurig und melancholisch gemacht.«

Jahr für Jahr kehrt Maximilien nach Arras zurück, um dort seine Ferien zu verbringen. Er wird von seiner Schwester und seinem Bruder »mit aufrichtiger Freude« empfangen. Aber »die Tage gehen schnell vorüber, und von neuem muß man sich für ein Jahr trennen«. So lebt Maximilien zwölf Jahre, von 1769 bis 1781, als Schüler und Student am Collège Louis-le-Grand.

Studieren, um zu vergessen

Das Collège, mitten im Quartier Latin, am Abhang des Hügels Sainte-Geneviève gelegen, ist eines der berühmtesten Frankreichs. Seine Vorderfront geht auf die Rue Saint-Jacques hinaus, wo diese steil zur Seine hin abfällt. Hauptgegenstand des Unterrichts sind die humanistischen Wissenschaften und die alten Sprachen. Gebete, Messe und Beichte gliedern den Tagesablauf der Schüler, einige Tage im Jahr findet kein Unterricht statt, um ihnen Einkehr und Besinnung zu ermöglichen.

Stanislas Fréron, später Abgeordneter des Konvents und Journalist am »Redner fürs Volk«, Suleau, Redakteur der »Apostelgeschichten« und des »Journal de Suleau«, ein unerbittlicher Konterrevolutionär, Duport du Tertre, im Jahre 1790 Justizminister, Lebrun, im Jahre 1792 Kriegsminister, und vor allem Camille Desmoulins sind zusammen mit Robespierre Schüler am Louis-le-Grand. Nur mit Desmoulins verbindet den älteren Maximilien eine Kameradschaft, die allerdings oberflächlich bleibt.

Denn Maximilien widmet sich ganz dem Studium. Der Abbé Proyart, der als Assistent des Direktors die Stipendiaten aus

Arras zu beaufsichtigen hat, notiert, daß er »alles dem Studium opferte, alles fürs Studium vernachlässigte, das Studium war sein Gott . . . Unablässig damit beschäftigt, seinen Verstand auszubilden, schien er zu vergessen, daß er ein Herz hatte, in dem er Ordnung schaffen mußte.« In Wirklichkeit geht es Maximilien gerade darum, »in seinem Herzen Ordnung zu schaffen«, wenn er nicht am Spiel seiner Kameraden teilnimmt und sich stundenlang absondert. Das Studium, in das er sich flüchtet, bedeutet für ihn eine Chance; denn das Collège ist eine gerechte Welt, eine zwar künstliche, aber geordnete Wirklichkeit, in der jede Anstrengung ein Anrecht auf Dank und Auszeichnung verleiht. Die Gunst der anderen – in diesem Falle seiner Lehrer – zu gewinnen, geschätzt und anerkannt zu werden, solche Wünsche treiben Robespierre zum Studium.

In den Jahren 1772, 1774 und 1775 wird er Klassenbester und wird beim Wettbewerb der Universität namentlich erwähnt. Er gerät unter den Einfluß des Professors Hérivaux, des »Römers«, so genannt, weil er die heroischen Tugenden des altrömischen Bürgerideals verherrlicht. Hérivaux »belobigt und hätschelt« Robespierre »ununterbrochen« und entdeckt an ihm »römische Gesichtszüge«. Kein Zweifel, daß der Jüngling aus Mangel an Zuneigung die Bewunderung, die er sonst nirgendwo hatte fixieren können, auf diesen wohlwollenden Professor mit den großartigen Gesten überträgt.

Auf Louis-le-Grand hat Robespierre eine ihm gemäße Umwelt gefunden, und das Interesse, das man ihm entgegenbringt, trägt dazu bei, ihn in seinem Stolz zu bestätigen. Dieser Stolz ist die Kompensation des Schuldgefühls, das auf den Schultern des Heranwachsenden lastet, weil er alle Fehler der anderen und vor allem die seines Vaters auf sich genommen hat. Seine schulischen Erfolge halten ihn außerdem dazu an, die Umgangsformen der Erwachsenen anzunehmen, ein weiteres Mittel, durch das es ihm, wie er hofft, gelingen wird, seiner Umgebung die Achtung abzunötigen, die für ihn lebensnotwendig ist.

Trotzdem können andererseits das Interesse und die Achtung seiner Lehrer, seiner Beichtväter und all der anderen nicht den unauslöschlichen Durst nach Liebe stillen, derer er bedarf, um die Leere zu füllen, die sich plötzlich aufgetan, als seine Familie auseinanderbrach. In einer Hinsicht müssen gerade die für ihn unentbehrlichen Zeichen der Fürsorge die bewußte und unbewußte Erinnerung an die verlorene Mutterliebe auffrischen und dadurch das Verlangen nach Achtung, Zuneigung und Liebe nur noch lebendiger und brennender machen. Aber diese Suche ist in sich zum Scheitern verurteilt, da die Wunde aus der Kindheit noch nicht verheilt ist.

Brüder in der Erniedrigung: Robespierre und Rousseau

Aus diesem Grunde ist es nicht verwunderlich, daß Maximilien Rousseau, dem Verfemten und Verfolgten, eine tiefe Bewunderung entgegenbringt. Er identifiziert sich mit seinen Anschauungen, und diese Haltung ist weniger symptomatisch für seine philosophische Zustimmung für den Autor des »Gesellschaftsvertrags« als vielmehr für seine Identifikation mit dem Verfasser der »Bekenntnisse«.

Das liberale Regime, das am Collège Louis-le-Grand durch seinen neuen Direktor, den Abbé Denis Bérardier, Doktor der Sorbonne und Syndikus der Theologischen Fakultät von Paris, eingeführt wird, gestattet jedem Schüler die Beschäftigung mit dem von ihm bevorzugten Philosophen. Da in Paris auch politische und philosophische Überzeugungen von der Mode bestimmt werden, drängen sich die Pariser Sonntag für Sonntag darum, Rousseau zu sehen, dessen Ruhm gerade seinen Höhepunkt erreicht. Auch Maximilien macht diese Wallfahrt mit. Im Jahre 1789 schreibt er in seiner »Widmung an die Manen des Philosophen von Genf«: »Göttlicher Mann, du hast mich gelehrt, mich selbst zu erkennen; du hast mir, als ich noch jung war, die Hochachtung vor der Würde meiner Natur eingepflanzt und mich zum Nachdenken über die großen Prinzipien der Sozialordnung angehalten ... Ich habe dich gesehen am Ende deiner Tage, und diese Erinnerung ist für mich die Quelle einer stolzen Freude. Ich habe deine hehren Züge betrachtet und habe in ihnen die Spuren der dunklen Leiden gesehen, zu denen dich die Ungerechtigkeiten der Menschen verdammt hatten.«

Diese Passion für Rousseau läßt es verständlich erscheinen, daß sich Robespierre nur sehr wenig aus dem Philosophieunterricht des Abbé Royou macht, des künftigen Redakteurs eines der heftigsten konterrevolutionären Journale.

Maximilien und Rousseau haben eine weitere Gemeinsamkeit, ihre Armut. Mit zwanzig Jahren ist der Stipendiat der Stadt Arras gezwungen, immer noch die Fürsorge anderer in Anspruch zu nehmen. Er schreibt an den Abbé Proyart, der fast zehn Jahre lang für ihn gesorgt hat und jetzt zurückgezogen in St-Denis lebt: »Ich erfahre, daß der Bischof von Arras in Paris ist, und ich würde ihn gern sehen. Aber ich habe kein Kleid, und auch sonst fehlen mir mehrere Dinge, ohne die ich nicht ausgehen kann. Ich hoffe, Sie haben die Gefälligkeit, ihm persönlich meine Situation vor Augen zu stellen, um von ihm zu erhalten, wessen ich bedarf, um in seiner Gegenwart zu erscheinen. Ich bin mit Hochachtung, mein Herr, Ihr untertänigster und gehorsamster Diener,

de Robespierre, der Ältere.«

Ein symbolisches Zusammentreffen

Robespierre wird mehr als einmal die Erniedrigung der Armut gefühlt haben, während er die Klassen des Collège in fadenscheinigem Anzug und mit löchrigen Schuhen durchlief. Die schulischen Auszeichnungen mußten auch in diesem Punkt das Gefühl der »Ungerechtigkeit der Menschen« verstärken, an das er im Zusammenhang mit Rousseau erinnert, um so mehr als die Universität ihn im Jahre 1775 als einen ihrer besten Schüler auszeichnet.

Beim feierlichen Einzug Ludwigs XVI. und Marie-Antoinettes in Paris erwartet die versammelte Professorenschaft den königlichen Zug nach der Krönung in der Rue St-Jacques vor dem Collège Louis-le-Grand. Der Zug bewegt sich von Notre Dame zur Kirche Ste-Geneviève. Es regnet an diesem Tag. Als die königliche Karosse vor der Schule haltmacht, kniet Maximilien im Feiertagsgewand mit unbedecktem Haupt in den heftigen Regenschauern vor ihr am Boden. Man hat ihn auserwählt, im Namen der Schule das junge Herrscherpaar zu begrüßen. Er liest, noch immer im Regen, die Begrüßungsansprache in Versen, die sein Professor ausgearbeitet hat. Dann setzt sich der Zug wieder in Bewegung, ohne daß man an Maximilien das Wort gerichtet hätte.

Für das junge Herrscherpaar bedeutet das Ganze nur einen Aufenthalt mehr in dem erschöpfenden offiziellen Programm, für den brillanten, aber armen Stipendiaten von siebzehn Jahren jedoch die Bestätigung eines beispielhaften Triumphes über die anderen. Zugleich ist es aber auch eine ungeheure Enttäuschung. Denn Robespierre muß, wie man häufig bemerkt hat, die Gleichgültigkeit der Herrscher gespürt haben, und das hat ihn sicher verletzt. Aber noch viel mehr fällt ins Gewicht, daß Maximilien, nachdem die Zeremonie zu Ende ist, Karosse und Festzug durch die Rue St-Jacques sich entfernt haben und die Professoren auseinandergegangen sind, allein in der Einsamkeit der dunklen Studiensäle des Louis-le-Grand in seinem »äußersten Elend« zurückbleibt. Man hat ihn zwar für seine Begabung ausgezeichnet, aber die bitteren Folgen der Armut bleiben. Nur die Flucht in die Arbeit hilft ihm, diese Enttäuschung zu überwinden.

Maximilien wirft sich voller Entschlossenheit aufs Studium, ebensosehr um Kenntnisse zu sammeln wie auch um die wirkliche Welt in Frage zu stellen und sie zu verändern. In weniger als drei Jahren erwirbt er alle Grade der Rechtswissenschaft an der Pariser Universität. Am 31. Juli 1780 wird er Bakkalaureus des Rechts, am 15. Mai 1781 Lizenziat, und am 2. August desselben Jahres schreibt er sich als Advokat am Parlament von Paris ein.

So ist es nicht verwunderlich, daß der Direktor des Louis-le-Grand vor dem Verwaltungsrat des Collège »die hervorragenden Talente des Herrn de Robespierre, Stipendiaten aus Arras«, rühmt, »der unmittelbar vor dem Abschluß seiner Studien steht«. Man lobt »seine gute Führung während der zwölf Jahre« und »seine Erfolge im Laufe des Studiums sowohl bei der Verteilung der Preise der Universität wie auch bei den Examina in Philosophie und Jurisprudenz«. Nach dieser Laudatio spricht der Verwaltungsrat einstimmig dem Herrn de Robespierre einen Preis von 600 Livres zu.

Diese außerordentliche Auszeichnung, die Maximilien in ein Stipendium für seinen Bruder Augustin, ebenfalls am Louis-le-Grand, umwandeln läßt, beweist die Zufriedenheit und das Interesse, das die Hochschulbehörden — und damit die Kirche — diesem glänzend begabten und disziplinierten jungen Mann entgegenbringen. Natürlich kann man darin auch den Versuch sehen, sich ihn zu verpflichten.

2. Unerfüllter Ehrgeiz (1781 bis 1788)

Ein vernünftiger junger Mann

Robespierre ist dreiundzwanzig Jahre alt, als er sich als Advokat beim Parlament von Paris einschreibt. Aber Paris ist für ihn, der keine Beziehungen hat und in der Stadt nur das Louis-le-Grand kennt, wie ein unbekannter Ozean. Statt sich dieser wimmelnden, feindlichen Stadt zu stellen, entscheidet er sich, nach Arras zurückzukehren. Dieser vernünftige Entschluß zeugt weniger von dem Willen, seine Verantwortung als ältester Sohn der Familie zu übernehmen — Augustin ist bereits Stipendiat am Louis-le-Grand, und Charlotte hätte auch in Paris bei Maximilien leben können — als von der klugen Vorsicht des jungen Rechtsanwalts. Er ist ein Mann der Ordnung, und daher fasziniert ihn Paris nicht wie so viele junge Leute in gleicher Lage, die, mit ihrem Diplom in der Tasche, darauf brennen, sich in das turbulente Leben des Palais Royal zu stürzen, und denen Paris für immer den Geschmack an der Provinz verdorben hat. Robespierre läßt sich nicht berauschen, sondern kehrt nach Arras zurück, weil er weiß, daß er dort mit den Beziehungen seiner Familie und der Unterstützung durch die Kirche rechnen kann. Sein Sinn geht weniger auf hochfliegende Pariser Pläne als auf Sicherheit und bescheidene, aber einträgliche Erfolge. Dafür ist Arras das geeignetere Gelände.

Dennoch hat er zunächst Schwierigkeiten. Die Großeltern sind gestorben, die Großmutter im Jahre 1775, Jacques Carraut drei Jahre später. Die Brauerei in der Rue Ronville, im Werte von 8262 Pfund, ist Augustin Carraut zugesprochen worden. Die Kinder von François Robespierre erhalten nur die Hälfte dieser Summe. Aber da erscheinen Maximiliens Tanten auf dem Plan. Sie haben beide spät geheiratet, Henriette den Arzt Gabriel François du Rut, und die du Ruts wollen aus dem Erbe des alten Carraut die Summe von 700 Pfund zurückerstattet haben, die Henriette ihrem Bruder geliehen hatte. Ein am 22. Juni 1780 gefälltes Urteil gibt ihnen Recht, aber Maximilien als ältester Sohn und Miterbe seines verschollenen Vaters verweigert seine Zustimmung und blockiert damit die Auszahlung an die du Ruts.

Diese kleinlichen und durchaus nicht ungewöhnlichen Erbstreitigkeiten belasten Maximilien: Sie nötigen ihn, sich von neuem seiner Vergangenheit zu stellen, und machen ihn auch unnachgiebiger. Unter dem Zwang, den Erfolg zu suchen, um die Vergangenheit auszulöschen, wird er zugleich dazu getrieben, sich mit ihr zu identifizieren und sich noch einmal an dem Riesenschatten seines Vaters zu messen. Maximilien läßt sich mit seiner Schwester in der Rue du Saumon nieder, auch das eine stolze Geste, die seine Unabhängigkeit unterstreichen und die Neugründung der Familie Robespierre konsolidieren soll. Erst als er im Jahre 1782 seine ersten Erfolge als Rechtsanwalt in Arras errungen hat, gibt er seine Einwilligung, daß die du Ruts ihre 700 Pfund erhalten. Damals mietet er sich bei ihnen ein, aber schon ein Jahr später verläßt er sie wieder, um ein Bürgerhaus in der Rue des Jesuites zu bewohnen, wo er bis 1787 bleibt, um schließlich in ein anderes gutbürgerliches Haus in der Rue des Rats-Porteurs umzuziehen. Charlotte lebt bei ihm und besorgt ihm den Haushalt. Maximilien hat ein vitales Verlangen nach einem ruhigen, angenehmen und wohlorganisierten Familienleben. Er bemüht sich, die geschlossene Welt und die Geborgenheit um sich entstehen zu lassen, die er in seiner Jugend wegen der Unstetigkeit seines Vaters und dem frühen Tode seiner Mutter nicht gekannt hatte. Charlotte, voller Sanftmut, Bewunderung und Aufmerksamkeit für ihn, weiß diese Atmosphäre zu schaffen.

Es ist bezeichnend, daß Robespierre während der acht Jahre, die er in Arras verbringt, keine eigene Familie gegründet hat. Er sucht nämlich nicht so sehr eine neue Familie, wie er sie durch eine Eheschließung gründen würde, sondern seine alte. Er strebt nach dem privilegierten Platz in der Familie, der dem ältesten Sohn als Stellvertreter des Vaters zukommt, und dennoch will er sich nicht verheiraten, sicher weil ihn das Beispiel seines geflohenen Vaters abschreckt. Um diese Angst zu überwinden, braucht er geordnete Familienverhältnisse und beruflichen Erfolg. Für sie setzt er nun seine Kräfte ein.

Ein Advokat, Maître Guillaume François Liborel, gewährt ihm seine Unterstützung. Dieser urkräftige Mann, Vater von 17 Kindern, ist zweifelsohne der berühmteste Rechtsanwalt von Arras. Er hat großen Zulauf, und gestützt auf seine Autorität, protegiert er die jungen Anwälte und führt sie beim Conseil d'Artois ein, vor dem sie ihren Amtseid ablegen müssen. So unterstützt er am 8. November 1781 auch die Kandidatur Maximiliens, und der Gerichtshof beschließt ohne weiteres, ihm die Zulassung zu erteilen.

Damit ist der erste Schritt getan. Jetzt kommt es für ihn darauf an, Plädoyers zu erhalten. Maître Liborel beauftragt ihn, den Prozeß um die Gültigkeit des Heiratsvertrages eines gewissen Bardoult zu übernehmen. Damit hat er seinem Schützling einen Fall anvertraut, der von vorneherein verloren ist: Am 27. Februar 1782 wird Robespierres Partei verurteilt. Am 22. Februar schreibt Ansart, ein anderer Rechtsanwalt aus Arras, an einen befreundeten Studenten der Rechte in Paris: »In unserer Stadt gibt es nichts Neues, außer daß ein Mann namens Robespierre . . . hier in einem berühmten Fall sein Debüt gibt, wobei er drei Sitzungen lang in einer Weise plädierte, die alle, die später diese Karriere einschlagen möchten, davon abschrekken könnte.«

Ohne Zweifel macht Ansart sich lustig über diesen »Grünschnabel«; denn der Prozeß um den Heiratsvertrag kann kein berühmter Fall gewesen sein. Aber für Robespierre ist es wichtig, daß er die Anonymität durch die Übertreibungen seines Plädoyers, durch seine »Art, bis ins kleinste Detail zu gehen, durch die Wahl seiner Ausdrücke und die Klarheit seiner Rede« durchbrochen hat. Er ist noch nicht das strahlende Licht, von dem der Spötter Ansart spricht, aber Ansart hat recht, wenn er bei seinem jungen Kollegen das Verlangen zu glänzen und die Lust am Erfolg herausstellt.

In der Tat befriedigen die drei oder vier Fälle, die Robespierre im Februar und März verficht, seinen Ehrgeiz kaum. Sie sind ohne Interesse und geben ihm nicht die Möglichkeit, sich einen Namen zu machen. Doch am 9. März 1782 erhält Maximilien das Amt eines Richters am bischöflichen Gerichtshof, der sich aus fünf vom Bischof ernannten Juristen und einem Amtmann zusammensetzt. Damit wird Robespierre »ordentlich bestallter Lehnsmann der bischöflichen Kammer von Arras«. Im Zuständigkeitsbereich der bischöflichen Gerichtsbarkeit ist er berechtigt, »in allen Prozessen, Fällen und Instanzen, sowohl den zivil- als auch den strafrechtlichen, und allem, was dazu gehört und davon abhängig ist«, ein Urteil zu fällen. Dieses Amt sichert ihm nicht nur »Gewinne und Einkünfte«, sondern empfiehlt ihn vor allem in den Augen seiner Klienten — und zuallererst in den Augen seiner geistlichen Klienten — als einen der besten Advokaten. Hatte nicht der Bischof selbst Robespierres Ernennung unter Berufung auf seine »Klugheit, Gewandtheit und Erfahrung« gerechtfertigt?

Dieses Amt ist um seiner direkten und indirekten Vorteile willen sehr gesucht, in der Regel erhalten es nur altgediente Advokaten, die eine langjährige Tätigkeit im Gerichtswesen nachweisen konnten. Wenn Maximilien schon nach vier Monaten ernannt wird, ist ihm sicherlich eine starke Protektion zugute gekommen. Der ehemalige Stipendiat des Abbé de Saint-Vaast hat in kirchlichen Kreisen einen vorzüglichen Eindruck hinterlassen. Mit seinem Arbeitseifer und seiner Disziplin scheint er der typische Vertreter jener jungen, ehrgeizigen Laien zu sein, auf deren Begabung und Unterwürfigkeit die Kirche rechnen kann. Aber das allein genügt nicht. Sicherlich hat Maximilien vielfältige Eingaben gemacht, um seine Talente in Erinnerung zu rufen, hat mehreren Domherren Besuche abgestattet und so darauf hingewirkt, daß die Empfehlungen bei Monsignore de Conzié, dem Bischof von Arras, sich häuften. Was an seinem Erfolg überrascht, ist weniger der legitime Ehrgeiz als der gänzliche Mangel an politischem und moralischem Widerspruchsgeist, der in ihm zutage tritt.

Robespierre hat mit vierundzwanzig Jahren nichts anderes als seine persönliche Karriere und seinen Erfolg im Sinn, und er ist bereit, dafür die notwendigen Schritte bei den Mächtigen zu unternehmen. Er respektiert die Ordnung, fügt sich der Sitte und läßt durch nichts den Revolutionär erkennen, als der er einmal die Spielregeln durchbrechen und die Welt herausfordern wird. Um nach oben zu kommen, sucht er die Anerkennung der anderen. Dafür ist er bereit, auch sie anzuerkennen.

Sein Leben verläuft in völliger Ungestörtheit. Seine Tanten wachen über ihn, und seine Schwester Charlotte umsorgt ihn und verschafft ihm die nötige Ruhe und Ordnung. Er scheint häufig wie geistesabwesend und schenkt dem guten Essen keine Aufmerksamkeit. »Häufig«, schreibt Charlotte, »wenn ich ihn fragte, was er zum Abendessen wolle, antwortete er, er wisse es nicht.« Manchmal nimmt diese Gleichgültigkeit gegenüber der Wirklichkeit und dem Familienleben fast pathologische Züge an. Manchmal, wenn er spätabends mit Charlotte in den Straßen von Arras spazierengeht, verläßt er sie plötzlich und eilt ihr mit großen Schritten voraus. Daheim findet Charlotte ihn, wie er »in seinem Arbeitszimmer . . ., angetan mit seinem Schlafrock, mit großer Aufmerksamkeit arbeitet«. Als sie eintritt, steht er auf und fragt sie, »woher sie so spät noch alleine komme«.

Diese Zerstreutheit, die seine Umgebung durchaus belustigend findet, wenn Maximilien beispielsweise mit seinem Suppenlöffel auf dem Tisch herumsucht, weil er vergessen hat, daß der Teller abgetragen worden ist, steht im Kontrast zu der peinlichen Aufmerksamkeit, mit der sich der junge Advokat seiner äußeren Erscheinung widmet. Jeden Morgen steht er gegen sechs oder sieben Uhr auf; »um acht kam dann sein Barbier, um ihn zu frisieren«. Auf sorgfältige Eleganz bedacht, ist er wie der Kardinal de Rohan und der Pionierhauptmann Carnot Kunde des größten Tuchhändlers von Arras, bei dem er die besten Stoffe für seine Kleider aussucht. Sein ständiges Bemühen, eine gute Figur zu machen, und andererseits seine Geistesabwesenheit und Zerstreutheit – er grüßt niemanden auf der Straße – sind nur die beiden Seiten ein und desselben Mangels an Anpassung an das Alltagsleben.

Er bemüht sich, diesen Mangel zu maskieren. Aber obwohl er ein schönes Bürgerhaus in der Nachbarschaft des Staatsanwalts bewohnt, eine Dienerin anstellt, Empfänge gibt und auf Empfänge geht, vor dem Collège von Arras eine Lobrede auf Heinrich IV. hält und damit einen Triumph erringt und so »die Eisschicht bricht, die die Herzen der Menschen des Artois zu umgeben scheint«, gelingt es ihm nicht, ein »natürliches«

Verhältnis zur Welt und zu den Menschen zu gewinnen. Er will dazugehören, ohne Anstoß zu erregen, und Charlotte berichtet, daß er »stets guter Laune war, niemandem widersprach und alles tat, was man von ihm verlangte. Wie häufig haben mir meine Tanten gesagt: ›Ihr Bruder ist ein wahrer Engel, er besitzt so viel Tugend, daß die Bösen ihn betrügen und ausnützen werden.‹«

Anpassung

Auch Maximiliens Verhältnis zu den Frauen zeugt davon, daß seine Kindheit auf ihm lastet. Er geht den Frauen nicht aus dem Wege, im Gegenteil. Er schreibt ihnen, überhäuft sie mit Aufmerksamkeiten, und »seine Freundlichkeit ihnen gegenüber verschafft ihm ihre Zuneigung; einige von ihnen brachten ihm mehr als alltägliche Gefühle entgegen«. Charlotte nennt übrigens einige Namen: Fräulein Dehay, eine ihrer Freundinnen, und Fräulein Deshorties, der Maximilien zwei oder drei Jahre lang den Hof macht. Aber trotz seiner Erfolge ist bei ihm keine Spur von Leidenschaft, ja nicht einmal die kalte Virtuosität eines Don Juan zu entdecken. Schwerfälliger und kalter Fleiß spricht aus allem, als ob Maximilien auch hier nur seine Rolle erfüllen wollte: Ein junger Advokat muß den jungen Damen, die er umwirbt, Liebesbriefchen schreiben und ihnen Verse widmen. Aber man spürt, daß diese Pflichtübungen in Liebessachen mehr von sozialen Erfordernissen diktiert sind als vom wirklichen Interesse, das ein Mann, der noch nicht einmal dreißig Jahre alt ist, den jungen Schönen von Arras entgegenbringen müßte.

Als Fräulein Dehay ihm Vögel für sein Vogelbauer schickt, antwortet Maximilien steif: »Meine Gnädigste, darf ich mir erlauben, Ihnen von den Zeisigen zu sprechen. Ohne Zweifel finden diese Zeisige mein Interesse – wie könnten sie es nicht, da sie ja von Ihnen kommen! Sie sind sehr hübsch ... Welche Erziehungsmethode haben Sie auf sie angewandt, und woher kommt ihre Wildheit? Hätte ein Gesicht wie das Ihre die Vögel nicht an den Anblick menschlicher Gestalten gewöhnen müssen? Oder liegt es daran, daß sie, nachdem sie das Ihre gesehen haben, andere nicht mehr ertragen können? Erklären Sie uns, ich bitte Sie, diese außergewöhnliche Erscheinung.

Unterdessen werden wir sie stets liebenswert finden, auch mit ihren Fehlern . . .« Er fügt seinem Brief drei Exemplare eines seiner ersten Plädoyers bei und bittet die junge Dame, »von dem, was sie des Aufhebens nicht wert erachte, einen möglichst nützlichen Gebrauch zu machen«.

Maximilien pudert sich, zieht sich mit Sorgfalt an, schreibt Liebesbriefe und Gedichte, und doch sind all seine Anstrengungen vergeblich. Seine Taten und seine Worte haben einen falschen Ton. Selbst wenn er sich noch so anstrengt, gelingt es ihm nicht, ungezwungen zu sein. Er ist linkisch, schwerfällig und zerstreut, weil die Welt und die Menschen ihm unzugänglich sind, weil er die Wirklichkeit nicht begreift, trotz seiner anscheinend erfolgreichen Anstrengungen, in sie einzudringen.

»Als man meinem Bruder sagte«, schreibt Charlotte, »er habe Feinde, wollte er es nicht glauben und sagte: ›Was habe ich ihnen denn getan?‹.« Die Naivität der Frage enthüllt zu Genüge, wie schwer es Robespierre fällt, sich der Wirklichkeit anzupassen. Aber er hat diese Wirklichkeit akzeptiert, und das unterscheidet ihn von denen, die aufbegehren.

Das erste Todesurteil

Zunächst jedoch hat es den Anschein, als ob der Richter und Rechtsanwalt Maximilien Robespierre ein junger Jurist mit großer Zukunft sei. Im Jahre 1782 vertritt er siebzehn Fälle, im Jahre 1783 achtzehn. Als Richter hat er einen Mörder zum Tode zu verurteilen, und in diesem Moment erwacht seine Sensibilität: »Mein Bruder kam in tiefer Verzweiflung nach Hause«, berichtet Charlotte, »und aß zwei Tage lang nichts.« Das ist typisch für Maximilien: Er hat sich darum bemüht, geistlicher Richter zu werden, aber die Ausübung dieses Amtes, um das sich so viele seiner Kollegen bewerben und das er mit so jungen Jahren erhalten hat, bereitet ihm Schwierigkeiten. Zwischen der Vorstellung, die er sich von einer Aufgabe macht und die ihn aus sozialem Nachahmungstrieb dazu bringt, sie zu erstreben, und der Wirklichkeit klafft ein Abgrund.

»Ich weiß sehr gut, daß er schuldig ist«, sagt Maximilien immer wieder, »er ist ein Verbrecher, aber einen Menschen töten . . .« Die Tatsache, daß dieser »Gedanke ihm unerträglich ist«, wie Charlotte am Ende ihres Berichtes sagt, weist darauf hin, wie sehr die Wirklichkeit ihn immer aufs neue verletzt.

Entgegen den Äußerungen seiner Schwester tritt Robespierre jedoch nicht von seinem Amt zurück. Er muß seinen Lebensunterhalt verdienen, und außerdem verurteilt man nicht alle Tage einen Menschen zum Tode. Zudem gibt es ja die Fälle, bei denen sich der Advokat als Verteidiger des Idealen fühlen darf. Maximilien hat sich von Maître Liborel, seinem Gönner, getrennt. Zweimal kommt es sogar dazu, daß er gegen ihn auftritt und gewinnt. Der natürliche Entwicklungsgang seines Lebens scheint Robespierre dazu zu führen, sich gegen die zu erheben, die ihn in seinen Anfängen unterstützten. Er wird Sekretär von de Madre, dem Präsidenten des Conseil d'Artois. Dann schließt er sich Maître Buissart an, der anderen einflußreichen Persönlichkeit unter den Advokaten von Arras. Das zeigt, daß er immer noch Unterstützung nötig hat.

Als Buissart den Auftrag erhält, gegen den Amtmann von Saint-Omer das Recht eines Maître Vissery zu verteidigen, auf seinem Haus einen Blitzableiter anzubringen, überträgt er Maximilien diesen Fall, nachdem er selber das Dossier vorbereitet hat. Ein solcher Prozeß ist ganz nach dem Geschmack des ausgehenden 18. Jahrhunderts, in dem die Schöngeister auf Wissenschaft und Fortschritt stolz sind. Ein glänzender Fall, diese Auseinandersetzung zwischen dem Verteidiger des Blitzableiters, einer Entdeckung, die in aller Munde ist und die jeder ausprobieren möchte, und dem rückständigen Amtmann.

Selbst Paris sieht nach Arras! Maître Buissart veröffentlicht sein Gutachten. Der »Mercure de France« berichtet in einem Artikel, dessen Autor ohne Zweifel Buissart selber ist, »von dem berühmten Prozeß um den Blitzableiter von Saint-Omer, der seit geraumer Zeit die Gemüter erhitzt«. Der Artikel resümiert die Fakten, um dann fortzufahren: »Wir würden uns einer Ungerechtigkeit schuldig machen, wenn wir diesen Artikel beendeten, ohne dem Publikum den Namen der Verteidiger zu nennen, durch deren Talente die Sache des Blitzableiters schließlich triumphierte. Maître Buissart, Advokat am Conseil, hat in dieser Sache ein weithin beachtetes Gutachten abgegeben, das man als interessante physikalische Abhandlung über diesen Gegenstand ansehen muß ...«

Maximilien wird nur in einer Fußnote erwähnt: »Herr de Robespierre, junger Advokat von seltenem Verdienst, hat in dieser Angelegenheit, in der es galt, die Sache von Kunst und Wissenschaft zu verteidigen, eine Beredsamkeit und einen Scharfsinn bewiesen, die von seinem Wissen das höchste Zeugnis ablegen.« In den »Feuilles de Flandre« läßt Buissart einen anonymen Artikel erscheinen, in dem »ein Physikprofessor« das Vergnügen beschreibt, »welches ihm die Rede des Verteidigers, ein wahres Meisterstück an Gelehrsamkeit und Redekunst, bereitet habe. Der junge Advokat, der sie geschrieben hat, M. de Robespierre, hat damit seine Begabung unter Beweis gestellt.«

So erscheint Robespierres Name zum erstenmal indirekt, als Anmerkung, in der Presse. Allerdings hat er ja auch nur den Text Buissarts vor dem Conseil d'Artois kommentiert. Er hat ironisch »einen in Saint-Omer unter dem Spitznamen Bobo sehr bekannten Mann« erwähnt, »der schon lange einen ehrenhaften Salathandel betreibt, ohne damit reich geworden zu sein«. Dieser Mann lebe »in einer unterirdischen Höhle — einer Art von Höhlen, die gewöhnlich Keller genannt« werde, fährt Robespierre spöttisch fort. »Der Blitzableiter des Herrn de Vissery hat die Ruhe dieses ehrenwerten Bürgers gestört, er fürchtet, daß der Blitz sein armseliges Heim zerstören könnte . . . Sollte dieser Bobo es fertigbringen, eine der größten Entdeckungen des Jahrhunderts aus unserer Provinz zu verbannen?«

Herablassend bringt Maximilien so die Lacher auf seine Seite, aber das genügt ihm noch nicht. Er will die Sache, die so gut angefangen hat, ausbeuten. Man spürt, mit welchem Eifer er sein Plädoyer zu nutzen sucht, um sich von der Bevormundung durch Maître Buissart zu befreien. Er will veröffentlichen und sich dadurch einen Namen machen. Nachdem er mehrmals eindringlich darum gebeten hat, erklärt sich sein Klient einverstanden, die Plädoyers auf seine Kosten drucken zu lassen, und gleich nach ihrem Erscheinen schickt er sie an den »Mercure de France« und an Benjamin Franklin. Auch das spricht für seinen Willen, eine traditionelle Karriere zu machen, und bestätigt, daß er ohne Schwierigkeiten, jedenfalls vorläufig, die sozialen Spielregeln anerkennt.

Dabei fehlt es ihm nicht an Geschicklichkeit. In dem Brief an Benjamin Franklin erwähnt er nicht einmal den Namen Buissarts. Aber das Ergebnis ist mager. »Maximilien Robespierre, kaum dem Jugendalter entwachsen«, ist dem »Mercure de France« vom 1. Mai 1784 keinen Artikel wert; nur seine Publikationen werden angekündigt. Auch die Bewohner von Arras wissen nicht, wer Maximilien ist. Als er die Stadt verläßt, um nach Carvin zu reisen, wird er von den Angestellten der Poststation in Meaulens nicht gegrüßt, was »ihn tödlich verletzt«. »Ich habe immer eine sehr große Eigenliebe besessen«, schreibt er.

»Eigenliebe« – dieser Ausdruck, der immer wiederkehrt, ist symptomatisch. Robespierre lebt nur durch die anderen, ihre Gleichgültigkeit tötet ihn. Wenn irgendwelche Dienstboten ihn nicht kennen, ist er schon verwirrt, und die Wunde aus der Kindheit ist von neuem aufgerissen. Alles ist besser als die Anonymität, und sein Leben in diesen ersten Jahren in Arras wird von der Anstrengung gekennzeichnet, ihrem Dunkel zu entfliehen. Das ist sicher ein Zeichen von Ehrgeiz, vor allem aber drückt sich darin sein Wille aus, als gleichberechtigt und doch als unvergleichlich anerkannt zu werden. Was Robespierre vor allem fürchtet, ist kühle Gleichgültigkeit; er gehört zu denen, die lieber gehaßt werden, denn auch Haß ist für ihn ein Lebenselement.

Ein Schöngeist aus Arras

Nach der Rückkehr von seiner Reise nach Carvin gelingt es Maximilien im Glanze seiner ersten Erfolge, in die Akademie von Arras aufgenommen zu werden, in der sich alle »Schöngeister« der Stadt versammeln.

Am 4. Februar 1786 wird er zu ihrem Vorsitzenden gewählt und steht damit im Alter von 28 Jahren im Mittelpunkt des literarischen und gesellschaftlichen Lebens der Stadt. So setzt er seinen schnellen und in traditionellen Bahnen verlaufenden Aufstieg mit Klugheit und Geschicklichkeit fort. Maximilien wird, wie es sich für das Mitglied einer Akademie gehört, zum Schriftsteller. Damals gibt es in Frankreich eine Unzahl literarischer Wettbewerbe. Jede Akademie veranstaltet andere, und jeder schöngeistige Zirkel kultiviert seine eigenen Dichter und

Philosophen. Die theoretische Auseinandersetzung um philosophische Gegenstände ist eine Modeerscheinung, und in Frankreich ist sie besonders stark vom rhetorischen Ideal eines schönen Stils geprägt.

Die Vielzahl solcher Traktate zeugt, über ihren häufig oberflächlichen Gehalt hinaus, von der Bedeutung der geistigen Anregung und von der Verbreitung der Ideen, die Montesquieu und Rousseau verfochten hatten und die dann abgeschwächt und verharmlost unter der Feder ihrer zahlreichen Nachahmer in der Provinz weiterlebten.

Zu letzteren gehört auch Maximilien. Er nimmt mit einer sechzigseitigen Preisschrift an einem Wettbewerb der Akademie von Metz teil über das Thema: »Warum fällt die Schande eines Verbrechers auf alle Mitglieder der Familie zurück?« Maximilien bekommt als Preis eine Medaille und 400 Pfund zugesprochen. In aller Eile läßt er seinen Text drucken, und Pierre-Louis Lacretelle, der in Metz den ersten Preis gewonnen hat, widmet ihm am 3. Dezember 1785 im »Mercure de France« einen langen Artikel. Das ist sein erster Erfolg. Natürlich spricht Lacretelle mit Herablassung von diesem Autor, »der niemals in Paris gelebt hat, wo der Umgang mit gebildeten Menschen das Talent entwickelt und den Geschmack vervollkommnet«. Aber sein Werk sei, so fügt er hinzu, »voll richtiger Ansichten und zeigt Züge eines glücklichen und wahren Talents . . . Es läßt einen klaren, richtig denkenden Geist erkennen.« Maximilien kann zufrieden sein. Sein Ruhm ist nicht mehr auf eine Fußnote zu einem Artikel beschränkt, der seinem Förderer gewidmet ist.

Dennoch findet sich in seiner Schrift nichts Außergewöhnliches. Plattes Lob auf Ludwig XVI. wechselt ab mit dem Ruhm auf »das heilige Gebäude unseres Rechts« und die »Würde des ehelichen Bandes«. Statt persönlicher Kühnheit nur das magere Echo eines Montesquieu. Das Ganze ist das Werk eines jungen, fleißigen Juristen, der im Ton gemäßigt fortschrittlich, mit ernster Würde akademische Ehren zu erlangen und bekannt zu werden sucht.

Im Jahre 1785 erneuert er seine literarischen Versuche und unterbreitet der Akademie von Amiens eine Lobrede auf Gresset, einen unbedeutenden Dichter; diesmal erhält er keine Auszeichnung. Trotz seiner Enttäuschung läßt er den Text veröffentlichen und widmet ihn seinen Freunden, woraufhin ihn Ferdinand Dubois de Fosseux, der ständige Sekretär der Akademie von Arras, mit folgenden Versen beweihräuchert:

»Was! Dieses hohe Ruhmeslied, mit welchem du ihn ehrst,
erschien zu schwach den Bürgern deines Vaterlands!
Nur Mut! Verfolge deinen Lauf . . .
Und fürchte nichts! In meine Arme flieg mit Zuversicht,
der Unschuld Rächer, du, der Unglückselgen Licht!«

In der Tat kommt es Maximilien weniger auf Gresset an als auf die neue Stufe des Ruhms, die er zu ersteigen gedenkt. Dabei kann ihm der Gegenstand gleichgültig sein.

Ein letzter Beweis dafür, daß er zur guten Gesellschaft von Arras gehört, ist seine Aufnahme in die Gesellschaft der »Rosati«, in der sich ein Teil der ortsansässigen Akademiemitglieder zusammengeschlossen hat. Bei ihren festlichen Zusammenkünften schmieden sie Reime über schnell vergessene Dinge und machen sich vor allem die übertriebensten Komplimente. Die »Rosati« sind einer dieser Provinzklubs, in denen man Lobeshymnen singt und zuhört, nur um selber wieder besungen und angehört zu werden. In der Begrüßungsansprache wird Robespierre gefeiert als »derjenige, der seit seinen ersten Anfängen in der Anwaltskarriere die Aufmerksamkeit seiner Landsleute auf sich gezogen hat . . . ein Mann von höchster Begabung . . . der auch einen gefälligen Vers zu schmieden weiß«. Nach den Worten des Abbé Herbet weiß Maximilien »zu singen, zu lachen und zu trinken«, und Dubois de Fosseux berichtet, »mit welchem Vergnügen man ihm zuhört. Wenn man sieht, wie er sich unter die Schäferinnen des Landes mischt und ihre Tänze durch seine Gegenwart belebt, dann ist man geneigt zu glauben, er sei geschaffen, um unter den Rosati seinen Sitz zu haben. Er gleicht dem Gott der Beredsamkeit, der sich zu den Sterblichen herabläßt . . .«

Mitte November 1785 scheint vor Maximilien Robespierre, dem gefeierten Akademiemitglied, dem geistlichen Richter und Advokaten, der sich schon einen Namen gemacht hat, das ruhige und behäbige Leben eines Provinzadvokaten zu liegen.

Doch im Jahre 1786 gerät das politische und soziale Leben Frankreichs in Bewegung. Diese Unruhe wird auch Robespierre erschüttern und seine Wunden erneut aufreißen, die er zwar manchmal vergißt, die sich aber niemals schließen, weil sie im Grunde unheilbar sind.

Solange Maximilien noch unbekannt war, war er zurückhaltend, ahmte die anderen nach und war vor allem darauf bedacht, niemandem zu mißfallen. Die akademischen Lorbeeren, die Reden, die Artikel im »Mercure de France« berauschen ihn. Er hat nicht begriffen, daß diese Erfolge nur die Frucht seines Einordnungsvermögens und seiner intellektuellen Zurückhaltung sind. Man ehrt ihn, weil er der bescheidene Schüler eines Liborel oder Buissart ist und als solcher niemandem gefährlich wird. Die Akademie von Metz, Lacretelle oder die Rosati wollen nicht Maximilien Marie Isidore de Robespierre auszeichnen, sondern den klugen jungen Mann, der sich den Verhältnissen anzupassen weiß und dessen jugendlicher Ehrgeiz sie nicht beunruhigt. Maximilien sucht etwas anderes. Er möchte um seiner selbst willen anerkannt werden, für das, was in seinem tiefsten Innern seine Eigenart ausmacht. Nachdem er so lange Zeit die anderen nachgeahmt hat, muß er diese Maske ablegen. Seine Erfolge lassen ihn glauben, daß dies möglich sei, und die in Bewegung geratene Geschichte dieser Jahre legt es ihm nahe zu handeln.

Seit 1776 hatte zuerst Turgot, später Necker vergeblich versucht, die Monarchie zu reformieren. Es war ihnen nicht gelungen, deren Schwächen zu beseitigen. Die Schwierigkeiten häuften sich: Krise in der Landwirtschaft, Krise der Industrie im Gefolge des französisch-englischen Vertrages von 1786, schließlich die Finanzkrise, die sich durch die Teilnahme am amerikanischen Unabhängigkeitskrieg noch verschlimmerte und in der alle anderen Krisen gipfelten. Um sie zu lösen, müßte es der Monarchie zunächst gelingen, die privilegierten Stände zum Zahlen zu zwingen; aber es fehlt ihr an Kraft, den Widerstand der ständischen Ordnung zu brechen, deren Interessenvertreter und symbolische Verkörperung sie selber ist. Ein solches Unternehmen käme einer Selbstzerstörung gleich. Unter Colonne wird ein zaghafter Versuch gemacht, Ordnung in die Finanzen zu bringen; aber die Ständeversammlung widersetzt sich, und Colonne muß im April 1787 die oberste Finanzbehörde verlassen. Sein Nachfolger Brienne trifft auf dieselben Widerstände. Hinzu kommt noch der Unwillen der Parlamente, als Lamoignon sie reformieren will. Die souveränen Gerichtshöfe und die noch aus der Feudalzeit stammenden Regionalparlamente lehnen sich gegen die absolutistische Königsherrschaft auf, so daß ihre Revolte mit der des Adels zusammenwirkt. Der Widerstand, den die privilegierten Schichten den Rechts- und Steuerreformen entgegensetzen, löst zunächst in den Städten mit eigener Gerichtsbarkeit Unruhen unter dem Volke aus. Der dritte Stand und zuletzt auch die Masse des Volkes schließen sich dem Widerstand der Aristokraten gegen den König an und bestimmen mehr und mehr das Geschehen. Von diesem Augenblick an ist das ganze Gebäude des Ancien Regime bedroht. Am 19. November 1787 kann Ludwig XVI. zwar vor dem Pariser Parlament erklären: »Diese Maßnahme ist legal, weil ich es will.« Aber in Wirklichkeit wird seine absolute Herrschergewalt mehr und mehr in Frage gestellt. Noch haben die privilegierten Schichten jedoch nicht begriffen, daß sie mit dem Angriff auf das Königtum auch sich selbst in Gefahr bringen.

Im April 1787 wird in Paris »Die Hochzeit des Figaro« aufgeführt, die mit denen ins Gericht geht, »die sich die Mühe machten, geboren zu werden«. Ein Jahr später gründen La Fayette und Mirabeau den Club Constitutionnel.

Durchbruch zum eigenen Ich

In Arras kommt Robespierre, unter dem Eindruck seiner Erfolge und getragen von der allgemeinen geschichtlichen Entwicklung wie von der Notwendigkeit seines persönlichen Lebens, dazu, gegen einflußreiche Institutionen Opposition zu machen. Endlich legt er die Rolle des Musterschülers ab und versucht, zu sich selbst zu finden und dennoch die Achtung der anderen zu bewahren.

Maximilien übernimmt in einem Fall, in dem der Seilermeister François Deteuf und der Mönch Dom Brogniart aus der Abtei Auchin einander als Kontrahenten gegenüberstehen, die Verteidigung des zu Unrecht des Diebstahls bezichtigten Deteuf. Dabei macht er die Benediktiner von Auchin insgesamt für das verantwortlich, was einer von ihnen verbrochen hat.

Hier zeichnet sich zum erstenmal hinter der Maske des gelehrigen und respektvollen Schülers das energische Gesicht des wahren Robespierre ab. Er findet den Mut dazu, weil der Fall klarliegt; denn Dom Brogniart ist nur ein diebischer Mönch, der auf Geheiß seines Priors eingesperrt worden ist, und der Deteuf verleumdet hat, um seine Diebereien zu vertuschen. Auch die Abtei vom Heiligen Erlöser in Auchin hat keinen guten Ruf im Lande. Selbst Monsignore de Conzié hätte sich dem Angriff Maximiliens gegen die Mönche nicht widersetzt. Aber er hat den Mut vor allem deshalb, weil seine wiederholten Erfolge ihn unwiderstehlich dazu treiben, eine tiefere und echtere Genugtuung zu suchen. Der Fall Deteuf läßt Robespierre in dem Augenblick zu sich selbst finden, als im ganzen Königreich das vorrevolutionäre Fieber spürbar wird.

Er veröffentlicht sein Plädoyer, noch bevor der Prozeß selbst stattgefunden hat, ein Verfahren, das in Arras bis dahin unüblich war. Er greift darin seine Gegner heftig an: »Man muß außerdem«, schreibt er, »an die Ausschweifungen erinnern, die dieses der Religion und der Tugend geweihte Haus beschmutzt haben.« In einzelnen Sätzen spürt man, daß bei Robespierre die Erinnerung an die eigene unglückliche Kindheit wieder wachgeworden ist. Er spricht von »der unterdrückten Unschuld«, »schlimmstem Elend« und »Verfolgern«. Natürlich beteuert er, daß die Religion »durch die Laster ihrer Anhänger« nicht in Mitleidenschaft gezogen werden kann. Aber er weiß ganz genau, daß er von der Zensur bedroht ist; doch, so schließt er, »es gibt eine Stimme, auf deren Urteil man bauen kann. Wer immer das Gute getan hat, findet sie in seinem tiefsten Herzen.«

Das ist ein wichtiger Hinweis: Die letzte Berufungsinstanz für Maximilien ist das eigene Gewissen. Schon hier erweist sich sein ungeheuerer Stolz als Kompensation seiner früheren Erniedrigung. Dem hartnäckigen Bemühen, den anderen gleich zu werden, tritt nun das Gefühl zur Seite, unvergleichlich zu sein.

Die Mönche wehren sich gegen den Angriff. Sie werden von

Maître Liborel verteidigt, und bei ihm ist der Zorn des Mannes zu spüren, der sich von dem jungen, ehrerbietigen Advokaten, den er beim Conseil d'Artois eingeführt hat, hintergangen fühlt.

Nach Liborel bringt Robespierre »beleidigende Dinge . . ., die mit der Sache gar nichts zu tun haben . . . und verleumderisch sind«, ins Spiel, und da »die Schrift, die sie enthält, gedruckt . . . und im Handel ist, bevor noch die Sache selbst zum Austrag gekommen ist, vermag man darin kaum das Werk eines Mannes zu sehen, der ein öffentliches Amt bekleidet, wodurch er sich dem Staat hätte verpflichtet fühlen müssen, und dessen Weisheit in seinen schriftlichen Äußerungen dem hohen Adel seines Amtes entsprechen müßte«.

Liborel beantragt eine Rüge gegen Robespierre, weil es sich in seinem Gutachten »nicht um einige wenige gewagte oder nicht genügend bedachte Ausdrücke handelt, die in der Hitze des Gefechts hätten unterlaufen können. Es handelt sich ganz einfach um üble Nachrede . . .«

In juristischer Hinsicht endet der Fall Deteuf mit einem Vergleich. Aber in Zukunft ist Maximilien gezeichnet. Die Kühnheit zahlt sich nicht aus. Die Fälle, die man ihm anvertraut, werden seltener, so daß er im Jahre 1788 weniger zu tun hat als sechs Jahre zuvor, zu Beginn seiner Karriere.

Er wollte zu sich selbst finden und erfährt dabei erneut Isolierung, Angriffe und schließlich Erniedrigung, eine Situation, die ihm seit seiner Kindheit vertraut ist. Hat er diese Rückkehr nicht immer unbewußt gesucht?

Denn er hat nur die Wahl zwischen zwei Möglichkeiten: entweder wählt er die Einsamkeit und damit seine eigene Wahrheit, oder er wählt ein ruhiges Leben voller Lüge. Der Fall Deteuf jedoch hat ihm eine Möglichkeit gezeigt, bekannt und beachtet zu werden – und das heißt für ihn: lebendig zu sein und sich zugleich mißhandeln zu lassen. Damit bleibt er den beiden Grundtendenzen seines Lebens treu, der Suche nach der Schuld und nach der Anerkennung durch die anderen. Von nun an engagiert er sich und trägt seine Entrüstung zur Schau, wie etwa bei der Verteidigung einer Madame Pange, der Frau eines Pfandleihers, wobei er die »Blutgerüste, die vom Blut der Unschuldigen triefen«, verurteilt. »Ich sehe«, ruft er aus, »die

Menge dieser Unglücklichen, die in tausend ähnlichen Fällen, von denen man nicht einmal etwas ahnt, an den blutigen Klippen unserer verbrecherischen Justiz zerschellen. Ich fühle die Notwendigkeit, Gerechtigkeit und Menschlichkeit zur Hilfe zu rufen da, wo die Unvollkommenheit der Gesetze ihnen diese vorenthält.«

Einsamkeit

Von neuem macht sich Robespierre durch diese Angriffe unbeliebt. Zwar gewinnt er seinen Prozeß, aber der Conseil d'Artois ordnet am 30. Januar 1787 an, »daß alle Ausdrücke in dem gedruckten, von dem Advokaten Robespierre unterzeichneten Gutachten, die der Autorität des Gesetzes oder der Rechtsprechung abträglich sind und eine Beleidigung der Richter darstellen, gestrichen werden«.

Diese Verurteilung kommt für Robespierre nicht überraschend. Wieder hat er, wie im Falle Deteuf, sein Gutachten drucken und verteilen lassen und wohl mit einiger Naivität geglaubt, das Aufsehen, das er auf diese Weise suchte und fand, würde seiner Karriere nicht schaden; denn im Grunde verteidigt er ja nur die Prinzipien, die seit Montesquieu und Voltaire von jedermann anerkannt werden. Die Ereignisse sollten ihm schnell das Gegenteil beweisen.

Man verzeiht ihm nicht, daß er sich seine Popularität allzu schnell erworben hat und daß er Ideen, die in den Salons und den geschlossenen Zirkeln der Schöngeister toleriert oder sogar gefeiert werden, einer breiten Öffentlichkeit zugänglich macht. Robespierre hat gegen die Sitten seines Standes verstoßen, weil er die Leser seiner gedruckten Plädoyers zu Richtern werden läßt. Dieser Mangel an Mäßigung kostet einen jungen Mann die Karriere, wenn er in einer »ordentlichen« Provinzstadt lebt und noch ohne eigenes Vermögen ist.

Maximilien wird nicht mehr zu den Juristenkonferenzen eingeladen, die der neue Präsident des Conseil d'Artois, Briois de Beaumetz, organisiert. Auch vor Gericht tritt er immer weniger in Erscheinung. Das arme Waisenkind, das versucht hat, in der guten Gesellschaft von Arras Eingang zu finden, muß spüren, wie sich die Stadt ihm wieder verschließt. Er weiß, daß er verspielt hat.

Gewiß, noch ist er kein Ausgestoßener in Arras, noch hat er Freunde und Beziehungen. Als Le Sage, ein Mitglied der Gouvernance, ihm öffentlich »die Faust unter die Nase hält« und ihn »Lümmel« und »Mistkerl« schimpft, solidarisieren sich seine Kollegen mit Maximilien. Auch vertraut ihm Maître Buissart weiterhin gewisse Fälle an. Aber Maximilien weiß genau, daß er künftig in Arras einen schweren Stand haben wird und daß seine Karriere kompromittiert ist. Das Ausmaß seiner Enttäuschung ist abzulesen aus seinem »Brief eines Advokaten am Conseil d'Artois an einen befreundeten Advokaten am Parlament von Douai«. In diesem Brief zieht Robespierre eine kritische Bilanz seiner in Arras verbrachten Jahre: »Es gibt wohl kaum eine Stadt«, schreibt er, »in der es für die jungen Athleten, die in der dornenreichen Laufbahn eines Advokaten angetreten sind, schwieriger ist, vorwärtszukommen.«

Skepsis, Enttäuschung und Pessimismus sprechen aus diesen Sätzen. Maximilien beglückwünscht die Advokaten, »deren Erbteil die Mittelmäßigkeit ist. Denn solches ist fürwahr kein Unglück. Die Erfahrung aller Zeiten lehrt uns nämlich, daß eine zu große Berühmtheit einem höchst verderbliche Übel zuziehen kann.«

Maximilien sucht hier sich selbst zu überzeugen: Man muß farblos und blaß sein, zur unauffälligen Masse gehören. Seine Worte lassen spüren, daß er sich anklagt, zuviel gewagt und es nicht verstanden zu haben, sein Wesen der harten, aber nützlichen Disziplin der Mittelmäßigkeit zu unterwerfen. Denn was geschieht, wenn man auf der einen oder der anderen Seite über die Mittelmäßigkeit hinausgeht? Einige »kommen vom gewöhnlichen Wege ab und verlieren sich unter Mißachtung all ihrer Rivalen in den Wolken«, während andere »trotz all ihrer Anstrengungen nur mit Mühe dahinvegetieren«.

Diese neue, am 14. April 1788 veröffentlichte Schrift Robespierres muß die ehrwürdigen Honoratioren von Arras aufs tiefste verletzen, und Liborel wirft Robespierre vor, er habe »das Herz voll schmutzigen Geschäftsinteresses« und »niedriger Habgier« und werde von nichts anderem angetrieben als vom »bloßen Neid«. Damit ist Maximilien noch ein wenig mehr isoliert, seine Zukunft in Arras noch stärker kompromittiert.

Weil er in Arras keine Möglichkeiten mehr für sich sieht,

weil er dort nicht »er selbst« werden kann und weil er auch nicht ein mittelmäßiger Anwalt wie alle anderen bleiben will, trägt er sich mit dem Gedanken, die Provinz zu verlassen und nach Paris zu gehen.

In diesem Moment des Zweifels, in dem, wenn Wille und glückliche Umstände fehlen, die Triebkräfte, die einen Menschen über das gemeine Maß hinausheben, nachlassen können und der Wille zur Macht gebrochen wird, so daß die Klugheit die Oberhand behält und das restliche Leben im Mittelmaß verendet – an diesem entscheidenden Wendepunkt wird die Macht der Geschichte im Leben Robespierres wirksam.

3. Sich einen Namen machen (1788 bis April 1791)

»Der da wird weit kommen: Er glaubt alles, was er sagt.« Mirabeau

Geschichte als Schicksal

Das Jahr 1788 macht Geschichte. Die Parlamente widersetzen sich den Entscheidungen des Königs. Der Staatsrat Duval d'Eprémesnil wird verhaftet. In den Parlamenten hält die Aristokratie an den Ämtern fest, die sie von alters her ererbt hat, und verteidigt ihre einträglichen und ehrenvollen Stellungen.

In Dijon und Toulouse kommt es zu Aufständen; im Béarn belagern die Bauern, aufgeputscht von den Adligen, den königlichen Intendanten in seinem Palast in Pau. In der Bretagne und in der Dauphiné rufen die aristokratischen Zauberlehrlinge zur Revolte auf. Am 7. Juni bricht in Grenoble ein Aufstand aus: Demonstranten bombardieren von den Dächern aus die königlichen Truppen mit Ziegeln. Am 21. Juli rufen Barnave und Mounier im Schloß zu Vizille die Provinzen dazu auf, die Steuerzahlungen bis zum Zusammentritt der Generalstände einzustellen. Außerdem fordern sie, die Zahl der Abgeordneten des Dritten Standes solle verdoppelt werden.

Die Weigerung, dem König weiterhin Geld zu zahlen, ist für die Monarchie eine lebensgefährliche Bedrohung. Da sie sich einer geschlossenen Front gegenübersieht, die von den Bauern bis zu den Aristokraten und von den Mitgliedern des Dritten Standes bis zu den städtischen Massen reicht, gibt sie nach und wendet sich an das Volk.

Am 5. Juli fordert ein Erlaß des Staatsrates alle Gebildeten dazu auf, ihre Meinung zu der Frage der Generalstände darzustellen. Am 8. August werden die Generalstände für den 1. Mai des kommenden Jahres zusammengerufen.

Loménie de Brienne, der Generalkontrolleur der Finanzen, tritt am 25. August zurück, die Parlamente werden aufgelöst, und Necker tritt von neuem an die Spitze der obersten Finanzbehörde.

Dennoch ist damit die Ruhe nicht wiederhergestellt: Man wartet auf die Generalstände, man bereitet sie vor, man demonstriert und publiziert. Auch Maximilien hat sich an die Arbeit gemacht. Er veröffentlicht seinen Aufruf »An die artesische Nation über die Notwendigkeit, die Staaten des Artois zu reformieren«, ein sehr präziser, die Probleme treffender Text, mit dem er seine Wahlkampagne eröffnet.

Man spürt, wie Maximilien aufatmet. Nun scheint ihm die Zukunft, die ihm schon verschlossen schien, wieder offenzustehen, er braucht nur gewählt zu werden. Von diesem Augenblick an arbeitet er zäh und geschickt. In seiner Abhandlung greift er den Abgeordneten des Dritten Standes in der Ständeversammlung des Artois, Maître Desmazière, persönlich an. Er weiß, er muß siegen; denn es gibt Augenblicke, in denen ein Mensch spürt, daß sein ganzes Leben auf dem Spiel steht, daß er mit dem Rücken am Abgrund steht. Für Maximilien ist es entweder der endgültige Mißerfolg seiner ehrgeizigen Pläne oder ein wirklicher Neubeginn. Er bricht alle Brücken hinter sich ab. Er hat es nicht mehr nötig, allen zu Gefallen zu sein, er braucht nur gewählt zu werden, nur dies eine.

Er benutzt seine Plädoyers, um sich an Ludwig XVI. und an Necker zu wenden, dessen Lob er singt. Seine Schwester, seinen Bruder und die letzten Freunde, die ihm noch unter seinen Kollegen verblieben sind, spannt er für die Wahlkampagne ein. Er rechnet vor allem damit, die Stimmen der Ärmsten zu erhalten. Eigentlich kann er nur mit ihnen rechnen; denn unter den wohlhabenderen Schichten des Bürgertums hat er sich schon zu viele Feinde gemacht. So wird er sowohl durch seine eigene Überzeugung als auch durch die politische Notwendigkeit dazu gebracht, seine Haltung der politischen Autorität gegenüber zu radikalisieren.

Aber vor seiner Wahl zum Abgeordneten des Dritten Standes bei den Generalständen hat er noch eine Anzahl unüberwindlich scheinender Hindernisse zu bezwingen.

Die Armen wählen heißt sich selber wählen

Fünfhundert zu keiner Zunft gehörige Einwohner von Arras haben sich am 23. März in der Kirche des Collège versammelt, weil sie im Rathaus nicht genügend Platz finden konnten. Unter ihnen sind 171 Handwerker, 78 Kaufleute, 37 Landwirte, 25 Rentner, 52 Advokaten und 14 höhere Beamte. Sie beraten darüber, wen sie zur Generalversammlung des Dritten Standes abordnen sollen.

Robespierres Freunde setzen sich mit Maître Desmazière auseinander. Als der Oberbürgermeister von Arras, der Baron d'Aix, ihm beispringt, um seine Wahl durchzusetzen, wird er ausgepfiffen, so daß er sich später dem Grafen de Puységur gegenüber über »das ungestüme Betragen« beschwert, »das man in unseren verschiedenen Versammlungen an den Tag legt«.

Da die Autoritäten ihren Einfluß eingebüßt haben, bietet sich für Maximilien eine Chance. In Arras haben ihn die Flugschriften der Notablen verhaßt gemacht, aber er ist durch sie auch bekanntgeworden. Das ist seine Stärke. Robespierre wird als einer der zwölf Delegierten gewählt. Durch diesen ersten Sieg fühlt er sich in seinem Selbstgefühl bestätigt.

Diese Kämpfe um die politische Macht, in denen er notwendig auf der Seite der Niedrigen stehen muß, um Erfolg zu haben, tun ihm gut. Durch sie findet er endlich zu sich selbst: Seit Jahren hat er versucht, Ehre und Ansehen zu gewinnen wie Liborel, und hier findet er, ohne sich selbst verleugnen zu müssen, eine Anhängerschaft. Er findet sie, indem er sich für die Armen einsetzt – dieser Begriff ist hier relativ zu verstehen, da es sich um Angehörige des Dritten Standes handelt – und die Ungerechtigkeit anprangert.

Robespierre empfängt die Abgeordneten der niedrigsten Zunft, der Schuhflicker, und verfaßt ihr Beschwerdenbuch. Sie sind arm, aber sie sind äußerst zahlreich, und in Zeiten politischen Umsturzes zählt das. Für diese seine Stammwählerschaft, also auch im eigenen Interesse, vergißt Maximilien die sonst geübte Zurückhaltung: »Ich gebe zum ersten Mal«, schreibt er, »dem überwältigenden Gefühl nach, das mich dazu treibt, meinen Mitbürgern den Machtmißbrauch aufzuzeigen, der diese Provinz bedrückt.«

Sein Vorgehen bringt ihm Drohungen und Haß ein, so daß seine Umgebung beunruhigt ist und ihm Mäßigung empfiehlt. Aber er geht ganz in diesem Kampf gegen die Welt auf, in dem er endlich auf seiten seines davongelaufenen Vaters stehen kann, der mit allen Konventionen gebrochen hat. Endlich darf er sich als Mann fühlen, weil er nicht mehr der Verräter seines Vaters ist.

Bei der Diskussion über das gemeinsame Beschwerdebuch des Dritten Standes und besonders über den Artikel, in dem gefordert wird, daß die Gemeinden das Recht haben sollten, die Munizipalbeamten selbst zu ernennen, erklärt Robespierre, daß man »das Gefühl sozialer Schicklichkeit opfern« müsse, um sich »dem unglücklichen Volk« zuzuwenden, »das so lange Zeit schon durch alle Arten von Mißständen bedrückt wird«.

Maximilien hat endgültig Partei ergriffen. Er weigert sich, für alle Zeiten jener begabte Schüler zu bleiben, der Karriere macht, und scheut sich nicht vor der Erniedrigung.

Die Angriffe gegen ihn mehren sich. Dubois de Fosseux, sein Mitstreiter unter den »Rosati«, bricht mit ihm. In einer anonymen Flugschrift, in der die Kandidaten für die Generalstände durchgegangen werden, wird Maximilien als »langer Schreihals« und »unersättlicher Prozeßfanatiker« gekennzeichnet, von dem »ein neuer Gallenerguß« zu befürchten steht.

Maximilien hat keine Wahl mehr. Er muß siegen und die Armen, die jetzt sein einziger Reichtum sind, endgültig für sich gewinnen. Für sie fordert er eine Entschädigung für die Arbeitstage, die den Handwerkern durch die Wahlversammlungen verlorengehen. Sein Vorschlag wird abgelehnt, aber er festigt seine Popularität unter den Armen.

Gewählt

Am 30. März tritt die Versammlung des Dritten Standes zusammen. Robespierre ist einer der 49 gewählten Kommissare. Am 3. April ist er der zehnte unter einhundertvierundachtzig Delegierten, die ernannt werden. Der entscheidende Tag rückt näher. Die Wahlen beginnen am 20. April ...

Als Robespierre gegen den Justizminister kandidiert, muß er sich einer Stichwahl stellen und wird schließlich geschlagen. Aber er gibt nicht auf. Man gibt nicht auf, wenn man weiß, daß das ganze Leben davon abhängt. Er nimmt Kontakt mit Charles de Lameth auf, dem einflußreichen und ehrgeizigen aristokratischen Abgeordneten des Artois, der Anhänger unter den zukünftigen Abgeordneten des Dritten Standes sucht.

Vielleicht hat Robespierre sich an ihn verkauft, um bei der Wahl von ihm unterstützt zu werden. Aber das alles ist ihm gleichgültig. Er muß Abgeordneter werden, um jeden Preis. So handelt er im Vertrauen auf seine Reinheit.

Am 26. April läßt er vierhundert Wahlscheine mit seinem Namen an die Bauern der Versammlung verteilen. In einer Rede geht er mit »den illegalen und erpresserischen Erlassen« ins Gericht, »welche die Stände der Provinz und der Intendant herauszugeben gewagt haben«. Er greift den Militärdienst an, der die schon von der Steuerlast erdrückten Bauern ihrer Arbeit entzieht. Er bietet all seine Redekunst auf und wird in der anschließenden Abstimmung gewählt. »Bedrängt vom Zorn aller wider mich verschworenen Mächte«, sollte er im Jahre 1792 schreiben, »und von einem Strafprozeß bedroht, entriß mich das Volk meinen Verfolgern, um mich in den Schoß der Nationalversammlung zu tragen.«

Das Volk und die Geschichte, diese beiden Kräfte haben aus Robespierre Robespierre gemacht. Aber noch ist er ein Unbekannter unter den tausendeinhundertneununddreißig Abgeordneten der Generalstände. Der Dritte Stand zählt 568 Vertreter, darunter allein 200 Advokaten! Maximilien ist nur einer von ihnen und kann in keiner Weise mit Mounier oder Barnave, seinen Kollegen aus Grenoble, rivalisieren, die ganz Frankreich als Helden von Vizille kennt. Ebenso bekannt sind Volney, Dupont de Nemours und Mirabeau, ebenfalls Abgeordnete des Dritten Standes, oder La Fayette, ein Vertreter der Adligen, der jedoch als Patriot bekannt ist.

Robespierre wird zwar in Arras gefeiert, aber in Versailles Anfang Mai 1789 ist er nur ein unbekannter Abgeordneter von 31 Jahren. Er zieht seine ganze Kraft nur aus dem Glauben an seine Mission ... und aus seiner leidenschaftlichen Ungeduld, endlich eine Rolle zu spielen, die ihm angemessen ist.

Das Fieber, das ihn ergriffen hat, ist in ganz Frankreich und vor allem natürlich in Versailles zu spüren. Seit 1614 waren die Generalstände nicht mehr zusammengetreten, und alle, vom König bis zum letzten aus Paris herbeigelaufenen Gaffer, spüren, daß dies ein historischer Augenblick ist. Im Lärm der Wagen sucht die Menge der Neugierigen die Abgeordneten zu erkennen, diese 1139 Männer, die trotz ihrer leidenschaftlichen

Gegensätze alle überzeugt sind, daß von ihnen in erster Linie die Zukunft abhängt. Ihr feierlicher Ernst zeugt davon, daß sie sich für die Verkörperung der Geschichte halten, und in der Erinnerung an die klassischen Studien, die die Grundlage der Erziehung in den Kollegien bilden, lebt in ihnen und durch sie der Römische Senat wieder auf.

Aber damit ist die Übereinstimmung zwischen ihnen auch schon erschöpft; denn die einen träumen von Augustus, andere von Cäsar, einige auch schon von Brutus.

Robespierre hat sich entschlossen, mit drei anderen Abgeordneten des Dritten Standes, die als »Landwirte« die selbständigen Bauern des Landes um Arras vertreten, zusammenzuwohnen. Sie leben alle vier in der Rue Sainte-Elisabeth im Hotel du Renard.

Auch dieser Entschluß ist für Maximilien kennzeichnend. Er will mit denen zusammenbleiben, die – wenn auch in anderer Weise als er – dem Volk, das in den Ständen nicht vertreten ist, am nächsten stehen. Er trennt sich von seinen beiden Kollegen, die mit ihm als Vertreter des Dritten Standes gewählt worden sind. Dieses Verhalten, das nur eine logische Folge aus den schon in Arras bezogenen Positionen ist, zieht ihm die offene Feindschaft seiner Landsleute zu.

In den »Anschlägen aus dem Artois« vom 1. Mai 1789 ist er der Abgeordnete des Dritten Standes, der am heftigsten angegriffen wird. Der Notar aus Arras, der diese Flugschrift verfaßt hat, untersucht die verschiedenen »Pferde«, aus denen sich »der Rennstall des Artois« bei den Generalständen zusammensetzt. Robespierre wird dort als »der zornige junge Mann« dargestellt, »ein heißblütiges, draufgängerisches Rennpferd, das weder Zaumzeug noch Gerte kennt; es ist tückisch wie ein Maulesel, beißt nur von hinten und fürchtet die Peitsche«.

Beschimpfungen sind der Preis, mit dem man für seine Überzeugungen zahlt. Doch Maximilien hat in diesen ersten Maitagen gar nicht die Zeit, sich bei diesen Beschimpfungen aufzuhalten. Sein neues Leben fasziniert ihn. Die Ereignisse, an denen er teilnimmt, überzeugen ihn endgültig davon, daß er zu denen gehört, die über das Los des Landes entscheiden werden. Sein Skeptizismus ist völlig verschwunden, und an seine Stelle ist ein beinahe religiöser Ernst getreten.

Am 2. Mai werden die Abgeordneten der Generalstände dem König vorgestellt. Er empfängt den Klerus in seinem Arbeitszimmer bei verschlossenen Türen, den Adel bei offenen Türen, während die Vertreter des Dritten Standes im Schlafzimmer Ludwigs XVI. ihre Aufwartung machen. Alles erinnert Robespierre und die anderen Abgeordneten des Dritten Standes an ihren niedrigeren Rang. Maximilien trägt bei der Gelegenheit das offizielle Kleid seiner Berufsgruppe, Rock, Weste und Hose aus schwarzem Tuch, einen kurzen Seidenmantel und eine Musselinkrawatte. Sein bleiches Gesicht hebt sich von dem strengen Schwarz ab. Am 4. Mai zieht er in langsamer, feierlicher Prozession mit den anderen Abgeordneten durch die Straßen von Versailles zur Messe. Eine unzählige Menschenmenge ist aus Paris herbeigeströmt und säumt die Straßen.

Maximilien verliert sich in der dunklen Masse des Dritten Standes, die mit dem Rot und Violett des Klerus und dem Gold und Weiß des Adels kontrastiert.

Aber die Zurufe und das schmückende Beiwerk gelten auch ihm. Er gehört zu denen, die »berufen sind, eine Rolle bei den größten Ereignissen zu spielen, die je die Welt erschüttert haben«, wie er damals schreibt.

Bei jedem Schritt unter dem Blick der unbekannten Menschen spürt er, daß er lebt. Endlich hat man ihn ausgezeichnet, er ist der Erwählte dieser Menge. Ihm, dem unbekannten und verlassenen Waisenkind, wird zugejubelt. Er war ausgeschlossen, und jetzt ist er — diese Worte haben ihre ganze Bedeutungsschwere — »berufen, eine Rolle zu spielen«. Er spielt nicht mehr hinter einer Maske eine unbedeutende Nebenfigur, gefällt sich nicht mehr in Nachahmungen der mondänen Welt, wie er es in Arras schlecht und recht versucht hatte. Heute gleicht seine Rolle der eines Rousseau, er braucht nur er selbst zu sein, »der freie und kühne Ausfluß der reinsten Seele«. Daher muß er seine Klarheit, seine Reinheit, seine Einfachheit bewahren. »Ich muß mir selbst und werde bald auch meinen Mitbürgern Rechenschaft über meine Gedanken und meine Taten ablegen müssen.« Er will die Erwartungen nicht enttäuschen, nicht in Vergessenheit zurückfallen, sondern denen treu bleiben, die ihn gewählt und damit gerettet haben.

Dieser würdevolle junge Mann, der da zur Kirche Saint-

Louis schreitet, ist schon bereit, sein Leben dafür hinzugeben, von den Menschen geliebt und geachtet zu werden. Freilich, wenn er gesehen und gehört werden will, kann er nicht der unbekannte Abgeordnete bleiben, der er zur Zeit noch ist; er muß, auch jetzt noch, der Dunkelheit entfliehen.

Darum wird er sich bemühen.

Die nötigen Beziehungen

All das ist nicht einfach. Man muß sich den Großen nähern. Maximilien erinnert Necker daran, er sei dieser Advokat aus Arras, der die Sache mit dem Blitzableiter durchgefochten und Neckers Lob gesungen habe. Er wird zum Abendessen eingeladen, wo er die Bekanntschaft Madame de Staëls, der Tochter des Ministers, ferner Mirabeaus und Barrères macht.

Und Maximilien erkennt, daß er es mit Menschen ähnlich denen zu tun hat, die er in Arras gekannt hatte; gewiß, sie sind Persönlichkeiten von ganz anderem Gewicht, aber doch von derselben Art. Am 18. Mai charakterisiert er sie in einem Brief an Buissart, und die Sicherheit und Schnelligkeit seines Urteils beweist, daß er seine intellektuelle Schüchternheit gänzlich abgelegt hat. Er berücksichtigt die Großen in seinen Plänen, aber er sieht sie, wie sie sind. In der Art, wie er sie mit einem Wort ihrer Aura entkleidet – Mirabeau »ein Nichts«, Mounier, »der ehrgeizige Pläne und Verbindungen zu den Ministerien hat«, Target, »dem man wankelmütige Prinzipien nachsagt«, Malouet »von Unnatürlichkeit versteinert« –, ahnt man bei Maximilien die Überzeugung, daß er selber aus einem anderen Holz geschnitzt sei.

Seine eiskalten, präzisen Urteile bekräftigen seine lebhafte Sicherheit, er werde künftig eine Rolle spielen. Noch nimmt man, wie er im Juni 1791 schreiben wird, »in der Versammlung kaum Notiz von ihm«, aber schon bietet er »sein Leben der Wahrheit als Opfer an«, woraus deutlich hervorgeht, daß er weiß: Seine Stunde wird kommen.

Am 6. Mai hat der Dritte Stand beschlossen, daß seine Mitglieder die Kommunen vertreten. Am 18. Mai wird darüber diskutiert, wie man den Klerus veranlassen könne, sich dem Dritten Stand anzuschließen. Robespierre geht aus sich heraus, er spricht zum ersten Mal. Seine Selbstsicherheit ist erstaunlich.

Fast eine halbe Stunde lang erläutert er sein Projekt einer Rede an den Klerus. Selbst wenn er nicht durchdringt, ist es wichtig für ihn, gesprochen zu haben. Er gehört schon nicht mehr zu den Schweigsamen, zur anonymen Masse des Dritten Standes.

Im übrigen verkehrt Maximilien im Café Ammaury in Versailles. Dort, in der Nähe des Hotels des Menus Plaisirs, in dem die Generalstände tagen, versammeln sich die Abgeordneten der Bretagne, um jeweils am Vorabend der Sitzungen die Situation zu diskutieren und die Gesetzesvorlagen vorzubereiten. Dieser Club Breton, dem auch Mirabeau angehört, ist der erste Versuch einer politischen Gesellschaft. In ihm gelingt es Robespierre, Beziehungen anzuknüpfen.

Sonst aber verläuft sein Leben sehr einfach. Von seinem Hotel geht er zu den Generalständen und von dort ins Café Amaury. Er liest die Zeitungen und Flugschriften und bereitet auf das genaueste seine Diskussionsbeiträge vor. Mit der leidenschaftlichen Hingabe eines Menschen, für den sein Amt sein ganzes Leben bedeutet, beobachtet er die anderen.

Er hat keine Familie zu versorgen: Bruder und Schwester sind in Arras geblieben. Zwischen ihm und der Geschichte gibt es kein Hindernis. Die anderen sind durch ihre Liebschaften, ihre Aufgaben, ihre Herkunft, ihre müde Skepsis oder ihre Begierden in das alltägliche Leben verstrickt. Für Maximilien beschränkt sich das Leben auf die Sitzungen in den Generalständen, auf die historischen Ereignisse.

Sein Leben spielt sich im luftleeren Raum ab: einfache Mahlzeiten, selten einmal ein Treffen mit Freunden, manchmal ein Abend im Theater, ein Leben, in dem die Bedürfnisse des Körpers von einem geistigen Lebensentwurf verdrängt werden.

Dieses abstrakte Leben versetzt Maximilien in die Lage, sich mit der Geschichte zu identifizieren, dieser abstrakten Rekonstruktion der Vergangenheit und der Gegenwart. So ist er von Natur aus auf die bedeutenden geschichtlichen Ereignisse hin angelegt, in denen die individuellen Schicksale und die alltägliche Monotonie im Rausch der kollektiven Tat verschwinden, in denen ein Mann vergessen muß, daß er aus Fleisch und Blut besteht, und nur noch für eine Idee da ist, mag sie nun falsch sein oder richtig, um für sie zu kämpfen oder an ihr zu zerbrechen.

Die Aufmerksamkeit, die er auf sein elegantes Äußeres verwendet, die Zeit, die er damit zubringt, sich zu pudern, zu kleiden oder zu betrachten, sind vor allem ein Zeichen seiner Eigenliebe und seines Narzißmus. Für Robespierre ist es von höchster Bedeutung, sich in der Öffentlichkeit zu zeigen und zugleich seinen Körper zu maskieren. Er verleugnet seinen Körper unter der Seide, den Spitzen, dem Puder und läßt ihn so unter den Abzeichen seiner sozialen Würde verschwinden, die ihm allein wert erscheinen, angeschaut zu werden. Unbewußt zeigt sich darin seine Weigerung, die Leiblichkeit des Menschen anzuerkennen.

Fern der Wirklichkeit

Wenn die Ideen über die Wirklichkeit zu triumphieren scheinen wie in Zeiten der Revolution, kann diese Haltung eine Stärke sein.

Am 20. Juni legt Maximilien als fünfundvierzigster den Schwur im Jeu de Paume ab. Drei Tage später befindet er sich unter den Abgeordneten des Dritten Standes, als Mirabeau in seiner Antwort an Monsieur de Brézé den Willen des Volkes dem Willen des Königs gegenüberstellt. Auch sonst arbeitet Maximilien stets mit Mirabeau zusammen, obwohl er ihn für korrumpiert hält. Am 9. Juli verfaßt Mirabeau eine Denkschrift an den König, in der dieser aufgefordert wird, die um Paris zusammengezogenen ausländischen Truppen abzuziehen; Robespierre wird von Mirabeau ausgewählt, um mit 25 anderen Abgeordneten des Dritten Standes das Dokument dem König zu überbringen. So tritt er zwar aus der anonymen Masse hervor, aber er hat noch keinen Einfluß auf die Ereignisse.

In dieser Zeit flammt in Paris die Revolution der Volksmassen auf. Am 1. Juli verkündet Marat in seinem Pamphlet »Eine Warnung an das Volk«: »Die Minister haben ihr wahres Gesicht gezeigt. Ihre einzige Zuflucht ist der Bürgerkrieg, und daher umringen sie das Volk mit der schrecklichen Kriegsmaschinerie von Soldaten und Bajonetten ...!«

Am 11. Juli wird Necker entlassen, am 12. schießt das Königlich Deutsche Regiment des Prinzen de Lambesc bei den Tuilerien auf die Menge. Camille Desmoulins ruft, auf einem Tische stehend, der Menge zu: »Zu den Waffen, pflanzen wir die

Kokarde auf!« Hier in Paris bricht der Sturm los, während Maximilien in Versailles ist.

Vom ersten Tag der Revolution an muß man feststellen, daß ihn sowohl seine Stellung als Abgeordneter des Dritten Standes als auch seine Herkunft von der Masse trennen.

Paris wird von bewaffneten Banden unsicher gemacht, und die Französische Garde fraternisiert mit den Handwerkern und Arbeitern des Faubourg St-Antoine. Danton spricht zu den Distriktsversammlungen der Cordeliers, Desmoulins gibt seine Parolen aus, Marat ruft zu den Waffen. Doch während am 14. Juli die Bastille gestürmt wird und die ersten Köpfe rollen, hält sich der Parlamentarier Robespierre in Versailles auf, fern von den blutigen Ereignissen der Straße. Dagegen gehört er zu den drei- oder vierhundert Abgeordneten, die den König am 17. Juli nach Paris begleiten »aus einem doppelten Grunde«, wie Bailly, der Bürgermeister der Stadt, schreibt, »um den König zu ehren, zugleich aber auch, um ihn mit den Vertretern der Nation in einem Augenblick zu umgeben, wo er sonst ohne Schutz gewesen wäre«.

Mitten durch die schweigende und bewaffnete Menge zieht Robespierre mit den anderen Abgeordneten in Paris ein. Die Gewalttätigkeiten haben zu diesem Zeitpunkt für einige Tage nachgelassen. Der König hat die neue Trikolore angesteckt und erkennt die Bürgergarde an. Ohne Überzeugung und mit schwacher Stimme erklärt er: »Ihr könnt stets auf meine Liebe zählen.« Dann kehrt Ludwig XVI. unter dem Applaus der Menge schweigsam nach Versailles zurück.

Maximilien hat vom Volk nur diese äußere Erscheinung der Großzügigkeit, Friedlichkeit und Wachsamkeit wahrgenommen. Die Wirklichkeit am Tage des Aufstandes sah anders aus. Man hatte die Bastille gestürmt, Heu in Brand gesteckt und es vor sich hergeschoben, um sich so vor den Schüssen der Schweizer zu schützen. Die wütende Menge, die Frauen hatten nach Rache geschrien, und der Koch Desnot hatte der Leiche des Gouverneurs der Bastille, de Launay, mit einem kleinen Taschenmesser den Hals abgeschnitten, »weil er auf Grund seines Berufes Fleisch zu tranchieren verstand«. Diese blutige und gewalttätige Wirklichkeit entgeht Robespierre. Er sieht nur ihre tiefere Bedeutung.

An diesem 17. Juli bekennt er sich in einem Brief an Buissart zu Ludwig XVI. und berichtet, daß er die Bastille besichtigt habe, »deren Anblick nur noch Empfindungen der Freude und Gedanken der Freiheit in allen Bürgern wachruft«.

Der unermüdliche Redner

Nach seiner Rückkehr nach Versailles denkt Maximilien über den 14. Juli nach. Es fällt ihm um so leichter, den Sinn dieses historischen Ereignisses richtig zu erfassen, als er es nur in seiner gereinigten Form und auf seine theoretische Realität reduziert kennengelernt hat.

So ergreift er am 20. Juli das Wort. Es ist keine leichte Kunst, sich in dem Lärm dieses wenig für parlamentarische Debatten geeigneten Raumes durchzusetzen, vor einer Menge, die den Bemühungen eines Unbekannten häufig gleichgültig gegenübersteht. Zudem spricht er noch in »einem trockenen und herablassenden Tonfall«. Seine Aussprache ist manchmal unsicher, und trotz seines Eifers stockt er von Zeit zu Zeit.

Trotzdem erregt seine Rede vom 20. Juli Aufsehen. Die Zeitungen berichten darüber. Maximilien bekämpft die Vorlage von Lally-Tollendal, der wie viele andere Abgeordnete, beunruhigt über die Unordnung in der Hauptstadt, fordert, daß die Stadtverwaltung Soldaten einsetzen dürfe. Dieser Antrag, entgegnet Robespierre, sei »in der Lage, die Freiheitsliebe zu ersticken und laufe darauf hinaus, die Nation dem Despotismus auszuliefern«. Und im Hinblick auf den 14. Juli ruft er aus: »Jawohl, meine Herren, diesem Aufstand verdankt die Nation ihre Freiheit!« Freilich zum Preis von »einigem Blutvergießen, von einigen abgeschlagenen Häuptern. Aber diese Häupter hatten Schuld auf sich geladen.«

Robespierre, der nur prinzipieller Erwägungen fähig ist und in allen Äußerungen zur Abstraktion neigt, tritt in den Dialog mit der Geschichte ein. In seiner Rede vom 20. Juli ist er schon ganz er selbst.

»Rache der Gesetze«, »Strenge der Prinzipien«, »Nachsicht mit den Verschwörern ist Verrat am Volk«, das sind die Stichworte, deren Robespierre sich auf der Rednertribüne jedesmal bedient, wenn das aufständische Volk mit dem Gesetz in Konflikt geraten ist. Unermüdlich wiederholt er, das Volk habe ein

Recht zu handeln, man dürfe es nicht entwaffnen, wenn man nicht zugleich seine Feinde bestrafe.

Die Zeitungen berichten über seine Reden, die in ihrem rhetorischen Schwung schon in die Zukunft weisen. »Wenn die ganze Nation in Gefahr ist«, erklärt Maximilien am 27. Juli, »wird das, was sonst ein Verbrechen ist, eine lobenswerte Tat.«

Schon ist er einigen seiner Kollegen aufgefallen. Bouche, ein Abgeordneter aus der Provence, schreibt: »M. de Robespierre, unser werter Kollege, hat mehrere Male zur allgemeinen Zufriedenheit der Akteure wie der Zuschauer gesprochen. Seine Seele ist groß, erhaben, tapfer und patriotisch.«

Dennoch bleibt er der Masse der Abgeordneten weiterhin ein Unbekannter. Er gehört noch nicht zu den hervorragenden Persönlichkeiten des Dritten Standes. Wenn er zur Tribüne geht, wird das allgemeine Gemurmel lauter.

Am 28. August ergreift er wieder das Wort. Er hat eine Gesetzesvorlage in mehreren Artikeln ausgearbeitet, die »eine ruhige Beratung« ermöglichen soll, damit »ein jeder ohne Furcht vor Störungen der Versammlung seine Meinung darlegen kann«. Er möchte gehört werden, und er möchte die anderen hören. Aber an diesem 28. August verstößt er gegen die Tagesordnung und versucht obendrein, seine Kollegen zu belehren. In der erregten Versammlung geht seine Stimme unter, und er muß gedemütigt die Tribüne verlassen, obwohl Mirabeau – auch das ein Beweis ihrer engen Zusammenarbeit – ihm zu Hilfe geeilt war.

Robespierre kehrt noch einmal auf die Tribüne zurück, aber er ist wie gelähmt, »die unhöfliche Ablehnung, die ihm entgegengeschlagen war, hatte seine Energie vernichtet«. Er ist nicht Manns genug, Gleichgültigkeit oder sogar Feindseligkeit die Stirn zu bieten. Seine krankhafte Empfindlichkeit, die aus der Wunde seiner Kindheit herrührt, erlaubt ihm zwar, sich mit Ideen auseinanderzusetzen, aber anderen Menschen, ihrem Haß oder ihrer Ungeduld gegenüber reagiert er nicht als geschickter Taktiker oder fähiger Redner, sondern wirkt verstört und von allen Schrecknissen der Kindheit erneut betroffen, so daß er unter den Angriffen seiner Gegner erstarrt und ohne Verteidigung ist.

Gegen Ende des Sommers 1789 lebt Robespierre nur für die Nationalversammlung. Zwar verkehrt er weiterhin im Club Breton, aber noch ist es ihm nicht gelungen, sich mit einem Kreis von Bewunderern zu umgeben, deren Aufopferung und Respekt ihm helfen würde, dem Haß, den seine Rechtschaffenheit unweigerlich hervorruft, entgegenzutreten. Er kann nicht wissen, daß der Pfarrer von Grasse und Abgeordnete von Draguignan, Mougins de Roquefort, aus Anlaß der Sitzung vom 28. August schrieb: »Er wird vielleicht einige Mißfallenskundgebungen einiger Individuen für allgemeines Mißfallen gehalten haben, aber man weiß ja, daß es in einer zahlreichen Versammlung unmöglich ist, allen zu gefallen. Man muß ihm daher Gerechtigkeit widerfahren lassen: Er legt großen Eifer an den Tag und verleugnet niemals die Prinzipien, die zur Wiederherstellung unseres Staatswesens führen können.«

In Wirklichkeit läßt die Wiederherstellung der Staatsautorität auf sich warten. Die große Angst macht das Land unsicher. Im Juli und August sind auf allen Straßen Bauern anzutreffen, die mit Sensen und Mistgabeln auf der Suche nach unauffindbaren Räubern die Schlösser im Sturm nehmen und die jahrhundertealten Urkunden verbrennen, auf denen die Rechte der Feudalherren verzeichnet stehen. In der Nacht zum 4. August sieht sich die Nationalversammlung gezwungen, »das Feudalsystem insgesamt abzuschaffen«.

Am 26. August werden die Menschenrechte verkündet, aber in Paris bricht im September eine Hungersnot aus, und Marat schreibt in der zweiten Nummer seines »Volksfreundes«: »Kann man noch daran zweifeln, daß wir von Verrätern umzingelt sind, die unseren endgültigen Untergang suchen?« Immer neue Zeitungen erscheinen, und Camille Desmoulins gibt seine »Rede einer Laterne an die Pariser« heraus. Doch während es in Paris gärt, bleibt Robespierre in Versailles. Auch jetzt noch ist sein Wirkungsfeld nicht die Straße, sondern das Recht und die Konstitution. Marat und Desmoulins schüren den Aufstand, er hingegen kämpft in der Nationalversammlung gegen die Anglomanen, die von einer Revolution der feinen Leute träumen.

Zusammen mit etwa hundert anderen Abgeordneten schreibt er sich bei der Diskussion über das Vetorecht des Königs in die Rednerliste ein, aber die Debatte wird abgebrochen, bevor er noch zu Wort gekommen ist. Am 11. September erkennt die Nationalversammlung mit 575 gegen 325 Stimmen Ludwig XVI. ein Veto mit aufschiebender Wirkung zu.

Maximilien macht es daher wie viele andere Abgeordnete auch, er läßt seine Rede drucken. Etwas Ähnliches hatte er schon in Arras mit seinen Plädoyers gemacht. Nunmehr ist ihm klargeworden, daß er über den Kreis der Abgeordneten hinaus sich an die ganze Nation wenden muß. Aber viele andere haben das auch — und vor ihm — begriffen. »Das Veto des Königs ist sowohl in moralischer wie in politischer Hinsicht ein unfaßbares Monstrum«, schreibt er. Darin allein ist noch nichts Originelles, aber schon verlangt er darüber hinaus, daß für die Wahl der Volksvertreter keine anderen Kriterien gelten dürften »als die der Tugend und der Begabung« und vor allem, daß sie »nur für eine sehr kurze Zeit ernannt werden« dürften.

Ein armseliges Leben

Im September 1789 steht Maximiliens Urteil über die Nationalversammlung fest, und nach diesem ersten Schritt wendet er sich denen zu, die die öffentliche Meinung machen, den Journalisten.

Es ist nur natürlich, daß er sich Camille Desmoulins anschließt, der wie er ehemaliger Schüler des Louis-le-Grand ist, dann Sekretär bei Mirabeau war und nun, seit dem 12. Juli, berühmt geworden ist. Vor 1789 war Camille ein Advokat gewesen, dessen Geschäfte nicht allzugut gingen, und erst die Revolution hat ihm als Autor zündender Pamphlete seine Lebensaufgabe gewiesen. Aber noch ist er darauf angewiesen, die Gänge in der Nationalversammlung in Versailles zu frequentieren; denn die Veröffentlichung eines Pamphlets hat für ihn nicht nur politische Bedeutung, sondern ist auch ein Mittel, seinen Lebensunterhalt zu verdienen. Zwischen ihm und dem würdevollen Maximilien Robespierre klafft ein Abgrund. Robespierre, obwohl nur zwei Jahre älter als Camille, ist Vertreter der Nation und bezieht regelmäßig seine Aufwandsentschädigung als Abgeordneter, von der er gut leben kann. Camille hingegen ist nichts weiter als ein junger Schriftsteller, der seine Zukunft noch vor sich hat.

Maximilien und Camille begegnen sich bei den Duplessis, deren Tochter Lucile Desmoulins' Verlobte ist. Sie wird ihm hunderttausend Pfund als Aussteuer mit in die Ehe bringen. Robespierre kommt von Zeit zu Zeit aus Versailles herüber, um in diesem bürgerlichen Salon über Politik oder die Zukunftsaussichten zu plaudern.

Diese Abende sind außer einigen Spaziergängen seine einzige Zerstreuung. Er steht auch mit einer Frau in Verbindung, für deren Lebensunterhalt er aufkommt. Aber er hat sie ganz an den Rand seines Lebens gedrängt*. Man weiß von ihr nur, daß sie aus sehr einfachen Verhältnissen stammt. »Sie war eine Frau von 26 Jahren, die er ziemlich schlecht behandelte und die ihn vergötterte. Sehr häufig ließ er ihr den Eintritt verweigern.«

Wenn dieses Zeugnis richtig ist, gibt es uns einen wichtigen Hinweis. Denn diese Frau wird von Robespierre bezeichnenderweise nicht anders behandelt als ein nützliches Objekt. Er hat weder Zeit noch Lust – denn sonst würde sich die Zeit von selber finden –, ein leidenschaftliches oder auch nur freundschaftliches Verhältnis mit einer Frau einzugehen, die seinesgleichen wäre und mit der er sich unterhalten könnte. Er nimmt sich eine Mätresse aus ärmlichen Verhältnissen, die er wie ein Bourgeois aushält. Sie ist für ihn ein praktischer Gegenstand, den man zurückstößt, wenn er im Wege ist, und den man bezahlt, damit er verfügbar bleibt.

In diesem anekdotischen Detail steckt die ganze Persönlichkeit Maximiliens. Er reduziert sein leibliches Sein auf diesen seltenen, gefühlskalten, weil nur auf sich selbst beschränkten Sexualakt, weil er unfähig ist, sein Wesen unter dem Ansturm der Freude, in dem sich physisches Vergnügen und menschliches Verstehen mischen, zu öffnen. Das bedeutet keineswegs, daß er gefühlsarm oder leidenschaftslos wäre, sondern nur, daß er dieses Einssein von Körper und Geist nicht kennt.

Gewiß, er hat sich der Politik verschrieben, aber es hat andere Menschen gegeben, die sich ganz der Geschichte hingegeben haben und die trotzdem für das Abenteuer der Leiden-

* Diese Feststellung stützt sich auf das »klassische« Zeugnis von Pierre Villiers, das heute von R. Garmy in Zweifel gezogen wird (vgl. Actes du colloque Robespierre, Paris 1967).

schaft, der Liebe und der Freundschaft empfänglich geblieben sind*.

Dieser elegante und sensible junge Mann, der sich an einem Text Rousseaus berauschen kann, wird vorsichtig, zurückhaltend und gemessen, sobald er mit einer Frau zu tun hat. Die individuelle Beziehung einem anderen menschlichen Wesen gegenüber gleitet bei ihm ins Konventionelle ab und läßt ihn kalt. So ist auch die Pension, die er dieser Frau zahlt, nur eine andere Art und Weise, die Verbindung zu ihr ihres menschlichen Inhalts zu berauben, indem er sie zur Ware degradiert.

Robespierre versteht die Frauen des Volkes besser, wenn sie in Massen auftreten, wenn sie Geschichte machen, zum Beispiel als sie auf den Aufruf Marats hin: »Pariser, öffnet endlich eure Augen, schüttelt ab eure Schläfrigkeit . . . erwachet von neuem, erwacht!« am 8. Oktober nach Versailles marschieren, um die königliche Familie zu holen und sie in die Hauptstadt zu entführen.

Die Verfassunggebende Versammlung folgt, und Maximilien richtet sich in Paris ein. Er ist nicht Urheber der Ereignisse, er interpretiert sie nur, wägt sie ab und weist auf ihre Konsequenzen hin.

Er mietet in der Rue Saintonge ein Appartement in der dritten Etage eines schönen Bürgerhauses. Es ist ein belebtes Viertel, ziemlich weit entfernt von den Tuilerien, aber durch die Rue du Temple kann man von hier aus in wenigen Minuten das Rathaus erreichen. Robespierre scheint eine Gegend gewählt zu haben, die seiner politischen Überzeugung entspricht, er wohnt zwischen dem Volk des Faubourg St-Antoine und den vornehmen Vierteln. Seine Kollegen aus Arras, mit denen er im Hotel du Renard in Versailles zusammen wohnte, hat er verlassen und lebt nunmehr allein, allein mit seiner politischen Leidenschaft.

Immer häufiger ergreift er im Laufe des Oktober 1789, der mit der Rückkehr Ludwigs XVI. nach Paris eine Versöhnung zwischen dem Monarchen und seinem Volke anzubahnen scheint, in der Nationalversammlung das Wort. Allerdings

* Beispielsweise Lenin und die Krupskaia – oder Marat.

hindern ihn seine Isolierung und seine Leidenschaft häufig daran, bei seinen Reden den richtigen Ton zu finden.

Als Robespierre am 8. Oktober das Wort ergreift, ist Mounier Präsident der Versammlung, ein Monarchist, der fühlt, daß die Revolution ihm aus den Händen gleitet und der bald in die Emigration gehen sollte. Er hat in Robespierre schon den Feind erkannt und tut daher nichts, um ihm in der Versammlung Ruhe zu verschaffen. Robespierre »ermüdet das Parlament mit der Darstellung des Wortlauts einer überaus spaßigen Formel, die er stets lesen wollte, wenn Krach gemacht wurde, und die er nicht las, sobald Ruhe herrschte«.

Man kann sich vorstellen, wie Maximilien, überzeugt von der Bedeutung dessen, was er zu sagen hat, und verletzt durch den Lärm, die seltenen Augenblicke der Ruhe nicht wahrnimmt, um zu sprechen, weil er erst vollständige Stille abwarten will, die jedoch niemals eintritt. Als es ihm schließlich gelingt, seine Formel: »Volk, dies ist das Gesetz ... unbezwingbar und allen heilig«, vorzubringen, ruft ein Abgeordneter dazwischen: »Wir brauchen keine Hymnen!«

Ein Parlament läßt sich nicht gern Moralpredigten halten, aber Robespierre sieht die Reden nicht als eine Gelegenheit an, sich ins rechte Licht zu rücken oder andere zu überreden, sondern als überlegte, von einem religiösen Glauben getragene Akte.

In seiner Einsamkeit fehlt ihm auf Grund seiner völlig abstrakten Weltsicht das Gespür, das, aus Opportunismus und Gewohnheit, aus natürlicher Begabung und Bluff gemischt, einen Redner die Atmosphäre eines Saales erfassen läßt. Am 8. Oktober geht Maximiliens Stimme im allgemeinen Gelächter unter. Er muß, erneut gedemütigt, die Tribüne verlassen.

Die Stimme der Armen

Dieser Mißerfolg jedoch, der ihn in der Nationalversammlung noch mehr isoliert, hebt ihn andererseits aus der Masse der Abgeordneten hervor und nötigt ihn zu äußerster Prinzipientreue. Indem man ihn auslacht und verstößt, zwingt man ihn, sich kompromißlos zu sich selbst zu bekennen. Einige Tage später, Ende Oktober, beweist er erneut vor der Nationalversammlung und der Öffentlichkeit, daß er zu den treibenden

Kräften der Revolution in der Nationalversammlung gehört und einer von denen ist, die »für die Armen sprechen«, wie das »Pariser Journal« schreibt. Außer ihm haben die Armen keine oder nur wenige Fürsprecher unter den Abgeordneten. Der Vierte Stand gilt immer noch als eine Masse Wilder, die man mit Mißtrauen und beunruhigt betrachtet: ein zügelloser Haufen wildmähniger Frauen, Bettler und Hungerleider. Diesen wilden Strom wagt niemand zu kanalisieren, aber einige, unter ihnen La Fayette, möchten ihn überschäumen lassen, um anschließend »Ruhe und Ordnung wiederherstellen« zu können.

Während Marat unablässig das Volk warnt, spricht Robespierre vor den Abgeordneten. Als am 5. Oktober der Sitzungssaal von aus Paris herbeigeströmten Frauen besetzt wird, unterstützt er Maillard, der an der Spitze einer Delegation den entrüsteten Abgeordneten zuruft: »Die Aristokraten wollen uns durch Hunger verderben.« Schon mißtraut Robespierre dem Gesetz, ja dem König: »Man muß der Exekutive Grenzen setzen, erst dann werden wir mit mehr Vertrauen und Sicherheit in die Zukunft sehen.«

Am 21. Oktober wird in Paris der Laden eines Bäckers von Frauen geplündert und François, der Bäcker, getötet. Man hat bei ihm Brot entdeckt, für die Abgeordneten bestimmt, während es in Paris Mangelware ist. Robespierre hält den Vorfall für das Werk von Provokateuren. Als die Kommune von der Nationalversammlung die Verhängung des Standrechts fordert, improvisiert er eine leidenschaftliche Rede:

»Wenn das Volk vor Hunger stirbt, rottet es sich zusammen. Man muß daher die Ursachen der Aufstände beseitigen, um diese selbst wirksam zu bekämpfen.« Er fordert Brot fürs Volk und außerdem ein öffentliches Gericht, um die Verschwörer und Wucherer zu bestrafen. Hier wird ein ganz neuer Aspekt des Politikers Robespierre sichtbar: »Man soll uns nicht so viel von der Konstitution reden. Dieses Wort hat uns nur allzusehr eingeschläfert.« Er beschwört das drohend bevorstehende Komplott gegen die öffentliche Freiheit. Doch er steht allein dem unwilligen Murren der Versammlung gegenüber. Man fordert Beweise. Er setzt sich, ohne zu antworten.

Er hat gespürt, welche Freude es macht, frei zu sprechen, mit Worten, die der Überzeugung entspringen. Er empfindet eine heilige Genugtuung, seine Prinzipien zu vertreten und das allein inmitten der feindseligen Menge, die — entgegen seinem Antrag — das Standrecht beschließt.

Einige Zeitungen heben jedoch »den wahrhaft patriotischen, den wahrhaft heroischen Eifer von M. de Robespierre« hervor, zumal er zusammen mit einigen anderen am 22. Oktober für die armen Bürger das Recht gefordert hat, an den vorbereitenden Wahlversammlungen teilzunehmen. Er protestiert dagegen, daß das Wahlrecht nur den Reichen vorbehalten ist, was in offenbarem Widerspruch zur »Erklärung der Menschen- und Bürgerrechte« stehe, denn das hieße ja, »daß ein Mensch, der 100000 Pfund Rente hat, hunderttausendmal mehr Bürger ist als der, der nichts hat«.

Solche Reden machen ihn bekannt, isolieren ihn aber auch. Ein Abgeordneter bemerkt am 21. Oktober: »Ich muß einmal aussprechen, was ich von Robespierres Rede halte. Sie ist wohl für die Bewohner des Faubourg Saint-Antoinie gemacht, um ihnen zu gefallen und sie als Beschützer zu gewinnen, aber in keiner Weise für die Nationalversammlung.«

Robespierre legt diese Haltung nicht nur an den Tag, weil er ein durch seine relative Armut gedemütigter junger Mann ist, nicht nur, weil er als Schüler Rousseaus aus dem Glauben an seine Prinzipien lebt, sondern auch, weil er die Feindschaft der realen Gruppe und, komplementär dazu, die Freundschaft der abstrakten Masse sucht.

Wir haben bereits gesehen, daß es ihm schwerfällt, normale menschliche Beziehungen zu denen zu unterhalten, mit denen er täglich zu tun hat, in diesem Falle mit den Abgeordneten der Konstituante, wohingegen das Volk eine fiktive, unbestimmte Gruppe ist, der Maximilien in seiner Einsamkeit die Gestalt geben kann, die ihm gefällt. Seine Beziehungen zum Volk sind um so enger, als sie ganz in den Bereich des Intellekts und der Idee gehören. So kommt es, daß er aus Überzeugung und Treue zu sich selbst, durch seine Herkunft und durch die innerste Neigung seiner Persönlichkeit auf der Seite des Volkes steht. Und die anderen wissen das.

Die Patrioten von Toulon, die mit dem Kommandanten der Marine in Streit liegen, weil er sie mit einer Militärexekution bedroht, wenden sich an Maximilien, damit er sie gegen diesen

Grafen Albert de Rioms verteidigt. Am 14. Dezember ergreift Maximilien das Wort, um den Admiral zu verurteilen, »der Soldaten gegen die Verteidiger des Vaterlandes bewaffnen wollte«.

Natürlich zieht er sich durch solche Reden Feindschaft zu. Die royalistische Presse, vom »Journal de Fontenai« über die »Apostelgeschichten« bis zum »Königsfreund«, streut die Behauptung aus, er sei der Neffe von Damiens.

In Arras schmäht man ihn. In einem Brief an den Redakteur der »Anschläge des Artois« schreibt er: Man verbreitet »gegen meine Kollegen und ganz besonders gegen mich eine Flut von Flugschriften und Schmähungen aller Art, die ebenso außerordentlich und absurd wie abscheulich sind«. Aber diese Attakken können Maximilien nur weiter vorantreiben. »Wir werden ihnen antworten«, schreibt er, »indem wir fortfahren, sie uns zu verdienen.«

Dieses letzte Wort ist kennzeichnend. Es hat hier sicherlich auch eine politische Bedeutung: Man greift nur diejenigen an, die ihren Grundsätzen auch in ihren Handlungen treu bleiben. Aber liegt dahinter nicht auch noch ein zusätzlicher Sinn verborgen? Maximilien erwartet und sucht die Bestrafung, weil er sich in seinem Innersten der in der Kindheit begangenen Verfehlungen gegen seinen Vater bewußt ist. Sie lasten auch jetzt noch auf ihm. So ahnt man in seiner im Dezember 1789 abgefaßten »Adresse an das Belgische Volk« unter seiner nochmals bekräftigten Entschiedenheit, wie sehr er durch Mißerfolg, Tod und Niederlage fasziniert wird. Er spricht vom Opfer seiner selbst, das zugleich schwerste Strafe und Befreiung, Vergebung und Heiligung ist:

»Uns, die wir vor der Alternative stehen, entweder den Triumph des Vaterlandes zu teilen oder aber im Kampf für es zugrunde zu gehen, erscheint es ungewiß, welche von beiden die ruhmreichere und die erstrebenswertere ist.«

Diesen Satz darf man nicht als falsche Tragik abtun, sondern muß ihn als wichtige Selbstaussage ernstnehmen. Maximilien Robespierre gehört nicht zu denen, die von einem siegreichen Leben träumen. Er träumt von einem Leben voller Opfer.

Dennoch darf man sich trotz seiner Hoffnungen, seiner wiederholten Reden auf der Tribüne, seiner Beziehungen zu Patrioten in der Provinz und seiner großartigen Gesten keiner Illusion hingeben: Robespierre hat nur wenig Einfluß auf die Ereignisse und noch weniger auf die Entscheidungen.

Er macht sich zwar einen Namen dadurch, daß er sich für die Wählbarkeit von Schauspielern und Juden einsetzt oder für die Wahl der Beamten oder die Kontrolle der Gelder, über die die Departementsverwaltungen verfügen, und immer basieren seine Argumente auf demselben Prinzip, dem der strikten Anwendung der Menschenrechte. Doch gehört er noch nicht zu denen, die den Lauf der Dinge beeinflussen, wie La Fayette, Gilles Cäsar genannt, der davon träumt, Seele und Schwert einer Versöhnung zwischen dem Hof und den Adligen zu werden; wie Mirabeau, dem nach Marats Wort nur ein rechtschaffenes Herz fehlt, um ein ausgezeichneter Patriot zu sein, und der die Politik La Fayettes fortsetzt; wie schließlich das Triumvirat der Patrioten Alexandre de Lameth, Barnave und Adrien Duport, die zwar liberaler sind, aber ebenfalls ihre Hoffnung auf eine gemäßigte Monarchie gesetzt haben. Diese Reformer und Männer der Ordnung stützten sich auf eine zahlreiche Anhängerschaft, sie sind die Großen der Stunde.

Maximilien geht seinen Weg zwischen ihnen. Obwohl ihm kein Vermögen zur Verfügung steht, hat er es sich zur Aufgabe gemacht, eine Gruppe von Getreuen um sich zu scharen, und da er in seiner Stellung nur reden und nicht handeln kann, übernimmt er die Rolle der Kassandra.

Von Mirabeau bis Lameth beobachtet man ihn, zwar noch nicht wie eine Bedrohung, sondern eher wie eine Schachfigur, die man geschickt einsetzt und gegen den anderen schiebt. So arbeitet sich Robespierre zwischen den Mächtigen voran und bahnt sich Rede um Rede seinen Weg.

Im Januar 1790 verteidigt er von neuem die Patrioten von Toulon, die, wie er sagt, gegen Albert de Rioms »von dem durch die Erklärung der Menschenrechte geheiligten Recht Gebrauch gemacht haben, gegen die Unterdrückung Widerstand zu leisten«. Der Generalrat von Toulon beglückwünscht ihn:

»Fahren Sie fort, Citoyen, die Nation über die wahren Rechte aufzuklären. Leisten Sie der Meinung dieser feilen und unwissenden Männer Widerstand ... und seien Sie der Hochschätzung ihrer Brüder versichert, die Sie durch Ihren Einsatz für die öffentlichen Interessen so sehr verdient haben.«

Am 25. Januar befürwortet er das allgemeine Wahlrecht. Er hat einen schweren Stand, man beschimpft ihn und schreit ihn nieder. Es hilft ihm nichts, festzustellen, daß die Sache, die er vertritt, sich »aufs engste mit den Interessen des Volkes berührt« und auszurufen: »Ich habe ein Recht auf Ihre volle Aufmerksamkeit!« Man unterbricht ihn. Von der Linken bis zur Rechten, vom Triumvirat bis zu den Konstitutionalisten und La Fayette, von den Monarchisten bis zu den Schwarzen, den Aristokraten, will niemand etwas vom allgemeinen Wahlrecht wissen: Nur die sollen ein Stimmrecht haben, die eine Silbermark Steuern zahlen.

Erneut hat Robespierre die Mauer des Schweigens durchbrochen. Seine Rede findet ein breites Echo in der Presse. Im Artois veranstaltet der Abgeordnete des Adels eine Kampagne gegen ihn. Robespierre habe erklärt, die Provinz zahle nicht genügend Steuern. Ein Text ist im Umlauf, durch den sich Augustin Robespierre beunruhigt fühlt: »Deine Tugenden, dein Patriotismus müssen triumphieren«, schreibt er an Maximilien. Aber obwohl dieser die Angelegenheit in einem Brief richtigstellt, wird die Feindseligkeit der guten Gesellschaft in Arras gegen ihn ständig größer.

Hingegen findet er immer mehr Gehör in den Pariser Sektionen. Dort hat man schon gegen die Silbermark protestiert, bevor Robespierre Stellung nimmt. Maximilien hat dieses Thema nur aufgegriffen und der Bewegung durch seine Rede vom 25. Januar eine breitere Basis verschafft. Die Sektionen werden sich den Namen Maximilien Robespierre merken.

Übrigens hört man ihn auch immer häufiger im Club Breton, der der Nationalversammlung gefolgt ist und seinen Sitz nunmehr in Paris im Jakobinerkloster hat. Für Maximilien ist der Club der bevorzugte Schauplatz seiner Taten. Denn inzwischen ist ihm klargeworden, daß er mit seinen Reden seine Kollegen in der Nationalversammlung nicht überzeugen kann. Daher spricht er weniger zu ihnen als zu Journalisten und zum Volk.

Bei den Jakobinern zahlt sich das Reden aus. Zwar sind auch Mirabeau, Duport, Barnave und Lameth dort. Aber für Maximilien, der keine finanzielle Unterstützung genießt, keine Zeitung zur Verfügung hat und daher nur wenig bekannt ist, sind diese aufmerksamen, aufrichtigen und leidenschaftlichen Zuhörer im Saal des ehemaligen Klosters das Bindeglied zwischen Wort und Tat. Hier findet er sein Publikum, seine Zeugen, seine Akteure. Deshalb ist er stets anwesend und bereitet seine Reden auf das genaueste vor; denn hier kommt es darauf an, zu überzeugen, da die Meinungen noch nicht feststehen wie in der Nationalversammlung. Die Mitglieder des Clubs kann man für sich gewinnen, und Maximilien bemüht sich darum. Er spricht langsam, um so den Journalisten »Zeit zum Schreiben« zu lassen; er macht häufig Pausen, um sich »die Lippen zu lecken«.

Die royalistische Presse greift ihn mit verdoppelter Wut an. Trotzdem wird er am 31. März 1790 zum Präsidenten der Gesellschaft der Jakobiner gewählt. Zweifellos ist das das unerwartete Ergebnis einer Übereinkunft zwischen den Triumvirn und Mirabeau, um La Fayette von der Präsidentschaft auszuschließen. Aber nun, da Robespierre den Posten innehat, spielt das keine Rolle mehr.

Schon vorher, am 4. März, war er zum stellvertretenden Sekretär der Nationalversammlung ernannt worden.

Endlich hat er Erfolg! Und Erfolge sind auch unerläßlich, da er inzwischen gänzlich von dem immer feindlicheren Arras abgeschnitten ist. Seine Schwester und sein Bruder rufen ihn um Hilfe an: »Wir sind bar aller Mittel«, schreibt Augustin, »erinnere Dich an die Armseligkeit unseres Haushalts!«

Augustins und Charlottes Hilferufe aus Arras mehren sich; denn die dortige Gesellschaft schneidet die Robespierres. »Ich werde Dir später beweisen«, schreibt Charlotte, »daß diejenigen, auf die Du Dich am meisten verlassen hast, nur Feiglinge sind.« Und Augustin fügt hinzu: »Du würdest erstaunt sein, wenn Du wüßtest, wie groß die Niedertracht Deiner Feinde ist. Sie waren bei meinen Bekannten, um ihnen zu sagen, sie entehrten sich, wenn sie mich zu Hause empfingen.«

So treibt ihn seine persönliche Situation, für die Demokratie zu kämpfen. Außerdem lassen ihm Bruder und Schwester keine

Ruhe; sie geben von der Atmosphäre in Arras eine noch dunklere Analyse, weil sie aus der Stadt herauswollen. Am 9. April 1790 schreibt Charlotte an Maximilien: »Eben erhalten wir einen Brief von Dir, lieber Bruder, der vom ersten April datiert, und heute haben wir den 9. Ich weiß nicht, ob derjenige, an den Du ihn adressiert hast, an dieser Verspätung schuld ist ... Versuche doch, lieber Bruder, mir zu schicken, was Du mir versprochen hast. Wir sind immer noch in großen Schwierigkeiten. Auf Wiedersehen, lieber Bruder. Ich umarme Dich mit aller Zärtlichkeit. Wenn Du doch in Paris eine Arbeit finden könntest, die mir zusagte, und ebenso für meinen Bruder; denn hierzulande wird er niemals etwas werden.«

Aus diesem Grund muß er kämpfen und um jeden Preis ein unerbittlicher Demokrat sein, um seinetwillen und um seiner Geschwister willen. Für ihn ist der Kampf das einzige Mittel, vorwärtszukommen, ja zu überleben.

Nur im Kampf lebt er wirklich, weil so sein Leben mit Leidenschaft erfüllt ist und es ihm möglich wird, seine Existenz auf ein Ziel hin auszurichten, das sich ihm immer wieder entzieht. Auf der Flucht vor sich selbst verwirklicht er sich selbst; er macht aus seinem Leben eine »Abstraktion«.

Der Unbestechliche

In seinem privaten Leben herrscht Ordnung. Er steht morgens früh auf, macht mit aller Sorgfalt Toilette und zieht sich an. Dann geht er in die Nationalversammlung. Seine Mahlzeiten sind meist frugal, bestehen aus Brot und Früchten; manchmal geht er auch in ein bescheidenes Restaurant. Den Abend verbringt er im Jakobinerclub. Von Zeit zu Zeit gönnt er sich eine Abwechslung, einen Besuch seiner Mätresse oder einen Abend bei den Duplessis. Seine Arbeit jedoch geht ihm über alles. Um sich der Führung seines Haushalts und seiner Korrespondenz zu entledigen, hat er den dreißigjährigen Pierre Villiers als Sekretär eingestellt. Aber seine Reden vor der Nationalversammlung oder bei den Jakobinern, wo er den Journalisten wahre »Diktate« vorliest, bereitet er ganz allein vor. Sein Leben besteht trotz der vollen Säle und des Beifalls, trotz der Hingabe und Verehrung, die man ihm nunmehr entgegenzubringen beginnt, weiterhin in Askese und Einsamkeit.

Am 11. Juli 1790 schreibt ihm Lefetz, ein Mönch aus Amiens, um ihn zu bitten, »die Kraft seiner Vernunft und seines Denkens dafür einzusetzen, all das zu zerstören, was das Volk in seinem Aberglauben bestärkt ... Sie haben den höchsten Anspruch auf die höchste Dankbarkeit des französischen Reiches und der ganzen Erde. Ganz Europa schaut auf Sie!« Und auf dieses Lob folgt eine Charakterisierung in einem Wort, die bald zum Synonym für Maximilien Robespierre werden sollte: »Ebenso *unbestechlich* wie tapfer haben Sie aus Ihren Gefühlen nie einen Hehl gemacht. Niemals haben Sie aus Eigeninteresse gehandelt oder gesprochen, sondern immer nur um des Gemeinwohles willen.«

»Der Unbestechliche«, dieses Wort sollte schnell bekanntwerden, denn Robespierre verfolgt auch in diesem zweiten Trimester 1790 seinen Weg. Er hält unermüdlich seine Reden in der Konstituante und setzt sich so dem Spott und der Kritik der Gegner der Revolution aus. Aber man fürchtet ihn auch. In einem persönlichen Brief schreibt Saint-Aubert de Saint-Souplet, ein Adliger, am 4. Mai 1790 an einen seiner Freunde in der Provinz: »Wir können nur Ungelegenheiten für die Zukunft in all den großartigen Werken Eures Robespierre finden, der wie viele seinesgleichen nur den Mut zur Schande und zum Verbrechen hat.«

Ein anderer Gegner schreibt: »Herr de Robespierre hat ohne Zweifel mehr Talent, er hat sogar sehr viel. Aber eine Versammlung müßte so viel Achtung vor sich selbst haben, so einen Mann nicht an ihre Spitze zu stellen.«

Unbestechlich für die einen, Symbol der Schande und des Verbrechens für die anderen, in diesem Gegensatz zeichnet sich allmählich der Umriß Robespierres vor dem unbestimmten Hintergrund des Jahres 1790 ab.

Robespierre gegen Mirabeau

Noch ist nichts entschieden, und unter der ruhigen Oberfläche bereitet sich der Ausbruch erst vor.

Im Westen kommt es zu Unruhen, in Montauban zu Massakern und in Toulon zu Aufständen. Immer noch herrscht Hungersnot, so daß Plünderungen und Überfälle auf Getreidetransporte verübt werden. Einzelne Regimenter meutern, in

Martinique machen die Mulatten einen Aufstand. Der Adels- und Ritterstand wird abgeschafft, und am 12. Juli 1790 wird der Zivilstand für den Klerus eingeführt, wodurch die meisten Priester, die der Politik Roms treu geblieben sind, Gesetzesbrecher und Gegner der Revolution werden.

Während am 30. Mai in Lyon, am 29. Juni in Rouen, dann in Straßburg und in Lille das Föderationsfest gefeiert und in Paris für den 14. Juli vorbereitet wird, gewinnt der Bauernaufstand von Quercy bis zum Perigord, vom Bourbonnais bis zur Champagne an Boden. Die Erregung im Volke wird immer stärker; nach wie vor herrscht die Furcht vor den Räuberbanden, vor einem aristokratischen Komplott, aber auch – und das ist neu – vor den österreichischen Truppen.

So breitet sich die Revolution immer mehr aus, doch in Paris, in der Umgebung des Königs und in der Nationalversammlung, versuchen erst Mirabeau, dann La Fayette und schließlich die Triumvirn sie abzuschwächen.

Robespierre jedoch geht weiter. Seine Stärke, sein Fortschritt und seine Erfolge rühren daher, daß er immer mit den Ereignissen Schritt hält und rechtzeitig mit denen bricht, die sie aufhalten oder verurteilen. Noch hat er zwar keinen aktiven Einfluß auf die Revolution, ja er eilt ihr noch nicht einmal voraus. Aber er folgt ihr, erläutert und verteidigt sie und geht mit ihr. Das führt ihn auf ganz natürliche Weise dazu, sich gegen Mirabeau zu stellen, dessen Verbündeter er in Versailles zur Zeit der Generalstände gewesen ist; doch inzwischen ist Mirabeau geheimer Ratgeber des Hofes geworden.

Noch besitzt Mirabeau Macht sowohl bei den Jakobinern als auch in der Nationalversammlung. Im Jakobinerclub gehört er mit den Triumvirn zum »Korrespondenz-Komitee«, dem entscheidenden Organ, das die Verbindung zur Provinz aufrechterhält. Aber Mirabeaus Macht ist im Niedergang; denn er hat gegen sich den Haß der kompromißlosen Monarchisten, der »Schwarzen«, die jede Konzession ablehnen, gegen sich auch den Haß des Hofes und Marie-Antoinettes, die in diesem Mirabeau-Riquetti den Verantwortlichen für all die Erniedrigungen sieht, die sie seit dem traurigen Sommer 1789 hat erdulden müssen, gegen sich die Triumvirn und La Fayette, die auf Grund ihrer größeren Liberalität und ihres Eintretens für die konstitutionelle Monarchie seine Rivalen sind, und gegen sich schließlich auch schon Marat und die Patrioten der »Societés Populaires«: etwa die »Brüderliche Gesellschaft beider Geschlechter«, die der Volksschullehrer Dansart in Paris im Februar 1790 gegründet hat, oder die »Gesellschaft der Freunde der Menschenrechte«, auch »Club des Cordeliers« genannt, die im April 1790 eröffnet wird und in der Danton und Marat sprechen, ferner noch die patriotischen Leser des »Volksfreunds« von Marat und des »Eisenmunds« von Bonneville. Robespierre ist also nur einer der Gegner Mirabeaus.

Er greift ihn am 3. Mai anläßlich der Diskussion über die Verwaltungsorganisation von Paris an. Maximilien will die ständigen Wahldistrikte beibehalten, Mirabeau ist dagegen: »Herr Robespierre hat«, so schließt er überheblich, »auf der Tribüne einen Eifer an den Tag gelegt, der mehr von seiner Vaterlandsliebe als von seinem Denkvermögen zeugt.«

Am 15. und 18. Mai folgen neue Zusammenstöße wegen der Frage, ob man dem König das Recht, über Krieg und Frieden zu entscheiden, zusprechen solle. Robespierre argumentiert: »Der König wird immer versucht sein, den Krieg zu erklären, um seine Machtbefugnisse zu erweitern, die Vertreter der Nation hingegen werden stets ein direktes und sogar persönliches Interesse daran haben, den Krieg zu verhindern.« Und ohne sich um die Zwischenrufe zu kümmern, schließt er: »Als ob die Streitigkeiten der Könige noch die der Völker sein könnten!«

Am 31. Mai spricht Robespierre bei der Diskussion über den Zivilstand des Klerus von der Priesterehe, was Protestrufe und den Zorn Mirabeaus auslöst. Er hatte einen ähnlichen Antrag durchbringen wollen und schreibt nun an seinen Sekretär: »Künftighin sind wir von den Launen des Herrn Robespierre abhängig.«

Figur im großen Spiel

So vertieft sich die Feindschaft zwischen den beiden Männern. Trotzdem wird Robespierre von der Nationalversammlung, in der nur Honoratioren, Bourgeois und Aristokraten vertreten sind, mit denen er sich häufig, allein auf Pétion gestützt, auseinandersetzen muß, im Juni zum Sekretär ernannt.

Wohl aus Bewunderung vor seiner Aufrichtigkeit, seinem

Talent und seiner Popularität schreibt Loustalot in den »Pariser Revolutionen«: »Robespierre gehört zu denjenigen, die ohne von ihren Prinzipien zu lassen . . . dem Vorwurf, sie seien zu unbeherrscht, dadurch trotzen, daß sie ohne Unterlaß die geheiligten Rechte des Volkes fordern, selbst dann, wenn sie vorhersehen, daß man diese aufgeben wird. Er hat einen neuen Beweis für diese Art von Heroismus erbracht, indem er sich als einziger für die Aufrechterhaltung der Distrikte von Paris eingesetzt hat.« All das spielt gewiß eine Rolle, aber es ist noch etwas anderes im Spiel.

Für die »Schwarzen« in der Konstituante stellt Maximilien im Jahre 1790 – und das gilt auch noch für 1791 und 1792 – keine Gefahr dar; denn ihre eigentlichen Gegner sind Mirabeau, La Fayette und die Triumvirn. Um diese Männer auszuschalten, schiebt die »Rechte« Robespierre vor, während andererseits La Fayette und die Triumvirn von Zeit zu Zeit sich seiner bedienen, um Mirabeau zu schaden.

Maximiliens Erfolg wird so hauptsächlich von der zwar kurzsichtigen, aber zum Äußersten entschlossenen Politik des Hofes und der Aristokratie bestimmt, die Robespierre gegen die jeweilige »politische Mitte« ausspielen. Sie setzen diese Politik in gewisser Weise bis zum 10. August 1792 fort, während sich das Zentrum mehr und mehr nach links verlagert, von Mirabeau im Jahre 1790 bis zu den Girondisten im Jahre 1792. Die Konservativen hoffen, daß sie sich, wenn das Zentrum erst einmal besiegt ist, dieses Unbestechlichen leicht werden entledigen können.

Maximilien sind diese Hintergedanken unbekannt. Er sucht bei seinem Vorgehen »eher seine Pflicht zu erfüllen als Beifall zu erhaschen«, wie die »Revolutionen von Paris« schreiben.

Aber der Beifall wächst. Sein Sekretär Villiers berichtet: »Einige Tage nach seinem Gesetzesantrag über das Zölibat der Priester wurde er mit Glückwunschschreiben von Priestern und Nonnen überschüttet. Lateinische, französische, griechische, ja sogar hebräische Verse trafen aus allen Himmelsrichtungen ein. Gedichte von fünfhundert, siebenhundert, ja tausend Versen regneten auf die Rue Saintonge herab.« Dennoch verschärft sich zu gleicher Zeit auch die Feindschaft gegen Maximilien. »Du wirst die Achtung der Landbevölkerung verlieren, wenn du diesen Gesetzesantrag erneuerst«, schreibt ihm Augustin, »man verwendet ihn als Waffe gegen Dich und spricht von nichts anderem als von Deiner Irreligiosität.«

Damit ist der Weg zurück versperrt. Jetzt kann es nur noch vorwärtsgehen.

Vorwärts, ohne umzuschauen

Er setzt seinen Aufstieg fort, vor allem bei den Jakobinern. Im April 1790 wird Robespierre, wie schon gesagt, für einen Monat zum Präsidenten der Gesellschaft gewählt, wodurch die Triumvirn und Mirabeau La Fayette auszuschalten versuchen.

Dieser gründet daraufhin im Palais Royal die »Gesellschaft von 1789«, der sich bald auch Siéyès, Talleyrand, Le Chapelier und eine Zeitlang sogar Mirabeau anschließen. Auf diese Weise bleibt Robespierre allein mit den Triumvirn an der Spitze der Jakobiner zurück, deren Einfluß in der Provinz ständig wächst.

Aber auch in der Assemblée setzt er seinen Weg fort. Im Laufe des Juli 1790 ergreift er insgesamt einundzwanzigmal das Wort. Es ist der Monat, in dem sich ganz Frankreich im nationalen Föderationsfest verbrüdert und Talleyrand auf dem Altar des Vaterlandes auf dem Marsfeld vor 3000 Zuschauern die Messe feiert. La Fayette wird vereidigt, und der König schwört der Nation und dem Gesetz Treue.

Robespierre hingegen warnt vor den Leuten, »für die der Krieg das vordringlichste Bedürfnis ist, weil sie in ihm das sicherste Mittel sehen, sich einer Revolution zu widersetzen, die sie in Verzweiflung stürzen müßte« (Rede vom 4. Juli 1790). Er erneuert seine Anklage gegen Albert de Rioms und fordert, daß für Matrosen und Offiziere gleiches Strafmaß eingeführt werde. Tag für Tag ist er unermüdlich da; sein Gesicht wird bleich und ist von tiefen Falten durchfurcht. Aber er gönnt sich keine Ruhe, sondern tritt gegen Bouillé auf, der gerade in Nancy den Aufstand von Soldaten unterdrückt hat, die eine Kontrolle der Regimentskassen forderten, während La Fayette diesen Marquis, der sich weigert, den Bürgereid zu leisten, unterstützt und dadurch knapp zwei Monate nach seinem Triumph auf dem Marsfeld seine Popularität einbüßt.

Weiterhin wendet sich Robespierre gegen das Projekt, der Gendarmerie Nationale die Ausübung des Polizeirechts zu übertragen, und gegen »die Adligen, die immer noch an der Spitze des Heeres stehen«; er setzt sich für die Passivbürger ein, für die er das Wahlrecht fordert; denn, so sagt er am 23. Oktober 1790, »der Mensch ist von Natur aus Bürger, schon auf Grund der Tatsache, daß er das Recht hat, auf dieser Erde zu leben, ein Recht, das Gesetzgebern und Königen vorgeht, wohingegen diese nicht das Recht haben, es ihm zu entreißen«.

Er spricht mit Nachdruck und methodischer Konsequenz, so daß sein Name immer häufiger in den unzähligen Zeitungen auftaucht, deren Hauptaufgabe darin besteht, von den Arbeiten der Konstituante zu berichten.

Für Marat im »Volksfreund« ist er »ein Redner, erfüllt von hohen Grundsätzen. Seine Ansichten sind ausgezeichnet, nur verdienten sie, noch weiter entwickelt zu werden«. Für den »Königsfreund« ist er »der Redner der kleinen Leute gegen die Honoratioren«.

Ein anderes Blatt berichtet über folgenden kennzeichnenden Zwischenfall: Als Maximilien vergeblich die Schleifung des Châtelet, des Symbols der königlichen Justizgewalt fordert, schenken ihm die Abgeordneten keine Beachtung. »Doch plötzlich wurden sie aus ihrer Schläfrigkeit gerissen, weil von den Tribünen, auf denen eine stets wachsame und durch nichts einzuschläfernde Anhängerschar ihren Platz hat, ein starker Applaus herabdonnerte.«

Robespierre hält Rede auf Rede. Am 19. August schreibt ihm Saint-Just aus der Provinz: »Sie, die Sie das schwankende Vaterland gegen den Sturzbach des Despotismus und der Intrige stützen, Sie, den ich wie Gott nur durch seine Wundertaten kenne . . . Sie sind ein großer Mann. Sie sind nicht nur der Abgeordnete einer Provinz, sondern der ganzen Menschheit und der Republik.«

Dennoch geht Maximilien einen Monat später mit dem Gedanken um, auf jede weitere politische Karriere zu verzichten. Er schreibt: »Wenn ich ins Artois zurückkehre, wäre Bethune der Ort, an dem ich am liebsten wohnen würde. Allerdings müßte ich dort Verhältnisse vorfinden, die mir einen solchen Plan auszuführen gestatteten. Wenn ich zum Präsidenten eines Distriktsgerichts ernannt würde, schiene mir dieses Ziel erreicht zu sein. Ich überlasse Ihnen die Sorge, lieber Freund, hierüber nachzudenken, und verlasse mich ganz auf Ihre Diskretion.«

Das ist ein bedeutsames Zeugnis dafür, wie vielschichtig die Persönlichkeit Robespierres ist. Er denkt daran, sich zurückzuziehen und sich eine Zukunft als friedlicher Bürger vorzubereiten. Diese kluge Berechnung, die aus der legitimen, wenn auch wohl nur vorübergehenden Sorge um seine Karriere entspringt, zeigt, daß es bei ihm neben Pflichtbewußtsein und Aufopferung für die Sache auch jene Haltung des ruhigen Bürgers gibt, der darum besorgt ist, seine Zukunft zu sichern.

Aber Maximilien wird nicht nach Bethune gehen. Am 5. Oktober wählt man ihn zum Richter am Distriktsgericht von Versailles. Diese Wahl wird ausführlich von der Presse kommentiert, ein interessantes Zeugnis für seine Popularität. Sein neues Amt gewährt ihm Rückhalt, denn künftig kann er das feindliche Arras durch Paris oder Versailles ersetzen. Die Tatsache, daß er sich innerhalb eines Jahres einen Wählerstamm hat schaffen können, bestätigt ihn in seiner Entschlossenheit. Die »Apostelgeschichten« drohen ihm zwar, daß

»gerichtet besser ist als aufgehängt . . .
doch aufgeschoben ist nicht aufgehoben,
und eines schließt das andere nicht aus«.

Doch solche Angriffe können ihn nur noch darin bestärken, dieser unbestechliche Blick, dieser Ankläger zu sein, der alle Masken abreißt. Zu seinem Sekretär sagt er: »Eine Bastille, alle Bastillen der Welt können mich nicht daran hindern, meine Pflicht zu tun.«

Er sucht aus seinem Posten keinen anderen Vorteil zu ziehen als den — für ihn allerdings sehr bedeutenden —, zu fühlen, daß er bekannt, daß er nützlich ist, daß man ihn angreift. Pierre Villiers berichtet, daß Robespierres Uneigennützigkeit »vollkommen war«. »Ich habe Geldangebote und Sendungen zurückgewiesen, für die nichts von ihm gefordert wurde, nicht einmal Dank. Wenn ich mir manchmal erlaubte zu insistieren, bedrohte er mich.«

Denn dieser nach außen hin so selbstbeherrschte Mann ist

in Wahrheit äußerst verkrampft, von beinahe krankhafter Erregbarkeit, was sich aus den Bedingungen seiner einsamen, der schützenden Kraft und des Bildes des Vaters und des sanften Trostes der Mutter beraubten Kindheit erklärt.

»Er war von heftigem Temperament, das er alle Augenblicke zu bekämpfen suchte«, bemerkt Villiers und fügt hinzu: »Fast jede Nacht fanden sich Blutflecke auf seinen Kissen.«

Der Genfer Etienne Dumont, ein Freund Mirabeaus und von daher natürlich ein Feind Robespierres, der sich von 1789 bis 1791 in Paris aufhielt, schreibt: »Er hatte ein finsteres Aussehen und blickte niemandem ins Gesicht. In seinen Augen war ein ständiges unangenehmes Flackern. Einmal, als eine Genf betreffende Angelegenheit behandelt wurde, bat er mich um einige Auskünfte, und ich drang in ihn, das Wort zu ergreifen. Er antwortete mir, daß er eine kindliche Schüchternheit zu bekämpfen habe und stets zittere, wenn er ans Rednerpult trete und bei Beginn jeder Rede wie von Sinnen sei.«

Die Gewöhnung kann diese Erregung zwar dämpfen, aber sie wird sie nie ganz zum Verschwinden bringen, weil sie in dem geheimsten Teil Maximiliens verwurzelt ist, diesem unzerstörbaren Kern, der im Laufe der Geschichte seiner Kindheit gewachsen ist.

Daran kann man die nervliche Belastung ermessen, der er über die konkrete Arbeit hinaus durch die ständige Willensanstrengung ausgesetzt ist, ohne die seine Ängste und Emotionen die Überhand gewinnen würden. So beginnt der schnelle Verschleiß Robespierres. Er altert ebenso schnell, wie sich die Geschichte dieser Zeit und der Aufstieg dieser Männer vollzieht, die auf dem Höhepunkt ihrer Macht kaum dreißig Jahre alt sind.

Schon sein Dasein verurteilt die anderen

In den letzten beiden Monaten des Jahres 1790 meldet er sich vierzehnmal zu Wort. Am 18. November verteidigt er in einer Rede, die, wie der »Mercure National« schreibt, »ein Meisterstück an Beredsamkeit, Logik und politischer Theorie ist«, die Einwohner von Avignon, die als Untertanen des Papstes ihre Angliederung an Frankreich fordern. »Gerechter Himmel!« ruft er aus, »Völker das Eigentum eines einzelnen! Und eine solche Lästerung konnte auf der Tribüne der Nationalversammlung ausgesprochen werden!«

Am 6. Dezember läßt er sich auf der Rednertribüne der Jakobiner noch einmal von der mit Berechnung eingesetzten Leidenschaft hinreißen, mit der er für alle Bürger das Recht fordert, der Nationalgarde anzugehören. Emphatisch stellt er fest: »Vergeblich glaubt ihr, mit euren kleinlichen Kunststückchen von Scharlatanen und euren Hofintrigen eine Revolution zu lenken, deren ihr nicht würdig seid. Ihr werdet wie schwache Insekten in ihren unwiderstehlichen Lauf hineingezogen.«

Diese prophetische, eher intuitive als rationale Sicherheit, die bei dem angeblich eiskalten Mann den ungestümen Drang einer sein ganzes Wesen durchdringenden Überzeugung enthüllt, sichert ihm eine große Anhängerschaft, wenigstens unter den ihm zujubelnden Jakobinern.

Mirabeau, der in den Club in der Rue Saint-Honoré zurückkehrt und Präsident für den Monat Oktober wird, wird als heimlicher Parteigänger des Hofes durch die beißenden Sätze Robespierres verletzt. »Ihr seid im Unrecht«, ruft Maximilien denjenigen zu, die dafür eintreten, daß die Armen aus der Nationalgarde ausgeschlossen bleiben müssen, »ihr seid verdorben, das Volk aber ist gut, geduldig und groß.« Mirabeau unterbricht den Redner, der Saal protestiert.

Der Tumult dauert länger als eine Stunde. Robespierre kann sich zwar schließlich durchsetzen und seine Rede fortführen, aber von nun an ist der Bruch zwischen den beiden Männern offenkundig. Mirabeau, der versichert hatte: »Ich werde Robespierre die Stirn bieten, wenn er mich unbeliebt zu machen sucht«, fühlt, wie sein guter Ruf nach und nach abbröckelt. Denn Robespierre verurteilt ihn schon durch die bloße Tatsache seiner Existenz. So muß Mirabeau als einer der ersten die Entdeckung machen, daß ein Kampf mit Maximilien, wenn man nicht aus dem gleichen Holz geschnitzt ist wie er, den sicheren Untergang bedeutet. Aber umgekehrt kann auch der Unbestechliche in einer unvollkommenen, aus fehlbaren Menschen bestehenden Gesellschaft nicht unendlich viele Wege einschlagen: Entweder formt er die Welt nach seinem Bilde — das ist die Versuchung absoluter politischer Herrschaft — oder er muß untergehen.

Im Augenblick wird Robespierre von der Strömung vorwärtsgetragen. Die Einwohner von Avignon schreiben ihm am 4. Dezember 1790: »Die erhabene Rede, die Sie in unserer Angelegenheit gehalten haben, ist in den Händen aller Patrioten, sie werden nicht müde, sie zu lesen. Wenn die Prinzipien, die Sie so siegreich vertreten haben, allen Völkern der Erde bekannt würden, gäbe es bald keine Tyrannen mehr.«

In Paris, im Jakobinerclub, wo die Triumvirn mit Gewalt ihren Männern den Eintritt erzwungen haben, Laclos für den Herzog von Orleans die Korrespondenz mit den Tochtergesellschaften in der Provinz kontrolliert und redigiert und Mirabeau als Präsident fungiert, ist Maximilien die einzige Zuflucht der ehrlichen Patrioten.

Man versucht im vorhinein zu erfahren, ob er das Wort ergreifen wird, man lauscht ihm mit gespanntester Aufmerksamkeit und jubelt ihm zu. Camille Desmoulins berichtet in seiner Zeitung »Les Revolutions de France et de Brabant« mit großer Begeisterung über seine Stellungnahmen und hilft damit Maximilien, seinen Einfluß zu vergrößern.

Zwischen den beiden ehemaligen Internen des Louis-le Grand bestehen gute Beziehungen. Als Camille am 29. Dezember Lucile Duplessis heiratet, ist Maximilien der Trauzeuge des Journalisten. Aber schon im selben Jahre 1790 beurteilt er Camille mit seiner unbeirrbar klaren Einsicht: »Er hält große Stücke auf Camille Desmoulins«, schreibt sein Sekretär, »aber, so sagte mir Robespierre, er wird sich den Hals brechen. Paris ist nicht an einem Tag erbaut worden, und man braucht mehr als einen Tag, um es niederzureißen.«

Er kann nur schwer begreifen, daß der jungverheiratete Camille seine Pflichten als politischer Journalist und Verbündeter vernachlässigt. Am 14. Februar 1791 schreibt er ihm: »Ich mache Herrn Camille Desmoulins darauf aufmerksam, daß weder die schönen Augen noch die schönen Eigenschaften der charmanten Lucile einen Grund dafür darstellen, mein Werk über die Nationalgarden, das ich ihm habe zukommen lassen, nicht anzukündigen.«

Bei Maximilien behalten Würde, Ernst und Verantwortungsbewußtsein stets die Oberhand. Zwischen dem jungen Advokaten aus Arras, der den jungen Damen der guten Gesellschaft Exemplare seiner Plädoyers zusandte, und dem Abgeordneten, der nicht begreift, daß ein engagierter Mann wie Desmoulins sich in diesen revolutionären Zeiten durch die Schönheit seiner jungen Gattin zerstreuen läßt, besteht ein direkter Zusammenhang.

In beiden Fällen resultiert sein Verhalten daraus, daß er nur die Gesellschaft und die Geschichte als wahre Richter anerkennt. Jeder Mensch muß vor ihnen Rechenschaft ablegen. Er ist nur gerechtfertigt, wenn sein ganzes Leben öffentlicher Tätigkeit gewidmet ist – der Verteidigung des Rechts oder der Revolution –, und Robespierre spricht sich das Recht zu, vor dieses unerbittliche Gericht alle diejenigen zu rufen, die behaupten, verantwortungsvoll zu handeln.

Unter diesem Aspekt ist er der einzige, der einen Freispruch erwarten kann, alle anderen aber sind Angeklagte. Denn das Leben lenkt sie ab, die Frauen, das Gold, der Ruhm, oder sie sind auch einfach von ihrer eigenen Existenz fasziniert, sie sind unbedeutend. Er aber, Maximilien Robespierre, ist ein Ganzes und unveränderlich, sein persönliches Leben ist offensichtlich farblos und nichtssagend, er hat »keine Geschichten«, aber er lebt in großartiger Weise seine Existenz vor der Geschichte und für die Geschichte, und nur dazu ist er fähig.

Die Versuchung, andere zu verachten

Am 21. Dezember 1790 befindet sich Maximilien in Übereinstimmung mit der Assemblée, die, »durchdrungen von dem, was sie dem Gedächtnis Jean-Jacques Rousseaus schuldet«, beschließt, daß »dem Autor des ›Emile‹ und des ›Contrat Social‹ eine Statue errichtet werden soll, die folgende Inschrift trägt: Jean-Jacques Rousseau von der französischen Nation in Freiheit. Auf dem Sockel soll die Devise: *Vitam impendere vero* eingemeißelt werden.«

In den Augen Maximiliens, für den Jean-Jacques der »göttliche Mann« ist, dessen Lehren er sich seit Beginn seiner politischen Karriere zugewandt hatte – »Dein Beispiel steht mir vor Augen«, hatte er damals gesagt, »und ich werde stets den Eingebungen treu bleiben, die ich aus Deinen Schriften geschöpft habe« – für ihn ist diese Zeremonie eine großartige Bestätigung. Die Geschichte ist gerecht in ihren Urteilen.

Von daher gewinnt er eine noch größere Selbstsicherheit, einen noch unversöhnlicheren Rigorismus. Als man ihn am 20. Januar 1791 in der Konstituante unterbricht, wirft er verachtungsvoll hin: »Es ist das Recht der anderen, meine Ansichten anzunehmen oder zurückzuweisen, aber nicht, mir vorzuschreiben, womit ich zu beginnen und womit ich zu enden habe. Wenn die Versammlung mich nicht hören will, werde ich schweigen.« Und das »Journal de Paris« berichtet: »Die Versammlung ist vom Präsidenten nicht gefragt worden und hat nicht ausdrücklich geantwortet, aber Herr de Robespierre legte Wert auf die Feststellung, daß er von der Rednertribüne herabsteigen müsse.« Denn wenn man die Geschichte und die Nachwelt als eigentliche Richter ansieht, wenn man überzeugt ist, daß man die Wahrheit besitzt und für die Revolution lebt, dann kann es vorkommen, daß ein höchst verletzlicher Stolz in einem aufsteigt, zumal er bei Robespierre durch eine natürliche Empfindlichkeit verstärkt wird.

Er ist der ständigen Versuchung ausgesetzt, diese armseligen Zeitgenossen zu verachten, die im Schmutz des alltäglichen Lebens herumwaten, und die Weigerung, sich zu kompromittieren, führt manchmal zur Weigerung, einen Kompromiß zu schließen, zu dieser Haltung des »Alles oder Nichts«, aus der die heldenhaften, edelmütigen, aber häufig auch vergeblichen Niederlagen entstehen.

Seit dem 20. Januar 1791 ist diese Haltung, die die Kehrseite jener intellektuellen Einstellung ist, für welche Idee und abstrakte Vision die wahre Realität sind, und die nur schwer die anderen Menschen mitzureißen vermag, auch bei Maximilien spürbar. Von einer solchen Haltung kann eine Zeitlang eine gewisse Verführung ausgehen, aber sie birgt schwere Gefahren in sich, selbst wenn sie der Ausdruck von Rechtschaffenheit und Unbestechlichkeit ist.

Im übrigen tragen Briefe, Artikel und öffentliches Lob jeder Art unerbittlich dazu bei, Robespierre zu zwingen, der zu werden, der er immer sein wollte.

So kann Dubois-Crancé im Jahre 1792 bei der Erinnerung an den Robespierre der Konstituante, mit dem er verkehrt hatte, schreiben: »Dieser Mann war ganz durchdrungen von der Moral Rousseaus, und er fühlte in sich den Mut, dessen Vorbild nachzuahmen; von ihm hat er die Strenge der Prinzipien und der Lebensformen, die Wildheit des Charakters, die unversöhnliche Geisteshaltung, die stolze Einfachheit, ja selbst die Empfindlichkeit übernommen.« Und er fährt fort: »Er war stolz und eifersüchtig, aber gerecht und tugendhaft.«

Für seine Freunde, zum Beispiel Desmoulins, ist er »die Rechtschaffenheit selbst, er erfreut sich allgemeiner Achtung... und allein seine Gegenwart hat hundertfach den einhelligen Applaus der Jakobiner hervorgerufen.« Von nun an besitzt er eine ihm treu ergebene Anhängerschaft.

Verhängnis und Schwäche eines tugendhaften Politikers

Man sucht seine Bekanntschaft und empfängt ihn in der Stadt. Man versucht ihn einzuladen, man dringt in ihn, da er Schwierigkeiten macht. Er ißt ziemlich häufig mit Pétion, seinem »patriotischen« Kollegen, zu Abend, er verkehrt manchmal mit Brissot und mit Ausländern wie dem Deutschen Ölsner. Er begegnet der Comtesse de Chalabre und läßt ihr einige Exemplare seiner Reden übersenden. Sie antwortet ihm am 26. Februar 1791: »Sie haben die Gefälligkeit gehabt, mir mit Ihrem Brief eine ausgezeichnete Widerlegung der grundlegenden Organisation der Geschworenengerichte zukommen zu lassen. Nach meinen allerdings sehr schwachen Einsichten auf diesem Gebiet scheint es mir, daß Sie hier wie in all Ihren anderen Reden der Wahrheit sehr nahekommen.«

Und Madame de Chalabre versucht mit großer Vorsicht, Robespierre dazu zu bringen, eine Einladung anzunehmen. »Wenn alle Augenblicke Ihres Lebens nicht dem Heil unseres geliebten Vaterlandes gewidmet wären, würde ich mich gern mit Ihnen über diesen Gegenstand unterhalten. Aber ich fürchte, ihm kostbare Zeit zu rauben. Wenn es möglich wäre, meinem Verlangen zu entsprechen, würden Sie mir damit eine große Ehre und ein großes Vergnügen bereiten.« Als ob diese geschickte Mischung von Schmeichelei und gesellschaftlichen Konventionen nicht genügte, fügt Madame de Chalabre hinzu: »Fürchten Sie nicht den großen Zirkel einer müßiggängerischen Gesellschaft; das ist ganz und gar nicht meine Art; meine Gesellschaft setzt sich aus einer ganz kleinen, aber wirklich ganz kleinen Zahl alter Freunde zusammen, die alle gute Patrioten sind, denn sonst würde ich sie nicht schätzen . . .« Und der Brief schließt mit der gewollt einfachen Unterschrift: »Chalabre. Sie werden es sicher billigen, daß ich mir die Servilität der gebräuchlichen Formeln erlasse.«

Man versteht nur schlecht, wie Robespierre mit dieser »schönen Seele«, in deren Briefen unter der Maske des Salonpatriotismus nur allzu deutlich Affektation und Geziertheit des Ancien Regime zum Vorschein kommen, in eine feste Beziehung treten konnte. Maximilien jedoch antwortet auf die Einladungen. Bald ist er, auch das ist kennzeichnend, für die ehemalige Comtesse der »patriotische Freund«.

Maximilien ist nicht irgendein »gerechter und tugendhafter Mann«, er möchte, daß man weiß, daß er es ist; er liebt es, so genannt zu werden, und denen gegenüber, die ihn mit ihrer Bewunderung und Zuvorkommenheit umgeben, verliert er seinen kritischen Sinn. Er ist blind für ihre Heuchelei, weil nicht mehr der Verstand seinen Blick regiert, sondern sein empfindsames Herz, das nach Zustimmung sucht.

Er lebt, um Ansehen und Bewunderung zu erringen, davon träumte er von Anfang an und ist nun bereit, dafür zu sterben in dem sicheren Wissen, sie zu erlangen. Wenn man ihm Bewunderung entgegenbringt, glaubt er mit voller Überzeugung an die Aufrichtigkeit der Lobsprüche. Er sieht wie berauscht nur die Zukunft, er träumt.

Naivität ist häufig Verhängnis und Schwäche prinzipientreuer Politiker. Aber man sollte sich nicht täuschen. Diese Naivität wirkt sich nicht auf politischer Ebene aus. Sie macht Maximilien blind, soweit sein eigenes Ich betroffen ist, aber sie täuscht ihn niemals in seinem Urteil über den Lauf der Dinge. Im Gegenteil, seinen Gegnern gegenüber ist sie gepaart mit durchdringender Hellsichtigkeit.

Der Arme ist heilig. Das Volk als Vater

So erkennt Maximilien zu Beginn des Jahres 1791 die Gefahren, die der Revolution durch die Politik des Hofes drohen, und mehr noch durch die Machenschaften derer, die wie Mirabeau oder La Fayette die Revolution begrenzen wollen.

Er kann zwar nicht wissen, daß der König unter dem Zwang, die Dekrete über die Zwangsvereidigung der Priester zu unterzeichnen, am 26. Dezember 1790 vor seinen nächsten Beratern ausgerufen hat: »Lieber möchte ich König von Metz sein, als in einer solchen Lage König von Frankreich zu bleiben. Aber das wird bald zu Ende sein.« Dennoch ist Maximilien beunruhigt.

Unablässig ergreift er in der Konstituante das Wort, um die Befreiung eingekerkerter Patrioten zu fordern, um den Einfluß der Minister des Königs zu beschränken und ihr Gehalt auf die Hälfte zu reduzieren.

Als die Assemblée dem König ihren Dank für seine staatsbürgerliche Gesinnung aussprechen will, fordert Maximilien, man solle ihn nur beglückwünschen. Er klagt an und warnt, wachsamer Anwalt des Staates und Kassandra in einem. Aber zu gleicher Zeit versucht er auch die Verteidigung der Revolution vorzubereiten, indem er sie ausweitet. Zu diesem Zwecke muß er den Passivbürgern, die von den sieben Millionen mehr als drei Millionen ausmachen, die vollen Bürgerrechte erkämpfen.

»Ich ergreife das Wort«, erklärt er am 13. April 1791, »weil ich der Überzeugung bin, daß die Sache der Unglücklichen und Armen auch die Sache der Freiheit und der Menschheit ist.« Und am 20. April verliest er im »Club des Cordeliers« eine Rede, in der er fordert, daß »das Dekret über die Silbermark rückgängig gemacht« wird, demzufolge nur diejenigen, die eine Silbermark Steuern zahlen, das passive Wahlrecht haben.

Der gedruckte Text hat großen Erfolg, denn Robespierre spricht seine innerste Überzeugung aus. Man erkennt seine abstrakte, beinahe religiöse Vision des »Armen«, in der sich die glorifizierte und umgeformte Erfahrung, die er als Stipendiat gemacht hat, mit seinem Rousseauismus vermischt findet. »Hört doch endlich auf, den rührenden und geheiligten Namen des Volkes zu profanieren«, ruft er mit beschwörendem Tone aus. Und der gewissenhafte Advokat, der Mann, der sich von klein auf hochgearbeitet hat, spricht aus ihm, wenn er fragt: »Glaubt ihr wirklich, daß ein hartes und arbeitsames Leben mehr Laster hervorbringt als Weichlichkeit, Luxus und Ehrgeiz? . . . Ich werde einmal diejenigen rächen, die ihr unter gotteslästerlichen Verleumdungen Volk nennt.«

Der Arme ist heilig für ihn, der Arme ist rein, gerecht und tugendhaft.

Robespierres Politik wird so von einem religiösen Gefühl überhöht, das, wie bei einem Großteil der Intellektuellen des 18. Jahrhunderts, das wirkliche Gesicht des Volkes um seiner Idealisierung willen maskiert. Aber bei Robespierre kommt noch etwas hinzu.

Dieses idealisierte und mit allen Tugenden begabte Volk, dieses rechtschaffene, »gute, geduldige, großmütige« Volk ist in seiner großartigen Abstraktion eine Art *Vater* für ihn. Es wird ihm mythischer Lebensspender und Quelle seiner Tapferkeit und ersetzt so in seiner Unfehlbarkeit, aber auch in seiner Unfaßbarkeit den wirklichen Vater, der ihm fehlt und den man immer nur kritisiert und getadelt hat. Maximilien jedoch muß ihn verteidigen und muß sich vor ihm rechtfertigen, da er ihn zu verraten fürchtet. Und er hat ihn ja auch verraten, als er mit den Feinden seines Vaters lebte und paktierte.

Er muß seinen Vater rächen, »einmal das Volk rächen«, »diesen rührenden und geheiligten Namen verteidigen«, diesen im Volk verkörperten Vater verteidigen gegen die »gotteslästerlichen Verleumdungen«.

In Maximilien verschmelzen all diese Überzeugungen, psychologischen und individuellen Motivationen, die Anschauungen seiner Epoche und die Geschichte zu einem geheimnisvollen Ganzen. Aber als er im »Club des Cordeliers« ausruft: »Das Wohl des Volkes ist Gemeinwohl, das der Reichen ist nur Eigennutz!«, da spricht die Geschichte aus ihm. Die Cordeliers sind zutiefst beeindruckt. Sie beschließen, den Text drucken zu lassen, und erklären, daß er geeignet sei, zum Handbuch einer neuen Generation von Bürgern zu werden.

Am 9. Mai nimmt Maximilien erneut den Kampf für die Armen auf. Man muß ihnen, fordert er die Mitglieder der Konstituante auf, das Petitionsrecht zubilligen. »Je ärmer und unglücklicher ein Mensch ist, desto größer sind seine Bedürfnisse, und desto mehr hat er Bittgesuche nötig.« Aber als er am 10. Mai in seiner Rede fortfahren will, wird der Saal unruhig, man pfeift und lacht, und der Präsident, an den sich Robespierre wendet, um Ruhe zu erhalten, erwidert, daß »M. de Robespierre mehr Talent hat, Lachen zu erregen, als er Mittel hat, Ruhe und Respekt herzustellen«. Marat kommentiert im »Volksfreund«: »Franzosen, seht, in welcher Weise die einzigen treuen Vertreter, die uns bleiben, von den Vaterlandsverrätern, die im Senate führen, behandelt werden! Wird die Nation solchen Schimpf mit ruhigem Blut hinnehmen?«

Die Nation?

Die »Armen« haben ihre Antwort schon gegeben. »Großherziger Robespierre ... öffne uns Deine Seele, damit wir in ihr die Regel unseres Verhaltens schöpfen können«, schreiben ihm die Mittellosen, und sie schließen: »Unbestechlicher Robespierre ... wir tragen Dich in unserem Herzen.«

Das ist die spontane und aufrichtige Bewegung der Niedrigen. Aber zur Nation gehören auch die Mitglieder der Konstituante, die Royalisten und Aktivbürger, die Robespierre auspfeifen. Marat hat recht, wenn er schreibt: »Aller Welt gefallen zu wollen ist Verrücktheit, aber aller Welt in revolutionären Zeiten gefallen zu wollen ist Verrat.« Maximilien Robespierre, der von den einen, der dankbaren Masse der Armen, gewählt worden ist, wird notwendigerweise von den anderen verurteilt, von denen er sich im übrigen deutlich und verächtlich absetzt.

Eine Epoche geht ihrem Ende entgegen

Diese anderen sind Mirabeau, La Fayette, Alexander und Charles Lameth, Duport, Barnave. Mit Mirabeau, der am 2. April 1791 stirbt, hat Maximilien schon gebrochen. Alle Welt weiß, daß er ein Söldling des Hofes war.

Aber das Volk hält zäh an seinen Legenden fest, und Mirabeau bekommt ein Staatsbegräbnis. Der Jakobinerclub ordnet eine achttägige Trauer an, und alle seine Mitglieder gehen hinter der Nationalversammlung im Trauerzug mit, inmitten der dreihunderttausendköpfigen Menge, die gekommen ist, einen zum Mythos gewordenen Mann zu beweinen.

Robespierre nimmt mit den Abgeordneten der Nationalversammlung am Trauerzug teil. Ist das eine Konzession an die Menge oder persönliche Ehrerbietung für den, der ihm bei seinen ersten Schritten in Versailles geholfen hatte? Pétion jedenfalls hat sich geweigert, dem Zug zu folgen. Für ihn ist Mirabeau ein Verschwörer. Dieses eine Mal ist nicht Robespierre der Unbestechliche.

Nach der Beisetzung Mirabeaus in der zum Pantheon gewordenen Kirche Sainte-Géneviève jedoch geht der Kampf weiter.

Die Brüder Lameth, Barnave und Adrien Duport nehmen Mirabeaus Platz am Hofe ein. Robespierre wendet sich gegen sie im Jakobinerclub, wo sie großen Einfluß haben, und in der Konstituante, die sie vollständig beherrschen. Sie haben ihn zwar gegen La Fayette oder gegen Mirabeau unterstützt, haben ihn vorgeschoben, um ihre Konkurrenten auszuschalten, die dann auch gefallen sind; aber der einzige, der gewachsen ist, ist Maximilien. Er ist unbestechlich, während sie von der Geschichte demaskiert werden. Sie haben ihre Besitztümer zu verteidigen, ihre Interessen auf den Antillen und ihre ehrgeizigen Pläne; sie möchten gern die starken Männer eines Königs sein, der sich in Wirklichkeit nur ihrer bedient und seine Flucht vorbereitet. Wenn sie sich auf eine Monarchie hätten stützen können, die ihre Ratschläge angenommen hätte und zu Kompromissen bereit gewesen wäre, hätten sie siegen und die Monarchie mit ihnen überleben können. Aber Ludwig XVI. denkt an nichts anderes, als sie zu hintergehen. Damit setzen sie sich zwischen alle Stühle, und Maximilien trägt den Sieg davon – mehr weil ihre Politik scheitert als durch seine eigenen Erfolge.

Bei jeder Schlacht, die er gegen sie führt, stellt er sie mehr bloß, wobei es von geringer Bedeutung ist, daß die Konstituante ihm nicht beipflichtet. Denn die Clubs und die Straße gewinnen von Tag zu Tag mehr an Gewicht und Bedeutung.

Im Mai 1791 schließen sich die Cordeliers und die »Brüderlichen Gesellschaften von Paris« zusammen und stellen ein Zentralkomitee an ihre Spitze, um ihre Aktion zu koordinieren. Ein republikanischer Journalist namens Robert wird Präsident. Maximilien ist in Kontakt mit den Cordeliers, vor denen er seine Rede über die Silbermark gehalten hat. Außerdem kennt er Robert persönlich. Dieser hat nämlich Louise Félicité de Keralio geheiratet, die Maximilien im Jahre 1786, als er Vorsitzender der Akademie von Arras war, dort aufgenommen hatte.

Maximilien ist also sowohl durch sein tägliches Wirken bei den Jakobinern als auch durch seine Verbindungen zu den »Brüderlichen Gesellschaften« in der Lage, diese neue Woge der Unruhe im Volke aufsteigen zu spüren, welche der unaufhaltsame Verfall des Wertes der Assignaten und die Wirtschaftskrise noch verstärken.

Die Männer der Konstituante, vor allem aber die Triumvirn, gehören einer Epoche an, die ihrem Ende entgegengeht. Jetzt ist es Robespierre, der im Frühjahr 1791 den unerbittlichen Kampf gegen die Konstituante, gegen die Brüder Lameth und gegen alle, die ihnen folgen, anführt.

Die Stimme der Vernunft

Es handelt sich immer noch darum, der Stimme des Volkes möglichst unumschränkten Ausdruck zu verleihen, sich auf die öffentliche Meinung und auf die Passivbürger zu stützen, um die Triumvirn auszuschalten. Am 9. Mai fordert er im Jakobinerclub vor »einer ins unermeßliche angewachsenen Menge« die unbeschränkte Pressefreiheit, denn »in einem freien Staat ist jeder Bürger eine Wache der Freiheit und muß bei dem geringsten Gerücht, bei dem geringsten Anschein einer Gefahr, die ihn bedroht, Alarm schlagen«. Die »Schmutzflut« der monarchistischen Flugschriften bedeutet demgegenüber wenig, wenn nur die patriotisch gesinnten Journalisten sich Gehör verschaffen können. Und Maximilien weiß, daß auch er eine Tribüne braucht: »Es könnte sich finden, daß es das Heil des Vaterlandes fordert, meinen Mitbürgern die Augen zu öffnen über das Verhalten des Senats, des Prätoren und der Aedilen.«

Mit dieser Rede erringt Robespierre einen weiteren Triumph im Jakobinerclub. »Die Meinungen dieses berühmten Abgeordneten«, schreibt die Zeitung »Le babillard«, »haben einen ungeheuren Erfolg in allen Kneipen der Hauptstadt, noch bevor sie im Senat ... zum Ausdruck gebracht worden sind.«

Seine Anhängerschaft wird immer größer. Toulon ruft von neuem, wie Marseille, seine Hilfe an. Bürgermeister und Stadtoffiziere des großen Hafens schreiben ihm: »Die ganze Stadt, deren Vertreter wir sind, lädt Sie heute ein, ihre Verteidigung zu ergreifen ... Geruhen Sie, ihr ein Zeichen Ihrer Anhänglichkeit zu geben.« Für den »Patriotischen Club von Toulon« ist er »der Bruder Robespierre«, die »Stimme der Vernunft«, und seine Reden gelten als »ein ewiges Monument (seines) Bürgersinnes und (seiner) intellektuellen Fähigkeiten«.

Diese Zeugnisse der Wertschätzung und Akklamationen erheben Robespierre. Sie schmeicheln ihm und tragen zu seiner Entwicklung bei, bestätigen seinen natürlichen Hang und isolieren ihn zugleich dadurch, daß sie ihn erhöhen. Denn die Briefe, die Maximilien erhält, sind voller Bewunderung und Hochachtung, aber vor allem drücken sie doch die Selbsterniedrigung ihrer Schreiber aus.

Hier zeichnet sich zum erstenmal ein Kult ab, der seine Wurzeln in dem authentischen religiösen Gefühlsleben eines Volkes hat, das sich noch nicht vollkommen von den Jahrhunderten der Königsherrschaft hat befreien können. Selbst wenn dieser Kult Robespierre die nötige Kraft für den schwierigen Kampf gibt, so läßt er ihn doch einsam und ohne Verbindung zu den »Gläubigen«. Doch auf Grund seines Charakters ist Maximilien bereit, diese Rolle als natürlich anzunehmen.

Seit dem Jahre 1791 gilt er als »die Stimme der Vernunft«. Er fühlt die Verehrung für sich wachsen, wodurch ihm sein exemplarisches Geschick bestätigt wird, und so schließt sich, gerade auf Grund seines Erfolges, ein neuer Kreis der Einsamkeit um ihn.

Zweideutige Erfolge

Aber im Jahre 1791 ist noch nicht die Isolierung das Charakteristische, sondern die potentielle Macht, die Maximilien aus den Beifallskundgebungen zieht.

Am 11., 12., 13. und 15. Mai ist er voller Ungeduld, in der Konstituante zu sprechen; denn die Versammlung debattiert über die Frage der Kolonien. Werden die Sklaven befreit werden, oder werden die Siedler, zu deren Fürsprecher sich Barnave macht, sie weiterhin in ihrer menschenunwürdigen Stellung halten können?

Maximilien Robespierre, der der »Gesellschaft der Freunde der Schwarzen« angehört, begehrt dagegen auf: »Sollen doch die Kolonien zugrunde gehen, wenn die Siedler uns durch derartige Drohungen zwingen wollen, das zu beschließen, was ihren Interessen am meisten entgegenkommt.«

Er greift mehrfach, ohne auf die Unterbrechungen zu achten, in die Debatte gegen Barnave ein. »Die Anstrengungen, die man machte, um seine Stimme zu ersticken, haben nur zu deutlich bewiesen, daß man ihn fürchtete, und sie waren eigentlich eine Ehre, die man ihm erwies«, schreibt das »Journal de Paris«.

Die Assemblée beschließt trotz Robespierres Einspruch das von Barnave befürwortete Dekret. Für Maximilien ist das ein neues Zeichen für die Korruption der Triumvirn (und zuvörderst Barnaves), aber auch der gesamten Konstituante.

Um diese Assemblée zu reinigen, genügte es, ihren Mitgliedern das Recht auf Wiederwahl zu nehmen. Damit wären die Lameth, die Duport, die Barnave, die jetzt so häufig Meister des parlamentarischen Spieles sind, aus einer künftigen Legislative ausgeschlossen, oder ihr Einfluß wäre wenigstens zurückgedrängt. »Was uns angeht«, erklärt Robespierre am 16. Mai, »wir werden unserem Lande mehr außerhalb der Gesetzgebenden Versammlung nützen, als wenn wir in ihr bleiben.«

In der Tat, sein Einfluß bei den Jakobinern, den Cordeliers und in den »Societés Populaires« ist groß, wohingegen er gerade in der Assemblée am meisten angefochten wird.

Denn dort trifft Maximilien auf entschlossene Gegner. Unter anderem gesteht er: »Ich liebe ganz und gar nicht diese neue Wissenschaft, die man die Taktik großer Versammlungen nennt. Sie ähnelt mir zu sehr dem Intrigenspiel. Ich liebe es nicht, daß geschickte Männer eine Versammlung beherrschen ... und so ein System verewigen, das die Geißel der Freiheit ist.« Aus diesen Worten spricht der ungeschickte Mann, der nicht in der Lage ist, Verbindungen auf einen Kompromiß hin anzuknüpfen, in ihnen offenbart sich der einsame Maximilien ebensosehr wie Robespierre, der Unbestechliche.

Am 16. Mai spricht Robespierre in der Plenarsitzung der Assemblée: »Ich fordere, daß augenblicklich beschlossen wird, ohne damit ein Präjudiz für andere Legislaturperioden zu schaffen, daß die Mitglieder dieser Versammlung nicht wiederwählbar sind.«

Diesem Vorschlag zum politischen Selbstmord stimmen die Abgeordneten mit großer Begeisterung zu. Jedoch ist das wohl kaum eine spontane Bewegung. In der Tat hat die Rechte Robespierre unterstützt. Sie will die Mitglieder der Konstituante, die für einen Kompromiß eintreten, zum Schweigen bringen, diese Männer von 1789, die sie haßt, weil sie auf eine gemäßigte Monarchie hoffen. Die Rechte zieht Robespierre einem La Fayette oder den Lameths vor. Er wird, so denkt sie, die Entwicklung in die Krise treiben, dann aber wird das Land wieder, nachdem die Gemäßigten ausgeschaltet sind, in die Hände des Königs zurückfallen.

Die Rechte spendet Robespierre Beifall. Der Abbé Royou schreibt im »Königsfreund«: »Niemals hat er mit mehr Kraft und Beredsamkeit gesprochen ... Seine Beständigkeit und seine Tapferkeit bei einer solchen Gelegenheit geben Anlaß zu glauben, daß er mehr seinen Prinzipien als seinen Interessen verbunden ist.«

In dieser Debatte über die Möglichkeit einer Wiederwahl ist es demnach nicht die Rechte, die Robespierre angreift, sondern Duport. Unter aufmerksamem Schweigen ruft der Triumvir aus: »Dieselben Leute, die alle Tage so laut das Wort von der Volkssouveränität ertönen lassen, wollen das Volk heute eben dieser Souveränität berauben.« Duport stimmt die Assemblée um, so daß sie die Drucklegung seiner Rede beschließt.

Maximilien antwortet seinem Gegner nicht unmittelbar. Er muß seine Rede vorbereiten, da er in einer solch bedeutenden Sache nicht auf die Improvisation vertraut. Dieses bezeichnende Detail verrät sein Verantwortungsgefühl, aber auch seinen Mangel an Selbstvertrauen. Er muß seine Rede schriftlich fixieren, und vierundzwanzig Stunden später spricht er, kraftvoll und bissig: »Frankreich wird weiterbestehen, selbst wenn einige von uns nicht mehr Gesetzgeber oder Minister sein sollten.« Die Assemblée hört zu, aber die Bewegung vom 16. Mai wiederholt sich nicht. »Es ist nötig«, fährt Robespierre fort, »daß die Gesetzgeber sich in einer Situation befinden, in der sich ihr Eigeninteresse und ihre persönlichen Wünsche im höchsten Maße mit denen des Volkes decken, dafür aber ist es notwendig, daß sie selber wieder Volk werden.«

Die abschließenden Sätze seiner Rede sind dazu angetan, den Enthusiasmus der Tribünen zu erregen. Aber sie sind zugleich Ausdruck jener düsteren und strahlenden Sicherheit, in der sich das tiefe Gefühl einer Niederlage und die Hoffnung auf den Urteilsspruch der Geschichte mischen: »Wir werden vergehen«, schließt er, »die Kabalen unserer Feinde werden vergehen; die wahren Gesetze, das Volk, die Freiheit werden bleiben.«

In völliger Verwirrung nimmt die Assemblée schließlich einen Vermittlungsvorschlag an: Das Dekret über die Nichtwiederwählbarkeit, das im Enthusiasmus des 16. Mai angenommen worden war, soll nur für die nächste Legislaturperiode gelten. In der Legislative wird also kein Mitglied der Konstituante sein.

Maximilien hat einen Teilsieg errungen; denn die Triumvirn werden nicht wieder Abgeordnete sein. Aber dieser parlamentarische Erfolg zeigt noch einmal, daß Robespierre nur dann siegen kann, wenn die Kräfte, die ihm grundsätzlich feindlich sind, ihn unterstützen.

Eine Zeitlang hatten sich die Triumvirn im Jakobinerclub seiner gegen Mirabeau und La Fayette bedient, nun schiebt ihn die Rechte gegen die Triumvirn vor. Ende Mai 1791 geht die Rechte sogar so weit, für ihn als Präsidenten der Konstituante zu stimmen, allerdings vergeblich.

Maximilien behält die Oberhand also nur so lange, wie er der einen Partei gegen die andere von Nutzen ist. Wenn er aber versucht, allein eine Position zu verteidigen, die von beiden Parteien abgelehnt wird, scheitert er.

Am 28. April 1791 hat er die Rekrutierung der Nationalgarde auch auf die Passivbürger ausdehnen wollen. Doch ohne Erfolg. »Sind diejenigen, die gewisse Abgaben nicht zahlen, Sklaven oder Ausländer im Vergleich mit den anderen Bürgern?« ruft er vergeblich aus. Die Lameths, Barnave, Duport und die Mehrheit der Versammlung stimmen mit dem Abbé Royou überein, der im »Königsfreund« schreibt: »Welch absurde Idee, in die Garde die Bürger einreihen zu wollen, gegen deren Ausschreitungen sie gerade am meisten vorzugehen hat!« Sie sind über das Ansteigen der Agitation im Volke beunruhigt und bringen am 14. Juni das Gesetz Le Chapelier durch, das alle Arbeiterkoalitionen verbietet und damit das Streikrecht unterdrückt.

Robespierre greift nicht ein. Zwar schlägt er vor, daß die Ärmsten entschädigt werden, wenn sie einen Arbeitstag verlieren, um an den Wahlversammlungen teilzunehmen, aber die Streikfrage läßt ihn indifferent.

Diese Art, sich mit der Armut auseinanderzusetzen und die Beziehung zwischen Ökonomie und Politik nur mit Hilfe der

Moral zu begreifen (die Armen sind rein, während der Reichtum verdirbt), bestätigt, daß Robespierre vor allen Dingen für den politischen und abstrakten Aspekt der Dinge empfänglich ist. Für ihn gibt es zwar »eine grundlegende Gleichheit der Rechte«, aber doch nur »inmitten der unvermeidlichen Ungleichheit der Güterverteilung«. Lohnarbeit ist für ihn eine Realität, die ihm fremd ist, die Beziehungen zwischen Arbeitnehmern und Arbeitgebern liegen außerhalb seines Horizonts.

Er wird wieder aktiv, als es am 10. Juni um die Entlassung verdächtiger Offiziere geht. »Er stand ganz allein und unbeweglich mitten im Senat, wobei er seine Blicke nach rechts und links schweifen ließ«, schreibt der Ritter Pio. »Wie schön, mitten unter 800 Vätern, die sich wie Rekruten benahmen, einen wirklichen Bürger zu sehen. Allein durch seine Haltung machte er seinen Kollegen inmitten der Nationalversammlung ihre Kleinmütigkeit und ihre Schwäche, ja ich möchte fast sagen, ihre Feigheit zum Vorwurf.« Zweifelsohne ist das schön, aber auch dieses Mal wird Robespierres Standpunkt nicht akzeptiert, und wieder ist er allein.

Für die anderen »ist die Revolution beendet«, wie Duport nicht müde wird zu wiederholen. Nur einige wenige haben eine echte revolutionäre Gesinnung, aber ihre Blindheit oder ihre Vorsicht sind größer. Mit Maximilien verbunden bleiben nur die Mitglieder der »Societés Populaires«; für sie ist er

»des hochmütigen Bedrückers fürchterlicher Feind,
der unbestechliche Freund des Volkes, den man niederhält.«

Aber immer noch muß er mit seiner scharfen Stimme wiederholen: »Wacht über die Verräter ... Erkennt endlich die Koalition zwischen unseren erklärten Feinden und den Heuchlern!« Es bleibt ihm zu bezeugen: »Ich sehe sie, diese Koalition. Ich habe sie seit langem gesehen, und ich habe sie auch angekündigt, aber vergeblich.«

Es bleibt ihm, Zeugnis abzulegen mit der Festigkeit der Zeugen, die für ihre Wahrheit in den Tod gehen: »Ich werde, was auch immer kommen mag, die ergreifenden und geheiligten Pflichten erfüllen, die mich ans Vaterland binden.«

So spricht er am 28. April 1791. Weniger als zwei Monate später sollte ihm die Geschichte recht geben.

4. Zwischen Wort und Tat (April bis Oktober 1791)

Die Früchte von Tugend und Arbeit

Seit Sonntag, dem 29. Mai, haben die Jakobiner ihr Versammlungslokal in der Kapelle des ehemaligen Klosters in der Rue Saint-Honoré. Die Eröffnung des neuen Saales hat in einer Atmosphäre mondäner Neugier stattgefunden.

Im übrigen sind die Brüder Lameth immer noch Herren des Korrespondenzausschusses der Gesellschaft, der durch seine Direktiven die Aktion der angegliederten Gesellschaften in der Provinz kontrolliert. Dennoch gelingt es Maximilien, auch in diesem Ausschuß Fuß zu fassen. Seine Waffen sind seine Arbeitskraft und sein Eifer für die Sache.

Als die Gesellschaft am 17. Juni darum bittet, in aller Eile den Entwurf eines Schreibens an die Provinzgesellschaften fertigzustellen, um sie bei der Kandidatenaufstellung für die Wahlen zu beraten, nimmt es Robespierre allein auf sich, einen Text in weniger als achtundvierzig Stunden auszuarbeiten. Am 19. Juni legt er seinen Entwurf vor. Nach ihm muß der Abgeordnete ein tugendhafter und talentierter Mann sein, aber vor allem die Tugend ist unabdingbar. »Wenn ein Mensch in seinem Leben sich nur ein einziges Mal hartherzig oder feige gezeigt hat«, erklärt er, »so zögert nicht, unter welchen Umständen auch immer er sonst gelebt hat, ihn zu verwerfen.«

Das ist sein eigenes Ideal: Niemals ist er bislang feige gewesen und noch weniger hartherzig. War er nicht schon immer gegen die Todesstrafe, und hat er sie nicht erst am 30. Mai vor der Assemblée bekämpft?

Arbeit und Tugend zahlen sich aus: Sein Entwurf wird angenommen, Robespierre wird Mitglied des Korrespondenzausschusses. Am 10. Juni schon ist er in einer bewegten, mehrmals unterbrochenen Wahlversammlung mit 220 gegen 99 Stimmen für Dandré zum öffentlichen Ankläger am Kriminalgericht von Paris gewählt worden.

So kommen zu seinen Aufgaben als Abgeordneter und Jakobiner weitere Funktionen. Die Arbeit nimmt überhand.

Ende Mai erkrankt Maximilien und muß eine Woche lang all seinen Ämtern fernbleiben. Aus einem Brief, den er am 12. Juni 1791 nach Arras schickt, geht hervor, wie groß seine Müdigkeit ist. »Die Wahlmänner haben mich, ohne daß ich es wußte und trotz der Intrigen, zum öffentlichen Ankläger des Departements ernannt. Diese Wahl ist sicher ehrenvoll für mich, aber trotzdem sehe ich den unangenehmen Arbeiten nur mit Schrecken entgegen, zu denen mich diese bedeutende Stellung verurteilen wird in einer Zeit, wo ich nach so langer Aktivität Ruhe nötig hätte ...«

Trotzdem kommt nach diesem ungewöhnlichen Bekenntnis, das die physische und nervöse Verausgabung Maximiliens während der langen Monate seines Parlamentsmandates ermessen läßt, auch wieder jener begeisterte Robespierre zum Vorschein, der von seinem Schicksal, von der Tragödie, die ihn erwartet, besessen ist: »Ich bin zu einem stürmischen Geschick berufen, und so muß ich seinem Lauf folgen, bis ich das letzte Opfer gebracht habe, das ich meinem Vaterland anbieten kann.« Immer wieder das Wörtchen »ich«. Maximilien denkt immer als Einsamer, ist immer mit sich selbst beschäftigt ...

Das innerste Prinzip seiner Hingegebenheit an die Sache ist so die Egozentrik seiner Person, ein Altruismus, der aus Stolz und Einsamkeit geboren ist, und ein Verlangen nach Vollkommenheit, das aus dem Gefühl resultiert, einzigartig zu sein. Diese Mechanismen aufzuweisen, bedeutet nicht, sein Verdienst mindern zu wollen. Maximilien ist nicht durch Zufall ein Verehrer des Jean-Jacques Rousseau der »Bekenntnisse« gewesen. »Ich bin stets im Elend«, schließt sein Brief.

Aber das Schicksal wiegt schwer, und er muß den Weg seiner politischen Sendung wiederaufnehmen und weitergehen mit Reden und durchwachten Nächten, mit der Abfassung von Texten und dem Schreiben von Briefen.

Am 20. Juni verläßt er Paris, um an einem Empfang der Freunde der Konstitution in Versailles teilzunehmen. In dieser Stadt hatte man ihn zum erstenmal zum Richter gewählt, aber er zieht den Posten in Paris vor und rechtfertigt sich dafür. In der Nacht kehrt er nach Paris zurück.

In derselben Nacht steigt gegen einhalb ein Uhr König Ludwig XVI., mit einem grauen Gewand als Kammerdiener Durand verkleidet, in eine große Kutsche, die von Fersen gelenkt wird und die ihn mit der königlichen Familie ins Ausland bringen soll. Die Flucht des Königs sollte zum Wendepunkt der Geschichte werden.

Die Flucht des Königs

Am Dienstag, 21. Juni, morgens gegen 7 Uhr, entdeckt der königliche Kammerdiener Lemoine, daß das Bett seines Herrn in den Tuilerien leer ist. Die Nachricht breitet sich wie ein Lauffeuer in der Hauptstadt aus.

»Ganz Paris ist auf den Beinen«, alles ist »in höchster Aufregung«. Gerüchte sind im Umlauf. Der Krieg soll erklärt werden, die Aristokraten nehmen eine drohende Haltung ein. Überall lauert Verrat. Paris soll von den unterirdischen Gängen und Kanälen aus besetzt werden, und dabei wird man alle Patrioten umbringen.

Waffen müssen her. Ein Schiff, das Pulverfässer und Schrotkugeln geladen hat, wird am Pont de Sèvres angehalten und entladen. Ein Waffendepot bei den Carmes wird geplündert. Alle Büsten des Königs werden zerschlagen. Was man seit Monaten befürchtete und woran schließlich niemand mehr glaubte, weil im Februar die Tanten des Königs Paris verlassen hatten und weil am 18. April die Menge zusammen mit der Nationalgarde und vor allem das Bataillon der Cordeliers unter ihrem Kommandanten Danton den König daran gehindert hatten, die Tuilerien zu verlassen und nach Saint-Cloud zu fahren, dieses für unmöglich gehaltene Ereignis ist nun doch noch eingetreten.

Die Menge, die sich in diesen frühen Morgenstunden des 21. Juni in den Straßen sammelt, und die Jakobiner, die in der Rue Saint-Honoré die Öffnung ihres Sitzungssaales fordern, was gewöhnlich nie vor sechs Uhr abends geschieht, erinnern sich Marats, der im »Volksfreund« zur Wachsamkeit aufgerufen hat. Man erinnert sich vor allem des Père Duchesne, der am 29. Februar geschrieben hat: »Frau Capet will sich mit dem dicken Louis von La Fayette und seinen Rittern vom Dolch entführen lassen.«

Diese Ritter vom Dolch, diese Aristokratie der Tuilerien, fürchtet und haßt man vor allem. Man klagt La Fayette an, weil er als Oberkommandierender der Pariser Nationalgarde den Generalstab mit Spionen und gedungenen Mördern durchsetzt hat. Die »Spitzel La Fayettes« sind allgegenwärtig. Hat er vielleicht dem König zur Flucht verholfen, um Präsident einer auf seine bewaffnete Macht gestützten Republik der Ordnung zu werden oder der allmächtige Premierminister eines von seinen Gnaden wiedereingesetzten Ludwig XVI.? Man klagt ihn an, aber man kann ihm, der über die 30000 Mann der Nationalgarde und über seine Söldnerkompanien gebietet, nichts anhaben, zumal das Standrecht ihm erlaubt, das Feuer zu eröffnen auf alle, die die öffentliche Ordnung stören.

Um 9 Uhr früh ist Robespierre in der Nationalversammlung, die zwei Stunden nach Bekanntwerden der Abwesenheit des Königs ihre Sitzung eröffnet. Er hört zu und beobachtet. Unter den Abgeordneten herrscht tiefes Schweigen. Sie sind sich des Ernstes der Stunde bewußt. Aber der Präsident spricht nur von einer »Abreise« des Königs. Denn schon hat La Fayette in seinem Tagesbefehl »die Feinde des Königs, die den König entführt haben« beschworen. Damit ist die Losung gegeben. Der König ist nicht geflohen, er ist entführt worden. Damit hat man sich eine Fiktion geschaffen, die, wenn es sein muß, auch mit Gewehrschüssen verteidigt werden wird. Denn, wie Barnave während der Sitzung sagt, »es muß vor allem das Eingreifen des Volkes verhindert werden«.

Robespierre kann diese Fiktion von »einem in der Nacht entführten König«, der den Parisern noch dazu eine Botschaft hinterlassen hat, welche die Konstitution verurteilt, nicht akzeptieren.

Mehrmals schon hat er vergeblich versucht, zu Wort zu kommen. Endlich steigt er auf die Rednertribüne der Assemblée. »Ich kann mich nur wundern«, sagt er, »daß bei dieser Lage der Dinge nichts als unbedeutende Maßnahmen vorgeschlagen werden.« Man müsse »die recht gesinnten Bürger informieren, damit sie den Verrätern gegenüber wachsam sind zum Wohle der öffentlichen Angelegenheiten«. Aber seine Redezeit ist beschränkt.

Es zeigt sich, daß sich Robespierre und die »Demokraten«

in der Assemblée in einer isolierten Position befinden. Linke wie rechte Mitte haben sich dem rechten Flügel angeschlossen. Robespierre verläßt daher die Assemblée und trifft sich im Laufe des Nachmittags bei Pétion mit Madame Roland und Brissot. Er ist beunruhigt, spricht von einer »Bartholomäusnacht der Patrioten« und lacht nur spöttisch, als Brissot von der unausweichlichen Notwendigkeit der Republik spricht.

Diese bittere Skepsis, selbst wenn sie von Madame Roland noch geschürt wird, zeigt doch, wie klar Maximilien die Lage sieht. Sicherlich, die Cordeliers und die Sektion des Théâtre Français, die Bastionen der Demokraten gegen Fayettisten und Lamethisten, haben soeben eine lange Resolution abgefaßt, in der erklärt wird: »Gesetzgeber, ihr habt die Tyrannei verewigt, indem ihr Ludwig XVI. zum unabsetzbaren, unverletzlichen und erblichen König erklärt habt. Ihr habt die Sklaverei der Franzosen verewigt, indem ihr Frankreich zur Monarchie gemacht habt.« Aber nicht sie, sondern La Fayette und die Brüder Lameth halten Machtmittel und Parlamentsmehrheit in Händen.

Doch in der Assemblée selbst nehmen die Spannungen zu. Die Sitzung wird gegen 6 Uhr wiederaufgenommen. Die Jakobiner, die um 4 Uhr beschlossen haben, in Permanenz zu tagen, senden ständig Delegierte zur Assemblée, ebenso die Sektionen und die Cordeliers. Die Bittsteller wollen die Texte, die sie vorzulegen Auftrag haben, verlesen lassen.

Robespierre greift mit Nachdruck in die Debatte ein. Diese Texte müssen verlesen und gehört werden, denn »wenn es um das Gemeinwohl geht, kann nur das Volk dafür Sorge tragen«. Man spendet ihm Beifall, und Robespierre fährt fort: »Das Volk ist verraten worden.« Es sieht so aus, als habe er seinen Pessimismus überwunden: Er versucht zu handeln. Als die Sitzung um 11 Uhr aufgehoben wird, begibt er sich zu den Jakobinern.

Robespierre sieht als einziger klar

Die Versammlung ist von höchster Wichtigkeit, denn der Club wartet seit den Morgenstunden darauf, eine Entscheidung zu treffen, und in der Assemblée weiß man, daß die Entschließung, die hier gefaßt werden soll, allen angegliederten Gesellschaften zugesandt und daß sie damit zur Losung werden wird, nach der sich die öffentliche Meinung richtet. Die gemäßigten Mitglieder der Assemblée beschließen daher, sich in möglichst großer Zahl in den Club zu begeben. Beinahe 200 Abgeordnete ziehen, von zahlreichen Anhängern begleitet, in die Rue Saint-Honoré. Es geht darum, bei den Jakobinern ebenso zu siegen wie in der Assemblée. Robespierre muß daran gehindert werden, die Gesellschaft in seinem extremen Sinne zu beeinflussen; man fürchtet Maximilien, und das mit Recht.

In der bis zum letzten Platz gefüllten Kapelle der Jakobiner, in der gespanntes Schweigen herrscht, verwirft Maximilien mit einem Worte die These von der Entführung. »Nicht meiner Person«, beginnt er, »müßte die Flucht des obersten Beamten als katastrophales Ereignis erscheinen. Der heutige Tag könnte der schönste der Revolution sein, er kann es immer noch werden.« Dann ruft er zum Handeln auf, womit er sich der Initiative der Cordeliers anschließt, und schleudert seine Anklagen heraus: »Der König hat, um seinen Posten im Stich zu lassen, einen Augenblick gewählt ...« Und er läßt eine lange Liste von Umständen folgen, die es dem König erlauben werden, »die Nation auszuhungern«. Dennoch fürchtet Maximilien nicht so sehr, daß »alle Briganten Europas sich gegen uns zusammentun«. »Mitten unter uns jedoch, in dieser Hauptstadt, hat der flüchtige König seine Helfer zurückgelassen, auf die er rechnet, um seine Rückkehr zum Triumphzug zu machen.«

Es sind diese Helfer, die Maximilien in Unruhe versetzen. Er möchte »seinen Schrecken mitteilen«, denn, und dieser Satz zielt auf La Fayette, die Truppen haben Anführer, die »es fertiggebracht haben, daß man einem Bouillé für die Bartholomäusnacht unter den Patrioten von Nancy eine öffentliche Danksagung beschlossen hat«.

Schließlich kündigt er die Ankunft der Abgeordneten an und ruft aus: »Die Nationalversammlung, so behaupte ich heute, hat in zwanzig Dekreten vorgegeben, die Flucht des Königs eine Entführung zu nennen. Wollt ihr noch mehr Beweise dafür, daß die Nationalversammlung die Interessen der Nation verrät?«

Maximilien Robespierre ist bis an die Grenze seiner Möglichkeiten gegangen, beinahe so weit wie die Cordeliers. Er hat

Stellung genommen, und er kennt das Risiko: »Indem ich die Quasitotalität meiner Kollegen, der Mitglieder der Nationalversammlung, anklage ..., wende ich gegen mich alle Eigenliebe, schärfe ich tausend Dolche, setze ich mich jedermanns Haß aus; ich weiß, welches Los man mir bereiten wird.«

In diesen Worten kommt sein Pessimismus, gepaart mit einer Art Opferbereitschaft, zum Ausdruck. Seine Niedergeschlagenheit läßt ihn in Todesahnungen verfallen, die nicht nur das Ergebnis politischer Analyse sind, sondern auch von seiner Verfallenheit an den Tod zeugen, wenn er bekennt: »Ich werde fast wie eine Wohltat den Tod empfangen, der es verhindern wird, daß ich Zeuge von Übeltaten werde, die ich als unvermeidbar voraussehe.«

Die 800 Anwesenden haben sich von ihren Sitzen erhoben und rufen dem Redner zu: »Wir alle werden mit dir sterben!« Dann schwören sie, »in Freiheit zu leben oder zu sterben«.

In diesem Augenblick erscheinen die gemäßigten Abgeordneten in Begleitung von La Fayette. Robespierre beendet seine Ansprache, ohne präzise Schlußfolgerungen zu ziehen. »Ich fühle, daß diese Wahrheiten die Nation nur mit Hilfe eines Wunders der Vorsehung zur Tat treiben werden.«

Er hat versucht, den Jakobinern die Augen zu öffnen. Aber er ist ohne Illusionen, und wie schon so häufig, läßt sein Pessimismus in ihm keinen Enthusiasmus, ja nicht einmal den Entschluß zur Tat aufkommen. Nach ihm spricht Danton, in die Uniform der Nationalgarde gekleidet, mit seiner lauten Stimme: »Wenn die Verräter in dieser Versammlung auftreten werden«, ruft er in den Saal, »dann halte ich es für meine heilige Pflicht, meinen Kopf dem Henker auszuliefern, um zu beweisen, daß auch der ihre fallen muß zu Füßen der Nation, die sie verraten haben.«

In diesem Stile geht es fort, konfus und wortreich, und schließlich erhebt er Anklage gegen La Fayette. Aber auch bei ihm ist all das Geschrei umsonst; denn er überläßt »das Urteil der Nachwelt«.

In einer geschickten Rede gelingt es daraufhin Barnave, den Saal unter seine Kontrolle zu bringen, so daß am Ende sein Text gebilligt wird: »Der König hat sich, von kriminellen Beratern verführt, von der Nationalversammlung entfernt.«

»Ich fordere alle, die nach mir sprechen werden, auf, mir zu antworten«, hatte Robespierre ausgerufen. Man hat ihm nicht geantwortet, aber die Entschließung stellt abschließend fest: »Wir erkennen nur einen Führer an, die Nationalversammlung, wir kennen nur einen Schlachtruf, die Konstitution!«

Damit gehen die Jakobiner auseinander, Maximilien Robespierre hat eine Niederlage erlitten. Der Jubel und die Schwüre nützen ihm nichts. Er ist allein in den Straßen der Hauptstadt, in denen die Söldner La Fayettes eine bedrohliche Macht darstellen, allein auch in der Assemblée und bei den Jakobinern, wo sich die Gemäßigten durchgesetzt haben. Er ist gescheitert, wie er es vorausgesehen hat: Die Clubs sind unter sich uneins; die Cordeliers fordern die Republik, während sich die Jakobiner den Autoritäten angeschlossen haben. Dieses Gefühl, als einziger die Lage zu durchschauen, treibt ihn zur Verzweiflung.

Unbeirrt die Wahrheit sagen

Die Assemblée tagt ununterbrochen. Man ist unentschlossen und wartet ab. Um einhalb 2 Uhr am Morgen des 22. Juni wird die Sitzung vertagt.

Robespierre, der ihr bis zum Ende beigewohnt hat, begibt sich zu Madame Roland. Er gehört nicht zum Kreis ihrer engeren Bekannten, aber Madame Roland, die ihn nicht besonders schätzt, empfängt ihn, »obwohl er gar nicht sonderlich darauf bestand«, denn, so fügt sie hinzu, »er verteidigte unsere Grundsätze mit Wärme und Beharrlichkeit . . . In dieser Hinsicht schätzte ich Robespierre.«

In den frühen Morgenstunden des 22. Juni ist man überwiegend pessimistisch. Robespierre blickt düster in die Zukunft und hält es für besser, nicht anzugreifen, wie es die Cordeliers, Brissot und Madame Roland wollen, sondern nur den Angriff der Konterrevolutionäre, den er für unmittelbar bevorstehend hält, zurückzuschlagen. Er ist also bedeutend vorsichtiger als Madame Roland, die versichert, man werde »nur durch ein Meer von Blut« die Freiheit erreichen, und die, wie die Cordeliers, in ganz Frankreich eine Unterschriftensammlung veranstalten will.

Maximilien spricht, wie gewöhnlich, wenig. »Er lachte häufig nervös, ließ einige Sarkasmen fallen, aber sagte niemals seine

Meinung«, schreibt Madame Roland. Dabei sind sicher seine Niedergeschlagenheit und das Gefühl seiner Ohnmacht im Spiel. Er hat gesprochen und er wird wieder sprechen. Aber er weiß sehr gut, daß er kein wirkliches Machtmittel in Händen hat, mit dem er den Lauf der Dinge beeinflussen könnte. Auch dieses Mal noch hat er keine Möglichkeit einzugreifen. Im Salon der Madame Roland »wird von nichts anderem gesprochen, als mit welchen Mitteln man das Volk vor dem Massaker zu energischen Maßnahmen veranlassen könne«. Aber das einzige Mittel, über das Robespierre verfügt, ist seine Stimme, sein Talent als Redner.

Außerdem kann er erst dann eine Entscheidung treffen, wenn er die Situation analysiert, verstanden und in Worte gefaßt hat. Unbeirrt die Wahrheit sagen, die anderen zu überzeugen und durch seine Worte zu orientieren versuchen, das ist Robespierres Stärke.

Seine Reden sind Taten, aber allzu häufig beschränken sich seine Taten auch auf die Reden. Das ist das Ergebnis seiner Erziehung und seines Berufes. Juristisch geschultes, zur Abstraktion tendierendes Denken überläßt, selbst wenn es, wie in diesem Fall, die Machtverhältnisse exakt analysiert, anderen die Aufgabe, auf die Straße zu gehen und Demonstrationszüge zu organisieren. Man kann ein durchaus realistisch urteilender Politiker sein und sich zugleich unfähig erweisen, seine Politik zu verwirklichen. Selbst wenn man ihre Grundsätze darzustellen versteht, um dadurch die Massen zu gewinnen, ist das Risiko groß, daß die Menschen, die man in Bewegung gesetzt hat, ohne Führung bleiben oder von anderen zum Abenteuer verleitet werden. Als Politiker muß man nicht nur die Menschen mit der Stimme der Vernunft zu überreden versuchen, man muß sie auch zur Tat hinreißen und ihnen Führer sein. In dieser Hinsicht befindet sich Robespierre seit dem 22. Juni in einer schwierigen Situation.

Seine Rede vom 21. Juni ist von Camille Desmoulins gedruckt und unters Volk gebracht worden. Man liest sie laut in den Straßen vor, obwohl die Nationalgarde La Fayettes die Menschenansammlungen zerstreut und die Zuhörer mißhandelt.

Die Kompromißlosigkeit der Rede bestärkt die Cordeliers in ihren Forderungen nach einer Republik, während Maximilien nicht so weit gehen möchte und den Cordeliers als Anführer weder dienen kann noch will. Die Angelegenheit beunruhigt ihn; denn die Freundschaft der Cordeliers ist kompromittierend und gefährlich. Sie setzt ihn wehrlos seinen Feinden aus. Zwar haben die Cordeliers in der Nacht vom 21. zum 22. Juni vor dem Haus Maximiliens in der Rue Saintonge Wachen aufgestellt, aber selbst unter ihnen gibt es so viele käufliche Kreaturen, daß eine Provokation immer im Bereich des Möglichen liegt. Man sagt, Robespierre solle zum Diktator ausgerufen werden. Ist dieses Gerücht spontan entstanden, oder dient es nicht viel mehr dazu, einen unbequemen Gegner zu erledigen, und sei es auch nur durch die Justiz?

Zögern und Fatalismus

Wäre Maximilien ein Draufgänger gewesen, hätte er sich jetzt wohl blindlings mit den Cordeliers und dem Volke verbündet. Er jedoch ist vorsichtig, weil er meint, daß das Kräfteverhältnis ungünstig ist, aber auch, weil ihm der Mut fehlt und jene Fähigkeit, die Massen zu begeistern, die notwendig ist, um die Menschen zur Tat hinzureißen.

Im übrigen ist dic Lage so verworren, daß es schwierig ist, eine Entscheidung zu fällen.

Als am 22. Juni gegen 10 Uhr abends die Assemblée gerade ihre Sitzung aufgehoben hat und Robespierre und seine Kollegen den Saal verlassen, hört man Schreie auf der Straße: »Der König ist gefangengenommen! Der König ist verhaftet!«

Unverzüglich wird die Sitzung wiederaufgenommen, und Pétion, Barnave und Latour-Maubourg werden bestimmt, dem König entgegenzureisen. Sie treffen in der Nähe von Epernay auf den Wagen, und die Rückkehr beginnt inmitten bewaffneter Bauern.

In der Assemblée wartet man und versucht inzwischen, die Bedeutung der Ereignisse zu bagatellisieren. Robespierre schlägt Maßnahmen vor, die dem Anschein nach ohne große Bedeutung sind und die man ihm daher nur schwer verweigern kann, denen aber allen eine ganz präzise politische Bedeutung zukommt. Am 23. fordert er eine Auszeichnung für die Männer, die den König festgenommen haben. Die Vorlage wird an den Verfassungsausschuß überwiesen. Er versucht eine Entscheidung darüber herbeizuführen, welche Funktion dem König innerhalb der Exekutive zukommen solle. Es sei das, sagt er, »die Pflicht der Repräsentanten der Nation«. Vergeblich. Die Assemblée wird überschwemmt von der Nationalgarde, den Schweizern, den Lastträgern der Hallen, den Bäckern und anderen Handwerkerabordnungen, die gekommen sind, der Assemblée den Treueeid zu leisten. Natürlich ist das Ganze nur eine von La Fayette organisierte Maskerade, um seine Macht und seinen Einfluß zu demonstrieren. »Eine üble Posse!« schreibt Marat.

Maximilien hüllt sich in Schweigen. Am 25. kehrt der König zurück. »Es hatte den Anschein, als ob ganz Paris und Umgebung sich versammelt hätte . . . Die Menschen in den Straßen behielten den Hut auf den Köpfen und wahrten absolutes Schweigen. Die Nationalgarde trug ihre Gewehre mit dem Kolben nach oben.«

Die Garde setzt sich mit Erfolg für den Schutz des Königs ein, als es im Wald von Bondy und in den Tuilerien zu Zwischenfällen kommt. Barnave hat auf der Reise das Vertrauen der Königin gewonnen, und als Ludwig XVI. La Fayette empfängt, erklärt der Souverän dem »Helden der Alten und der Neuen Welt«: »Ich habe auf dieser Reise sehr wohl eingesehen, daß ich mich getäuscht hatte und daß die Begeisterung für die Revolution allgemein ist.«

Damit ist die Ordnung wiederhergestellt, und Maximilien muß schweigen, obwohl die überwiegende Masse des Volkes nicht zustimmt und die Jakobiner ihre Meinung revidieren und in jeder Sitzung über das Los des Königs beratschlagen. Danton fordert »die Verbannung für den König«. Die Cordeliers organisieren am 24. trotz des außerordentlich großen Polizeiaufgebotes eine Kundgebung auf dem Platz Vendôme. Desmoulins nennt am 25. in seiner Zeitung den König einen Dummkopf und ein Schwein. Für Prudhomme, einen anderen Journalisten, ist der König ein Verräter und Feigling; eine zweite Revolution sei notwendig. Maximilien schweigt. Zwischen dem 26. Juni und dem 13. Juli meldet er sich weder in der Konstituante noch bei den Jakobinern zu Wort.

Das ist wohl nicht nur Vorsicht, sondern es spielt auch das Gefühl mit, gegenüber dieser unvermeidlichen Entwicklung, auf die er keinen Einfluß hat, ohnmächtig zu sein. Zugleich läßt das Zögern auch seinen Hang zum Fatalismus erkennen. Dieser Hang ist tief in ihm verwurzelt, und sein Schweigen ist nur das erste Anzeichen einer später immer wieder sich zeigenden Tendenz. Es ist, als ob in Maximilien plötzlich eine zu sehr angespannte Feder spränge, er ist dann bewegungs- und handlungsunfähig und hüllt sich in hochmütige Indifferenz und eisige Gleichgültigkeit. Es scheint ihm unnütz, etwas zu unternehmen. Warum den Kampf aufnehmen, wenn alle Welt sich gegen ihn verbündet, wenn der Herzog von Orléans und Laclos bei den Jakobinern intrigieren und die Grenadiere La Fayettes die Straße beherrschen, wenn alles im Schmutz, in Unordnung und Niederlage versinkt?

Hier werden die psychologischen Mechanismen seiner Kindheit wieder wirksam. Die kühle Vernunft, mit der er als einziger eine richtige Analyse der Situation zu geben weiß, dient nun zu nichts anderem mehr, als den unbezwingbaren Pessimismus zu maskieren, der ihm das Leben unmöglich erscheinen läßt und seinen Willen, seine Tatkraft lähmt.

Aber auch gegenteilige Kräfte beginnen spürbar zu werden, seine Jugend, sein Pflichtbewußtsein, das Vertrauen, das die anderen in ihn gesetzt haben, und veranlassen Robespierre, erneut den Kampf aufzunehmen.

Er hatte zum letztenmal am 26. Juni in die Debatte eingegriffen, als er mit Entschiedenheit forderte, daß ein Gerichtshof gebildet werden müsse, vor dem sich das Herrscherpaar zu verantworten habe. »Die Königin ist nur eine einfache Bürgerin, und auch der König in seiner Funktion als erster Beamter des Königreiches ist den Gesetzen unterworfen«, hatte er festgestellt. Aber sein Antrag war abgewiesen worden, und Maximilien sollte erst am 14. Juli wieder das Wort ergreifen, nachdem die Agitation in der Zwischenzeit immer mehr zugenommen hatte. Es handelt sich nun darum, endgültig über das Los des Königs zu entscheiden. Die Mehrheit versucht, im Vertrauen auf ihre Überlegenheit, möglichst schnell die These von der Entführung durchzusetzen, um dadurch zu verhindern, daß in den Reden der Demokraten eine »erkünstelte Ansicht der Dinge«, wie Alexandre de Lameth sagt, zu Worte kommt.

Am 14. Juli besteigt Maximilien Robespierre die Rednertribüne. Vor ihm hat Pétion in einer langen Rede Anklage gegen den König erhoben; ebenso Vadier, der in heftigen Ausfällen den König als »Monstrum« und »gekrönten Briganten« bezeichnet hat. Robespierre ist geschickter. Er erklärt: »Der König ist unverletzlich, aber sind nicht auch die Völker unverletzlich? Der König ist es nur auf Grund einer Fiktion, die Völker sind es durch das heilige Recht der Natur.« Also muß, so schließt er, die Nation um ihre Meinung gefragt werden. Genau das aber ist auch die Forderung der Clubs, und die Rede Robespierres trägt, wie schon seine vorhergehende, dazu bei, sie in ihrer Absicht zu bestärken, immer neue Gesuche zu stellen, denen sie mit Massendemonstrationen Nachdruck verschaffen wollen.

So wird Robespierre zum Führer und Bundesgenossen der Cordeliers. Man glaubt ihn, wie auch Pétion, in Gefahr, sie stehen »unter dem Messer«. Am 10. Juli erklärt ein Mitglied des Clubs, »daß ein Bund der Feinde der Revolution auf Robespierres Kopf einen Preis ausgesetzt hat«.

In ihren Gesuchen fordern die Clubs Wahlen ohne Berücksichtigung des Steueraufkommens und die Absetzung des Königs zugunsten eines Exekutivkomitees.

Am 13. Juli bekräftigt die Societé populaire des Arts ihre Entschlossenheit, eher Gewalt anzuwenden, als den König seine alten Funktionen wiederaufnehmen zu lassen. Sie ist entschlossen, die Abgeordneten so lange im Sitzungssaal festzuhalten, bis sie nachgeben. Aber Robespierre, dessen Reden zu einer solchen Haltung auffordern, steht dieser Art von Gewaltanwendung feindlich gegenüber. Obendrein erklärt die Assemblée am 15. Juli den König für unverletzlich, womit die Eingaben illegal werden.

Maximilien fürchtet eine Provokation, die eine Verfolgung der Patrioten auslösen und ihn kompromittieren könnte. Er sieht einen Mißerfolg voraus, und trotzdem ist er zum Teil der Urheber dieser Bewegung, die er nun nicht mehr zügeln kann.

Am 15. wird noch einmal eine Eingabe auf dem Altar der Nation auf dem Marsfeld niedergelegt, in der die Abdankung des Königs gefordert wird. Am selben Abend ziehen mehrere tausend Menschen vom Palais Royal zum Jakobinerclub, wo

Laclos und Danton in einem ungeheuren Tumult für »den konstitutionellen Weg«, Ludwig XVI. zu ersetzen, das heißt für eine Regentschaft eintreten. Als die Menge eintrifft, schließt man die Gittertore, um sie gleich darauf wieder zu öffnen. Gegen Robespierres ausdrückliche Mahnung zur Vorsicht werden fünf Ausschußmitglieder bestimmt – er selber gehört nicht dazu –, um eine Eingabe aufzusetzen. Dann wird die Sitzung aufgehoben.

Von diesem Augenblick an überstürzen sich die Ereignisse. Am 16. lassen Departement und Stadtverwaltung von Paris Anschläge in den Straßen aushängen, daß alle in der Verfassung vorgesehenen Mittel angewandt würden, um die Unruhen zu unterdrücken. Paris droht das Kriegsrecht.

Am gleichen Tage um 11 Uhr erklären sich Robespierre ebenso wie Pétion, Gregoire und Prieur mit dem Text der Eingabe einverstanden, der die Klausel über »die konstitutionellen Mittel«, Ludwig XVI. zu ersetzen, enthält. Maximilien nimmt also in diesen entscheidenden Tagen eine schwankende Haltung ein. Obwohl er die Eingaben im Prinzip ablehnt, stimmt er einer zu; und obwohl er einer Regentschaft feindlich gegenübersteht, begünstigt er die Manöver der Anhänger des Herzogs von Orléans. Er ist überzeugt von den Gefahren einer Massenaktion, aber seine Reden treiben dazu an. Aber vielleicht erscheinen diese Gegensätze nur bei oberflächlicher Betrachtungsweise als widersprüchlich. Denn Robespierre kann einen Erfolg verzeichnen: Die »gemäßigten« Jakobiner, die Lamethisten, verlassen den Club, um eine eigene Gesellschaft, die Societé des Feuillants, zu gründen. Durch diese Spaltung ist Robespierres Einfluß bei den Jakobinern künftighin unbegrenzt.

Hat er die Drohung mit einer Aktion des Volkes nur gehandhabt, um diesen politischen Sieg zu erringen? Auf jeden Fall verweigert er am 16. abends im Jakobinerclub jede Aussöhnung und greift die Triumvirn und alle, die die Spaltung zu vermeiden suchen, direkt an. »In Augenblicken der Gefahr darf man keine Kleinmütigkeit zeigen«, sagt er.

Zu gleicher Zeit warnt er vor den Gefahren einer Eingabe. Aber er zieht daraus keine Folgerungen, sondern erklärt sich nur »bereit, für die Rettung dieses feinsinnigen und großmütigen Volkes zu sterben«. Das bedeutet viel, aber zugleich auch wenig, da es ganz und gar unbestimmt bleibt.

Aber es ist schon nicht mehr Zeit, von sich selbst zu reden, nicht einmal, wenn man sich als Opfer anbietet. Denn die Assemblée hat in letzter Minute in einem neuen Dekret ausdrücklich bestätigt, daß der König, wenn er die Konstitution anerkennt, seine früheren Funktionen und Rechte wiedererhält. Nach dieser neuerlichen Präzisierung wird jede gegenteilige Willenskundgebung illegal. Robespierre und die Jakobiner ziehen ihre Eingabe im letzten Augenblick zurück.

Während auf dem Marsfeld getötet wird ...

Am 17. Juli morgens veröffentlicht die Stadtverwaltung einen Erlaß, in dem sie jede Menschenansammlung verbietet. Aber das Volk, vor allem die Anhängerschaft der Societés Populaires, ist schon auf dem Marsfeld. Robespierre begibt sich zur Assemblée, dann zu den Jakobinern. Gegen Mittag kommt der Ritter de la Rivière, der Maximilien von Zeit zu Zeit als Sekretär dient, auf das Marsfeld, um anzukündigen, daß die Jakobiner sich zurückziehen. Aber gleichzeitig erklärt er sich damit einverstanden, eine neue Eingabe zu improvisieren. Neue Inkonsequenz. Während Robespierre im Club ist, unterzeichnen die Momoro, Chaumette, Hébert, Hanriot, Maillard, alle diese Männer, die in der Schreckensherrschaft eine Rolle spielen werden, die Eingabe.

Die Menge vergrößert sich ständig, während auf der anderen Seite die Nationalgarde, Infanterie, Kavallerie und drei Kanonen mit La Fayette an der Spitze Stellung beziehen. Zwischen sechs und sieben eröffnet die Bürgergarde das Feuer, ohne vorher Warnschüsse abgegeben zu haben. Robespierre ist bei den Jakobinern. Hébert, Vincent, Momoro, Brune, Desmoulins, Santerre, Robert und La Rivière werden für verhaftet erklärt. Man sucht Marat, der sich versteckt hält, und zerstört die Pressen, auf denen er den »Volksfreund« druckt.

Damit hat sich die Revolution an eben der Stelle zerschlagen, wo ein Jahr zuvor das große Föderationsfest stattgefunden hatte. Sie ist damit in die entscheidende Krise geraten, in der sich der Konflikt zwischen den Gemäßigten und dem Pariser Volk, das von seiner Hände Arbeit lebt, entzünden wird.

Und in diesen Tagen hat Robespierre zunächst zum Kampf aufgerufen, um dann davon abzuraten, hat sich engagiert und wieder losgesagt, hat weder Schlußfolgerungen zu ziehen noch zu lenken gewußt, weil er zwischen dem Respekt vor dem Gesetz und der Realität der Dinge hin- und hergerissen wird. Selbst physisch bleibt er dem Volke fern. Während auf dem Marsfeld getötet wird, ist er im Jakobinerclub.

Er ist zum Opfertod bereit, aber im entscheidenden Augenblick wählt er das Alleinsein und bleibt der Menge fern, die stirbt. Diese Unfähigkeit zu einer Solidarität, wie sie der politische Kampf auf der Straße erfordert, hat schwerwiegende Folgen. Denn seine Einsamkeit ist nicht die traditionelle, die alle großen Männer umgibt, sondern die eines Mannes am Rande der Gesellschaft, der zwar bereit ist zu sterben, aber allein, als heroisches Individuum, das sich exemplarisch für die abstrakte Idee von einem »guten Volk« opfert.

Maximiliens persönlicher Mut ist dadurch nicht in Frage gestellt. Er stellt ihn jeden Tag von neuem unter Beweis. Es scheint nämlich, daß die Bartholomäusnacht der Patrioten, die Robespierre gefürchtet hat, gekommen ist. Immer noch steht die rote Fahne als Zeichen der Verhängung des Standrechts über dem Rathaus. Erst am 25. Juli wird sie eingeholt. Auf den Straßen herrscht die Nationalgarde.

An diesem finsteren Abend des 17. Juli ist Robespierre im Club der Jakobiner. Einige wenige Getreue umgeben ihn. Einer von ihnen, der Tischler Duplay, der ein Haus in der Rue Saint-Honoré besitzt, schlägt ihm vor, zum Schlafen zu ihm nach Hause zu kommen. Maximilien nimmt das Angebot an und kehrt erst einige Tage später in die Rue Saintonge zurück. Danton hingegen hat sich nach England geflüchtet, während sich Desmoulins und Marat verborgen halten.

Aber schon am 18. Juli ist Robespierre wieder bei den Jakobinern. Er arbeitet an dem Entwurf einer Denkschrift, die den Club entlasten soll. »Wir sind keine Aufrührer«, schreibt er am 22. Juli. Auch in der Nationalversammlung läßt er sich wieder sehen, »mit bleichem Gesicht, tiefliegenden Augen und unsicherem, wildem Blick«. Er nimmt den Kampf wieder auf.

Bei den Jakobinern verhindert Robespierre mit Unterstützung der angeschlossenen Gesellschaften aus der Provinz, die der

Muttergesellschaft treu geblieben sind, jede Annäherung an die Feuillants. Einige Jakobiner sind nämlich der Ansicht, man müsse die Gesellschaft auflösen und sich einzeln den Feuillants anschließen. Dagegen bezieht Robespierre am 24. Juli mit aller Entschiedenheit Stellung:

»Man muß darüber nachdenken, was denn eigentlich wirklich im Interesse der Öffentlichkeit liegt ... Die Gesellschaft (der Jakobiner) ist bislang die Gesellschaft der Verfassungsfreunde gewesen, und sie wird es immer bleiben.« Alle Mitglieder erheben sich von den Sitzen und schwören, auf ewig vereint zu bleiben. Damit ist der Fortbestand der Jakobiner gesichert, ja sie sind sogar »gereinigt«, weil die Gemäßigten ausgeschieden sind. Am 21. August schreibt der »Französische Patriot«: »Die Feuillants sind fast gänzlich ausgestorben ... Die wahrhaften Patrioten haben sich bei den Jakobinern zusammengefunden.«

Um dieselbe Zeit, einen Monat nach dem Massaker auf dem Marsfeld, läßt sich ein neues Erstarken des demokratischen Geistes feststellen. Die Zeitungen stellen heraus, daß die Garde am 17. Juli keine Warnschüsse abgegeben hat. Auf der Straße werden die Angehörigen der Nationalgarde beschimpft. Ja, sogar die Abgeordneten kehren jetzt zu den Jakobinern zurück. Zu diesem Zeitpunkt veröffentlicht Robespierre seine »Adresse ans französische Volk«. Diese Selbstrechtfertigung ist sehr kennzeichnend für ihn, zunächst weil er – wie stets – von sich selbst spricht, dann aber auch, weil er den Teil seiner Verantwortung an den Ereignissen des 17. Juli definiert. Er hat sich damals, behauptet er nun, »in gemäßigten und zurückhaltenden Worten« ausgedrückt ... »Wenn aber jemand zu behaupten wagt, er habe gehört, wie ich zum Ungehorsam gegenüber den Gesetzen aufgerufen hätte, selbst gegenüber denen, die meinen Prinzipien am heftigsten zuwiderlaufen, so erkläre ich, daß er der unverschämteste und feigste von allen Verleumdern ist.«

Hier zeigt sich die gewohnte Vorsicht Maximiliens. Aber weit wichtiger ist es, daß er in der Tat stets die Beachtung der Legalität verteidigt hat, sogar nach dem Massaker vom 17. Juli. Zugleich setzt er sich dafür ein, diese Legalität zu verbessern und umzuformen. Auf dieses Ziel richtet er am Ende der ersten Legislaturperiode all seine Anstrengungen.

Er steht wieder denselben Gegnern gegenüber, Duport, Barnave, den Lameths. Der Streit entzündet sich an zwei Fragen, der Revision der Konstitution und der Debatte über die Kolonien. Und in beiden Fällen gelingt es Robespierre, mit der Kraft, die ihm aus dem Applaus der Tribünen zuströmt, in einer schneidenden Rede zunächst Duport und dann Barnave zu vernichten.

Am 1. September 1791 setzt er sich zunächst mit Duport auseinander, der bereit ist, eine neue Revision der Konstitution vorzunehmen, wenn sie der König wünscht. Die Worte, durch die lautstarke Zustimmung der Zuschauer unterstrichen, hageln auf Duport herab: »Ich nehme nicht an, daß es in dieser Versammlung einen Mann gibt, der feige genug wäre, dem Hof gegenüber nachgiebig zu sein . . ., ein Mann, der verräterisch, der unvorsichtig genug wäre, unter den Augen der Nation sich als Feind des Vaterlandes zu bekennen und zu gestehen, daß er in der Revolution nichts anderes gesucht habe als ein Mittel, eigenen Ruhm und eigene Macht zu vergrößern.«

Unter dem Jubel der Zuhörerschaft verläßt Robespierre die Rednertribüne. Das eine der Häupter der Zentrumspartei, das die Monarchie mit der Revolution aussöhnen wollte, ist damit erledigt: Das doppelte Spiel des Monarchen hatte ihn schon vorher tödlich getroffen. Denn wenn auch Ludwig XVI. am 14. September in die Assemblée kommt, um den Treueid auf die Verfassung zu leisten, und ganz Paris daraufhin in den Straßen tanzt, die Theater Gratisvorstellungen geben, die Bürgerschaft dem Souverän erklärt: »Sie werden glücklich sein durch die Liebe der Franzosen, wie die Franzosen glücklich sein werden durch Ihr Glück«, wenn also alles den Erfolg der Politik der Gemäßigten zu bestätigen scheint, so vertraut der Hof doch in Wirklichkeit nur auf die Intervention der ausländischen Mächte. Für Ludwig XVI. ist »die Nation von Aufrührern in die Irre geführt«. Unter diesen Umständen muß Robespierres Politik ihre Früchte tragen.

Am 24. September demaskiert er Barnave in der Frage der Kolonialpolitik. »Wenn man in dieser Versammlung, um sich Rechtens Gehör zu verschaffen, persönlich werden muß, dann erkläre ich Ihnen, daß ich Herrn Barnave und Herrn Lameth persönlich angreife.«

Der Mann, der so spricht, wird von der Gewißheit seiner Überzeugungen getragen. Am 29. September 1791, als er zum letztenmal vor der Konstituante das Wort ergreift, hält er eine Rede, in der sich in einem meisterlich gebändigten Stil beschwörend die prophetischen Worte »Wenn ich sehe ...« häufen. Er schließt: »Ich glaube nicht, daß die Revolution schon zu Ende ist.«

Am 30. September, nach Abschluß der letzten Sitzung der Konstituante, bereitet eine unübersehbare Menschenmenge Robespierre und Pétion einen Triumph. Eine Mutter hält ihr Kind Robespierre entgegen, und Robespierre weint. Sie sind für die Menge die beiden »jungfräulichen Abgeordneten«, die »unbestechlichen Gesetzgeber«. Unter den Klängen der Musik werden sie mit der »Bürgereiche« bekrönt. Die Menge versucht, ihnen die Pferde auszuspannen und selbst ihre Kutsche zu ziehen, wogegen sie sich nur mit Mühe wehren können.

So ist Maximilien Robespierre, der im Jahre 1789 noch ein Unbekannter war, zwei Jahre später »der Held der Konstitution«. Die Societés Populaires stellen seine Büsten auf. Diese Anhängerschaft hat er sich durch seine jeden Tag von neuem bewährte Treue gegenüber den selbstgewählten Prinzipien erworben. So kann Dubois-Crancé, dem er eigentlich unsympathisch war, über ihn schreiben: »Immer fest den strengsten Grundsätzen verpflichtet, hat er niemals gefehlt. So wie er angetreten ist, so ist er auch ins Ziel gelangt, und solches Lob kann man nur wenigen Männern erteilen.«

Zu Beginn des Monats Oktober empfängt Maximilien einen Brief von Madame Roland, die sich in ihr Landhaus zurückgezogen hat. Für sie ist Maximilien derjenige, »dessen Energie unaufhörlich den Ansprüchen und Machenschaften des Despotismus und der Intrige den größten Widerstand entgegengesetzt hat ... In meiner Zurückgezogenheit werde ich mit Freude erfahren, welchen Fortgang ihre Erfolge nehmen. Ich meine damit ihre Sorge für den Triumph der Gerechtigkeit.«

Robespierre beginnt also die Früchte seines Handelns zu ernten. Dennoch gibt er sich keinen Illusionen über die Zukunft hin. Aber er hat endgültig seinen Platz im politischen Leben der Nation gefunden.

Er hat sich weder kompromittiert wie Barnave, noch wird

er verfolgt wie Marat. Er ist populär. Er wird zwar nicht mehr Abgeordneter der Legislative sein – aber das ist ja gerade sein Triumph, die Wiederwahl der Mitglieder der Konstituante verhindert zu haben –, aber er ist öffentlicher Ankläger in Paris, ist einer der einflußreichsten Jakobiner, und schließlich hat er seit Mitte August in Paris auch ein Heim gefunden.

5. Die Familie Duplay oder das geträumte Leben

Eine fiktive Idealfamilie

Die Familie Duplay beherbergt in der Tat Maximilien Robespierre. Als in der Nacht vom 17. auf den 18. Juli nach der Schießerei auf dem Marsfeld zu befürchten stand, daß die Anhänger La Fayettes ihren Sieg nutzen würden, unter den Patrioten eine Bartholomäusnacht zu veranstalten, hatte Robespierre es vorgezogen, nicht in seine weit entfernte Wohnung in der Rue Saintonge zurückzukehren, sondern in dem nahe gelegenen Haus der Duplay in der Rue Saint-Honoré zu übernachten. Einige Wochen später zieht er endgültig dorthin um.

Dieser Entschluß ist bezeichnend: Maximilien gibt seine Einsamkeit für eine »fiktive«, in gewissem Sinne »ideale« Familie auf. Er spielt in ihr die Rolle des geistigen Vaters, des Ältesten, des Auserwählten, des Gastes und Freundes, ohne sich mit der Verantwortung, den Pflichten – der Realität – einer Familie zu belasten.

Seine Wahl zeigt, wie sehr er sich nach der Geborgenheit einer Familie sehnt, zugleich aber auch, daß er unfähig ist, eine Familie zu gründen und sich in diesen menschlichen Beziehungen zu engagieren, die ihn anziehen und zugleich beunruhigen. Die Duplays sind für Robespierre diese Familie, die er selbst nicht gekannt hat. Der Vater, Maurice Duplay, ist der ruhende Pol, mit 53 Jahren Besitzer eines Schreinereibetriebes und dreier Mietshäuser in Paris, was ihm jährlich ein Einkommen von etwa 30000 Pfund sichert. Er ist der *pater familias*, umringt von seiner Frau, seinen drei Töchtern – Eleonore, Victoire, Elisabeth; eine vierte, Sophie, ist schon verheiratet – und seinem Sohn Jacques-Maurice.

Maximilien lebt so den Traum seiner Kindheit, und man kann gerade an dem Entschluß, bei den Duplays zu wohnen, ermessen, wie sehr ihn der Mangel an Zuneigung und das Fehlen einer Familie geprägt haben. Die Familie Duplay ist für ihn der naive und unbewußte Versuch, eine exemplarische Kindheit wiederherzustellen, um endlich diesen großartigen Traum zu leben und der bedrückenden Wirklichkeit von gestern zu entfliehen. Mit seiner Wahl gesteht er ein, daß es ihm nicht gelungen ist, das Trauma zu überwinden; es sind noch immer die Wunden seiner Kindheit, die sein Handeln bestimmen.

Bei den Duplays fühlt sich Maximilien ganz zu Hause. Wenn Fréron schreibt: »Man sieht ihn kaum noch, er wird von der Gesellschaft ferngehalten«, dann täuscht er sich. Maximilien selbst ist es, der keine Lust zum »Ausgehen« verspürt. Ja, er geht sogar so weit, diese künstliche Familie der wirklichen, den Traum der Realität vorzuziehen. Charlotte, seine Schwester, hat allen Grund, sich über Madame Duplay zu beschweren: »Sie hat mir Unrecht getan«, schreibt sie, »sie suchte mich ständig mit meinem ältesten Bruder zu entzweien und ihn mit Beschlag zu belegen.« Sie versteht nicht, was vorgeht. »Erklären Sie mir«, bittet sie eine Freundin, »ihren Einfluß auf Maximilien. Doch hoffe ich immer noch, den Zauber, der ihn unterjocht hält, zu durchbrechen.« Dieser »Zauber« ist der des Traumes.

Maximilien lebt in einer Atmosphäre liebevoller Häuslichkeit, und die Familienszenen erinnern an die rührenden Bilder eines Greuze. »Wir liebten ihn wie unseren Bruder«, schreibt Elisabeth Duplay. »Er verteidigte uns gegen die Mutter, wenn sie böse auf uns war . . . Ich war noch sehr jung und ein bißchen verwirrt, aber er gab mir so gute Ratschläge, daß ich sie, so jung ich war, mit dem größten Vergnügen hörte.«

Maximilien liebt es, die Rolle des Ältesten zu spielen. »Wenn ich irgendwelchen Ärger hatte«, fährt Elisabeth fort, »erzählte ich ihm alles. Er war kein strenger Richter, sondern ein Freund und gütiger Bruder, er war so tugendhaft!« Und dann der kennzeichnende Satz: »Meinem Vater und meiner Mutter brachte er die größte Verehrung entgegen.«

Alles in allem sind die Duplays keine so außergewöhnliche Familie. Sicher ist Maurice Duplay ein treuer Jakobiner, aber andere sind das auch und mit mehr Hingebung als er. Es können also nicht die politischen Anschauungen von Herrn und Frau Duplay gewesen sein, die diese »Verehrung« in ihm weckten. Vielmehr ist es das Schauspiel der tugendhaften und einigen Familie, das Robespierre in diesen Zustand glückhafter Verzauberung versetzt, wie er sonst nur bei Kindern zu beobachten ist.

Er macht mit den Duplays »seinen Familienspaziergang auf den Champs-Elysées«. Sie sind dabei »von kleinen Savoyarden umgeben, weil es Maximilien Freude machte, sie tanzen zu sehen«; er gibt ihnen Geld, »er hatte ja ein so gutes Herz«.

Abends, bevor er sich in seine kleine »blaue« Kammer zurückzieht, liest er »aus den Werken von Corneille, Voltaire und Rousseau vor«. Schweigend hängt die ganze Familie an seinen Lippen. Er liest mit solchem Eifer, daß Elisabeth bewundernd ausruft: »Er erweckte das, was er las, bei seinen Zuhörern zum Leben!«

Man weiß bei den Duplays durchaus Philosophen und Dichter zu schätzen. Die Töchter sind im Kloster gewesen und haben dort eine gute Erziehung erfahren. Ein Cembalo ziert als gutbürgerliches Repräsentationsmöbel den Salon. Robespierre findet also bei den Duplays jene Atmosphäre mittlerer, arbeitsamer, nüchterner und tugendhafter Bourgeoisie vor, die für ihn das Ideal des sozialen Lebens darstellt. Die Duplays, die im übrigen durch ihre Herkunft und ihren Beruf dem Volke nahestehen, verfügen dennoch über genügend Wohlstand, um die Ungelegenheiten des Alltagslebens vergessen zu machen. So braucht Maximilien seine fern von der Armut und der Realität des Volkes angesiedelte Welt nicht zu verlassen, um diesem doch stets nahe zu bleiben. Auch hier wieder begünstigt die Situation seine Illusionen und die Konstruktion eines idyllischen Bildes vom Volk und von dessen Idealen.

Die kultivierte Welt der Duplays ist nicht gerade dazu geeignet, Robespierre mit der Realität der zwischenmenschlichen Beziehungen bekannt zu machen.

Kultische Verehrung

Maximilien war in der Tat der Gegenstand einer beinahe kultischen Verehrung. Elisabeths Feststellung: »Maximilien hatte einen tiefen Respekt vor Vater und Mutter, während sie ihn als ihren Sohn und wir als unseren Bruder ansahen«, läßt noch nicht erkennen, wie sehr dieser »Sohn« gehätschelt und verehrt wurde. La Reveillère-Lépaux, Abgeordneter des Anjou bei den Generalständen und des Departements Maine-et-Loire im Konvent, gibt ein sicherlich übertriebenes, aber doch nicht ganz unwahres Bild von Maximiliens Stellung in der Familie Duplay. Eines Morgens begibt er sich in den Faubourg Saint-Honoré. »Man empfing mich sehr freundlich und hieß mich in einen Salon eintreten, an den ein kleines Kabinett anstieß, dessen Tür offenstand. Was sah ich, als ich eintrat? Robespierre, der sich zum Schirmherrn des Hauses aufgeschwungen hatte, in dem er Ehren empfing, wie sie sonst nur einer Gottheit zuteil werden. Das kleine Kabinett insonderheit war ihm geweiht, dort war seine Büste aufgestellt mit verschiedenen anderen Schmuckgegenständen, Versen, Sprüchen usw. Der Salon selbst war mit kleinen Büsten aus rotem Ton geziert, das Entrée war grau und ganz mit Bleistift- und Rötelzeichnungen, Stichen und Aquarellen des berühmten Mannes bedeckt.«

Diese Zeichen der Zuneigung werden von Robespierre sicher nicht herausgefordert, aber sie müssen notwendigerweise die seelische Haltung eines Mannes beeinflussen, der sich zu Großem vorbestimmt weiß. Zugleich isolieren sie ihn noch mehr und verfälschen seine Beziehungen zu den anderen, die ihm so und so schon Schwierigkeiten machen.

Er bleibt einfach und bescheiden, aber wie könnte er es vermeiden, daß das Bewußtsein seines exemplarischen Geschicks ebenso wie das seiner Verantwortung nicht zur Pose ausarten? Er ist von Natur aus dazu verdammt, stets eine Rolle zu spielen. »Er selbst«, fährt La Reveillère-Lépaux in seinem Bericht fort, »breitete sich, fein gekämmt und gepudert und mit einem äußerst sauberen Morgenmantel angetan, in einem großen Sessel aus. Vor ihm stand ein Tisch, der mit den schönsten Früchten, frischer Butter und Milch und duftendem Kaffee beladen war. Die ganze Familie, Vater, Mutter und Kinder, suchten ihm seine Wünsche von den Augen abzulesen und ihnen augenblicks zuvorzukommen.«

La Reveillère-Lépaux ist sicher ein böswilliger Beobachter, aber man kann nicht umhin, eine außerordentliche Dienstbereitschaft und Fürsorge der Duplays für Maximilien festzustellen.

Diese respektvolle Liebe, diese behagliche Geborgenheit, in

der Maximilien seinen Hund Brount streichelt und in seinem Rousseau liest, ist der Anteil an Traum, den sich Maximilien in seinem Leben als Politiker gönnt, ist die Rückkehr in eine mythische Vergangenheit.

Aber diese Zufluchtsstätte ist weder zufällig, noch bleibt sie ohne Folgen: Sie zeigt einen Menschen, der seelisch gehemmt ist, und trägt zugleich dazu bei, diese Hemmungen weiter zu verstärken, selbst wenn der Unbestechliche am Ende dieses Jahres 1791 eine Reise nach Arras unternimmt, mit der er von seiner Jugend Abschied nehmen will; aber zugleich sollen diese wohlverdienten Ferien eine Bestätigung seines Erfolges vor dem Hintergrund seiner Jugend sein.

Zweiter Teil: Kämpfen

6. Die Kunst zu mißfallen (Oktober 1791 bis 10. August 1792)

Rückkehr nach Arras: im Spiegel der Erinnerung

Vom 14. Oktober bis Ende November besucht Robespierre nacheinander die Städte Bapaume, Arras, Béthune, noch einmal Arras und schließlich Lille, bevor er am 28. November nach Paris zurückkehrt.

Auf die Nachricht von der Ankunft seines Bruders hin bemüht sich Augustin Robespierre eifrig um die Vorbereitungen eines würdigen Empfangs, wobei ihm die Patrioten von Arras, vor allem der Abbé Joseph le Bon, behilflich sind. Am festgesetzten Tag zieht das Volk, mit Kränzen aus Eichenlaub geschmückt, unter den Klängen einer Militärkapelle nach Beaurains. Aber zur Enttäuschung aller trifft Robespierre erst eine Woche später ein, »zusammen mit dreißig Offizieren der Pariser Armee, die in Bapaume in Garnison lagen«.

Robespierre nimmt in der Herberge »Zum kleinen Saint-Pol« Quartier; »über seiner Tür wird ein Kranz aufgehängt mit einer brennenden Lampe in der Mitte«. In der Gesellschaft der Freunde der Konstitution verleiht man ihm eine Bürgerkrone. Er hält Reden und knüpft seine Beziehungen zu Mademoiselle Dehay wieder an, der er früher seine Plädoyers gewidmet hatte.

Bei dieser von Zufriedenheit erfüllten Rückkehr zur Stätte seiner ersten Kämpfe genießt er vor allem den Empfang, den man ihm bereitet; denn hier in Arras, im Spiegel der Erinnerung, kann er am besten ermessen, welchen Weg er zurückgelegt hat.

Unter dem Datum vom 16. Oktober 1791 berichtet er an Duplay: »In Arras hat mich das Volk mit so großer Anhänglichkeit empfangen, daß ich sie nicht zu schildern vermag und immer wieder mit Entzücken daran denke. Man tat alles, um mir seinen guten Willen zu beweisen . . .«

Aber die reiche Bourgeoisie der Städte des Artois teilt die

Begeisterung des Volkes nicht. »Die Stadtverwaltung, die vom Club der Feuillants beherrscht wird«, schreibt Robespierre, »ließ nichts unversucht, sich den Anstrengungen des Volkes und der Patrioten zu widersetzen.« So findet Maximilien seine alten Gegenspieler wieder und entdeckt zugleich, wohin er auch kommt, die Macht des Klerus. »Ich stelle fest, daß man in Paris die Stimmung der Öffentlichkeit und den Einfluß der Priester nur schlecht kennt. Ich bin überzeugt, daß sie allein schon genügen, die Tyrannei wiederherzustellen, und daß der Hof sie nur gewähren zu lassen braucht.«

Diese Unstimmigkeiten beunruhigen Robespierre. Er fühlt, daß seine ehemaligen Standesgenossen den Zusammenschlüssen der Patrioten eine stumme, aber entschiedene Feindschaft entgegenbringen und daß er in diesen nördlichen Provinzen, die früher seine Heimat waren, nun nichts mehr zu suchen hat.

Zu denen, die ihm zujubeln, kann er keine echten Beziehungen anknüpfen, und die anderen, seine Freunde und Kollegen aus der Anwaltschaft, sind seine Gegner geworden. So entdeckt er trotz des triumphalen Empfangs in Arras wie in allen anderen Städten des Nordens, wo er von Banketten zu Reden, von der Verleihung von Bürgerkronen zu feierlichen Eidschwüren eilt, daß er ein Fremder und einsam geworden ist.

Am 17. November schreibt er an Duplay mit Worten, in denen die Verbitterung unter der herablassenden Ironie fühlbar wird: »Ich bin nicht würdig, in diesem heiligen Lande zu leben.«

Noch muß er sich losreißen, und tatsächlich bricht er mit allem und verläßt endgültig den Norden, um sich in Paris niederzulassen. Das Leben in der Provinz hat ihn enttäuscht, weil es sich als so unendlich viel nuancierter erwiesen hat als das Schauspiel der Hauptstadt. Grund genug für ihn, es endgültig abzulehnen. Daß seine Entscheidung notwendig und richtig war, steht außer Zweifel. Er schließt sich in Paris ein und wählt so die abstrakte Wirklichkeit der politischen Debatten und die großartige Einfachheit des öffentlichen Lebens.

In Paris überstürzen sich die Ereignisse. Am 13. November ist Robespierres Freund Pétion mit 6728 Stimmen (von 82 000 eingeschriebenen Wählern und 600 000 Einwohnern!) zum Bürgermeister von Paris gewählt worden.

Noch am Abend seiner Rückkehr, am 28. November, geht Robespierre in den Jakobinerclub, worüber er zwei Tage später an Buissart, seinen Freund und Kollegen in Arras, berichtet: »Verehrter Freund! Ich bin vorgestern wieder in Paris eingetroffen. Am gleichen Abend war ich in der Sitzung der Jakobiner, wo ich von Gästen und Mitgliedern mit so lebhaften Sympathiekundgebungen empfangen wurde, daß ich darüber höchst erstaunt war, obwohl ich durch die Anhänglichkeit der Pariser Bevölkerung und der Jakobiner längst an Derartiges gewöhnt bin.«

Diese Aussage ist bezeichnend für Maximilien. Er beobachtet genau, welchen Empfang man ihm bereitet und berichtet mit allen Einzelheiten darüber. Natürlich gehen solche Beifallskundgebungen über seine Person hinaus, gelten den Prinzipien, die er vertritt, und werden von Robespierre auch in diesem Sinne verstanden. Dennoch kann man ihn von einer gewissen Selbstgefälligkeit wohl nicht ganz freisprechen.

In der Tat gibt ihm der Beifall seelischen Rückhalt. In seiner Einsamkeit braucht er das Vertrauen, das ihn am Leben erhält, weil er sich als höchstes Ziel der Einmütigkeit des ganzes Volkes gesetzt hat.

Andererseits lähmt ihn jede feindselige Äußerung. Sie treibt ihn in die Verzweiflung, weil sie ihn mit seiner Vereinzelung konfrontiert. Aber noch ist der Augenblick nicht gekommen, in dem sein Leben zur Tragödie wird. Noch fühlt er sich glücklich geborgen im Beifall der Jakobiner, unter seinen Freunden, in Paris. So fährt er in seinem Brief an Buissart fort: »Am selben Tage habe ich bei Pétion zu Abend gegessen. Mit welcher Freude haben wir uns wiedergefunden und umarmt! Pétion hat sich jetzt in dem prächtigen Palast eingerichtet, den ehemals die Crosne und Lenoir bewohnten, aber er ist einfach und rein geblieben. Schon eine solche Entscheidung genügte, um die Richtigkeit der Revolution zu beweisen. Seine Bürde ist schwer; aber ich zweifele nicht daran, daß seine Liebe zum Volk und seine Fähigkeiten ihm die nötigen Kräfte zuwachsen lassen, um sie zu tragen. Das Abendessen ist die einzige Gelegenheit, uns in vertrautem Kreise zu treffen und freimütig miteinander zu sprechen.« Doch zunächst heißt es für Robespierre, die ganze Schärfe seines Verstandes den neuen Problemen zuzuwenden.

Vor allem muß er die Verfassunggebende Versammlung, die am 1. Oktober 1791 zum erstenmal zusammengetreten ist, kennenlernen. Die 745 Abgeordneten, aus denen sie sich zusammensetzt, sind parlamentarische Neulinge. Neben den 345 »unabhängigen« Abgeordneten, die als Anhänger der Revolution gelten können, ist die Linke mit 136 eingeschriebenen Jakobinern vertreten. Ihre Anführer sind junge Anwälte, Journalisten und Kaufleute, die häufig, wie Brissot, Vergniaud und Gaudet, die späteren Girondisten, glänzende Redner sind. Einige »demokratische« Abgeordnete wie Basire, Chabot und Merlin de Thionville, das künftige Führungstrio der Cordeliers, bilden mit Couthon zusammen die radikale Linke. Auf der Rechten stehen die 264 Abgeordneten, die im Club der Feuillants eingeschrieben sind.

Die Assemblée sieht sich einer rapide schlechter werdenden Lage gegenüber. Auf dem Lande steigen die Getreidepreise. Da der Pachtzins bis zum Erwerb des Landes durch die Bauern immer noch einklagbar ist, kommt es zu Aufständen. Einzelne Märkte werden geplündert, die Bevölkerung fordert die Einführung von Preiskontrollen. Auch in den Städten steigen die Lebensmittelpreise. Die Menge stürmt die Einzelhandelsgeschäfte und erzwingt Preissenkungen. Die Assignaten verlieren täglich an Wert. Zu diesen ökonomischen Schwierigkeiten kommt hinzu, daß die verfassungsfeindlichen Priester in Mittel- und Westfrankreich zum offenen Kampf gegen die Revolution übergehen, während an der Ostgrenze die Emigranten anzugreifen drohen. So sieht sich die Nationalversammlung von Anfang an vor schwere Entscheidungen gestellt.

Der Hof hingegen ist schon zum Äußersten entschlossen. Robespierre ist nicht der einzige, der sich über die Wahl Pétions freut. Am 25. November 1791 schreibt Marie-Antoinette an

Fersen: »Wir könnten aus dem Übermaß des Bösen schneller Gewinn ziehen, als man denkt. Wir müssen nur mit äußerster Vorsicht zu Werke gehen.« Bereits am 8. September hat sie ihrem Bruder Leopold, dem Kaiser des Heiligen Römischen Reiches, geschrieben: »Die bewaffnete Macht hat alles zerstört, und nur sie kann alles wiederherstellen.« Der Hof setzt also auf den Krieg.

Am 14. Dezember stellt Ludwig XVI. dem Kurfürsten von Trier das Ultimatum, die Emigranten aus seinem Herrschaftsbereich auszuweisen. Unter dem Beifall der Abgeordneten ruft er aus: »Ich bin der Stellvertreter des Volkes!« Heimlich jedoch läßt er dem Kaiser aus den Tuilerien die Botschaft zukommen, daß er das Ultimatum gern zurückgewiesen sähe. Er schreibt: »Statt eines Bürgerkrieges hätten wir einen politischen Krieg, was bedeutend besser wäre. Frankreichs gegenwärtiger Zustand erlaubt ihm nicht einmal einen kurzen Feldzug, aber es muß den Anschein haben, als ob ich mich der Sache ganz hingebe, wie ich es in früheren Zeiten getan hätte.« Marie Antoinette aber ruft aus: »Diese Dummköpfe! Sie sehen nicht einmal, daß sie unserer Sache damit dienen.«

In der Kriegsfrage ist Robespierre unentschieden

»Die Dummköpfe« – damit sind die Girondisten gemeint, die für den Krieg stimmen, um die von ihnen verkörperte bürgerliche Revolution gegen die Aristokratie und den Vierten Stand zu verteidigen. So kann der verfassungstreue Bischof von Rennes, Le Coz, schreiben: »Überall im Reich wird der Ruf nach Krieg laut. Wir selbst sind über die Stärke dieses Verlangens erstaunt.«

Wie wird sich Robespierre in dieser Lage verhalten? Als er nach Paris zurückkehrt, hat er kein Abgeordnetenmandat mehr. Aber bei den Jakobinern hat er seinen ganzen Einfluß bewahrt, so daß sie ihm am 28. November die Präsidentschaft antragen. Außerdem hat es im Club selbst einige Veränderungen gegeben. Seit dem 14. Oktober sind die Sitzungen öffentlich. Die Räume sind immer überfüllt, das Publikum drängt sich schon zwei bis drei Stunden vor der Eröffnung vor den Toren. So sichert eine beherrschende Stellung im Jacobinerclub auch eine entscheidende Einflußnahme auf die öffentliche Meinung, um so mehr als der Club in Paris durch seinen Korrespondenzausschuß den angegliederten Gesellschaften in der Provinz den Wortlaut der Reden und Resolutionen zukommen läßt. Robespierre ist sich dessen bewußt. Sein Ansehen, seine Beständigkeit und sein Arbeitswille verleihen ihm um diese Zeit, Ende 1791, eine unbestrittene Autorität.

Er trifft stets mit einigen Getreuen frühzeitig im Club ein, trägt sich als erster in die Rednerliste ein und prüft die Sitzungsprotokolle. Mit einer Handbewegung oder einem Blick dirigiert er die Reaktion seiner Anhänger, die, im Saal verteilt, Beifall zu klatschen oder seine Gegner zum Verstummen zu bringen haben. In allem, was er tut, erweist er sich als kluger Organisator. Sowenig er sich sonst auf Improvisation verläßt, sowenig vertraut er auch im Jakobinerclub auf seine Popularität, sondern kontrolliert das Geschehen bis ins einzelne.

Genauigkeit und ein gewisses Mißtrauen aller Spontaneität gegenüber finden sich zwar häufig bei verantwortungsbewußten, auf politische Wirksamkeit bedachten Taktikern. Aber bei Robespierre sind sie darüber hinaus ein Zeichen seiner Furcht vor dem Scheitern und seines mangelnden Selbstvertrauens. In den folgenden Monaten wird sich herausstellen, daß er einfach unfähig ist, seinen Standpunkt zur Kriegsfrage durchzusetzen, obwohl er bei den Jakobinern inzwischen eine so begeisterte Zuhörerschaft gewonnen hat, daß er nicht nur Applaus erntet, sondern sie zu »verzücktem Trampeln, zu religiöser Erhebung, ja zu heiligem Zorn« hinzureißen vermag. Trotzdem wird er schließlich in die Isolierung getrieben und zur Untätigkeit verurteilt.

In der Tat wird der Widerstand gegen den Krieg zwischen Oktober 1791 und April 1792 immer geringer. Schon am 9. Oktober hat der Journalist Carra vor den Jakobinern seine Besorgnis über die ausländischen Fürsten dargestellt, in deren Ländern sich die Emigranten sammeln, und gefordert: Wir müssen handeln, »indem wir ein ungeheures Heer von Verteidigern der Freiheit aufstellen, welche die Tyrannen vom Thron stürzen werden«. Auch die Jakobiner aus den östlichen Grenzgebieten haben ihrer Beunruhigung über die »drohende Invasion der Tyrannen« Ausdruck verliehen.

Noch ist Robespierre in Arras, als der Girondistenführer

Jean-Pierre Brissot am 20. Oktober vor der Legislative erklärt: »Ihr habt gar keine andere Wahl! Ihr müßt die Mächte, die euch bedrohen, selbst angreifen!« Damit ist der Auftakt gegeben.

Am 12. November glaubt Carra beteuern zu können: »Kein Zweifel, Freunde, der Himmel wird für uns kämpfen!« Ähnlich Isnard: »Ein Volk, das sich von der Revolution tragen läßt, ist unbesiegbar ... Jetzt ist der Augenblick gekommen, da sich das Volk für die Freiheit begeistert, da es kein Opfer scheut und da der kriegerische Überschwang ungebrochen zur Wirkung gelangt.«

Bei seiner Rückkehr wird Robespierre von dieser Stimmung mitgerissen. In seiner Rede vom 28. November bringt er sein Erstaunen darüber zum Ausdruck, daß man sich noch nicht an den Kaiser gewandt habe: »Man muß Leopold vorhalten: Sie verletzen die Menschenrechte, wenn Sie die Zusammenkünfte der Emigranten auf ihrem Gebiete dulden. Wir fürchten diese Rebellen zwar keineswegs, aber sie stellen eine Beleidigung der Nation dar. Wir fordern Sie daher auf, sie unverzüglich auszuweisen, andernfalls wir uns gezwungen sehen, Ihnen im Namen der französischen Nation und aller Nationen, die die Tyrannei verabscheuen, den Krieg zu erklären.«

Auch Maximilien ist also für die Sache des Krieges gewonnen. Er gerät nicht nur unter den Einfluß Brissots und der Girondisten, sondern versucht sogar, die Entwicklung zu beschleunigen.

Am 29. November gelingt es Isnard, das Ultimatum in der Assemblée durchzubringen. Die Aufregung unter den Abgeordneten ist groß. »Jetzt keinen Beifall!« ruft Isnard ihnen zu, »respektiert die Begeisterung für die Freiheit, die ich im Herzen trage!«

Der Lauf der Dinge ist nun nicht mehr aufzuhalten. Robespierre hat sich nicht widersetzt. Er ist weder zu unmittelbarer, klarer Erkenntnis der Lage fähig, noch besitzt er genügend politische Erfindungsgabe, um schnell eine Alternative bereitstellen zu können. Er bedarf langsamer, vorsichtiger Überlegung. Die Initiative muß von anderen ausgehen, während er nur in unnachahmlicher Weise zu wiederholen, zu argumentieren, zu systematisieren und auszubauen weiß. So werden andere, echte Pioniere, von Anfang Dezember an die Kriegspolitik entlarven. Marat schreibt als unermüdliche Kassandra im »Volksfreund«: »Man rät uns, die Kriegsfackel zu entzünden, um die Lampen einer Opernintrige zu löschen. Ich fürchte, daß die Patrioten darauf eingehen werden, und zittere bei dem Gedanken, daß die Assemblée im Begriffe ist, die Nation in den Abgrund zu stürzen.«

Am 5. Dezember klagt Billaud-Varenne die gefährliche Kriegspolitik der Legislative vor den Jakobinern mit genauen und stichhaltigen Argumenten an. Seine Argumentation wird sich später in den Reden Robespierres wiederfinden.

Das wachsame Auge der Revolution

Tatsächlich ändert Robespierre allmählich seine Haltung. Die Ernennung des Grafen von Narbonne zum Kriegsminister am 7. Dezember öffnet ihm die Augen. Nach verschiedenen Interventionen am 9. und 11. Dezember erklärt er am 12. vor den Jakobinern, Exekutive und Armee seien in den Händen der Feinde der Revolution, und fährt fort: »Der Krieg ist unter den gegebenen Umständen die größte Gefahr für die Freiheit.«

Zwischen Robespierre und Brissot, zwischen Befürwortern des Friedens und Kriegstreibern, vertieft sich die Kluft. Am 16. Dezember führt Brissot aus: »Wollt ihr die Aristokraten, die Unzufriedenen und die verfassungsbrüchigen Priester mit einem Schlage vernichten? Dann zerstört Koblenz, und die Ruhe innerhalb und außerhalb unserer Grenzen wird wiederhergestellt sein.« Die Jakobiner stimmen für die Drucklegung der Rede Brissots.

Zwei Tage später widerlegt Robespierre Brissot Punkt für Punkt in einer langen Rede, die auf falschen Enthusiasmus verzichtet und sich ausschließlich auf Logik und Realismus gründet: »Der patriotisch gesinnte Abgeordnete, dessen Ansicht ich hier bekämpfe, hat ausgeführt, das Volk sei ja zur Stelle, wenn man uns verriete. Das ist zweifellos richtig, aber ihr wißt so gut wie ich, daß der damit gemeinte Aufstand eine ebenso seltene wie unsichere Möglichkeit für den äußersten Notfall bleiben muß.« Robespierre erinnert an den 17. Juli und fügt hinzu: »Ihr solltet wenigstens kriegsbereit sein, bevor ihr nach Koblenz marschiert«, um dann mit einer allgemeinen Lektion zu schließen: »Die Größe eines Volksvertreters besteht nicht darin, der öffentlichen Meinung des Augenblicks zu schmeicheln, die ja das Ergebnis der Manipulationen von Regierungsseite ist, sondern vielmehr im Vertrauen auf sein Gewissen, wenn es sein muß, auch allein gegen die gängigen Vorurteile und Parteien zu kämpfen. Er muß das Wohl des Staates der Weisheit überantworten, sein eigenes der Tugend und seinen Ruhm den Edelgesinnten und der Nachwelt.«

Unabhängig von der Kriegsfrage stellt Maximilien hier eine »moralische« Auffassung vom politischen Leben dar, die an sich unangreifbar ist, weil er der Unbestechliche ist. Zugleich aber enthalten seine Worte schwerwiegende Folgen für die Zukunft; denn auf die Dauer wird ein Zusammenleben mit Robespierre unmöglich, wenn man sich nicht, wie er, vollständig für die Revolution aufopfert. Neben ihm erscheinen alle anderen unvollkommen. Da er das sehr gut weiß, prophezeit er: »Übrigens steht unserer Revolution eine entscheidende Krise bevor. Große Ereignisse werden sich sehr bald vor unseren Augen abspielen. Unglück wird über alle diejenigen kommen, die den Parteigeist, die Leidenschaften und Vorurteile nicht dem öffentlichen Wohle opfern.«

Die Brissot, Isnard und Carra können solche Worte nicht einfach hinnehmen. Denn Robespierre verkündet mit lauter Stimme, er erinnere sich an alles, urteile über alle und schreite mit der Überzeugung der zum Tod entschlossenen Glaubensbekenner, mit der ruhigen Gewißheit der Gerechten voran. Er sei das wachsame Auge der Revolution: »Heute werde ich meinem Vaterland gegenüber die letzte Schuld abtragen. Ich kann nicht hoffen, daß meine Mahnungen schon jetzt Erfolg haben werden. Ich wünschte im Gegenteil, daß die kommende Entwicklung meine Ansichten widerlegt. Sollte ich aber doch recht behalten, verbleibt mir immerhin ein Trost; ich könnte vor meinem Lande Zeugnis ablegen, daß ich nicht zu seinem Untergange beigetragen habe.«

Immer wieder steht sein »Ich« im Mittelpunkt. Robespierre macht jede Debatte zu seiner persönlichen Angelegenheit. Dabei besticht seine Sicherheit, wenn er in der Auseinandersetzung über Krieg und Frieden schon jetzt feststellt, es könne kein Vergessen geben.

Zwischen Dezember 1791 und April 1792 schafft sich Robespierre überall neue, unversöhnliche Feinde. Die Unerbittlichkeit des Konflikts muß früher oder später zum Ausschluß einer Gruppe durch die andere führen, was in Revolutionszeiten für ihre Mitglieder den Tod bedeutet. Über die politischen Notwendigkeiten hinaus unterstreicht Robespierre diese Tendenz noch, indem er immer wieder zwischen Vertretern des Rechts und Vertretern des Unrechts unterscheidet. Durch diesen »moralischen« Unterton wird die politische Gegnerschaft noch gnadenloser. Robespierre schließt keinen Kompromiß: prüfender Blick und Skalpell in einem, wie aus einer anderen Welt; durch seine Existenz wird jede andere vernichtet.

Wenn er ohne Nachsicht anklagt, folgt er nur der Logik seiner Prinzipien und seiner Persönlichkeit. Die anderen sind bestechlich, er ist der Unbestechliche und kann gar nichts anderes sein.

Seine Feinde mehren sich. Entweder wird Robespierre herrschen, oder man wird die unbequeme Stimme des Gewissens zum Schweigen bringen. In jedem Fall wird er allein bleiben.

Ich habe nur Verachtung ...

Zunächst scheint Robespierre in der Kriegsfrage bei Billaud-Varenne, Camille Desmoulins und einem großen Teil der Jakobiner und der Presse weitgehend Unterstützung zu finden. Die Girondisten lassen jedoch keineswegs die Hoffnung auf Verwirklichung ihrer Pläne sinken, da sie die Legislative beherrschen, und am 29. und 30. Dezember ergreift Brissot erneut im Jakobinerclub das Wort.

Er meint, der Krieg sei »eine nationale Wohltat«, er würde zum »Kreuzzug für die universelle Freiheit«, und gelangt zu folgendem Schluß: »Ich befürchte nur eins, daß wir nicht verraten werden; denn wir bedürfen eines großen Verrates, der erst die Explosion des Volkes auslösen wird.« Schließlich ruft er zu einem heiligen Bund auf: »An der Spitze des Volkes möchte ich Männer wie Pétion, Roederer und Robespierre sehen.«

Aber, wie gesagt, Robespierre ist kein Mann der Kompromisse. Schmeichelei wirkt auf ihn wie eine Beleidigung. Schmeichelt man ihm, so muß dahinter wohl die Annahme stehen, er ließe sich bestechen; also bäumt sich sein ganzes Wesen dagegen auf.

Seine Reden vom 2. und 11. Januar sind voll beißender Verachtung. Er wirft Brissot vor: »Anstatt das wirkliche Problem zu behandeln, sind Sie ihm immer ausgewichen. Ihre Worte haben nie etwas mit der Sache zu tun. Ihre Meinung gründet sich nur auf unbestimmte und sachfremde Hypothesen. Was kümmern uns zum Beispiel Ihre endlosen und hochtrabenden Ausführungen über den amerikanischen Krieg?« Jedes seiner Worte trifft den anderen wie eine Ohrfeige: »Wie einfach und anmutig doch die Wege der Vaterlandsliebe für Sie geworden sind! Ich jedoch habe die Erfahrung gemacht, daß man auf diesem Weg immer mehr Feinde und Hindernisse trifft.« Er erteilt aufs neue Lektionen: »Sie behaupten, ich würde die Nation entmutigen. Nein, ich kläre sie auf!«

Maximilien wird noch heftiger, da Brissot geglaubt hat, ihn für sich einnehmen zu können; er hat ihn »Verteidiger des Volkes« genannt, was Robespierre zurückweist. Er wehrt sich wohl weniger gegen die Bezeichnung als solche als gegen die Identifizierung mit anderen sogenannten Verteidigern des Volkes. Hochmütig sondert er sich ab, indem er vorgibt, nur ein Glied einer abstrakten Masse zu sein: »Ich habe niemals nach einem so pompösen Titel gestrebt. Ich gehöre zum Volk, ich war nie etwas anderes und will es nicht sein. Ich habe nur Verachtung für jeden, der mehr sein will.«

Das ist weniger ein politisches Programm als vielmehr der Ausdruck stolzer Demut, argwöhnischer Empfindlichkeit und überlegener Verachtung gegen Brissot.

Und im Gewande einer psychologischen Analyse legt er ein Selbstbekenntnis ab, das nur eine andere Art ist, sich selbst zu erhöhen und die anderen zu verurteilen: »Die Liebe zur Gerechtigkeit, zur Menschheit und zur Freiheit ist eine Leidenschaft wie jede andere auch. Wenn sie vorherrschend ist, opfert man ihr alles auf. Hat man jedoch sein Herz den Leidenschaften einer anderen Ordnung verschrieben, wie etwa der Gier nach Geld oder Ehren, so gibt man dafür Ruhm, Gerechtigkeit, Menschheit, Volk und Vaterland bereitwillig hin. Darin besteht das ganze Geheimnis des menschlichen Herzens, hier ist der Unterschied zwischen Verbrechen und Rechtschaffenheit, zwischen Tyrannen und Wohltätern der Menschheit begründet.«

Das ist eine etwas oberflächliche Einteilung der Menschen, jedoch enthüllt sie eine folgenschwere Haltung, die man durch die revolutionäre Lage nur teilweise erklären kann.

In seiner ganz und gar irrationalen Art zweifelt Robespierre nicht im geringsten daran, daß er allein der Rechtschaffene, der Wohltäter des Vaterlandes ist. Und das ist seine Rechtfertigung: »Die Kunst, das Volk über blumengeschmückte Straßen zum Abgrund zu führen, ist mir unbekannt. Im Gegenteil, ich war es, der verstand zu mißfallen ... ich war es, der es auf sich nahm, exzessiv, eigensinnig und sogar hochfahrend zu erscheinen, um gerecht zu sein.«

Nach solchen Waffengängen und kaum verhüllten Anschuldigungen muß jede Versöhnung oberflächlich bleiben. Auf die Vorhaltungen der Ausschußmitglieder des Clubs hin umarmen sich Robespierre und Brissot zwar unter den Tränen und dem Applaus des Publikums, anschließend erklärt Robespierre jedoch, er werde Brissot in allen Punkten, die seinen Prinzipien widersprächen, auch weiterhin bekämpfen. Trotz seiner Erfolge als Redner, beginnt die Lage ihm allmählich zu entgleiten.

Die Legislative gehorcht immer mehr Brissot und seinen Anhängern. In der Provinz und in den Grenzbezirken, ja sogar in Paris springt der Funken des revolutionären Patriotismus auf immer größere Teile der Bevölkerung über, die mit wirtschaftlichen Schwierigkeiten zu kämpfen haben. Könnte der Krieg nicht eine Lösung dieser Probleme bedeuten?

Die Preise steigen weiter, das Brot wird immer knapper, es kommt zu Plünderungen, und die Menge fordert eine Preiskontrolle. Am 3. März wird Simoneau, der Bürgermeister von Etampes, der sechzig Arbeiter in seiner Gerberei beschäftigt, ermordet, weil er die Preiskontrolle ablehnt. Für die Feuillants und die Jakobiner wird er zum Märtyrer des Gesetzes. Doch der Krieg ist für all diese Probleme nur eine Scheinlösung, welche die beunruhigten Girondisten den Armen des Landes vorspiegeln.

Auch Robespierre kann in diesen entscheidenden Monaten keine Alternative anbieten. Er deckt die Fehler auf, zeigt die Gefahren und zerstört die girondistische Politik mit scharfen

Analysen, ohne ihr jedoch eine eigene entgegensetzen zu können. Er legt mit den Jakobinern einen Eid ab, auf Zucker und Kaffee zu verzichten, aber das ist so gut wie gar nichts. Solche belanglosen Ersatzhandlungen beweisen nur Maximiliens Unfähigkeit, Neues zu erfinden. Er tritt mit seinen Argumenten auf der Stelle, während die Girondisten Entscheidungen treffen, handeln und die anderen mitreißen.

Sein Glauben an das rechte Wort erweist sich damit als gefährliche Illusion, weil er ihn in Versuchung führt, es bei Worten, Ratschlägen und Lektionen zu belassen. So wird er zum Opfer seiner rhetorischen Ausbildung, seines Berufes und seines kleinbürgerlichen Milieus, dem die triviale Wirklichkeit der Arbeitswelt ebenso fremd ist wie die zynische Praxis der Macht, die in den Händen des Großbürgertums liegt.

Robespierre und Marat

Mitte Januar spricht Marat bei Robespierre vor. Nach Maximiliens Zeugnis ist der glühende Verteidiger eines Volksaufstandes gekommen, um seiner Verzweiflung Ausdruck zu verleihen. Dagegen hält Marat nach dem Gespräch fest: »Zunächst warf mir Robespierre vor, ich hätte den großartigen Einfluß meiner Zeitung auf die Revolution zum Teil selbst zunichte gemacht, indem ich meine Feder in das Blut der Feinde der Freiheit tauchte, als ich von Strick und Dolch sprach.«

Dann geht Marat zum Gegenangriff über: »Nehmen Sie bitte zur Kenntnis, daß ich nach dem Gemetzel auf dem Marsfeld, hätte ich zweitausend Bewaffnete meiner Gesinnung zur Verfügung gehabt, an ihrer Spitze den General La Fayette mitten in seiner Räuberbande erdolcht, den Despoten in seinem Palast verbrannt und unsere niederträchtigen Volksvertreter auf ihren Sitzen aufgespießt hätte.«

Robespierre stößt sich an den grausam direkten Worten, hinter denen eine gewalttätige und blutige Wirklichkeit steht. Noch finden Kühnheit und Mut bei ihm am Wort ihre Grenzen, noch weist er die Konsequenzen, die Marat gezogen hat, zurück.

Marat fällt ein strenges, aber maßvolles Urteil über Robespierre: »Diese Unterredung bestätigte mich in der Meinung, die ich mir seit jeher über ihn gebildet hatte, daß er nämlich die Erkenntnisse eines weisen Senators, die Integrität des wahrhaft Gerechten und den Eifer des echten Patrioten in sich vereinigt. Aber im gleichen Maße scheinen ihm auch Überblick und Risikobereitschaft des wahren Staatsmanns zu fehlen.« Maximilien sollte dieses Urteil, das am 3. Mai 1792 im »Volksfreund« veröffentlicht wurde, nicht mehr vergessen. Am 25. Januar jedoch, als die Anhänger Brissots in der Nationalversammlung dem Kaiser ein Ultimatum stellen, kann er nur »die Prinzipien ... und Richtlinien, die allein uns noch retten können«, wiederholen.

Am Tag darauf werden seine Anhänger bei einer Abstimmung über die Kriegsfrage auch im Jakobinerclub überstimmt. Diese Niederlage, obwohl nur ein vorübergehender Zwischenfall, trifft Robespierre schwer.

Während der nächsten vierzehn Tage überläßt er Desmoulins und Billaud-Varenne die Fortsetzung des verlorenen Kampfes gegen den Krieg. Er selbst hält keine Rede mehr und gibt sich in der geräumigen und bequemen Dachwohnung bei Madame Duplay Meditationen hin.

Scheinwirklichkeit und utopisches Programm

Dort stellt er auch das Aktionsprogramm auf, das er am 10. Januar den Jakobinern vorlegt. Auf dreißig Druckseiten präsentiert er »die Mittel, um den Staat und die Freiheit zu retten«. Trotz einiger Unstimmigkeiten läßt das Ganze einen starken inneren Zusammenhang erkennen.

Die Rede bedeutet eine neue Etappe in Robespierres politischer Entwicklung. Er beruft sich zwar auf die Verfassung und »die unbesiegbare Kraft des Gemeinwillens«, erklärt aber gleichzeitig: »Ich appelliere an die reine und mutige Minderheit, um die dumme und korrumpierte Mehrheit zu vernichten.« In jeder Zeile seiner Rede prallen so alte und neue Gedanken aufeinander, jede Zeile ist gleichsam der Niederschlag eines schwierigen Übergangs vom ursprünglich gesetzestreuen zum revolutionären Denken.

Er will einen Ausschuß zur Kontrolle der Exekutive einsetzen. Die Abgeordneten, die verächtlich vom Volke sprechen, sollen des Verbrechens »der Beleidigung der Nation« angeklagt werden. Das Volk solle den Staat überwachen. Daher müßten alle Beratungen öffentlich stattfinden; denn das Volk sei der einzige Garant der Freiheit. Und wie in einer realistisch gemeinten Träumerei schlägt Maximilien den Bau eines Sitzungssaales für die Assemblée vor, der zehntausend Zuschauer fassen solle; denn nur so könne das Volk die Debatten beaufsichtigen.

Die einzelnen Sektionen müßten ohne Unterbrechung tagen, und das Volk müsse bewaffnet werden. In einer gesäuberten Armee würden »vaterländisch gesinnte Bürger« die Offiziere ersetzen. Außerdem müsse die Einbildungskraft des Volkes durch öffentliche Feste angeregt werden. Im Kreise von Fahnen und unter Gesängen müßten alle den Jakobinereid: »Freiheit oder Tod!« ablegen. Auf diese Weise würden überall große und erhabene Gefühle geweckt. In dramatischen Meisterwerken würde man Brutus, Gracchus und Wilhelm Tell auf die Bühne bringen; man würde feierliche Spiele abhalten und das Volk die Belohnungen verteilen lassen. Natürlich müßten die Armen unterstützt, Börsenwucher und Spekulation bekämpft und das Gemeindeland den Bauern zurückgegeben werden.

Robespierre will all dies ohne Gewalt, nur mit Hilfe der Wahrheit und des gesunden Menschenverstandes erreichen. Unter dem ungeheuren Jubel der Jakobiner spricht der »Held der Revolution« seine Schlußworte: »Ich habe schon immer gedacht, daß es unserer Revolution ... an großen Schriftstellern ... und reichen Männern gefehlt hat, die einen Teil ihres Vermögens für eine Verbreitung der Aufklärung und des Bürgersinnes zu opfern bereit sind.«

Diese aufschlußreiche Rede kündigt in manchen Punkten schon die Revolution des Volkes vom 10. August 1792 und die Aktionen des Wohlfahrtsausschusses an, bleibt aber in Illusionen stecken und spricht an keiner Stelle davon, mit welchen Mitteln das Programm in die Tat umgesetzt werden könnte, was doch schließlich entscheidend wäre. Klarsichtig schlägt Robespierre präzise Maßnahmen vor, aber er entwirft dennoch nur ein ideales Bild der Wirklichkeit, das seinen Scheincharakter nicht verleugnen kann. Obwohl er sich bemüht, die Situation zu verstehen und Mißstände zu beseitigen, vermittelt das Ganze doch nur den Eindruck einer großzügigen Utopie. Im übrigen legt er zu großen Wert auf nebensächliche Details, wie etwa die Organisation der Feste oder die Erwachsenenbildung, und vernachlässigt darüber die Analyse der wirtschaftlichen und sozialen Wirklichkeit.

Der entscheidende Fehler steckt jedoch tiefer. Robespierre schlägt sein Programm als Alternative zur Kriegspolitik der Girondisten vor. Er führt aber nicht aus, wie der politische und soziale Umsturz, den sein Programm voraussetzt, bewerkstelligt werden könnte. Seine »großen Schriftsteller« und erträumten Mäzene allein dürften kaum dazu in der Lage sein. Hier erst wird die utopische Seite seiner Pläne ganz deutlich. Die von ihm vorausgesetzte Revolution im Innern nämlich wird erst durch den Krieg entstehen, so daß Robespierres Utopie gerade durch das Scheitern der girondistischen Kriegspolitik teilweise Wirklichkeit wird.

Trotz einiger konstruktiver Ansätze hat Robespierre wiederum nur einer konkreten politischen Aktion ein rein abstraktes Projekt entgegengesetzt. Sogar Couthon, der sehr viel weniger Ehrgeiz besitzt als Maximilien, handelt politisch wirkungsvoller, als er am 29. Februar vor der Legislative fordert, die Feudalrechte entschädigungslos abzuschaffen. Ein »politischer Kopf« hätte mit diesem Thema die Auseinandersetzung auf die soziale Ebene verlagern und damit die Kriegspolitik wirksam bekämpfen können. Nicht so Robespierre.

Nur das Blut kann die Freiheit besiegeln

In einer Eingabe im Namen der »zehntausend Pieken von Paris« verlangen die späteren Extremisten Vincent, Santerre und Momoro den Krieg. Selbst Robespierres Freund Couthon schreibt im Dezember 1791 an die Verwaltung des Departements Puy de Dôme: »Die Mehrheit ist für den Krieg. Und auch ich halte ihn für die beste Lösung.«

Um die Kriegsbegeisterung der Jugend anzufeuern, verbinden sich die Interessen der Kriegslieferanten und der Hochfinanz, der Ehrgeiz der Politiker und die Berechnungen des Hofes. Jedoch gibt erst die revolutionäre Leidenschaft diesem sich im ganzen Lande und vor allem unter den jungen, aktiven Leuten verbreitenden Fieber seinen eigentümlichen Charakter.

Robespierre hat versucht, durch rationale Analysen diese Gefahr abzuwenden. Aber um den Krieg zu verhindern, hätte es einer Revolution in der Revolution bedurft, wofür Maximilien die richtigen Argumente nicht hat finden können. Denn er bleibt bei aller Leidenschaft ein Einsamer. Die irrationale Begeisterung der großen Volksmassen bleibt ihm fremd. Er kann die jungen Revolutionäre, wie etwa Edmond Géraud, nicht verstehen, die vom Blutvergießen fasziniert sind: »Die Freiheit wird mit Blut erkauft . . . das Blut wird die Freiheit festigen . . . Unsere Freiheit ist erst dann gesichert, wenn sie auf einem Fundament von Toten ruht.«

Robespierre hat vielleicht nicht genug mit dieser Seite der Revolution, mit der Leidenschaft, der Gewalttätigkeit und dem Abenteurergeist, gerechnet. Das ist nicht nur eine Frage des persönlichen Temperaments, sondern auch eine Frage des Alters. Er, der erst mit dreißig Jahren zum Revolutionär geworden ist, bleibt ein Mann des 18. Jahrhunderts, während andere, wie Hoche, Jourdan, Marceau und Joubert, gleichsam mit der Revolution groß werden.

Der Kriegsausbruch steht kurz bevor. Am 15. März beruft Ludwig XVI. Girondisten ins Ministerium. Sie haben damit einen politischen Sieg errungen, während sich Robespierre als aufmerksamer Beobachter von dem unmittelbaren Tagesgeschehen abwendet, um die Vorhersagen der Girondisten mit dem tatsächlichen Verlauf des Krieges zu konfrontieren. Seine eigenen Analysen und die breite Zustimmung, die er immer noch beim Volke findet, helfen ihm dabei.

Am 7. März 1792 schreibt ihm die Societé Populaire von Caën: »Robespierre – dieser Name, der Deinen Ruhm ausmacht, dieser Name, der in den Herzen der Tyrannen Schrekken erregt –, dieser Name ruft uns zur Sammlung und zum Kampf gegen die Despoten.« Robespierre weiß, daß man bei ihm Zuflucht nehmen und daß die Zukunft ihm recht geben wird.

Unter dem gleichen Datum schreibt Barbaroux, ein Abgeordneter aus Marseille: »Robespierre war erhaben . . . Er bewies, daß man sich unter den gegebenen Umständen, in denen die Rettung der Freiheit gefährdet ist, über das Gesetz stellen muß, um es zu erhalten.« Diese Vertrauensbeweise und die ruhige Überlegenheit, die aus der Übereinstimmung von Denken, Fühlen und Handeln erwächst, verstärken bei Robespierre noch den Hang, den überlegenen Richter und unbestechlichen Ankläger zu spielen.

Am 18. März gibt ein Besucher aus Preußen ein wenig wohlwollendes Porträt von ihm: »Robespierre erschien in dieser Sitzung der Jakobiner, sagte aber kein Wort. Sein herausforderndes Benehmen fiel mir von Anfang an auf. Er verharrte regungslos mit übergeschlagenen Beinen auf einem Stuhl, der einsam in der Nähe der Ausgangstür stand, und warf sein sorgfältig frisiertes Haupt in den Nacken zurück. An den Debatten nahm er nicht teil, sondern schien nur anwesend zu sein, weil er sich der Clubmitglieder zu seinen Zwecken versichern wollte oder weil er auf einen Zwischenfall wartete, der ihm Gelegenheit zum Eingreifen geben würde. Sein flaches, wie zusammengedrückt wirkendes Gesicht, sein blasser Teint und der hämische Blick ließen seine Haltung noch unverschämter erscheinen.«

Tags darauf findet sich eine mit Pieken bewaffnete Abordnung im Club ein, während sich der neue Außenminister, General Dumouriez, auf der Tribüne die rote Jakobinermütze aufsetzt und »seine Brüder« bittet, ihm »die Wahrheit, die härtesten Wahrheiten« zu sagen und dadurch die Versammlung zu lebhaftem Beifall hinreißt. Robespierre jedoch steigt auf die Tribüne, um trocken festzustellen, daß in seinen Augen »allein das Volk groß und ehrwürdig ist und daß vor ihm die Gemütsrülpser der Ministerien belanglos bleiben«.

Vergeblich wirft sich Dumouriez in Robespierres Arme. Das fatale Wort ist gefallen und zeigt, daß sich Maximilien nicht verführen läßt. Etwas später stimmt er »dem Bürger Pétion« zu, »dessen Bürgersinn und Freiheitsliebe über allen Zweifel erhaben sind«, und verurteilt das Tragen der roten Mütze. »Man entwürdigt das Volk, wenn man glaubt, es sei für diese rein äußerlichen Zeichen empfänglich.«

Im Munde Robespierres, der Feste organisieren will, um die Einbildungskraft und die Gefühle anzusprechen, könnte dieser Satz widersprüchlich erscheinen. In der Tat ist er sehr aufschlußreich für Maximiliens Haltung. Er lehnt nämlich die rote Mütze ab, weil sie »die Frisur verdirbt«, während er gleichzeitig die dreifarbige Kokarde befürwortet. Hier wird deutlich, wie sehr er der Gefangene alter Gewohnheiten aus seiner Anwaltszeit in Arras geblieben ist. Er lehnt nicht nur Mitläufertum und Demagogie ab, sondern auch die natürliche Nachlässigkeit des Volkes. Dagegen gefällt er sich in der Vorstellung eines reinen, keuschen und asketischen Volkes, das nach Höherem strebt.

Dieses Schwärmen für das Wesen des Volkes kommt einer Ablehnung seiner wirklichen Lebensformen gleich. Er setzt im Grunde seine persönliche Vorliebe für Vegetariertum, humanistische Bildung und antike Vorbilder als Maßstab für das Verhalten des ganzen Volkes.

Sein uneingestandener Puritanismus bricht immer wieder durch. So zum Beispiel, wenn er am 10. Februar 1792 die Frage stellt: »Warum sind unsere Theater der Revolution unwürdig? Warum verstummt die Stimme der Wollust dort nur, um der Schmeichelei und der Knechtschaft Platz zu machen?« Wollust, Schmeichelei, Knechtschaft, das alles hängt für Robespierre miteinander zusammen. Seine strenge Erziehung, die Vorurteile seiner Klasse und seines Berufsstandes und die daraus resultierenden psychologischen Hemmungen prägen ihn mehr als jede gelebte Erfahrung. Auch deswegen verurteilt er die rote Jakobinermütze.

Rechtfertigung vor Gott

Aber Dumouriez und die Girondisten sehen in Maximiliens Haltung nur eine Bedrohung ihrer eigenen Politik. Ein Irrtum ihrerseits würde von ihm als bewußte Täuschung ausgelegt werden. Er ist Zeuge dafür, daß sie die von ihm vorgeschlagene Lösung zurückgewiesen haben, und registriert nun unerbittlich ihre Fehlschläge. Solange er seine Popularität nicht eingebüßt hat, haben auch sie nur eine Bewährungsfrist.

Robespierres Gegner ahnen auch, daß er nicht daran glaubt, es sei trotz bester Absichten möglich, zu irren. Für ihn besteht immer der Verdacht der Bestechung, worin die Geschichte ihn häufig bestätigen wird. Grundsätzlich ist er zunächst immer von der Unredlichkeit und den schlechten Absichten der anderen überzeugt. So wird er einige Monate später Brissot vorwerfen, dem Herzog von Braunschweig die Königswürde angetragen zu haben.

In Revolutionszeiten gehört es zur Logik des Geschehens,

daß die Verantwortlichen nach den objektiven Folgen ihrer Politik beurteilt werden. Psychologisch gesehen, befindet sich dieser argwöhnische Robespierre daher in Übereinstimmung mit seiner Zeit und dem Volk, das überall Verrat wittert und ihn häufig auch tatsächlich findet. Und da sich Robespierre niemals zum Schweigen verdammen lassen wird, muß er bekämpft werden.

Von März bis Mai 1792 wird er ununterbrochen angegriffen. Neu daran ist nicht die Tatsache der Angriffe an sich, sondern daß sie aus dem Lager der Revolution kommen und den Anfang des blutigen Konflikts zwischen Girondisten und Bergpartei darstellen. Einzelne Versöhnungsszenen im Jakobinerclub können darüber nicht hinwegtäuschen.

Am 26. März versucht Guadet, Robespierre zu Fall zu bringen. Maximilien hat soeben anläßlich des Todes von Kaiser Leopold am 1. März von »der ewig über uns waltenden Vorsehung . . . und der himmlischen Güte, die uns gegen unseren Willen gerettet hat«, gesprochen.

Guadet bringt seine Verwunderung über solche Reden zum Ausdruck. Er hätte niemals vermutet, daß Robespierre das Volk erneut der Herrschaft des Aberglaubens unterwerfen wolle.

Robespierre reagiert auf der Stelle und erklärt, daß er nach dem Vorbild berühmter Männer »an die Existenz Gottes glaube«, was im Publikum Tumultszenen auslöst. Die Jakobiner schwanken zwischen Erstaunen und Zorn. Man will ihn zum Schweigen bringen, aber er verharrt zornbebend auf der Tribüne. Die Opposition der Jakobiner, die ihm so häufig Beifall gespendet haben, hat ihn aufgebracht und zum Widerstand entschlossen gemacht: »Nein, meine Herren! Diese Stimme wird nicht schweigen, und keine Tagesordnung wird die Wahrheit ersticken können.«

Wieder einmal spricht Maximilien von sich selber. Das Bekenntnis seiner Überzeugungen ist ihm das wichtigste: »Es ist mir ein Herzensbedürfnis, den Namen der Vorsehung anzurufen und die Idee des Ewigen Wesens zu verkünden.«

Maximilien braucht Gott als höchsten Richter, der urteilt und hilft; denn »wie hätte ich, auf mich selbst gestellt, eine Bürde tragen sollen, welche die menschliche Kraft bei weitem übersteigt, wenn ich meine Seele nicht zu ihm erhoben hätte... Dieses göttliche Gefühl hat mich für alle von den Volksvertretern erschlichenen Vorteile entschädigt.«

Der gerechte Gott, der die französische Revolution in besonderer Weise beschützt, belohnt auch Robespierre. Die Frage ist nur, ob diese persönliche Gottesvorstellung durch die politische Situation, in der sich Maximilien befindet, zu erklären ist — wie häufig behauptet wurde — oder ob sie nicht vielmehr ursprünglich psychologischen Gegebenheiten entspringt.

In der Tat ermöglicht die Rechtfertigung vor Gott eine Flucht aus der Realität. Politisches Handeln wird damit zu einem moralischen Vorgang, der nicht mehr an der Praxis oder durch die Frage nach den konkreten Möglichkeiten überprüft zu werden braucht. Das erklärt die Stärke und Faszination von Robespierres Politik, macht aber auch ihre Schwäche aus. Immer wieder wird er sich vor den Menschen und in letzter Instanz vor Gott rechtfertigen. Denn er wendet sich dem Höchsten Wesen nicht zu, weil er politisch isoliert, sondern weil er der *ewige Angeklagte* ist, der von Geburt an einsam, verzweifelt nach dem rächenden Vater sucht. In dieser Perspektive verschmelzen Gott und Volk miteinander.

Die anderen verurteilen Robespierre; doch darin besteht zugleich seine Anerkennung und Auszeichnung. In seinem stellvertretenden Leiden vereinen sich Schmerz und unsagbare Freude. Die Auferstehung ist ihm sicher; denn er glaubt an die Nachwelt. Und umgekehrt sucht er die Anklage, die Verurteilung, ja den Kreuzestod geradezu; denn sie bestätigen seinen Auftrag, sein Erwähltsein. Der Erwählte leidet, weil er erwählt ist, und sein Leiden beweist zugleich, daß er erwählt ist.

Ein menschliches Ungeheuer

Die Anklagen gegen Robespierre mehren sich. Die Journalisten der »Revolutions de Paris« und des »Courrier des 83. Departements« lassen ihn im Stich und schließen sich den Girondisten an. Diese haben die Macht und erzielen bei der Kriegserklärung vom 20. April 1792 in der Legislative einen beinahe einstimmigen Erfolg.

Robespierre erklärt am gleichen Tag vor den Jakobinern vergeblich: »Da der Krieg nun einmal beschlossene Sache ist, müssen wir einen Volkskrieg führen. Das ganze französische Volk muß sich erheben und zu den Waffen eilen.« Die Girondisten versuchen weiterhin, ihn zum Schweigen zu bringen.

Außerdem bleibt ihm nur die Tribüne des Clubs, da ihm weder die Abgeordneten noch die Straße mehr Gefolgschaft leisten. Dennoch stellt er durch den Einfluß, den er in der Rue Saint-Honoré ausübt, eine Gefahr für die Politik der Mehrheit dar. Die royalistische Presse spricht von der »Lasterhöhle einer korrumpierten und verderbten Sekte«. Robespierre ist »das Ungeheuer in Menschengestalt, der blutrünstige Anführer des Jakobinerhaufens«. Die Girondisten gehen noch nicht so weit, werfen Robespierre aber bereits am 2. April vor, »er herrsche im Jakobinerclub – sicher ohne es zu wollen und sich dessen bewußt zu sein – wie ein Despot, der alle freien Männer der Gesellschaft erstickt«.

Robespierre hingegen wiederholt seine Angriffe gegen den zur Zeit beliebten La Fayette und legt am 15. April sein Amt als öffentlicher Ankläger am Strafgericht nieder. Der ehemalige Justizminister und Mitglied der Feuillants, Duport du Tertre, wird zu seinem Nachfolger gewählt.

Viele Jakobiner wundern sich über die Amtsniederlegung. Robespierre will in dieser Zeit politischer Kämpfe seine Handlungsfreiheit bewahren. So erklärt er jedenfalls seinen Schritt: »Ich habe auf meine Stellung verzichtet, wie man seinen Schild wegwirft, um die Feinde des öffentlichen Wohles besser zu bekämpfen; ich habe meine Stellung aufgegeben, wie man den Schutzwall verläßt, um in die Bresche zu stürmen.« Wiederum ist bezeichnend, daß Maximilien auf eine konkrete öffentliche Aufgabe verzichtet, ja nicht einmal die Wahl eines Gegners zu verhindern sucht. Er handelt als Einsamer und entscheidet sich im Sinne der Revolution, als ob er deren einziger Verteidiger wäre.

Die Amtsniederlegung löst eine umfangreiche Verleumdungskampagne gegen Maximilien aus. Die girondistischen Blätter schimpfen ihn Deserteur. Er sei »die Drohne im Bienenstock des Vaterlandes, unternehme gar nichts, schade aber den zur Tat Enschlossenen um so mehr«. Man verdächtigt ihn oder gibt dies jedenfalls vor, er habe seinen »Rücktritt verkauft«, um eine Zeitung herausgeben zu können, den »Verteidiger der Verfassung«, dessen erste Nummer am 17. Mai erscheint.

Guachet und Brissot klagen ihn trotz des Widerstandes der »Robespierrelinge« als einen Menschen an, der »seinen persönlichen Stolz über die öffentliche Sache stellt, unaufhörlich von Patriotismus spricht, dabei aber den Posten verläßt, auf den man ihn berufen hat«.

Maximilien wehrt sich krampfhaft mit unbestimmten Drohungen: »Der Augenblick, die Verräter zu entlarven, wird kommen. Zur Stunde halte ich mich noch zurück.«

Freudig den Opfertod sterben

Die Patrioten sind uneins und verdächtigen sich gegenseitig. Nur Marat verteidigt Robespierre im »Volksfreund«. Er schreibt am 3. Mai: »Es muß doch jedem auffallen, daß dieser unbestechliche Zensor ein lästiger Zeuge ist, den die Gruppe Guadet-Brissot liebend gern entfernen möchte.« Er bemerkt, daß Robespierre »in einem Gericht, in dem sich kaum zwei unbescholtene Männer finden, der öffentlichen Sache nicht dienen konnte«, wendet aber sofort ein, daß er »Robespierres Rücktritt nicht zu billigen gedenke; denn er hätte seine Stellung behaupten müssen, sei es auch nur, um die Ernennung eines konterrevolutionären Schurken zu verhindern ...«

Noch am gleichen Tag erläßt die Legislative einen Haftbefehl gegen Marat. Er muß aufs neue untertauchen, seine Zeitung stellt das Erscheinen ein. Einige Tage später darf Robespierre – und diese Tatsache ist höchst aufschlußreich – seinen »Verteidiger der Verfassung« herausgeben. Selbst wenn die Girondisten ihn als ihren hauptsächlichen Gegner ansehen, so hält ihn das revolutionäre und patriotisch gesinnte Bürgertum doch für einen der seinen, dessen politische Vorstellungen wert sind, beachtet zu werden.

Marat dagegen wird als gefährlicher Häretiker und Prophet des sozialen Umsturzes angeklagt. Er muß sich in Kellern oder bei Jacques Roux verborgen halten, während Robespierre gutbürgerlich bei den Duplays lebt und am 27. April vor den Jakobinern – die Gesellschaft bildet gewissermaßen den Kern einer bürgerlichen Revolutionspartei – Gelegenheit erhält, sich zu rechtfertigen. Seine Rede wird zur Apologie seiner Handlungsweise, und diese wiederum weitet sich zu einer Verteidigung der Revolution aus.

Maximilien stellt sich selbst dar, breitet sein Innerstes aus. Um ihn wirklich zu verstehen, muß man hinter der politischen Bedeutung seiner leidenschaftlichen Worte den persönlichen Sinn suchen. Er erfährt beim Reden eine Art physische Freude, indem er sein Leben im Wort noch einmal lebt und fühlt. Durch den öffentlichen, fast liturgischen Genuß der Vergegenwärtigung im Wort möchte er seinem Leben Dauer verleihen.

Er beginnt ganz von vorn, bei den Generalständen. Damals, sagt er, sei »in seinem Herzen ein zartes und erhabenes Gefühl erwacht, das ihn für immer der Sache des Volkes verbunden habe, und zwar durch stärkere Bande, als sie jemals durch die kalten Formeln öffentlicher Eidleistung geknüpft werden könnten«.

Doch trotz seiner Hingabe an »das allein gute, gerechte und großmütige Volk« — an diesen Vater und Gott — hat man ihn »verhöhnt«. Hinter der Maske des Redners zeichnet sich hier die Person auf der Suche nach dem Martyrium ab. In aufwühlenden Sätzen sehnt er das befreiende, rettende, befriedigende Leiden herbei: »Ich nehme die Anklage auf mich . . . Der Himmel, der mir die Begeisterung für die Freiheit in die Seele gesenkt und mein Leben bis zu der gegenwärtigen Herrschaft der Parteiungen und Verbrecher erhalten hat, wird mich vielleicht dazu ausersehen, die Straße, die mein Land zu Glück und Freiheit führen soll, mit meinem Blute vorzuzeichnen. Mit Freuden nehme ich dieses tröstliche und ruhmvolle Schicksal auf mich.«

Robespierre gibt sich hin, seine Worte, seine Freude reißen ihn fort: »Verlangt ihr ein anderes Opfer? Ja, ihr könnt mir noch meinen guten Namen abverlangen, den ich meinem Vaterland gern darbiete. Ihr könnt ihn alle zusammen mit Füßen treten . . . Ich verzichte auf ihn.«

Er spricht von Steinigung und Selbstaufopferung — all das Ausfluß seiner Persönlichkeit und keineswegs nur politische Formel — und schließt mit den Worten: »Ich warte auf den Beistand späterer Zeiten, welche die verratene Menschheit und die unterdrückten Völker rächen werden.«

In einer Hinsicht erzielt Robespierre einen überragenden Erfolg. Die Jakobiner lassen die Rede drucken, und alle Zuhörer erhalten ein Freiexemplar. Doch bedeutet seine erneut bestätigte Popularität nicht, daß er in irgendeiner Weise Einfluß auf die Ereignisse hat. Die Machthaber und große Teile der Presse führen ihre Politik weiter und wiederholen die Angriffe gegen den unbequemen Zeugen Robespierre, den »Burschen ohne Tadel« wie Hébert im »Père Duchesne« schreibt. In den »Revolutions de Paris« beschuldigt ihn Sylvain Maréchal, er habe seine Stelle als öffentlicher Ankläger auf »höheren Befehl« aufgegeben, nachdem er in Anwesenheit von Marie-Antoinette einer Geheimkonferenz bei Madame Lamballe beigewohnt habe.

Robespierres Anhänger antworten, zuerst Marat: »Sie verleumden und verfolgen diesen tugendhaften Menschen.« Delacroix nennt ihn die »Schildwache des Volkes« in einer Zeit, in der eine mächtige Partei über alle Herrschaftsmittel des Staates verfügt. Der Kampf geht also weiter, und Maximilien gründet zu seiner Verteidigung, wahrscheinlich mit der finanziellen Unterstützung Duplays, die bereits erwähnte Zeitung, »Verteidiger der Verfassung«.

Während der Krieg bereits im vollen Gange ist und die Revolution durch die Komplotte des Hofes aufs äußerste gefährdet wird, wendet sich Robespierre erneut ans Volk: »Franzosen, Volksvertreter, sammelt euch um die Verfassung!« Er bezieht damit eine defensive, juristisch-statische Stellung, die jeder revolutionären Veränderung abgeneigt ist: »Wer auf Grund der neuerlichen Verirrungen des Monarchen ehrgeizige Pläne schmieden sollte, um einen Bürgerkrieg zu entfachen, wo wir schon unter dem Krieg mit den fremden Mächten zu leiden haben, der ist als Vaterlandsverräter zu behandeln.«

Dieser vorsichtige Realismus zeigt wieder einmal, daß Robespierre unfähig ist, die eigentliche Dynamik der Ereignisse zu erfassen, obwohl er, wie aus seinen Schlußworten hervorgeht, selbst merkt, daß er sich völlig isoliert hat: »Es bleibt uns natürlich nicht verborgen, daß wir alle Parteien gegen uns haben.« Für ihn zählt allein die Stimme seines Gewissens, da er immer der Versuchung unterliegt, seine Vereinsamung als Beweis für die Richtigkeit seiner Anschauungen zu nehmen.

Wenn er auch kein konkretes Aktionsprogramm hat, so gibt er doch seine klare Einsicht und seine Prinzipien nicht auf. Die ersten militärischen Niederlagen bestätigen im übrigen seine

Vermutungen über den Ausgang des Krieges und die Zuverlässigkeit der Generäle. Bereits am 1. Mai hat er vor den Jakobinern erklärt: »Ich stütze mich auf das Volk und ausschließlich auf das Volk.« Ist das nicht schon ein Aufruf zum Aufstand? Spielt er mit der Verfassung oder mit der Volkserhebung oder mit beiden zugleich?

In Wirklichkeit will Robespierre sagen, das Volk müsse die Verfassung verteidigen. Dabei scheint er zu übersehen, daß das wirkliche Volk ein Haufen von Sansculotten ist, der erst im Frühjahr 1792 zu politischer Aktivität gelangen wird, Gestalten, wie sie Maximilien immer abgelehnt hat, in kurzer Jakobinerjacke, mit Spießen bewaffnet und die phrygische Mütze auf dem Kopf. So richtet sich sein Appell völlig abstrakt an eine Minderheit des Volkes, während er den Massen eher mißtrauisch gegenübersteht und ihre Aktionsformen, Aufstand und Gewaltanwendung, nicht begreift. Der Bourgeois Robespierre kann sich nicht vorstellen, daß die Armen unter der Teuerung leiden und daß folglich »der Hunger bei Revolutionen ein mächtiger Antrieb« ist, wie es der abtrünnige deutsche Priester und spätere Terrorist im Elsaß, Jean-Georges Schneider, ausgedrückt hat.

In der vierten Nummer des »Verteidigers der Verfassung« vom 6. Juni 1792 veröffentlicht und billigt Robespierre zwar einen Artikel von Pierre Dolivier, in dem Gerechtigkeit für die Ärmsten gefordert wird, äußert sich aber dazu in Begriffen allgemeiner Morallehre und schließt, nachdem er den Gedanken einer Bodenreform als unvernünftiges Schreckgespenst verworfen hat, recht naiv: »Reichtum, der zu solcher Korruption führt, schadet den Besitzenden mehr als den Besitzlosen.« Sicher ist in diesem »Lob der Armut« die Ablehnung der Korruption ein positiv zu bewertender Zug, sein auf der Tugend begründetes Einverständnis mit dem herrschenden Elend jedoch bleibt unverständlich.

In diesen letzten Monaten der Monarchie schwankt Robespierres politisches Handeln so zwischen wirksamer Formulierung seines Programms, verbunden mit scharfer Kritik der offiziellen Politik, und mangelnder Bereitschaft, den Gang der Dinge durch die Wahl geeigneter Mittel zu beeinflussen.

Der 20. Juni 1792: Revolutionär wider Willen

Der politische Kampf nähert sich langsam seinem Höhepunkt. Demonstrationen und Gegendemonstrationen wechseln einander ab. Auf das Fest der Schweizergarde von Châteauvieux vom 15. April reagiert die »Rechte« mit einer Militärparade zu Ehren des Bürgermeisters von Etampes, Simoneau. Man feiert das Gesetz, damit »die Herrschaft des Rechts endlich Wirklichkeit« werde. Aber was ist Recht, was Gesetz? Sind sie nicht in der Verfassung verankert? Die Patrioten begreifen allmählich, daß der Status quo nicht länger aufrechterhalten werden kann. Entweder muß eine neue Revolution stattfinden, oder die Gegenrevolution wird den Sieg davontragen.

Die Girondisten sind zur Aktion bereit. Sie müssen Erfolge erzielen. Daher wollen sie König, Hof und Generalstab zum Nachgeben zwingen. Ludwig XVI. jedoch weigert sich, ihre Beschlüsse zu bestätigen, da er auf Zwistigkeiten unter den Patrioten und auf die Mäßigung der Girondisten rechnet, die selber von links bedroht werden. Roland überreicht dem König ein scharfes Antwortschreiben. Daraufhin entläßt Ludwig XVI. am 13. Juni die girondistischen Minister.

Wie verhält sich Robespierre während dieser entscheidenden Tage? Am 6. Juni beruft er sich auf Gott: »Allmächtiger Gott! Nimm Dich Deiner Sache an und verteidige selbst die ewigen Rechte, die Du in unser Herz gebrannt hast.« Was aber schwerwiegender ist: Am 7. und 8. Juni verurteilt er vor den Jakobinern die Bildung eines Feldlagers von 20000 Mann zur Verteidigung von Paris. Er meint, es genüge völlig, wenn dem Volk keine Ketten angelegt würden.

Die Antwort der Girondisten erscheint in Brissots Zeitung »Le Patriote Français«: »Robespierre hat seine Maske abgelegt . . . Er ist ein würdiger Nacheiferer der österreichischen Gruppe auf der Rechten der Nationalversammlung.«

Das Mißtrauen lähmt Maximilien. Er fürchtet La Fayette und die Armee und bleibt vor lauter Einsicht und Vorsicht untätig. Am 13. Juni führt er aus: »Eine Militärregierung ist die schlimmste Gewaltherrschaft . . . und schon seit langem gehen wir einem solchen Regime mit Riesenschritten entgegen.« Aber er unternimmt nichts gegen das von ihm erkannte Übel, sondern wird zum Opfer der sich seinem Willen entziehenden geschichtlichen Determinismen, welche die Voraussetzungen für eine Militärregierung geschaffen haben.

Am 18. Juni droht La Fayette Paris und der Nationalversammlung mit einer militärischen Intervention. Die Girondisten organisieren daraufhin eine gewaltlose Demonstration, die dem König ihre Politik aufzwingen soll. Robespierre befürchtet, die Armee und die Royalisten könnten das als Vorwand benützen, und versucht vergeblich die Demonstration zu verhindern.

Die Logik der revolutionären Ereignisse stimmt nicht immer mit Robespierres Logik überein. Der Aufruhr geht von den Vorstädten aus. Der König wird, von Pieken umzingelt, in ein Fenster gedrängt und muß die rote Mütze aufsetzen. Dann zwingt man ihn, auf das Wohl der Nation anzustoßen. Dennoch scheitert der Aufstand. Ludwig XVI. gibt nicht nach.

In ganz Frankreich bricht ein Entrüstungssturm der royalistischen Presse los. Im »Journal de Fontenai« kann man am 22. Juni lesen: »An diesem denkwürdigen Tag haben die Pariser ihre ungeheuerliche Feigheit bewiesen und das Ausmaß ihrer Verbrechen sichtbar gemacht ... In dieser verbrecherischen Stadt ist jedermann schuldig, sie hat keine Gnade mehr zu erwarten ... Vergeblich hatten wir uns geschmeichelt, bei der Bürgergarde Schutz und Beistand zu finden ... Das Urteil über diesen Sumpf und seine niederträchtigen Bewohner ist endgültig gefallen: Der 20. Juni hat ihre Verbrechen besiegelt, die Rache naht. Pariser, bald werdet ihr euch mit Gold und Tränen von euren Untaten loskaufen wollen. Dann aber wird es zu spät sein. Wir werden unerbittlich sein, und eure fürchterliche Bestrafung wird alle anderen verbrecherischen Städte für immer abschrecken.«

Die Royalisten versammeln sich überall im Lande. 20000 Pariser fordern in einer Petition die Bestrafung der Schuldigen, während La Fayette die Armee verläßt und am 18. Juni auf der Tribüne der Legislative die Schließung des Jakobinerclubs fordert. Als er jedoch seine zum Staatsstreich entschlossene Anhängerschaft zählt, kommt er über ein knappes Hundert nicht hinaus. So bleibt »Gilles Cäsar« nichts anderes übrig, als zur Armee zurückzukehren.

Hat also Robespierre recht behalten? Die Aktion des 20. Juni ist gescheitert. Die Royalisten nutzen das weidlich aus. Gleichzeitig verschärft der Fehlschlag den Konflikt zwischen Monarchie und Patrioten. Der gedemütigte König ist nicht mehr der uneingeschränkte Herrscher. Seine Anhänger haben sich zwar enger um ihn geschart, aber auch das Lager seiner Feinde ist geschlossener denn je. Der Zusammenstoß ist unvermeidlich geworden. Am 20. Juni fordern Robespierre und Brissot eine Anklageschrift gegen La Fayette, woraufhin dieser am 11. Juli verkündet, das Vaterland sei in Gefahr.

Außerdem hat die Demonstration des 20. Juni die Sansculotten aus den Vorstädten in die Nationalversammlung und zu den Tuilerien geführt. Einige Anführer wie Santerre oder Alexandre haben sich bereits hervorgetan. Sie werden den Weg zum Schloß nie wieder vergessen.

In den Prinzipien zeigt sich Robespierre in diesen Tagen energisch und unnachgiebig, sonst aber verhält er sich vorsichtig und abwartend. Niemals löst er die Ereignisse selbst aus. Dennoch verkörpert er für viele, und das mit Recht, die Revolution; denn er hat sie weniger verursacht als gelebt, versucht sie eher zu bremsen als weiterzutreiben. Im Grunde wird er von den äußeren Umständen und den Initiativen des Hofes und der Straße mitgerissen. Weniger klarsichtige Protagonisten, etwa Santerre oder Brissot, Marie-Antoinette oder La Fayette, handeln gerade auf Grund ihrer beschränkten Einsicht bestimmter und energischer, wenn auch in entgegengesetztem Sinne.

Vorhut und Nachhut zugleich

Im Juli 1792 sind allerdings die Sansculotten noch nicht die Verlierer. Ganz im Gegenteil, in großen Massen folgen sie dem Appell der Girondisten, die die Absetzung des Königs fordern, bewaffnen sich oder lassen sich anwerben. Offiziell jedoch versuchen es die Girondisten mit einer gemäßigten Politik; sie verhandeln mit dem Hof und dämmen jede Volksbewegung ein, die für die bestehende Gesellschaftsordnung gefährlich werden könnte.

Robespierre bleibt wachsam. Wenn er auch keine eigene Politik definiert, so verfolgt er doch den einmal eingeschlagenen Weg hartnäckig bis zum Ende und treibt damit eine Bewegung voran, deren Urheber andere gewesen sind. Den offenen, gewalttätigen Aufstand lehnt er nach wie vor ab. Er tastet sich langsamer als die Volksbewegung voran, ist aber der einzige, der ihre heimlichen Wünsche in einem Programm zusammenzufassen vermag. Die Revolution geht ihm in einem gewissen Sinne voran, gewinnt andererseits aber erst durch ihn Gestalt.

Er ist das Verbindungsglied zwischen Volksbewegung und Politikern, zwischen der aufrührerischen Straße und der gemäßigten Assemblée, und bildet so die vorsichtige, überlegte Nachhut der Sansculotten, während er gleichzeitig der Legislative abenteuerlich voranstürmt – wie meistens: allein.

Am 11. Juli greift er Ludwig XVI. an und verfaßt eine Petition für die Föderierten, in der vor allem die Anklage La Fayettes verlangt wird. Freilich fordert er weder den Rücktritt des Herrschers, wie das Volk es verlangt hat, noch ruft er zum Aufstand auf, wie ihn Marat schon seit langem betreibt. Man könnte erwarten, daß er sich auf das Volk und die Entscheidung durch die Waffen beruft. Aber ganz im Gegenteil schließt er nach einer finsteren Schilderung der Lage: »Wenn sie sich in einem Monat nicht geändert hat, ist die Nation verloren.«

Dieser Widerspruch in seinem Denken läßt sich weder aus taktischen noch aus machiavellistischen Erwägungen herleiten, sondern veranschaulicht die Grenzen von Robespierres politischen Möglichkeiten, die ihm durch seine Herkunft gezogen sind. Er ist unfähig, gegen das Gesetz zu den Waffen zu rufen, selbst wenn er die, welche zu den Waffen greifen, verstehen und rechtfertigen kann.

Der 10. August 1792: Großartige Worte als Alibi

Wieder einmal wird sich Robespierre sehr spät anschließen, aber die Umstände treiben ihn vorwärts.

Varlet spricht bereits am 12. Juli von Aufstand, Danton schlägt am 13. Juli vor, man solle auf dem Marsfeld eine Petition überreichen. Billaud-Varenne verlangt am 15. die Deportation des Königs und die Einberufung der Primärwahlversammlungen mit allgemeinem Stimmrecht, aber man folgt ihm nicht. Auch andere Vorschläge werden zurückgewiesen. Robespierre erklärt noch am 20. Juli, man müsse »beobachten, aufpassen und abwarten«. Am 27. erregt sich Santerre: »Schluß mit dem Gerede, handeln wir!« Der Präsident der Assemblée erhebt Einspruch.

Wie gesagt, die verspätete und zaghafte Stellungnahme Robespierres ist auffällig. Dennoch scheint sich die Lage zu klären, man nähert sich dem Zusammenstoß. Die Monarchisten rufen zur Einheit auf und beschimpfen die Föderierten als »wilde Tiere, die metzelnd und plündernd den Süden Frankreichs verwüstet haben«.

Die Gefahr von außen wird größer, die revolutionäre Unruhe wächst, die Forderungen häufen sich. Am 5. Juli berichtet eine Pariser Zeitung: »Gestern vormittag kündigte ein Tambour im Faubourg St-Germain eine Bürgerversammlung an — wie sie für das Zensuswahlrecht charakteristisch ist; bei diesem Wort wurde er ausgepfiffen, beschimpft und schließlich gezwungen, den Ausdruck abzuändern.«

Die Forderungen des Volkes übernimmt Robespierre erst am 29. Juli in einer großen Rede. Zwei Wochen nach Billaud-Varenne verlangt auch er die Erneuerung der öffentlichen Gewalt und der Legislative sowie die Wahl eines Konvents nach allgemeinem Stimmrecht. Über einen Rücktritt Ludwigs XVI. oder einen Aufstand schweigt er sich aus. Dennoch nimmt die Rede eine Schlüsselstellung ein; alle Themen, die seit einem Monat in den fortgeschrittenen patriotischen Kreisen behandelt wurden, sind hier zusammengefaßt. Er formuliert das politische Programm eines siegreichen Aufstandes, bleibt aber in bezug auf die anzuwendenden Mittel völlig im Unbestimmten.

Am 30. Juli treffen die Einwohner von Marseille in Paris ein, es kommt zu Prügeleien, aber noch bricht der Aufstand nicht aus. Robespierre sagt vor den Jakobinern: »Die Bürger handeln, wir müssen ruhig hier aushalten.« Ist das die Selbstbeherrschung des Stabschefs oder Ohnmacht und Unfähigkeit, zu führen und vorauszusehen? Beide Aspekte lassen sich nicht trennen.

Bald darauf werden die Sektionen vom Manifest des Herzogs von Braunschweig in Unruhe versetzt, in dem ihnen »eine exemplarische und denkwürdige Rache, völliger Umsturz und militärische Exekution« angedroht wird. Der Legislative werden Ultimaten gestellt. Die Sektion Mauconseil beschließt die Absetzung des Königs mit Wirkung vom 31. Juli und empfiehlt eine Sitzung der Volkskommissare im Rathaus. So entsteht die spätere Kommune der Aufständischen.

Robespierre scheint sich weiterhin zurückzuhalten. Am 5. August empfiehlt er, man müsse das Schloß überwachen. Antoine, ein entschiedener Jakobiner, erklärt, man müsse endlich handeln und den Club verlassen, um zu den Sektionen zu stoßen, die zu allem entschlossen seien. Bourdon schlägt vor, der Club solle ununterbrochen tagen, doch die Versammlung geht zur Tagesordnung über.

Maximilien hat trotz seines großen Einflusses nicht eingegriffen, um diese Vorschläge durchzusetzen. Er tritt mit den Föderierten in Verbindung, deren geheimes Führerkollegium sich bei Duplay trifft. Obwohl einige Anhänger Robespierres den Marseillern vorschlagen, Maximilien zum »Diktator« auszurufen, hat er selbst bestimmt nicht im gleichen Sinne gearbeitet. Er würde sich nie auf solche Weise binden, nie zulassen, daß man ihn außerhalb der Legalität einfach ernennt.

Weiterhin fürchtet er den Aufstand; denn militärisch ist ihre Sache nicht im voraus gewonnen. Darüber hinaus beunruhigt ihn auch die Vorstellung von revolutionärem Tumult, von überstürzten und unsicheren Aktionen. Es muß noch einmal gesagt werden: Am Vorabend des 10. August läßt Robespierre die Revolution, wenn man das Wort im engsten Sinne, nämlich als Aufstand, versteht, über sich ergehen. Er will allmählich ein gemäßigt revolutionäres Programm verwirklichen und steht ganz hinter dessen Zielen, aber die Mittel werden ihm von außen aufgezwungen. Er übernimmt sie, ohne sie selber gutzuheißen.

Noch am 7. August versucht Pétion, sich seiner Mitwirkung bei einer Verhinderung des Aufstandes zu versichern. Da er die Unerschütterlichkeit von Maximiliens Anschauungen kennt, würde er sich bestimmt nicht an ihn wenden, wäre der Unbestechliche ein Befürworter des Aufstandes. Außerdem ist es sehr wahrscheinlich, daß Robespierre diesen letzten Versöhnungsversuch wohlwollend aufnimmt. Aber er kommt zu spät.

Am 8. August weist die Nationalversammlung mit 406 gegen 224 Stimmen die Anklageschrift gegen La Fayette zurück. Sofort organisieren die Sektionen eine Zentrale. Am 9. August, um 11 Uhr abends, haben die Aufständischen einen Ausschuß gebildet: Die zukünftigen Terroristen Rossignol, Bourdon, Hanriot, Chaumette, Collot d'Herbois und Coffinhal gehören dazu. Außerdem hat sich ein Generalstab organisiert, in dem Alexandre und Santerre wirken. Wie es die Sektion Mauconseil beschlossen hat, läuten in der Nacht zum 10. August die Sturmglocken.

Zufall oder Intrige?

Und Robespierre? An diesem 9. August schreibt er an Couthon: »Alles deutet darauf hin, daß Paris noch heute nacht seine größte Erschütterung erleben wird. Wir nähern uns dem Ende des Verfassungsdramas. Die Revolution wird jetzt schneller verlaufen, wenn sie nicht in militärischer oder diktatorischer Despotie zugrunde geht.« – Eine richtige Analyse; interessanter aber ist das folgende Geständnis: »In der augenblicklichen Situation ist es den Freunden der Freiheit nicht möglich, die Ereignisse vorherzusehen oder gar zu lenken. Frankreichs Schicksal scheint dem Zufall oder der Intrige ausgeliefert.« Eine solche Aussage ist beunruhigend, selbst wenn er hinzufügt: »Die Kraft der öffentlichen Vernunft stimmt uns dennoch zuversichtlich. Die Pariser Sektionen beweisen eine Energie und eine Weisheit, die allen anderen zum Vorbild dienen könnte.« Noch während Robespierre schreibt, bereiten sich die Sansculotten und die Föderierten in den Sektionen darauf vor, die Tuilerien im Sturm zu nehmen.

Zufall oder Intrige? Santerre, Alexandre, Westermann und wahrscheinlich auch Danton haben geplant, Mandat, den Kommandanten der Nationalgarde, gefangenzunehmen, weil dieser den Aufständischen in den Rücken fallen wollte.

So gibt nicht der Zufall, sondern eine geplante Aktion den Ausschlag. Robespierres Brief vom 9. August jedoch stammt nicht aus der Feder eines Mannes, der zu handeln weiß. Ja sogar seine staatsmännische Klugheit ist zumindest zu bezweifeln; denn in revolutionären Zeiten muß jeder Staatsmann zu einem Mann der Tat werden.

In der Nacht zum 10. August und am folgenden, entscheidenden Morgen trifft man zwar auch Danton nicht auf dem Kampfplatz, aber er handelt im Rathaus. Robespierre dagegen zeigt sich nirgendwo und unternimmt nichts.

Seit 1789 haben seine Reden auf verschiedene Weise dazu beigetragen, die Bürger zum politischen Leben zu erziehen. Von Anfang an hat er gerade die Verschwörung der Aristokraten öffentlich bloßgestellt, die der Aufstand vom 10. August vernichten will, und schon 1789 hat er sich gegen das Zensuswahlrecht und für das allgemeine Stimmrecht ausgesprochen. Am 10. August treten die bisher ausgeschalteten Bürger in das politische Leben ein. Ihre Forderung lautet, daß der Konvent nach dem allgemeinen Stimmrecht gewählt wird. Auch die Monarchie, deren Intrigen er seit 1791 angeklagt hat, geht an diesem 10. August unter. Robespierre hat die Tugenden der Armen gepriesen, und jetzt nehmen die Sansculotten, Stufe um Stufe, die Tuilerien.

Es genügt nicht, die Geschichte zu erklären, um sie zu verändern. Bloße Forderungen bezwecken nichts. Organisation und Aktion müssen hinzukommen. In gewissem Sinne konnte man vorübergehend Maximiliens Reden als Taten betrachten, jetzt aber sind Worte und Programme zuwenig. Ob sich Robespierre, wie Vergniaud berichtet, am 9. und 10. August in einem Keller versteckt hält oder ob er die Ereignisse in dem gutbürgerlichen Hause der Duplay abwartet, ist unwichtig.

Tatsache ist, daß er erst nach dem Kampf, am Nachmittag des 10. August, wieder erscheint und die politischen Folgen feststellt, während der Feuerschein über der Stadt schon erlischt. Abstraktion und Theoretisierung haben erneut über die Wirklichkeit gesiegt. Die Trennung zwischen dem theoretisierenden Robespierre und dem praktischen Volk, zwischen Sagen und Handeln, zwischen Erkenntnis und Leben wird immer deutlicher.

Die Toten bedecken die Stufen der großen Freitreppe: Die ersten mutigen Angreifer, noch schlecht bewaffnet, waren von der Schweizergarde niedergemacht worden. Robespierre jedoch sieht diese Toten der ersten Stunde nicht. Für ihn bleibt die Geschichte abstrakt und stilisiert, so wie er sauber und gepudert ist. Den Tod in Lumpen, den kühnen Aufstand des bewaffneten Volkes, er kennt sie nicht. Er bleibt gefangen zwischen dem kalten Verstand des Rechtsgelehrten und seiner egozentrischen Empfindsamkeit, er ist allein mit den großartigen Worten und seinem eigenen Ich.

7. Unerträglich wie die Prinzipien ... (10. August 1792 bis Dezember 1792)

Führer nach der Schlacht

Am »Carrousel« verbrennt das Volk die Leichen; das Holz liefern die Überreste der Läden, die durch Musketensalven in Brand gesteckt worden waren.

Ludwig XVI. und seine Familie haben bei der Nationalversammlung Zuflucht gefunden; letztere läßt überall in Paris anschlagen: »Der König ist seines Amtes enthoben; er wird mit seiner Familie als Geisel festgehalten.« Roland bleibt Minister, aber auch das Kommunemitglied Danton rückt ins Ministerium auf und wird Justizminister. Robespierre dagegen bekommt noch keinen Posten und bleibt so trotz seiner großen Popularität am Rande der wirklichen Macht.

Am Nachmittag des 10. August strömen die meisten Pariser zu den Tuilerien, um die Kampfstätte zu besichtigen. Robespierre besucht die Sitzung der »Section des Piques« am Place Vendôme. Eine dichte Menschenmenge umdrängt schon jetzt die Statue Ludwigs XVI., die am 12. August gestürzt werden wird.

Die Sektion ernennt Robespierre zu ihrem Vertreter bei der Kommune der Aufständischen, in der die Organisatoren der Volkserhebung sich beraten. Maximilien setzt sich schnell durch. Er beobachtet die Legislative, die schon jetzt versucht, die Bedeutung dieser zweiten Revolution zu bagatellisieren. Am Abend formuliert er sein Programm vor den Jakobinern: Wahl eines Konvents, allgemeines Stimmrecht, Anklage gegen La Fayette. Man merkt seiner Rede an, daß er sich in der neuen Lage wohl fühlt, da es nach dem Kampf auf rein politisches Handeln ankommt; es gilt, das von den Sansculotten eroberte Gelände nun auch politisch zu besetzen. Während überall die Statuen der Könige niedergerissen und die Redaktionen der royalistischen Presse angezündet werden, wird Robespierre am Sonntag, 12. August, klar, daß man in der Legislative versucht, die Kommune der Aufständischen durch die Ernennung eines neuen Departementdirektoriums für Paris zu neutralisieren. Sofort begibt er sich ins Rathaus, wo er mit Begeisterung empfangen wird. Die Kommune hat ihn also akzeptiert. Am 12., 15. und 22. August führt er sogar die Delegationen an, die ihren Standpunkt vor der Legislative vortragen. Bei dieser Gelegenheit droht er: »Das Volk wird sich noch einmal rächend bewaffnen müssen.«

Robespierre wird also in verstärktem Maße öffentlich tätig, wird zum Sprachrohr der Sieger und bemüht sich, die Kräfte zu kanalisieren, die nach dem Angriff in einem Augenblick nachzulassen drohen, in dem die Revolution nicht zuletzt durch die heranrückenden preußischen Truppen gefährdet ist.

Die Angst, sein Selbst zu verlieren

Paris kennt die Gefahr. Schon der 10. August war eigentlich eine Defensivmaßnahme gewesen. Die Gittereisen werden in »Bürgerpiken« umgewandelt, immer mehr Männer lassen sich anmustern, man will die Verräter bestrafen, die Gefängnisse öffnen.

Die Kommune hat an die Disziplin der Bürger appelliert: »Souveränes Volk, gebiete Deiner Rache Einhalt! Die abgedankte Justiz tritt jetzt wieder in ihr Recht, alle Schuldigen werden auf dem Schafott sterben.«

Am 17. August beschließt die Legislative die Zusammenstellung eines »außerordentlichen Kriminalgerichtes«, noch in der gleichen Nacht wählen die Sektionen die Richter. Robespierre soll die Präsidentschaft übernehmen; als er ablehnt, ist die Enttäuschung unter den Patrioten groß. Er versucht seine Entscheidung zu rechtfertigen: »Die Ausübung dieser Funktion war unvereinbar mit der eines Vertreters der Kommune. Ich verharre auf dem Posten, auf dem ich dem Vaterland im Augenblick am besten dienen zu können glaube.«

Sicherlich befindet sich Robespierre in der Kommune im Mittelpunkt des politischen Machtapparates. Jedoch dürfte ein anderer Grund bei seiner Entscheidung eine größere Rolle gespielt haben. Er schreibt nämlich weiter: »Ich konnte mich schlecht zum Richter über meine Gegner erheben. Ich mußte mich daran erinnern, daß sie nicht nur die Feinde des Vaterlandes waren, sondern auch mich persönlich bekämpft hatten.« Auch in diesem Zusammenhang erweist er seine Unfähigkeit, sich mit der politischen Praxis zurechtzufinden. Maximiliens Aufrichtigkeit steht nicht in Frage. Es ist lediglich bemerkenswert, daß er im entscheidenden Augenblick jeweils triftige Gründe vorbringt, hinter denen man den Willen entdeckt, sich über das Geschehen zu stellen oder sich abseits zu halten, auf jeden Fall allein und er selbst zu bleiben.

In jeder Argumentation Robespierres stößt man auf höchst persönliche Kriterien. Ist es in einer Zeit, in der das Schicksal Frankreichs auf dem Spiele steht, wirklich so bedeutend, daß die Feinde des Vaterlandes auch seine Feinde sind? Oder tut sich hier nicht vielmehr der erschreckende Graben auf, der Robespierres psychologisch bedingte Reaktionen von der Größe des revolutionären Geschehens trennt? Dürfte sein Ich eigentlich noch im Vordergrund stehen, wo doch die Revolution die vorübergehende Auflösung und Verschmelzung der Individualitäten erfordert?

Überall findet man diesen Vorrang des Ich: »Ich blieb ... ich war überzeugt ... ich mußte ...« Das Ich ist sein einziges Kriterium. Dieser extreme Individualismus ist ein Merkmal der ganzen Epoche. Doch Robespierre treibt ihn auf die Spitze.

Auch gegen die Girondisten, die ihm unterstellen, nach der Diktatur zu streben, muß sich Robespierre verteidigen. In ihren Flugblättern wird er als »unerhört ehrgeizig« bezeichnet. Er wolle »Pétion um die Gunst des Volkes bringen, an dessen Stelle treten, um, wenn alles am Boden liege, Volkstribun zu werden und so das ausschließliche Ziel seiner wahnwitzigen Wünsche zu erreichen«.

Robespierre antwortet auf diese Beschuldigungen, indem er auf das Präsidentenamt verzichtet. Er verteidigt den Ruf des Unbestechlichen dadurch, daß er sich um kein öffentliches Amt bemüht.

Führer ohne Gefolgschaft

Die Niederlagen häufen sich: Auf Longwy folgt Verdun. Die Royalisten der Vendée besetzen Châtillon-sur-Sèvres. Am 27. August setzt Paris feierlich die Toten vom 10. August bei. Über dem Brunnen in den Tuilerien hat man eine Pyramide aus Granit errichtet, und ein langer Trauerzug bewegt sich vom Rathausplatz aus durch Paris. Auf den Fahnen steht zu lesen:

»Beweinet, Gattinnen, Mütter und Schwestern,
Den Tod der Opfer, von Verrätern hingeschlachtet.
Wir dagegen schwören Rache!«

Die girondistischen Minister sind der Lage nicht mehr gewachsen. Einige wollen den Herzog von Braunschweig krönen lassen, andere wollen mit ihm verhandeln, Roland schlägt sogar vor, Paris aufzugeben. Nur Danton schürt den Widerstand. Wenn auch nicht ohne Hintergedanken, versteht er es doch, die richtigen Formulierungen zu finden und sich als Staatsmann zu gebärden: »Bevor ich es zulasse, daß die Preußen Paris besetzen, werden 20000 Fackeln Paris in Asche sinken lassen.«

Maximilien handelt auf einer anderen, bescheideneren Ebene. Seine Sektion vom Place Vendôme setzt am 27. August durch, daß die Primärversammlungen aller Bürger ihre Bevollmächtigten ernennen und daß sie das Recht behalten, diese auch wieder abzuberufen. Während er die Wahlen zum Konvent vorbereitet, verteidigt er gleichzeitig die Kommune gegen die Auflösungsbestrebungen der girondistischen Legislative. Am 30. August beschließt die Nationalversammlung die Erneuerung der Kommune. Am 1. September protestiert Robespierre in seiner »Adresse an die 48 Sektionen«: »Bedenkt, daß nur der Mut und die Energie des Volkes die Freiheit garantieren können. Läßt das Volk in seinen Anstrengungen nach, wird es sofort wieder in Fesseln geschlagen; man verachtet es, wenn man es nicht fürchtet, und es unterliegt, wenn es seinen Feinden verzeiht, bevor diese völlig vernichtet sind.«

Das Bild des großmütigen und gerechten Riesen »Volk«, das Lob des Vater-Volkes erscheint aufs neue. Andererseits gibt sich Robespierre mit der Feststellung zufrieden, daß man die Gesetze respektieren und vom Volke eine neue Investitur erwarten solle. Wiederum mißlingt die Verbindung von Prinzipien und Entscheidungen.

In der Tat folgt die Kommune ihrem sonstigen Führer nicht. Die Lage hat sich verschlimmert. Am 2. September trifft die Nachricht ein, daß Verdun belagert wird und die preußischen Reiter Clermont-en-Argonne besetzt haben. Danton und Vergniaud kündigen in ihren Reden das Massenaufgebot an und rufen zur Verteidigung des Vaterlandes auf: »Ein Teil des Volkes wird an den Grenzen kämpfen, ein anderer Schützengräben ausheben und der dritte die Städte mit Piken verteidigen ... Wenn wir das Wagnis auf uns nehmen und ausschließlich für dieses Wagnis leben, ist Frankreich gerettet.«

Vergleicht man diese Worte mit Robespierres Reden, so gewinnt man den Eindruck, daß nicht der Unbestechliche den Umständen gerecht wird, sondern der sich im übrigen kompromittierende Danton; er gibt die entscheidenden Parolen aus.

Ich nenne sie beim Namen und klage sie an ...

Am Abend desselben 2. September spricht Robespierre vor der Kommune. Die Lage hat sich noch verschlimmert. Das »bürgerliche« Paris, das Paris der kleinen Handwerker und braven Familienväter, hat mit der »Säuberung« der Gefängnisse begonnen; man befürchtet ein Komplott der eingesperrten Royalisten, daher bringt man alle Verdächtigen um.

Die Pariser Patrioten lassen das Morden zu oder billigen es sogar. »Das Volk hat sich erhoben und rächt die Verbrechen eines dreijährigen feigen Verrates.« Danton gibt sich gleichgültig: »Was kümmern mich die Gefangenen ...«, oder nutzt die Lage aus: »Ich wollte das Pariser Volk und die Emigranten durch Ströme von Blut trennen.«

Zu diesem Zeitpunkt, wo eine Verdächtigung häufig einem Todesurteil gleichkommt, erhebt Robespierre Anklage. Am Abend des 2. September ruft er aus: »Wenn es niemand wagt, die Verräter beim Namen zu nennen, so nehme ich es zum Wohle des Volkes auf mich, ich nenne sie beim Namen. Ich klage den Totengräber der Freiheit, Brissot, und die ganze Gruppe der Girondisten an ... Ich klage sie an, Frankreich an den Herzog von Braunschweig verkauft und schon im voraus den Preis ihres Verrates empfangen zu haben.«

Zu dieser Anklage gehört Mut. Es bedarf politischer Hellhörigkeit und der persönlichen Eigenschaften Robespierres, um zu spüren, daß die Logik der Revolution den Sturz der Gironde fordert. Als Oberster Richter, mit dem Schwert der Gerechtigkeit in der Hand, oder später als Märtyrer, findet Robespierre zu einem rauschhaften Glücksgefühl.

Zur gleichen Zeit handeln die Septembermörder; bald zählt man zwischen 1000 und 1400 Opfer. Das Volk der Sansculotten, der Ladenbesitzer und Handwerker hat die Gefängnisse allein gesäubert.

Maximiliens Anklage hat zwar zum Anwachsen der Furcht beigetragen, er ist aber nicht der Urheber des Blutvergießens. Von seinem Angriff gegen Brissot und die Girondisten einmal abgesehen, beschäftigt er sich hauptsächlich damit, die Wahlen zum Konvent zu organisieren. Maillard läßt die Gefangenen vor den Gefängnistoren hinmetzeln, Robespierre führt in einer Wahlversammlung den Vorsitz. Es erweist sich wieder einmal – man denke an den 10. August –, daß es innerhalb der Revolution, unabhängig von Robespierres Tätigkeit und Zielen, eine autonome Bewegung gibt. Es scheint, als setze sich die Revolution aus mehreren, sich überlagernden Schichten zusammen, die eine gewisse Wechselwirkung aufeinander ausüben, aber klar abgegrenzt bleiben. Auf der einen Seite tötet man, auf der anderen wird gewählt.

Im Prinzip sollen die Wahlen nach einem abgestuften, allgemeinen Stimmrecht in zwei Klassen stattfinden, in Wirklichkeit ist jedoch nur eine schwache Minderheit aus den bürgerlichen Schichten daran beteiligt. In der zweiten Klasse gibt es in Paris nur 990 Wähler, von denen man noch alle Verdächtigen abziehen muß. Robespierre wird als erster mit 338 Stimmen bei 525 Stimmberechtigten gewählt. Er beherrscht die Wahlversammlung eindeutig und prägt ihr seinen Stempel auf, denn er ist populär und genießt das Vertrauen seiner Wähler. Ein politischer Gegner nennt ihn »die heilige Bundeslade, an die man nicht rührt, ohne des Todes zu sein«. Ein Satz von ihm genügt, um Tallien auszuschließen und Marat aufzustellen. Nur dem Eingreifen Dantons ist es zu verdanken, daß auch Philippe-Egalité aufgestellt wird. Alle Pariser Abgeordneten gehören der Kommune an: Danton, Collot d'Herbois, Billaud-Varenne, Marat und Augustin Robespierre. Dieser Erfolg bringt Maximilien den Haß der anderen ein. Brissot und Pétion müssen sich in der Provinz wählen lassen. Dank der Departements erhalten die Girondisten jedoch auch in der neuen Versammlung die Mehrheit.

Robespierre hält sich zurück – aus Enttäuschung oder Vorsicht? Zwischen dem 2. und 18. September spricht er nicht vor der Kommune. Er feiert weder die Wende des Kriegsglücks durch die Kanonade von Valmy, noch bekämpft er den letzten Beschluß der Legislative vom 20. September über die Erneuerung des Generalrates der Kommune und die Rückberufung der Kommissare aus der Provinz. Er hüllt sich in Schweigen und scheint den Gedanken eines Kontroll- und Abberufungsrechtes der Sektionen aufzugeben, ganz so als ob sein Vorschlag aus der Zeit des Wahlkampfes, der doch als Verfügung der Stadtverwaltung überall in Paris aushing, nun keine Geltung mehr habe, da er und die Mitglieder der Bergpartei ja gewählt seien.

Das Volk verliert damit sein Aufsichtsrecht. Sogar Robespierre kann also offensichtlich, wie irgendein beliebiger gemäßigter Abgeordneter, die Prinzipien der politischen Taktik zuliebe fallen lassen.

Allein mit seinem zerrissenen Ich

Die Girondisten und ihre Verbündeten beherrschen trotz allem den Konvent. Sie verschaffen sich in den ersten Abstimmungen alle Schlüsselpositionen und gewähren sogar einem Feuillant den Posten eines Sekretärs. Es wird immer deutlicher, daß sie mit der Rechten zusammenarbeiten wollen; aber Robespierre schweigt weiter.

Danton, Couthon, Collot d'Herbois, Basire und Chabot greifen in die Debatten ein und setzen die republikanischen Ideen durch. Sie führen die ersten Gefechte gegen die Girondisten und protestieren gegen das Projekt, den Konvent durch eine Garde beschützen zu lassen, die sich aus Vertretern aller 83 Departements zusammensetzen soll. Am 24. September interveniert noch einmal Billaud-Varenne, der Mann so vieler Initiativen, vor den Jakobinern. Er geht aus der Defensive heraus und greift die Girondisten direkt an: »Wer beschuldigt uns denn eigentlich? Es sind die gleichen Männer, die uns diesen Offensivkrieg eingebracht haben; sie werfen uns wohl ihren eigenen Verrat vor.«

Robespierre hätte die gleichen Worte aussprechen können, aber er schweigt. Ist das ein Zeichen der Vorsicht, der Müdigkeit, des Nachdenkens, oder beobachtet er die neue Versammlung? Alle genannten Faktoren dürften eine gewisse Rolle spielen. Hinzu kommt noch die Enttäuschung darüber, daß sich der Konvent, auf den er so viele Erwartungen gesetzt hatte, kaum von der Legislative unterscheidet. Von der Konstituante über die Legislative bis zum Konvent hat sich die Mehrheit kaum verändert. Die gleichen Feinde tauchen mit neuen Gesichtern wieder auf, so daß auch Robespierre den Kampf von neuem aufnehmen muß.

Die girondistische Mehrheit und das Klima der Versammlung, das sich so grundsätzlich von den Vorstellungen unterscheidet, denen er in Paris zum Sieg verholfen hat, müssen ihn überraschen und entmutigen, also schweigt er. Sein Schweigen zeigt, daß die Triebfeder springen kann, daß auch der Unbestechliche nicht gegen Mutlosigkeit gefeit ist. Die anderen Parteifreunde handeln in geschlossener Formation und schlagen revolutionäre Maßnahmen vor. Erst am 25. September, als man Robespierre namentlich angreift und ihn als Anführer der Partei beschuldigt, »deren Absicht es sei, die Diktatur einzuführen«, greift er in das Geschehen ein.

Vorher hat der ebenfalls attackierte Danton den Angriff bereits geschickt auf Jean-Paul Marat abgelenkt, indem er verächtlich hinwarf: »Lange genug hat man mir vorgeworfen, der Verfasser der Schriften dieses Mannes zu sein; aber man hat kein Recht, eine ganze Fraktion wegen der Ausfälle einiger Extremisten anzuklagen.« Er schließt mit einem Appell an die Einheit und fordert die Todesstrafe für alle, die nach der Diktatur oder der Spaltung Frankreichs streben. Der Konvent spendet begeisterten Beifall.

Mit Robespierres Rede ändert sich der Ton. Er spricht wieder einmal von sich, von seiner Tätigkeit seit dem Beginn der Revolution. Er stellt sich ungeschickt in den Vordergrund. »Ich bin keineswegs ein Ehrgeizling, im Gegenteil, ich habe diese Leute immer bekämpft.« Das Gemurre der Girondisten und der zögernden Gemäßigten wird stärker. Er geht auf die Störer ein: »Es ist sehr ärgerlich, wenn man immer unterbrochen wird . . . aber ich werde die Tribüne nicht verlassen.« Über eine Stunde spricht er von sich und seinen Opfern. Auf die Rede des geschickten Politikers und Parlamentariers Danton folgt die lange Apologie des in die Politik verstrickten Ich.

Jedesmal wenn Maximilien sich gehen läßt, von sich selbst spricht, wenn man ihn persönlich angreift, wenn die politische Debatte ihn in den Mittelpunkt rückt, flüchtet er sich in einen Rechtfertigungsmonolog. Unermüdlich will er beweisen, daß er richtig gehandelt habe. Unterbricht man ihn, so zieht er sich bei seinem vergeblichen Versuch, seine Feinde zu überzeugen, noch mehr auf sich selbst zurück. Eine solche Haltung muß für einen Mann, der ein öffentliches Amt bekleidet, gefährlich sein. Ganz auf seine Rechtfertigung konzentriert, verliert er den tatsächlichen Zweck der Debatte und die notwendige Taktik aus den Augen. Auch in dieser Situation erklärt die Psychologie teilweise die Entwicklung seiner Politik und sein Scheitern.

Zwischen Danton und Marat

Die Sitzung vom 25. September enthüllt noch einen anderen Aspekt Robespierres. Er läßt den Verfolgten Marat, den von Danton angegriffenen Marat, im Stich und liefert ihn der Meute der girondistischen Abgeordneten aus, die über ihn herfallen und ihn verhaften lassen wollen. Keine Geste, kein Wort hat er für Marat übrig, als die Verleumdungen auf ihn niederprasseln und die Amtsdiener sich ihm nähern, um ihn zu verhaften.

Man hat im Zusammenhang mit Robespierre schon oft von Feigheit gesprochen. In Wirklichkeit ist die einzige Person, die Robespierre wirklich beschäftigt, er selbst. In seinen Reden erhöht er zwar das Volk und dessen Verteidiger, aber Marat ist eben nur ein wirklicher, einzelner Mensch und damit eine andere Welt. Schon die äußere Erscheinung trennt ihn von dem steifen Bürger Robespierre. Auf der einen Seite steht der ehemalige Anwalt aus Arras, auf der anderen der Artikelschreiber und Armenarzt, der mit der Gesellschaft gebrochen hat. Außerdem erinnert sich Robespierre an einen Artikel im »Volksfreund«: Robespierre sei kein Staatsmann, hatte man dort lesen können. Hinzu kommt die gerade erlebte Demütigung: das Murren während seiner Rede, die Ausrufe »kürzer fassen« unmittelbar nach dem Erfolg Dantons, der Marat ans Messer lieferte. Maximilien will sich wegen des erregbaren, exaltierten Habenichts, der die Revolution in den Augen der wohlmeinenden Bürger kompromittiert, nicht irgendeiner Gefahr aussetzen.

Aber der »Volksfreund« wird gerade da, wo Robespierre scheitert, Erfolg haben. Er nimmt die Rolle des Sündenbocks auf sich und bringt den Konvent zum Schweigen: »Ich bin der Gerechtigkeit folgende Erklärung schuldig: Meine Kollegen Robespierre und Danton wie auch alle anderen haben den Gedanken eines Triumvirats oder einer Diktatur jederzeit mißbilligt. Wenn jemand schuldig ist ... so bin ich es!«

Maximilien Robespierre macht an diesem 25. September zwischen dem geschickten Politiker Danton und dem wirksamen, verantwortungsbewußten und aufrichtigen Marat nur eine recht mittelmäßige Figur.

Durch die Gegenüberstellung mit Danton und Marat werden die Schwächen des persönlichen Tones des Unbestechlichen noch deutlicher. Es fehlen ihm sowohl die Geschicklichkeit Dantons als auch die prophetische Kühnheit Marats. In gewissem Sinne ist er psychologisch etwas »schmalbrüstig«, ausschließlich dieses zerrissene Ich, ein Intellektueller mit begrenzten menschlichen Erfahrungen, der nur seine eigene Geschichte und die Geschichte an sich kennt und sich immer dazu verführen läßt, entweder von der einen oder von der anderen zu sprechen und beide häufig verwechselt, indem er aus seiner Geschichte Geschichte macht und damit seine Feinde gleichermaßen durch seine Politik und seinen politischen Stil aufbringt, wie in dieser Debatte vom 25. September, wo der offen gehaßte Marat die Versammlung zum Schweigen bringt und der heimlich verabscheute Robespierre unterbrochen wird.

Erschöpfung und Niedergeschlagenheit. Scheitern

Außerdem ist es für Maximilien sehr schwer, sich in dem großen Versammlungssaal des Konvents Gehör zu verschaffen. Er ist nie ein Volkstribun gewesen. Jetzt, Ende September 1792, kommen noch Krankheiten hinzu, die während der nächsten Monate stets von neuem ausbrechen. So kann er zum Beispiel im November nur zwei Reden halten.

Zweifelsohne ist physische Erschöpfung die Ursache seines häufigen Fernbleibens. Immerhin ist er nun schon seit mehr als drei Jahren im Geschirr. Indessen dürfte die seelische Niedergeschlagenheit bei dieser recht unbestimmten Krankheit eine bedeutende Rolle spielen.

Die Krankheit zwingt ihn zu langem Fernbleiben, zu langer Einsamkeit. Sie stellt eine Art Flucht aus der Wirklichkeit, eine Negation des Gegners dar, der unerklärlichen Zerstreutheit, die man seit seiner Kindheit bemerkt, vergleichbar.

Maximilien hat eine gereinigte Nationalversammlung erwartet, jetzt wird der Konvent wieder von den Girondisten beherrscht. Pétion, der sich ihnen angeschlossen hat, ist gleichzeitig Präsident des Konvents und der Jakobiner. Die Anklagen und der Kampf beginnen so aufs neue. Maximilien ist darauf vorbereitet, aber die Erschöpfung, das Ergebnis vergangener Kämpfe und des Widerspruchs zwischen dem, was er will, und dem, was er wirklich ist, überfällt ihn. Vor dem feindlichen Neuen und der zu erwartenden Anstrengung treiben Angst und Desillusion ihn in diese Müdigkeit hinein. Er muß das neue Gesicht des Gegners kennenlernen und eine neue Strategie entwerfen. Sein Zögern, welcher Weg der bessere ist, läßt ihn die Schwäche seiner Position noch mehr spüren. Er wird krank.

In diesen Perioden erzwungener Ruhe und Vereinsamung erlebt Robespierre den physischen und vor allem psychischen Neuaufbau seines Ich. Die erträumte, kommende Welt, die ihm den Mut geben wird, den Kampf wiederaufzunehmen, entsteht in ihm. Aber diese Perioden der Abwesenheit, die Krisen, bleiben nicht ohne Folgen. Einmal verliert er die Verbindung zum politischen Leben, das ja weitergeht, zum andern fördern diese Krisen neue Formen der Wirklichkeitsverneinung und damit der Krankheit, denn das Wirkliche löst sich ja nicht auf, wenn es negiert wird.

Die Idee des Scheiterns wird so zur Dominante von Robespierres Denken. Jedoch wird er unausweichlich durch seine persönliche Geschichte und die Geschichte, die noch nicht die der Gerechten ist, weitergetrieben.

Zwischen Charlotte und Madame Duplay

Ende 1792 ist Maximilien gezwungen, seine Wohnung bei den Duplays aufzugeben, um eine Wirklichkeit wiederzufinden, die er bisher verdrängt hat: Seine eigene Familie kommt nach Paris; auch das trägt natürlich zum Ausbruch der Krankheit bei.

Augustin Robespierre ist als 19., von insgesamt 24, zum Abgeordneten von Paris gewählt worden, also muß er Arras verlassen. Charlotte, inzwischen eine alte Jungfer von 32 Jahren, richtet sich mit ihm bei den Duplays in einem nichtmöblierten Appartement des Faubourg Saint-Honoré ein. Maximilien bewahrt so zwar seine Unabhängigkeit, aber die Ruhe der »Traumfamilie« ist gestört.

Die Beziehungen zwischen Maximilien und der zwei Jahre jüngeren Charlotte werden von Eifersucht getrübt. Sie haben in Arras lange zusammengelebt, Maximilien hat dort für seine vereinsamte Schwester nur die Rolle des Vaters spielen können, auf den sich alle unbewußten Kräfte des Mädchens fixierten, und das um so eindeutiger, als dieser »Vater« gleichzeitig ein nur wenig älterer Bruder war, zwar fern und unerreichbar, aber dennoch nahestehend. Hinzu kommt noch, daß keiner von beiden eine eigene Familie gegründet hat.

Vom ersten Tag an lehnt sich Charlotte gegen den Einfluß der Frauen im Hause Duplay auf. »Madame Duplay und ihre Töchter bezeugten ihm lebhaftestes Interesse und umgaben ihn mit tausend kleinen Aufmerksamkeiten. Er war für all die kleinen Nichtigkeiten, die nur Frauen kennen, übertrieben empfänglich.«

Es ist ziemlich sicher, daß der von seiner Schwester verwöhnte Maximilien die zarten Aufmerksamkeiten der Frauen schätzt, in denen sich eine unbestimmte Sexualität ausdrückt oder sublimiert. Charlotte reagiert wie eine Frau, die ihren liebsten Besitz verloren hat. Sie schreibt: »Ich beschloß, meinen Bruder dieser Umgebung zu entfremden und versuchte deshalb, ihm klarzumachen, daß in seiner Stellung und bei seiner politischen Bedeutung ein eigenes Zuhause unumgänglich sei.«

Maximilien gibt gequält nach und zieht mit seiner Schwester in die Nähe des Konvents, in die Rue Saint-Florentin. Aber bald fordert die Vergangenheit ihren Tribut. Maximilien kann die Zwiespältigkeit der Beziehungen zu seiner Schwester nicht mehr ertragen und versucht, zu den Duplays zurückzukehren. Oft wiederholt er: »Sie mögen mich so sehr, sie behandeln mich so schonungsvoll und tun mir so viel Gutes, daß es wirklich undankbar wäre, wenn ich sie abwiese.« Natürlich dringt die Krankheit auch unter dem Einfluß dieser persönlichen Enttäuschung, der Wiederkehr der Vergangenheit, verkörpert in seiner Schwester, an die Oberfläche. Eine längst vergessene Schicht seines Selbst, die Sehnsucht nach der ehrerbietigen Zuneigung der Duplays und die erste Kontaktaufnahme mit dem feindlichen Nationalkonvent kommen noch dazu.

Wenn Madame Duplay unerwartet in der Rue Saint-Florentin erscheint und Charlotte der Nachlässigkeit zeiht, läßt Maximilien sich leicht von ihr beeinflussen. »Durfte er mich ihr aufopfern?« ruft Charlotte erbittert aus. In Wirklichkeit hat sich Maximilien schon lange entschieden, er wird das Haus im Faubourg Saint-Honoré nicht mehr verlassen und auf die Vorwürfe seiner Schwester gegen Madame Duplay nicht hören.

Madame Duplay wacht eifersüchtig über Maximilien, ist aufmerksam und argwöhnisch wie eine hingabebereite Mutter oder Schülerin. Sie erliegt der gleichen Faszination, die Maximiliens Höflichkeit und seine sorgfältig einstudierten, perfekten Umgangsformen auch auf andere Frauen ausüben, die bei keiner seiner Reden vor den Jakobinern fehlen oder die sich ihm brieflich offenbaren. Hat die gute Madame Duplay wirklich gehofft, eine ihrer Töchter könnte den Unbestechlichen ehelichen? Die später dem Konventsabgeordneten Le Bas angetraute Elisabeth behauptet, Eleonore sei Robespierre versprochen gewesen. Diese, 1769 geboren, nahm, als sie 1832 immer noch ledig starb, das Geheimnis über den außergewöhnlichen, virtuellen Gefährten ihres Lebens mit ins Grab.

Man kann kaum daran zweifeln, daß Madame Duplay einer solchen Bindung wohlwollend gegenübergestanden hätte. Aber kamen solche Absichten überhaupt Maximilien zu Ohren? Charlotte weiß zu berichten, Maximilien habe zu Augustin gesagt: »Du solltest Eleonore heiraten.« »Bei Gott, wie käme ich dazu«, habe darauf der jüngere Bruder geantwortet.

Diese Anregung Maximiliens läßt die wahren Verhältnisse vielleicht am besten erkennen; denn der Unbestechliche spielt bei den Duplays die Rolle des ältesten Sohnes und des großen Bruders, was durch seine Gewohnheit, die jungen Damen Duplay durch Abendlektüre zu erbauen, bestätigt wird. Wenn man außerdem seine Sittenstrenge, seine Ehrbarkeit und seine Tugend kennt, kann man wohl guten Gewissens behaupten, daß er nicht der Liebhaber Eleonorens gewesen ist, ja daß er sich eine solche Situation nicht einmal vorstellen konnte. Das

Haus Duplay ist ein Ort der Geborgenheit, den er durch keine Leidenschaft aufschrecken mag. Er findet dort die notwendige Kraft, um seine Aufgabe fortzuführen.

Der einzig Reine unter Ruchlosen und Intriganten

Der Kampf wird immer vordringlicher, denn die persönlichen Angriffe gegen Robespierre mehren sich. Roland verfügt im Innenministerium über Geheimfonds, mit denen er ein Büro der »öffentlichen Meinung« unterhält. Die Departements werden mit Flugschriften überschwemmt, die gegen Robespierre gerichtet sind. Man setzt ihn mit Marat gleich, der die Provinz schon immer beunruhigt hat. Man verstümmelt seine Reden und verleumdet ihn. Ende Oktober versucht Maximilien mit den »Briefen an seine Auftraggeber«, der Situation Herr zu werden. Aber er muß seinen Text allein redigieren, und die Staatskasse steht ihm nicht zur Verfügung, während die Girondisten Gold und Journalisten zu ihren Diensten haben.

Am 28. Oktober 1792 spricht er vor den Jakobinern vom Einfluß der Verleumdung auf die Revolution. Der Gegenstand seiner Anklage sei keineswegs ein Produkt seiner Phantasie, sondern betreffe »diejenigen, welche die königliche Macht unter einem anderen Namen ausüben«, welche »alle Kanäle, die zur öffentlichen Meinung führen, benutzen«. Maximilien meint, man solle die Fortschritte der Verleumdung seit Beginn der Revolution verfolgen, um zu erkennen, daß alle unglücklichen Ereignisse, die ihren Verlauf getrübt oder sie mit Blut befleckt haben, darauf zurückzuführen seien.

Es ist, als ob er sagen wolle: Um die Verleumdung, die Quelle aller Übel, zu beseitigen, genügt es, die Verleumder auszuschalten. Man sieht daran gut, wie ungenau Robespierres Denken in bezug auf den Klassenkampf ist, in wie starkem Maße er personalisieren muß, um die Wirklichkeit zu erfassen, selbst wenn er von seinen Gegnern sagt: »Sie sind die ehrbaren Leute, die die Republik braucht; wir sind die Sansculotten, der Pöbel.«

Aber was schlägt Robespierre vor, nachdem er die Gefahr aufgezeigt hat? Man möge »ruhig und abwartend bleiben«, man brauche »Waffen gegen die Tyrannen, Bücher gegen die Intriganten . . . und eine höhere Einsicht, um die liebedienerischen Schurken zu erkennen«. Seine übliche Vorsicht überwiegt: Man muß das schuldhafte Tun schweigend beobachten, schließlich wird die Wahrheit siegen, das Reich der Schurken ist wie das ihrer Vorgänger auf Irrtum gegründet und muß daher vergänglich sein — man kennt die Argumente.

»Verleumdung, Bücher, Einsichten, vergänglicher Irrtum« — dieses Vokabular stellt den Schlüssel zu einem politischen Denken dar, in dem der Mechanismus des Klassenkampfes noch keinen festen Platz gefunden hat. Dennoch entdeckt Robespierre in jeder Phase der Revolution neue gesellschaftliche Mechanismen. Seine Erkenntnisse bleiben aber bruchstückhaft, denn er gleitet immer wieder von der Politik in die Moral ab und sieht alles persönlich. Die Moral ist eben Sache von Menschen, die man vervollkommnen oder bestechen kann, wogegen Politik mit gesellschaftlichen Kräften und ideologischen Strömungen zu tun hat. So betrachtet er die »gedungenen Journalisten« als Intriganten, die nur dort obsiegen, wo sie auf einen Dummen, einen Schwachen oder Ruchlosen stoßen.

»Intriganten, Ruchlose« — damit verändern sich die Möglichkeiten der Politik. Es gibt das Gute und das Böse. Robespierre will eine Politik durchsetzen und gleichzeitig das Böse ausrotten. Er führt einen gerechten Krieg gegen alle Formen der Verleumdung, kämpft mit offenem Visier gegen die zahllosen Feinde des Guten.

Ein Kampf diesen Stils kann nur zur physischen Vernichtung einer der Parteien führen. Für Robespierre bedeutet das früher oder später auf jeden Fall ein Scheitern, denn von wem kann man im Konvent behaupten, er sei kein Intrigant? Die Partei der »Unentschiedenen«, der Marais mit der Parole »weder Marat noch Roland«, entzieht sich allmählich dem Einfluß der Girondisten; das ist für die Linke, die Bergpartei, schon ein Erfolg.

Aber setzt sich dieser Marais nicht aus Männern zusammen, die mindestens genauso abgefeimt und bestechlich sind wie die Girondisten? Und bald wird man sich auf diese dritte Partei stützen, mit ihr rechnen müssen; dadurch können nur neue Feindseligkeiten aufbrechen.

Im Extremfalle bleibt Maximilien der einzig Reine, Unbestechliche und Tugendhafte. Im Extremfalle mißtraut er allen, gibt es nur noch ihn und das Volk, nicht das wirkliche Volk, sondern dessen ideale Verallgemeinerung, die alle Tugenden umfaßt. Daher können die psychologische Situation und der politische Stil Robespierres nur zu einer weiteren Versteifung der Fronten beitragen, die das Ergebnis historischer Notwendigkeiten und der Logik der Revolution sind; denn der Gegner gibt sich nicht geschlagen.

Unerträglich wie die Prinzipien

Am 29. November kommt es im Konvent zum Tumult. Robespierre ist von einem unbekannten Abgeordneten als Verbrecher bezeichnet worden und versucht, sich vor der Versammlung verständlich zu machen. Er fordert zumindest eine offene Anklage. Man kann sich seine innere Spannung und seine Gereiztheit vor diesen heimtückischen Feinden gut vorstellen.

Der Verlauf solcher Sitzungen bestärkt ihn in der Überzeugung, daß er als einsamer Märtyrer die Verkörperung der Revolution ist. Obwohl Maximilien nichts sehnlicher wünscht als in der Gruppe aufzugehen, erlaubt ihm die Logik seiner Psychologie keinen anderen Ausweg als die einsame Bestätigung seiner Verschiedenheit, fern von allen Gruppenbildungen.

Die Masse der Abgeordneten, unter denen er nur Bestechliche, Feiglinge, Schurken, Speichellecker, Opportunisten und Ehrgeizlinge erkennt, zwingt ihn geradezu, deren Gegenteil verkörpern zu wollen. Dementsprechend hat er sich am 28. Oktober selbst folgendermaßen definiert: »Man beschuldigt uns, eine Diktatur zu wollen, dabei haben wir weder Armee noch Staatskasse, wichtige Stellungen oder eine Partei zu unserer Verfügung . . . Wir sind unerbittlich und unveränderlich wie die Wahrheit, ich würde fast sagen, unerträglich wie die Prinzipien.«

Diese Worte verdienen genauer betrachtet zu werden. Hinter ihnen erscheint ein Robespierre, der von einem strengen, erstarrten und unerbittlichen Gott fasziniert ist, Prinzip und Wahrheit zugleich, einem Gott, mit dem er sich identifiziert. Er übernimmt dessen Rolle, wird zum Vater oder möchte es zumindest sein – kalt wie Marmor und unbestechlich. Aber in Wirklichkeit hat Robespierre nur eine dünne Stimme, dabei ist der Versammlungssaal sehr groß und die Gegner sind zahlreich. Er muß schreien, um zu erreichen, daß alle vor dem verkannten und verleumdeten Gott-Vater niederknien wie er. Aber die Schurken weigern sich, Maximilien muß seinen Gott allein gegen den ganzen Haufen verteidigen.

Am 28. Oktober tritt der Abgeordnete Louvet vor und schleudert ihm ins Gesicht: »Ich zum Beispiel klage dich offen an.« In einer langen Beschwerdeführung legt er dar: »Es ist ganz offensichtlich, daß Robespierre das höchste Amt angestrebt hat.«

Die Versammlung läßt sich beeindrucken, und das Ministerium verbreitet die Rede in 15000 Exemplaren. Der abgearbeitete, aber gleichwohl vorsichtige Robespierre erbittet eine Woche Bedenkzeit, um seine Antwort vorzubereiten. Schon am frühen Morgen des 5. November wartet eine ungeduldige Menschenmenge im Versammlungssaal des Konvents auf ihn. Auch vor dem Gebäude demonstrieren viele Bürger für ihn und drohen seinen Feinden. Er selbst besteigt die Rednertribüne völlig abgeklärt gegen 13 Uhr. Bei den Duplays hat er sich auf die Auseinandersetzung vorbereitet und erfolgreich gegen seine Erschöpfung gekämpft. Jetzt ist er ruhig und siegessicher, Inkarnation der Wahrheit.

Zunächst verteidigt er die Aktionen der Vergangenheit. Er wendet sich gegen die Anklagen, die sich auf seine Zusammenarbeit mit der Kommune beziehen: »Warum werft ihr uns nicht vor, daß wir illegal mit dem Söldnerwesen gebrochen haben? . . . Warum werft ihr uns nicht vor, daß wir die Verschwörer verhaftet und die verdächtigen Bürger entwaffnet haben? Denn all diese Aktionen waren illegal, genauso illegal wie die Revolution, wie der Sturz des Thrones und der Sturm auf die Bastille, genauso illegal wie die Freiheit selbst! . . . Bürger, habt ihr eine Revolution ohne Revolution gewollt?«

Solche Sätze verfehlen nicht ihre Wirkung auf die gemäßigten Abgeordneten. Und Robespierre beruft sich schließlich auf die Geschichte: »Die Nachwelt wird in diesen Ereignissen nur die geheiligte Sache und das erhabene Ergebnis erblicken; ihr müßt euch diesen Blickwinkel zu eigen machen.«

Wiederum wird das Zukünftige zum Maßstab des Gegenwärtigen. Er fährt fort: »Wir müssen die gegenseitigen Anschuldigungen begraben, einem ewigen Vergessen anheimgeben. Ich persönlich verzichte auf die gerechte Rache an meinen Verleumdern.« Diese Äußerung hat nichts mit Taktik zu tun, es drückt sich in ihr vielmehr die Hoffnung auf eine endlich mögliche Einmütigkeit aus. Die Rede schließt mit dem Wunsch: »Könnten wir doch den Blicken der Nachwelt diese schimpflichen Tage unserer Geschichte entziehen, in denen die Vertreter des Volkes, durch elende Intrigen in die Irre geführt, das große Schicksal vergessen zu haben scheinen, zu dem sie berufen waren.«

Obwohl Robespierre ein erfahrener Redner ist, der seine Sprache und seine Gedanken beherrscht, darf man nicht alles als Rhetorik abtun. Seine Worte stellen sich nicht zufällig ein und bedeuten nicht nur rhetorischen Schmuck, sondern vermitteln auch bestimmte Wahrheiten über seine Person. Sie bezeichnen eine Politik und weisen darüber hinaus auf seine geheimsten Motive und Vorstellungen hin; unter diesem doppelten Aspekt haben seine Reden auch heute noch nichts an Interesse eingebüßt.

In der Rede vom 5. November erscheint die Nachwelt als neue Verkörperung des Höchsten Richters; sie übernimmt die frühere Rolle des Volkes, der Wahrheit oder der Prinzipien.

Das Ich und die Geschichte

Diese richtende Instanz ist gnadenlos, Robespierre ist nur ihre Stimme, ihr Sprachrohr. Der politische Stil des Unbestechlichen wird von nun an durch den ständigen Bezug auf die Zukunft und auf die Prinzipien geprägt.

Die gesellschaftliche Bedeutung von Robespierres Aktionen wird dadurch nicht beeinträchtigt; auch können seine geheimen Neigungen und die zu erkennende revolutionäre Notwendigkeit manchmal zusammenfallen. Jedoch droht ständig die Gefahr eines Bruches, die in keinem Verhältnis zu den tatsächlichen Gegebenheiten der Geschichte steht. Das Wirkliche folgt bestimmten Gesetzen und ändert sich, Robespierre hingegen ist psychologisch erstarrt, fixiert. Untersucht man seine Reden nur mit dem Blick auf die Person, so findet man eigentlich nur Wiederholungen. Er muß entweder die Auflösung der traumatisierenden Vielschichtigkeit des Wirklichen wollen – wenn er von Einmütigkeit, Versöhnung und Reinigung träumt — oder aber endgültig im Schweigen und in der Ohnmacht der Gerechten, die dem Tode geweiht sind, seine Zuflucht suchen.

Am 5. November stimmt er dennoch mit dem Gang der Geschichte überein. Die Rede findet den Beifall der Partei der Unentschiedenen, welche die Jakobiner und die Bergpartei nicht mehr für »Anarchisten« halten, »die die Pariser Gesellschaft lenken und entehren« (Brissot im Oktober 1792). Maximiliens Appell zur Versöhnung und Verteidigung der Revolution erscheint ihren Interessen gemäßer. Sie wenden sich von den Girondisten ab, ohne sich schon ganz der Bergpartei anzuschließen; die zukünftige Entwicklung zeichnet sich jedoch schon ab. Am 15. November wird der »unabhängige« Bischof Grégoire als Nachfolger Pétions zum Präsidenten der Versammlung gewählt. Die Rede Robespierres hat ihre Früchte getragen.

Am Abend des 5. November begibt sich Robespierre unter dem Beifall der Bürger zu den Jakobinern. Man hat einen Fackelzug organisiert und intoniert überall *Ca ira,* die *Marseillaise* oder die *Carmagnole.* Bei den Jakobinern herrscht ungetrübte Begeisterung, denn Robespierre befindet sich mit der Geschichte in Einklang.

Die Girondisten aber geben noch lange nicht auf. Brissot versucht im Gegenteil, Robespierres Erfolg in seiner Zeitung »Le Patriote Français« zu schmälern. Er bezeichnet die Sympathiekundgebungen für Robespierre als »ekelhafte Albernheiten« und wundert sich darüber, »daß man im Gefolge Robespierres so viele Frauen findet: Ein Priester hat seine Betschwestern, Robespierre bezieht seine Macht vom Spinnrocken.« Im übrigen behandelt man ihn mit Verachtung: »Es war ebenso ungeschickt, ihm das Streben nach der Diktatur vorzuwerfen, wie es absurd war, ein Scherbengericht über ihn vorzuschlagen. Es bedarf nicht der Keule des Herkules, um eine Laus zu vernichten, die im Winter von alleine stirbt.«

Aber man verfolgt die Laus weiterhin. Roland verbreitet Louvets Rede: »An Robespierre und seine Royalisten.« Selbst im Konvent ist Robespierres Erfolg bei weitem nicht gesichert. »Er will vor allem die Gunst des Volkes, macht diesem ständig den Hof und bemüht sich geziert um Beifall«, wirft der ehemalige Bürgermeister von Paris Maximilien vor. Während offene und hinterhältige Angriffe zusammenwirken, verhindert eine Krankheit zwischen dem 5. und 30. November jeglichen öffentlichen Auftritt Robespierres. Er ist weder im Konvent noch bei den Jakobinern anzutreffen. Nach der vom Erfolg gekrönten Anstrengung vom 5. November scheint die Krankheit wieder überhandzunehmen. Die Verantwortung vor der Geschichte, der er sich nicht entziehen kann, drückt ihn nieder; seine tiefsten Ängste brechen im Kampf gegen die Verleumdung erneut hervor.

Auch die militärischen Ereignisse stärken die Position der Girondisten, stabilisieren ihre Regierung und scheinen im Widerspruch zu Robespierres Analysen und Vorhersagen zu stehen. Dumouriez hat am 6. November den Sieg von Jemmapes errungen, am 7. Mons, am 14. Brüssel und am 28. Lüttich erobert, während gleichzeitig eine andere französische Armee die Rheinpfalz besetzt.

Die Gefahr einer Invasion ist gebannt, die Politik Brissots scheint zu triumphieren. Man ist siegreich im Felde, und dennoch haben die Generäle nicht die Macht übernommen. Im November besteht der Eindruck, als habe sich Robespierre geirrt. Der Krieg, der die Monarchie weggefegt und die Revolution geschützt hat, erreicht zu diesem Zeitpunkt die Ziele, die ihm die Girondisten gesetzt hatten. Die Grenzvölker – Savoyer, Rheinländer und Bewohner von Nizza – scheinen die »bewaffneten Missionare« begeistert aufzunehmen, und am 19. November kommt es im Konvent zu der leidenschaftlichen Erklärung, die französische Nation werde »allen Völkern, die die Freiheit wünschen, Brüderlichkeit und Beistand schenken«.

Robespierre wohnt der Sitzung nicht bei. Er ist allein, denn die Ereignisse setzen ihn ins Unrecht. Ist er vielleicht doch die Laus, die im Winter stirbt? Auf jeden Fall verleumdet und vergißt man ihn im Laufe dieses Novembers girondistischer Siege.

Es ist ein schreckliches Schicksal, Unterdrücker zu sein

Allem Anschein zum Trotz reifen Ende 1792 die Schwierigkeiten, welche die Girondisten schnell zu Fall bringen werden. Die soziale Krise verschlimmert sich, ein »Arbeiter- und

Bauernaufstand« kennzeichnet die letzten Monate des Jahres. Überall im Innern Frankreichs versuchen sich die Bauern und Seidenweber durch Preisbindungen zu helfen, um die unausbleibliche Teuerung zu verhindern. Viele Märkte werden geplündert, und man läßt die Nation hochleben, wenn das Getreide billiger wird.

In Paris attackiert die extreme Linke — Varlet, der Apostel der Gleichheit, und Jacques Roux — am 1. Dezember die »Despotie des Senats«, die genauso schrecklich sei wie das Szepter der Könige.

Im Konvent treten die Girondisten weiterhin für das freie Spiel der Marktgesetze ein, wodurch die Bourgeoisie begünstigt und die Teuerung beschleunigt wird. Am 29. November zeigt Saint-Just auf, daß die Inflation die Ursache aller Mißstände sei. Robespierre spricht am 2. Dezember, aber kein Mitglied der Bergpartei hat bisher wie das Volk eine Preisbindung gefordert. Im besten Falle will man, wie zum Beispiel Levasseur, bestimmte Reglementierungen aufrechterhalten. Robespierre geht auch nicht weiter; er erklärt zwar am Anfang seiner Rede: »Der Einsatz von Bajonetten zur Bekämpfung des Hungers ist eine Abscheulichkeit. Das oberste Gesetz sozialen Zusammenlebens fordert, daß die Unterhaltsmittel für alle Mitglieder der Gesellschaft garantiert werden.«

Aber seine großzügig aufgeklärten Definitionen führen ihn nicht zur Forderung einer Preisbindung. Wie üblich moralisiert er nur, statt die gesellschaftliche Wirklichkeit zu erfassen. Wieder beschwört er »das von Natur aus gute und friedfertige Volk« auf der einen Seite, »Ehrgeiz und Intrige« oder »aristokratische Böswilligkeit, die überall Unruhe stiftet«, auf der anderen. Er schließt mit den Worten: »Gebt euch mit den Vorteilen des Besitzes zufrieden und überlaßt dem Volke Brot, Arbeit und gute Sitten.«

Die Rede führt noch einmal vor Augen, in welchem Maße bei Robespierre richtige Feststellungen durch oberflächlich konziliante Lösungen, die jedem recht geben wollen, verwässert werden. Den einen gesteht er Vermögen, Besitz und Laster zu, die anderen belohnt er mit Arbeit und guten Sitten. An dieser Haltung erkennt man sowohl den tugendhaften Kleinbürger, der die Arbeit verehrt und den Besitz respektiert, als auch den disziplinierten Schüler und den vereinsamten Sohn, der, um zu überleben, die Welt so akzeptieren muß, wie sie nun einmal ist.

Maximiliens Ungereimtheiten wiegen jedoch in der Debatte nicht schwer; entscheidend für deren Ausgang ist vielmehr das Interesse der Mehrheit, die wirtschaftlichen Freiheiten zu verteidigen, an denen der Bourgeoisie so viel liegt.

Am 8. Dezember stimmt der Konvent gegen Robespierre für die Aufhebung jeder Reglementierung. Dieser neue Sieg der Girondisten führt aber nur um so schneller das Ende ihrer Herrschaft herbei. Die soziale Krise verschlimmert sich weiter, die militärische Lage schlägt um – und der Prozeß gegen den König wird eröffnet.

8. »Ludwig XVI. muß sterben, weil das Vaterland leben muß« (Januar 1793)

Man kann nicht schuldlos regieren

Seit dem 10. August ist Ludwig XVI. in der Tat Ludwig Capet geworden und wird im »Temple« gefangengehalten. Menschen und Meinungen stehen in heftigem Widerstreit hinsichtlich des Schicksals, das ihm vorbehalten werden soll.

Die Girondisten und Danton wollen den König retten, um die Zukunft, vor allem ihre eigene Zukunft, zu sichern und um die Revolution daran zu hindern, über die bürgerlichen Freiheiten hinauszugehen, als deren Verteidiger sie sich fühlen. Denn wenn der Kopf Ludwig Capets fällt, dann drängen sich von selber Notstandsmaßnahmen, Beteiligung der Sansculotten an der Macht, Reglementierung, Gewalt und unerbittlicher Krieg gegen das Europa der Könige auf.

Über das Schicksal Ludwigs XVI. debattieren, das heißt faktisch soviel wie über die Entwicklung der Revolution streiten, und so kommt Robespierre gar nicht umhin, den Girondisten zu widersprechen.

Dennoch ist nicht er es, der in der Debatte den Ton angibt. Ein bleicher junger Mann mit hoher Krawatte, ein Unbekannter, der noch keine 26 Jahre zählt und zum erstenmal das Wort ergreift, schleudert am 13. November die Worte in den Konvent: »Man kann nicht schuldlos regieren, der Wahnwitz, daran zu glauben, ist nur zu durchsichtig. Jeder König ist Rebell und Usurpator zugleich.« Und er fügt unversöhnlich hinzu: »Was mich betrifft, so sehe ich keinen Mittelweg: Dieser Mann muß regieren oder sterben.« Der Unbekannte ist Saint-Just. Der Ton der Debatte ist damit festgelegt.

Am 20. November wird der Panzerschrank mit den Geheimdokumenten des Hofes entdeckt und geöffnet. Darin finden sich Beweise für die Falschheit des Königs, die Beziehungen des Hofes zum Ausland, auch Beweise für die Korruption Mirabeaus und ... Dumouriez'.

Ludwig Capet, »Ludwig der Verräter«, kann dem Todesurteil nicht mehr entgehen. Mehr als einen Monat braucht Robespierre, um die Ablenkungsmanöver der Girondisten zu vereiteln. Er setzt sich über Krankheit und Erschöpfung hinweg. Jeden Tag ergreift er das Wort. In dieser »reinen« Auseinandersetzung fühlt er sich wohl. Denn hier handelt es sich um eine politische Entscheidung, die die obersten Grundsätze in Frage stellt. Die Person Ludwig Capets steht bereits außerhalb der Geschichte. Aber das monarchische System muß untergehen.

Indessen tut Robespierre gar nichts anderes, als die Behauptungen von Saint-Just aufzugreifen und zu erweitern. Nicht er ist es, der die Initiative ergriffen hat: »Ludwig war König«, so äußert er sich, »die Republik ist gegründet worden ... Der Sieg des Volkes hat einzig ihn als Rebellen verurteilt. Ludwig kann daher gar nicht mehr gerichtet werden; er ist schon gerichtet.«

In den Augen Robespierres ist der König am 10. August verurteilt worden: »Die Völker richten nicht wie Gerichtshöfe. Sie fällen keinen Urteilsspruch. Vielmehr werfen sie mit Blitzen um sich. Sie verurteilen die Könige nicht nur nicht, sie tauchen sie wieder ins Nichts ein.« Aufs neue begegnet uns das Bild des Gott-Volkes, eines unerreichbaren Jupiters, der die Geschichte lenkt, über Könige und Menschen zur Herrschaft gesetzt ist, eine geheimnisvolle und abstrakte Schicksalsgottheit, deren Diener Robespierre sein will. Von dem Augenblick an, in welchem diese Gottheit den Arm erhoben hat, kann kein Grund mehr vorliegen, einen Prozeß zu eröffnen. »Es ist ein Skandal, zu beratschlagen«, ruft Robespierre aus. »Was ist dieser Prozeß anderes als ein vor irgendeinem Gerichtshof, vor irgendeiner Versammlung vorgebrachter Aufruf zur Untreue gegen das Gesetz?«

Ein Prozeß ist mit einer Nichtigkeitsbeschwerde gleichbedeutend, die der König, im Widerspruch zum 10. August, einreichen kann. Und Robespierre zieht offen und hart daraus die Schlußfolgerung: »Ich spreche diese fatale Wahrheit mit Bedauern aus ... aber Ludwig muß sterben, weil das Vaterland leben muß.«

Das ist das von Saint-Just angeschlagene Thema. Während

das junge Konventsmitglied politisch argumentiert hat, läßt Maximilien sein moralisches Gefühl sprechen, und die Wahrheit wird »schicksalhaft«. Dennoch handelt Robespierre in diesen Reden über Ludwig XVI. im wesentlichen politisch. Denn die hier behandelte Frage hat die unversöhnliche Strenge von Grundsätzen. Das Ich Robespierres mit seinen Schwächen drückt sich da nur in Form einer Faszination für die reine Logik der Rede, für die unausweichliche Verkettung von Gedanken aus, die Ludwig Capet, diesen aufgeschwemmten, müden Menschen, unter sich zermalmen.

Aber der Konvent folgt Robespierre nicht. Er verlangt nach einem Prozeß im Bereich der Legalität, selbst wenn der Tod an seinem Ende stehen soll.

Am 11. Dezember wird Ludwig XVI. zum erstenmal verhört. Als er die Versammlung verläßt und sich dem »Temple« nähert, schreit das Volk: »Den Kopf des Tyrannen! Daß sein unreines Blut unsere Saaten begieße!« Robespierre indessen fürchtet die Wirren, welche die Intriganten anstiften könnten. Er will sich aus Umsicht, aus taktischen Gründen, weil er die parlamentarische Auseinandersetzung auf die Dauer bevorzugt, jedem Aufstand widersetzen. Denn: »Der Aufstand, welcher die heiligste Pflicht ist, wäre – gegen den Konvent gerichtet – gefährlich.«

Er weiß, daß er die Verurteilung Ludwigs XVI. – mit Hilfe des Marais und unter dem Druck der Bevölkerung von Paris – im Konvent durchsetzen kann. Die Girondisten dagegen wollen den Prozeß vertagen, um ihn vor versammeltem Volk in Urwählerversammlungen zu Grabe zu tragen. Diese demagogische Maßnahme, verbunden mit den vielfältigen Versuchen der Girondisten, die Hinrichtung des Königs zu verhindern, tragen dazu bei, den Konflikt zwischen Robespierre – der äußersten Linken im Konvent – und den Herren Roland, Guadet, Vergniaud bis zum äußersten zu steigern.

Der Ton wird schärfer, weil die Politik aus den Wolken herabgestiegen und konkret geworden ist. Robespierre prangert den Flügel Brissots an, diese Partei, die »den König retten will«, diese »Männer, die das Anliegen des Volks verraten und mit der Freiheit Schindluder treiben«.

Er erhitzt sich im Kampf, stellt sich der schleichenden Verleumdung, redet sich in einem Satz, der einem Aufschrei gleicht, frei, legt ein Geständnis ab, in dem die Politik zum bloßen Vorwand wird, zum Stützpunkt eines Verhaltens, das seine tiefsten Beweggründe zu erkennen gibt: »Ja«, ruft er am 12. Dezember vor der Versammlung aus, »ich bewerbe mich um die Ehre, von den Anhängern Brissots als erster niedergemetzelt zu werden. Aber bevor ich mich von ihnen umlegen lasse, will ich das Vergnügen haben, sie anzuzeigen.«

Alles an diesem Satz ist bemerkenswert, nichts ist einfach. An völlig unerwarteter Stelle und dem Wortschatz Robespierres fremd, schrillt ein Wort, das den Schlüssel zum Verständnis seiner Psyche in die Hand gibt. Ein Wort, das zwischen »umlegen« und »anzeigen« eingeschoben ist und damit zwischen den eigenen Tod und diejenigen, die daran die Schuld tragen, zwischen das gemarterte Ich und die anderen, die vom Verbrechen gezeichnet sind. Dieses Wort heißt: *Vergnügen!*

Der ganze Robespierre, so wie er aus den stummen Dramen der Kindheit hervorgegangen ist, drückt sich in diesem einen Wort aus. Unfreiwillig gesteht er, daß er dank der Vernichtung der Schuldigen, dank auch der Selbstzerstörung, das *Vergnügen* des Lebens sucht.

Ihr werdet alle auswandern müssen

Aber das ist der heimliche Robespierre. Einer, den man nicht hört. Einer, der sich im Schatten der volltönenden Worte verbirgt. Sichtbar ist nur der unermüdliche Redner, der ohne Unterlaß die Manöver der Girondisten entlarvt.

Am 28. Dezember denunziert er vor den Jakobinern mitsamt den »Schurken« und den »Betrügern«, deren »stumme und verderbliche Tätigkeit alle diese Wirren hervorgebracht hat«, den Gedanken, einen Aufruf an das Volk zu erlassen. Ein Universum, das von Ungeheuern wimmelt und auf Verrat sinnt, beherrscht seine Vorstellungen. Um das Böse zu bekämpfen, sind nur Robespierre und einige wenige da, denn »die Tugend ist immer in der Minderheit auf Erden gewesen.«

Das Volk? Robespierre schaltet es aus. »Jetzt ist es an uns allein, sein Anliegen zu verteidigen.« Später, »wenn die ehrbaren Leute umgekommen sind, räche du, Volk, sie, wenn dir daran gelegen ist«.

Das geht über den Rahmen des Prozesses hinaus. Robespierre ist von großer Achtung vor dem Volk durchdrungen, er verehrt es und ist gleichzeitig von dem Gedanken besessen, sein Vertreter zu sein. Politisch jedoch ist er voller Argwohn gegenüber der direkten Demokratie, was sich durch seine Herkunft und dadurch erklären läßt, daß er immer auf wirksame Maßnahmen sinnt. Seine politischen Vorstellungen werden noch von seinen persönlichen Neigungen verstärkt: Er ist gezeichnet, er hat eine Mission zu erfüllen, er geht vorwärts, darauf gefaßt, zu stürzen, zu sterben, exemplarisch, losgelöst, allein.

Seine Reden haben weitreichende Folgen, und die Geschichte unterstützt ihn. Die erdrückenden Anklagepunkte, die Ludwig XVI. zurückgewiesen hat, lassen sich inzwischen mit den Dokumenten aus dem Panzerschrank beweisen. Am 3. Januar enthüllt der Abgeordnete Gasparin, daß und wie Guadet, Gensonné und Vergniaud sich am Vorabend des 10. August mit dem Hofe in Verbindung gesetzt haben.

Die Vorsichtigen, Barère beispielsweise, halten sich bereits von den Girondisten fern, und hinter den Kompromissen zeichnet sich die Leere des Mißtrauens und des berechtigten Argwohns ab.

Am 16. Januar um 20 Uhr beginnt die namentliche Abstimmung zur Frage: »Welche Strafe ist Ludwig Capet aufzuerlegen?« Robespierre spricht beim Besteigen der Tribüne klar und deutlich die Worte aus: »Ich bin unbarmherzig gegen die Unterdrücker, weil ich mit den Unterdrückten Mitleid empfinde. Ich kenne keine Menschlichkeit, die die Völker erwürgt und den Despoten verzeiht. Ich stimme für den Tod des Königs.« 384 Abgeordnete stimmen für den Tod (davon 361 bedingungslos), 334 Abgeordnete stimmen dagegen.

Am 20. Januar um 17 Uhr wird das Konventsmitglied Michel Louis Lepelletier von einem Leibwächter des Königs, Pâris, umgebracht: eine einsame und unnötige Verzweiflungstat.

Am andern Morgen, am 21. Januar 1793 um 10.22 Uhr, wird der Kopf Ludwigs XVI. auf dem Platz der Revolution, bei ununterbrochenem Trommelschlagen, »von seinem Körper getrennt und danach dem Volke gezeigt; im gleichen Augenblick ertönt überall der Schrei: Es lebe die Republik!«, so vermerken es die zeitgenössischen Tageszeitungen. Die Soldaten auf dem

Schafott tauchen ihre Waffen in das Blut des Königs ein. Wenige Tage später gehen in Paris Lieder um, die von dem denkwürdigen Augenblick berichten.

»Ludwig Capet, der letzte Tyrann,
Ludwig XVI. genannt,
hat seine Geschenke zum Neujahr erhalten.
Weil er sich verräterisch verhalten,
ist dieser Flüchtling von Varennes
auf der Guillotine umgekommen.«

Die Republik und die Königsmörder haben, wie Le Bas feststellt, keine andere Wahl mehr: »Es heißt jetzt, wohl oder übel vorwärtszuschreiten, und gerade auf diesen Augenblick paßt das bekannte Wort: freisein oder sterben.« Die meisten Abgeordneten rücken immer mehr von den Girondisten ab. Die gemäßigte Mitte hat die äußerste Linke eingeholt.

Schon kann Robespierre den Herren »Gensonné, Vergniaud, Brissot, Guadet« voller Verachtung weissagen: »Ihr werdet alle auswandern müssen.« Er stellt die Behauptung auf, daß im Konvent »der Geist der Freiheit und der aufsteigende Stern der Tugend« den Sieg über »den Grundsatz und den Geist der Intrige« errungen haben. Bis zur nächsten Auseinandersetzung wird es nicht lange dauern.

9. »Mir geht es nur darum, die Wahrheit zu sagen« (Januar bis 2. Juni 1793)

Warten auf den Verrat

Wenn Robespierre den »gesunden Teil« des Nationalkonvents mit Lob bedenkt, hat er dabei das Ziel im Auge, die parlamentarische Mehrheit für sich und die Bergpartei zu gewinnen; denn diese Mehrheit hat während des Prozesses schließlich ohne Aufschub für den Tod Ludwigs XVI. gestimmt. Für Robespierre liegt darin eine bevorzugte Handlungsmöglichkeit beschlossen, die noch dazu seiner Analyse der politischen Situation entspricht. Er hat in der Tat vor, einstimmig – nur mit den Schurken und den allzusehr kompromittierten Girondisten, die sich dafür wohl auch nicht gewinnen lassen, rechnet er nicht – eine revolutionäre Sammlungsbewegung zu gründen, die in der Stunde der Gefahr (England und Holland sind bereit, in den Krieg einzutreten, und die erste Koalition des ganzen monarchistischen Europa festigt sich vom März bis zum September 1793) alle diejenigen einigen soll, die entschlossen sind, »zu siegen oder zu sterben«.

Diese Sammlungsbewegung wird von Robespierre so umfassend wie möglich gewünscht, weil die Umstände es erfordern.

Zwar entspricht diese Politik der historischen Logik und steht sogar in Übereinstimmung mit der persönlichen Situation Robespierres, der zwischen den beiden sozialen Gruppen, den Bürgern und den »Armen«, steht, die sich in der Ablehnung der Prinzipien des Ancien Régime einig sind, sich aber über ihren jeweiligen Interessen zerstreiten. Sie ist zugleich Ausdruck einer bestimmten Seelenlage.

Wahrscheinlich ist Robespierre eben darum so vollständig und so vollendet der Mann für diese einigende Bewegung. Er träumt von einer Welt, in der alles glatt und ruhig abläuft, von einer heilen Welt, wie er sie als Kind nicht gekannt hat.

Am 23. Januar, dem Tag, an welchem der girondistische

Innenminister Roland entmutigt zurücktritt, verteidigt er ... Dumouriez, eine undurchsichtige Persönlichkeit, der er trotzdem Vertrauen entgegenbringt. Dabei ist es ausgerechnet Dumouriez gewesen, der sich, um den König zu retten, während des Prozesses lange in Paris aufgehalten hat. Die Dokumente aus dem Panzerschrank weisen seine Beziehungen zum Hofe nach. Er intrigiert mit dem Herzog von Orléans, dessen Sohn, der Herzog von Chartres, der spätere Louis-Philippe, nicht von seiner Seite weicht. Noch am 10. März, weniger als einen Monat, bevor Dumouriez zum Feind überläuft, verteidigt ihn Maximilien. Denn »das Interesse seines Ruhms ist an den Erfolg unserer Armee gebunden«. In diesem präzisen Punkt steht Robespierre weit hinter Marat zurück, der den General schon seit Oktober verdächtigt.

Die Taktik Robespierres mutet manchmal übertrieben vorsichtig an. Aber dahinter steckt mehr als eine bloß politische Absicht.

Maximilien erweckt häufig den Eindruck, die Ereignisse für sich entscheiden zu lassen. Zweifellos denkt Marat an ihn, wenn er am 7. Juli 1793 schreibt: »Die Patrioten von der äußersten Linken werden sehr genau jeder Art von Verrat gewahr. Hin und wieder warten sie sogar, bis der Verrat begangen worden ist, um sich damit zu beschäftigen.«

Dieses Abwarten, diese Unfähigkeit, die Initiative zu ergreifen, sind das Resultat eines sozialen und politischen Determinismus.

Der Einigungswille Robespierres, der auch auf andere Teile der Bourgeoisie (etwa die des Marais) abzielt, sein Verlangen nach nationalem Zusammenhalt, das darauf hinausläuft, der Revolution zum Triumph zu verhelfen, sind charakteristisch für die soziale Schicht, der er entstammt. Doch solche Erwartungen können den Gegner nicht entwaffnen.

Die Gironde ist zwar beim Prozeß des Königs unterlegen, aber im Konvent ist sie immer noch mächtig. Persönliche Bindungen und gemeinsame Interessen haben zwischen den girondistischen, den linken und den gemäßigten Abgeordneten im Konvent ein enges Netz der Freundschaft, des Einverständnisses und der Gefälligkeit geknüpft. Dieses Netz läßt sich nur durch die Zugehörigkeit zur gleichen Klasse erklären. Darüber hinaus verfügt die Gironde immer noch über zahlreiche Tageszeitungen, die, wie der »Patriote Français«, nicht müde werden, Robespierre zu verleumden. So kann man darin am 31. Januar Verse lesen, die auf die Ankunft Robespierres im Paradies anspielen:

> Von seinen Getreuen gefolgt,
> Von seinem Hofstaat umgeben,
> Ist eingetreten Robespierre,
> der Gott der Sansculotten.
> »Ich werd' euch alle dem Gerichtshof überführen«,
> ruft der bleiche Redner aus.
> »Jesus! Das sind doch alles Intriganten:
> Sie fächern sich den Weihrauch zu,
> der mir alleine würd' gebühren.«

Das Volk: Wirklichkeit und Ideal

Trotz aller Angriffe läßt sich Robespierre zu Beginn des Jahres 1793 noch nicht zu einer direkten Antwort verleiten. Ihm geht es vor allem um Einheit und Mäßigung. Am 5. Februar schreibt er in einem der »Briefe an seine Auftraggeber« voller Pflicht- und Verantwortungsgefühl, wie es für ihn charakteristisch ist: »Wir dürfen nicht aus den Augen verlieren, daß wir hier ein Schauspiel für alle Völker aufführen, daß wir in Gegenwart des gesamten Universums beratschlagen ... Wir müssen uns vor Seitensprüngen hüten, auch wenn sie das Ergebnis aufrichtigen Eifers sind.« Er drückt gleichermaßen seine Furcht vor »gewissen, selbst für das französische Volk übertriebenen oder wenigstens verfrühten Vorschlägen« aus.

Maximilien geht weit in seinem Versöhnungswillen. Am 27. Februar wagt er es, sich dem Vorschlag der Jakobiner zu widersetzen, »abgefallenen Abgeordneten das Mandat zu entziehen und sie durch ihre Stellvertreter zu ersetzen«. Er scheint an die Notwendigkeit zu glauben, dem Konvent, der für den Tod des Königs gestimmt hat und den es zur Verteidigung der jungen Republik zu benützen gilt, Vertrauen zu bewahren.

Diese politische Entscheidung läßt sich rechtfertigen – sie hat sich sogar als unerläßlich erwiesen –, aber lähmt sie andererseits nicht auch die Entwicklung der Revolution? Robespierre hat schon 1791–92, gegen die Gironde, den Krieg abgelehnt, und er hat recht damit gehabt. Obwohl der Krieg Frankreich an den Rand einer Katastrophe gedrängt hat, kann er auch als Ursache der Septembermorde wie des Königstodes und damit einer neuen Revolution gelten. Immer noch will Robespierre das Erworbene konsolidieren, die Bewegung eindämmen, die Rechtsstaatlichkeit verteidigen, bewahren und achten. Dessenungeachtet wird sich ihm die Revolution noch einmal aufdrängen.

In Paris ist der Februar der Monat des Aufruhrs. Die Menschenschlangen vor den Geschäften werden länger. Jacques Roux und Varlet in Paris, Leclerc in Lyon, Taboureau in Orléans, überhaupt alle extremen Revolutionäre, fordern staatlich garantierte Festpreise für Lebensmittel. Sie verlangen Requisitionen und wollen so der Teuerung Einhalt gebieten, die von der Aufhebung jeglichen Reglements am 8. Dezember 1792 begünstigt worden ist. Im Februar verlieren die Assignaten im Mittel 50 Prozent ihres Wertes.

Am 12. Februar tritt eine Abordnung der 48 Pariser Sektionen vor die Schranken des Konvents. Der Redner spricht ohne Umschweife: »Gesetzgebende Mitbürger, es reicht nicht aus, deklariert zu haben, daß wir alle Bürger der Republik sind. Es ist vielmehr notwendig, das Volk glücklich zu machen. Das Volk aber braucht Brot. Denn wo es kein Brot gibt, da gibt es bald auch kein Gesetz, keine Freiheit und keine Republik mehr.« Und mit der Kraft, die der Hunger verleiht, verlangt der Redner nach Festsetzung der Lebensmittelpreise durch den Staat, um dann fortzufahren: »Ohne Furcht, euch zu mißfallen, sind wir hergekommen, um ein Licht auf eure Irrtümer zu werfen und um euch die Wahrheit zu zeigen.«

Am 24., 25. und 26. Februar brechen Unruhen aus: ein Aufstand der Weißwäscherinnen, die gegen die hohen Preise für Seife zu Felde ziehen. Die Waren werden mit Gewalt auf ihren richtigen Wert hin abgeschätzt. Einige Lebensmittelläden werden geplündert. Überall stehen Frauen an der Spitze der Manifestationen. Sie besetzen die Tribünen der Jakobiner und verlangen, daß man ihnen den Saal zur Verfügung stellt. Aber die Jakobiner lehnen ab. Da schreien die Frauen: »'raus aus dieser Gesellschaft, sie ist voller Wucherer!« Im Konvent erklärt ein

Abgeordneter, die Lebensmittelläden würden geplündert und der Zucker werde unbezahlt fortgeschleppt. Da ruft es von den Tribünen: »Um so besser!«

Robespierre steht in diesen Tagen der Krise ganz und gar hinter dem Konvent. Er verweigert die Festpreise und verdammt das Volk. Im Grunde hat er gar keine genaue Kenntnis von den wirklichen Problemen des Volkes. Er lebt bei den Duplays, braucht selber nichts einzukaufen und findet alles bei Tische vor. So ist es immer gewesen. Für ihn wie für alle Jakobiner muß »ein Volk, das der Freiheit würdig ist, alle Mißlichkeiten in Kauf nehmen, die sich nun einmal von einer großen Revolution nicht trennen lassen«.

Die Politik geht allem anderen vor. Darum muß auf jeden Fall verhindert werden, daß »Angst vor Plünderung« und »wirtschaftliche Rücksichten« den revolutionären Zusammenhalt brechen. Darüber hinaus ist Robespierre zwar in der Rechtsprechung beschlagen, mit der Antike großgeworden, aus dem Bürgertum hervorgegangen und mit ihm solidarisch, aber ohne ökonomische Kenntnisse. So kommt es, daß er der freien Wirtschaft und der Achtung vor dem persönlichen Eigentum das Wort reden kann. Verglichen mit den extrem Linken, handelt Robespierre im Februar 1793 wie ein Girondist.

Aber bei ihm steckt noch etwas dahinter, was nicht unterschätzt werden darf. Er hat in der Revolution sein persönliches Universum noch einmal errichtet; die historischen Mechanismen nimmt er von seinem persönlichen Standpunkt aus wahr. Schließlich hat er sie seiner Sensibilität und seiner Psychologie entsprechend definiert. Er ist der Abgeordnete, der Auserwählte des Volkes. Das Volk aber ist eine ferne Gottheit. Und nun ist es dazu gekommen, daß dieses Bild sich verwischt, daß das Volk mit brutaler Gewalt in seine wohlorganisierte und ruhige Welt einbricht. Wenn das Volk nicht mehr mit ihm gleicher Meinung ist, dann muß die Welt untergehn. Eine Erklärung ist nötig. Nicht bloß als Stellvertreter des revolutionären Bürgertums, sondern als Mensch, dessen Gleichgewicht ins Wanken geraten ist, erhebt er sich gegen die Radikalen. Von daher rührt bei diesem Mann, der sich so hellsichtig dünkt, die leidenschaftliche, verzweifelte Suche nach Erklärungen, die keine sind.

Deshalb müssen die Wirren »ein gegen die Patrioten selber gerichtetes Komplott« sein. Deshalb müssen »Intriganten« an ihrer Spitze stehen, »die die Patrioten verderben wollen«. Eine andere Möglichkeit ist ausgeschlossen. »Ich sage ja gar nicht, daß das Volk schuldig ist. Ich sage ja gar nicht, daß seine Bewegung ein Attentat darstellt. Ich sage ja bloß, daß ein Volk, das sich erhebt, ein Ziel haben muß, das seiner würdig ist. Wie können bloß armselige Waren es derart beschäftigen?... Wenn das Volk sich erheben muß, dann nicht, um Zucker einzusammeln, sondern um die Ausbeuter niederzuschmettern.«

Bürgerliche Verachtung für das Volk? Nein. Irriges Bild des Volkes, vollkommene Unkenntnis des engen Zusammenhanges von Wirtschaft und Politik, Offenbarung dessen, was das Volk in seinen Augen ist: keine Zusammenballung lebendiger Menschen, sondern eine großzügige Abstraktion; eine Gottheit, die sich von Ausbeutern mißbrauchen lassen kann, die aufgeklärt und dem verderblichen Einfluß der Schurken entzogen werden muß. Noch einmal: Was an Robespierre fasziniert und was ihn zur Verkörperung einer historischen Bewegung macht, ist der Umstand, daß sich die höheren Notwendigkeiten der Geschichte — hier die Beziehung des Bürgertums zum Vierten Stand — in seiner Psyche widerspiegeln.

Robespierre hängt mit allen Fasern seines Wesens an der Geschichte. Die Vision des Gott-Volkes, das nur zu großen Taten berufen ist, kehrt am 1. März noch einmal in deutlicherer Form wieder. Robespierre rühmt an diesem Tag »das Volk von Paris, das es versteht, die Tyrannen niederzuschmettern, und das keine Lebensmittelgeschäfte durchwühlt«. Dieses Volk, ein friedlicher Riese, »das die Despoten mit einer Handbewegung in den Staub zwingen kann . . . hat die Ladentische in der rue des Lombards nicht gestürmt«.

Falsches Volk, in seiner Bedürfnislosigkeit, und Hirngespinst. Indessen wäre es ungenügend, die soziale Schicht anzuklagen, der Robespierre zugehört, oder an seine Unkenntnis der wirtschaftlichen und sozialen Zusammenhänge zu erinnern. Gerade weil das Volk von obersten Grundsätzen allein nicht leben kann, gerade weil die Radikalen seinen Hunger in alle vier Winde schreien, gerade weil sich das Wirkliche nicht in den abstrakten Rahmen von Robespierres Weltanschauung einsperren läßt, muß entweder dem Volk nachgegeben werden – das wäre praktische Politik – oder, und besser noch, die Ausbeuter müssen verjagt werden, die »ihm zu Kopf gestiegen sind«. Aus Gründen der politischen Notwendigkeit, aber auch, damit das Wirkliche Robespierres Bild der Wirklichkeit entspricht, sich dessen Umrissen anpaßt, müssen die Schurken überführt und die Intriganten unschädlich gemacht werden.

Ich werde die Wahrheit nicht verheimlichen ...

Das Wirkliche tönt in Robespierres Ohren wie das Echo der Niederlagen, die die Revolution bedrohen. Die Armee schmilzt in sich zusammen. Die Freiwilligen kehren nach dem Feldzug nach Hause zurück. Am 24. Februar scheint es notwendig, für eine Neugliederung der Truppen und dann für eine weitere Aushebung von 300 000 Mann zu stimmen. An den Grenzen steht eine Katastrophe unmittelbar bevor.

Aachen und Lüttich müssen geräumt werden. In Paris verschlechtert sich die Atmosphäre bei anhaltender Teuerung. Am 9. März werden die Druckereien verwüstet, in denen die Girondisten-Blätter herausgegeben werden. In der Nacht vom 9. zum 10. versuchen die Extremen unter Führung Varlets, einen Revolutionsausschuß zu gründen. Daß das Projekt scheitert, liegt an Robespierre, an den Jakobinern und an der Pariser Kommune. Weil er vor allem Parlamentarier ist, bleibt Robespierre Aufständen bis zum letzten Augenblick feindlich gesonnen.

In der Vendée wehren sich die Bauern gegen die Truppenaushebung und fangen an, die Republikaner niederzumetzeln. Am 10. März wird ein revolutionärer Gerichtshof gegründet, weil der Schatten der Septembermorde schwer auf Paris lastet und die Bekanntgabe der Niederlagen den Argwohn verstärkt, es sei Verrat im Spiel.

Tag für Tag ergreift Robespierre im Konvent und vor den Jakobinern das Wort. Dennoch ist es nicht schwer, sein Zögern und seine Unsicherheit zu erraten. Er wird zwischen der Sorge um die Erhaltung des Konvents und der Notwendigkeit, sich den Forderungen des Volkes nicht zu verschließen, hin- und hergerissen. Er möchte sich an die Legalität halten und die Rolle des Parlaments achten, aber daneben gibt es noch die

Straße mit ihren revolutionären Forderungen. All das führt ihn am 10. März ganz von selber zu einer technischen Lösung: »Ich beschwöre euch im Namen des Vaterlandes: Laßt uns das bestehende Regierungssystem ändern.« Und er definiert in wenigen Worten, einen Monat vor seiner Gründung, die Rolle, die er dem »Wohlfahrtsausschuß« zugedacht hat: »Es ist notwendig, daß die Gesetzgebung einer treuen, von reiner Vaterlandsliebe besessenen Kommission anvertraut wird. Einer Kommission, die so zuverlässig arbeitet, daß man weder die Namen der Verräter noch die Maschen des Verrats mehr vor euch geheimhalten kann.«

Hier schon spricht der Regierungsvertreter, zugleich aber auch der Parlamentarier, der leicht in Versuchung gerät anzunehmen, eine »Kommission« könne die politischen Probleme lösen. Indessen bringt er es fertig, noch am gleichen Tage, an dem er zu Wirksamkeit und Wachsamkeit aufruft, Dumouriez sein Vertrauen auszusprechen und zu erklären, daß er sich der Agitation der Sansculotten widersetze.

Robespierre hofft, der Zwang der äußeren Umstände werde den Konvent dazu bringen, sich von selbst zu reinigen und eine wirksame Regierung zusammenzustellen. Er handelt zugleich als Parlamentarier, der der repräsentativen Regierungsform treu geblieben ist, und als Bürger, den die Straßenunruhen ängstigen.

Aber der Konvent zählt immer noch Girondisten in seinen Reihen, und die Mittelparteien sind unentschlossen. Wann immer Robespierre die Stimme erhebt, wird er unterbrochen. In ihm ist die Überzeugung verwurzelt, daß man ihn anhören muß, wenn er das Wahre, Gerechte und geschichtlich Notwendige ausspricht. Diese so oft in Frage gestellte, aber stets neu entstehende Gewißheit rührt von einem Mangel an Verständnis für die verschiedenen Interessen her, die die Menschen unausweichlich in verschiedene Lager zwingen. Zu diesem Mangel kommt die Faszination alles dessen, was Robespierre für die Wahrheit hält, und endlich noch seine Unfähigkeit, sich vorzustellen, daß irgend jemand ihr entgehen könne; irgend jemand also, in dem nicht die gleiche innere Einstellung vorherrscht wie bei ihm, Robespierre.

Wer ihn nicht anhört, wer ihn gar widerlegt, der kann das

nur aus willentlicher, persönlicher Feindseligkeit heraus tun – oder weil er ein Schurke ist.

Vor seiner Zuhörerschaft, den Jakobinern, in einem Saal, der etwas kleiner ist als der des Konvents, kann er am 13. März die Verschwörung anzeigen: »Niemals ist ein gerisseneres Komplott geschmiedet worden. Niemals ist die ringsum lauernde Heimtücke stärker gewesen.« Warum dieser Triumph der Gerissenheit? Darum, so sagt Maximilien, »weil ich im Konvent unfähig war, auf Grund der Schwäche meiner Stimmbänder, die Stimme zu erheben, und darum, weil ich nicht mit aller notwendigen Ausdruckskraft auf die Gefahren habe hinweisen können, die die Vaterlandsfreunde bedrohen«.

In aller Unschuld ist Robespierre aufrichtig davon überzeugt, daß das Heil des Vaterlandes von ihm und von seiner Stimme abhängt. Man braucht ihn nur zum Schweigen zu bringen, und schon ist das gerissenste Komplott geschmiedet, das Böse triumphiert. Das Bewußtsein von der Einzigkeit und Bedeutsamkeit seiner Rolle herrscht in ihm vor sowie der naive Glaube, es genüge, die Übeltäter bloßzustellen und anzuzeigen.

Jetzt gilt es den Staat zu retten

Tatsächlich erfüllt sich das Schicksal der Revolution anderswo. Zunächst an den Grenzen. Am 18. März wird Dumouriez in Nerwinden, am 21. in Löwen vernichtend geschlagen. Er nimmt Beziehungen mit dem Feinde auf, während die Abgesandten Dantons noch mit ihm verhandeln. In der Vendée fallen die Städte in die Hand der königlich-katholischen Armee. In den Pariser Straßen fangen die Ärmsten unter den Sansculotten an zu murren und fordern Festpreise. Einige gehen sogar soweit zu sagen: »Als wir noch *einen* König hatten, waren wir weniger unglücklich als jetzt, wo wir 745 (Abgeordnete) haben.«

Die Radikalen verlangen erneut nach Aufstand und Bestrafung der Verräter. Damit sind die Girondisten gemeint, die den König retten wollten, die jeden Gedanken an eine staatliche Preispolitik ablehnen und dadurch die Handlungsmöglichkeiten der Regierung aufs äußerste einschränken. Immer noch zögert Robespierre.

Am 13. März erklärt er vor den Jakobinern: »Der Konvent hat sich verirrt. Er ist grausam mißbraucht worden . . . Seine Irrtümer können den Untergang des Vaterlandes zur Folge haben.« Aber am 22. März, als es um eine Antwort an die Bürger von Marseille geht, die in einem Schreiben dem Konvent ihr Vertrauen entzogen haben, rät er zum Abwarten. »Ihr dürft in diesem Augenblick nicht handeln«, sagt er. »Ich schließe mit einem Aufruf zu Ruhe und Umsicht, weil ich für die Freiheit bin.«

Gleichzeitig tritt er ins Verteidigungskomitee des Konvents ein, in welchem Danton und Guadet, Siéyès und Condorcet Sitz und Stimme haben. Endlich ergreift er also Partei. Aber diese Parteinahme zeigt auch, daß er sich noch nicht über die Richtung im klaren ist, die er einschlagen will. Denn hier arbeitet er mit den Girondisten zusammen, die er andernorts bekämpft. Indessen zwingt ihn das vorsichtige Lavieren Dantons, der noch am 26. März Dumouriez sein Vertrauen schenkt, einen Aufruf zur Strenge zu erlassen: »Der Augenblick ist gekommen. Jetzt gilt es, den Staat zu retten«, fordert Robespierre, »oder er muß hilflos zugrunde gehen.« Zunächst aber muß das Übel erkannt werden: »Ich werde alles sagen, was zu wissen nötig ist, ich werde die Wahrheit nicht verheimlichen.« Er ist die Stimme, er ist es, der Sühne und Strafe auf die »großen Schuldigen« herabbeschwört.

Am 27. März schlägt er vor, Marie-Antoinette vor das Revolutionstribunal zu laden. Am selben Abend, vor den Jakobinern, ruft er aus: »Die wichtigste Maßnahme zum öffentlichen Wohl ist die, Paris von allen Intriganten, Verbrechern und Sendboten der Aristokratie zu säubern, von denen es wimmelt. Die oberste Pflicht des Volkes besteht darin, auf die Konterrevolutionäre Jagd zu machen.«

Das Volk ist so zum Richteramt aufgerufen. Jede Sektion soll sich der »schlechten Mitbürger entledigen« und, so schließt er, »von dem Augenblick an, in dem die Feinde der Freiheit ausgestoßen worden sind, wird die Freiheit endlich triumphieren«.

Man erkennt hier, daß Robespierre permanent in Versuchung ist, Urteil und Strafe als Lösungen für politische Probleme zu betrachten. Eine Einstellung, die sich aus seiner ebenso moralischen wie statischen Weltsicht erklären läßt: Das Böse, einmal an der Wurzel gepackt, verschwindet. Warum aber überhaupt das Böse? Darum, weil es Schurken gibt. Die muß man ausrotten, und das Böse wird verschwinden. Die Freiheit wird triumphieren.

Diese kurze Analyse, die Robespierre oft anstellt, zieht die Bestrafung, die gegen Einzelpersonen gerichtete Aktion, dem politischen Kampf gegen soziale Gruppen oder Schichten vor. Sie kann aber nur zur Verzweiflung führen. Denn tatsächlich keimt das Böse unausweichlich von neuem auf, weil die Geschichte der Kampfplatz entgegengesetzter Interessen ist und weil es dann abermals nötig wird, zu verdammen und zu töten, immerfort, endlos, im Bewußtsein der Vergeblichkeit.

Dieser persönlichen Haltung Robespierres entspricht gleichzeitig auch ein politisches Kalkül: Es geht darum, auf den Konvent Druck auszuüben, ihn mit dem Richter-Volk zu bedrohen – die Erinnerung an die Septembermorde ist noch lebendig –, und zwar so, daß man ihn »den verzaubernden Stimmen der Intriganten« entzieht. Am 29. März formuliert Robespierre sein Programm: »Das Volk muß den Konvent retten, und der Konvent seinerseits muß das Volk retten.«

Diese Politik der Einigung zwischen Straße und Nationalversammlung, zwischen dem bedürftigen revolutionären Sansculotten und dem wohlhabenden, aber patriotisch gesonnenen Bürger, zwischen der äußersten Linken im Parlament und dem Volk ist geschickt und zugleich schwierig; denn der Konvent – das heißt die Bergpartei, das Bürgertum, Robespierre – soll die Oberhoheit und die Macht behalten.

Zur Entscheidung gezwungen

Im übrigen überstürzen sich die Ereignisse. Am 1. April 1793 liefert Dumouriez die Bevollmächtigten des Konvents den Österreichern aus. Am selben Tag versammelt sich die Menge im Palais Royal. Man spricht davon, den Wucherern die Köpfe abzuschlagen und den Konvent zu stürmen, um endlich Festpreise für die Lebensmittel durchzusetzen. Der Fleischpreis steigt um zwei Kupfermünzen. Die Polizei fürchtet neue Unruhen, und im Bischofssitz konstituiert sich ein Revolutions-Komitee.

Am 5. April läuft Dumouriez zum Feind über. Im Konvent

klagen die Girondisten Danton des heimlichen Einverständnisses mit dem General an. Danton geht zum Gegenangriff über und beschuldigt seinerseits die Gironde. Robespierre ist als Beobachter anwesend. »Die unglücklichste aller Maßnahmen wäre die, die Vertretung der Nation zu vergewaltigen«, erklärt er.

Obgleich andere den Anstoß geben, verteidigt Robespierre, der zu wählen gezwungen ist, am 1. April Danton vor den Jakobinern. Am 2. und 3. April verhält er sich schweigend, während der Konvent Dumouriez zum Verräter des Vaterlandes erklärt.

Wie immer zieht sich Maximilien zurück, bevor er seine Gedanken erneut bekräftigt, bevor er öffentlich eine Etappe hinter sich bringt. Am 3. abends ergreift er das Wort:

»Zum Mitglied des Verteidigungsausschusses ernannt ... erkläre ich hiermit meinen Rücktritt.« Sensation im Konvent. Dann rechtfertigt er diesen Schritt. Er will nicht der Mitverschwörer in einem Ausschuß sein, der eine »Dumouriezsche Versammlung« ist. Brissot regt sich darüber auf. Da beschuldigt ihn Robespierre und zählt mit peinlicher Genauigkeit seine Fehlentscheidungen auf, um zu schließen: »Ich erkläre hiermit als erste Maßnahme zum öffentlichen Wohl die Anklage gegen alle diejenigen, die der Verschwörung mit Dumouriez verdächtig sind, und ganz besonders Brissot.«

Maximilien hat Namen genannt, Personen gerichtet, und die Geschichte bestätigt seinen Urteilsspruch. In dieser Rede vom 3. April – von der immer nur der politische Aspekt festgehalten wird – enthüllt ein Satz einen anderen Robespierre, der weiß, daß er sterben muß, der im vorhinein fühlt, daß der Kampf verloren ist, und der auf seinen Tod zustürzt, indem er sich anklagt, sich den Schlägen der anderen aussetzt, um sich auf diese Weise einen Platz in der Geschichte zu erobern.

»Ich will weder die Verschwörer noch die Feinde Frankreichs überzeugen«, beginnt er. »Ich habe nur vor, die Wahrheit zu sagen, und wenn die von mir Genannten die Freiheit und ihre Verteidiger umgebracht haben, wird man sagen, daß ich in dem Augenblick, in dem sie ihr freiheitmordendes Komplott ausführten, die Wahrheit verkündet und die Verräter entlarvt habe.«

Dieser Einschub in seiner Anklagerede ist nicht das Ergebnis geschickter Taktik, sondern ein Bekenntnis. Hier spricht sich das herzzerreißende Gefühl der Einsamkeit aus, von dem Robespierre gezeichnet ist, und die Unfähigkeit, sich als Mitglied einer Gruppe zu verstehen. Hier behauptet sich das Gefühl, die Stimme der Wahrheit zu sein und der Mann, der sie verkörpert und verteidigt. Hier heben sich deutlich die beiden Aufgaben voneinander ab, die Maximilien erfüllen will: die Wahrheit sagen und entlarven. Er ist davon überzeugt, der einzige zu sein, der beides kann; der sich dadurch zu retten glaubt, daß er sich selber verurteilt. Durch sein Scheitern erhofft er sich den Sieg.

Vorhersagen, die sich erfüllen

Auf die in Form eines Strafantrags gehaltene Rede vom 3. April folgen fünf Tage des Schweigens, eine lange Zeit, weil die Ereignisse sich überstürzen. Robespierre hält sich einmal mehr aus der Sache heraus, um sie zu verstehen, um zu richten und um zu verurteilen.

Am 5. April ist nicht er es, der vor den Jakobinern anregt, den angegliederten Gesellschaften ein Rundschreiben zu übermitteln, in dem sie dazu aufgerufen werden, auf dem Wege von Petitionen die Absetzung der girondistischen Abgeordneten zu verlangen. Auch am Entschluß des Konvents vom 5. April, der früheren Forderung Robespierres folgend, einen Wohlfahrtsausschuß zu bilden, ist er nicht beteiligt. Die neun Mitglieder, die vom Konvent gewählt werden, sollen monatlich ausgewechselt werden und beraten geheim. Sie gehören bis auf Delacroix und Danton von der äußersten Linken der Mittelpartei an.

Robespierre billigt den Ausschuß und bleibt auf Distanz. Seine Rolle, wie er sie versteht, besteht darin, den Aktionen ihre Richtung zu weisen und im übrigen aufzuklären und zu verdammen.

Am 10. April gibt er sein Schweigen auf und klagt ohne Umschweife »einen mächtigen Teil der Versammlung an, gemeinsam mit den Tyrannen Europas auf Verrat zu sinnen und euch einen König und eine Art aristokratischer Verfassung zu geben«. Satz für Satz geht er die Geschichte des girondistischen

Flügels durch, der »seine Ambitionen unter der Maske der Mäßigung und der Ordnungsliebe verborgen gehalten hat«. Die Verachtung Robespierres für seine Gegner ist nicht zu überbieten. Diese Männer sind »ehrgeizig ... Sie haben die Rechte des Volkes so lange verteidigt, wie sie glaubten darauf angewiesen zu sein.«

Die Worte Ambition, Gerissenheit, Korruption, Eifersucht, Heuchler, Verleumder, Mitverschwörer fallen. Die Politik wird zur Moral, und die ganze Vergangenheit wird gegen die »aufwieglerischen Heuchler« aufgeboten. Robespierre kann in der Konfrontation mit ihnen triumphieren. »Unsere Voraussagen sind nur zu bald erfüllt worden«, sagt er. Er hat nichts vergessen, weder den gegen seinen Rat begonnenen Krieg noch die Verhandlung gegen den König, und seine Schlußfolgerung ist klar: Er verlangt, die Führer der Gironde zusammen mit Philippe-Egalité und Marie-Antoinette vor Gericht zu stellen.

Der unerbittliche Kampf gegen die Gironde geht seinem Ende entgegen. Vergniaud versucht in einer aus dem Stegreif heraus gegebenen Antwort, Robespierre zu treffen und zu verwunden. »Wir gemäßigt?« ruft er aus. »Am 10. August waren nicht wir die Gemäßigten, während du, Robespierre, dich in einem Keller versteckt hieltest!« Vergeblich. Robespierre antwortet nicht einmal, das spricht für seine Verachtung, enthüllt aber auch einen beständigen Zug seines Charakters. Handeln heißt bei ihm soviel wie Reden, und Reden heißt soviel wie einen Urteilsspruch fällen. Er ist nicht der Mann, der polemisiert. Er sagt, was er zu sagen hat, und straft den Gegner im übrigen mit Verachtung. Das kann ihn teuer zu stehen kommen.

Aber zur Stunde sieht sich der Konvent gezwungen, die Argumente Robespierres zu akzeptieren. Das Volk steht vor der Tür und verlangt nach staatlicher Preiskontrolle. Am 11. April wird der Wechselkurs der Assignaten dirigistisch festgelegt, Beweis dafür, daß Zentrum und Linke sich gewisse Forderungen der Radikalen in ihrem Kampf gegen die Gironde zu eigen gemacht haben. Gleichwohl ist die Gironde noch nicht geschlagen.

Am 12. April beantragt Guadet die Anklage Marats. Am Abend ruft Robespierre einmal mehr vor den Jakobinern zur

Vorsicht auf. Am anderen Morgen stellt er sich aber nicht hinter Marat. Die Mehrheit des Konvents stimmt dafür, den »Volksfreund« anzuklagen (226 Ja-Stimmen gegen 92 Nein-Stimmen bei 749 Stimmberechtigten). Schlimmer noch, Robespierre zeigt sich von hochmütiger Herablassung gegenüber »diesem Angeklagten, der nicht (sein) Freund ist«. Während es sich doch um Marat handelt, selbst wenn das Manöver auch gegen Robespierre gerichtet ist, um Marat, der Gefahr läuft, zum Tode verurteilt zu werden, und der aufs neue im Untergrund lebt, spricht Maximilien immer nur von sich selbst: »Es ist hier nicht Marat allein, gegen den Anklage erhoben werden soll; vielmehr richtet sie sich vielleicht auch gegen mich, der immer darum bemüht gewesen ist, niemanden zu verbittern noch gar zu verletzen.«

Hier spricht nicht nur der Politiker, sondern der Mensch Robespierre, der sich stets in den Mittelpunkt rückt und dem es völlig unverständlich ist, daß ein anderer für das, was er darstellt, angegriffen werden kann. Seine Erklärung schließt mit Worten von unglaublicher Naivität – er behauptet, alles getan zu haben, um »niemanden zu verbittern noch gar zu verletzen« –, weil er nicht verstehen kann, daß sein Verhalten eine ständig wachsende Zahl von Gegnern gegen ihn aufbringt.

Die Aufrichtigkeit dieser Äußerung kann nicht in Zweifel gezogen werden. Aber einmal mehr zeigt sich in ihr Robespierres Mangel an Wirklichkeitssinn, noch dazu seine Unfähigkeit, die konkreten Beziehungen zu verstehen, die sich zwischen den Menschen angebahnt haben. In einer noch tieferen Schicht bestätigt der Satz wieder den Zwiespalt Robespierres: Er fühlt sich dazu geschaffen, zu zerbrechen, zu bekämpfen, furchtlos und ohne Zugeständnisse Namen zu nennen, sich Feinde zu machen – und ist doch gleichzeitig darauf bedacht, nichts zu zerstören, sondern sich um Anerkennung und Liebe zu bewerben.

Den Konvent säubern

Dieser Zwiespalt seines Charakters findet sein Pendant in der Doppelsinnigkeit und Geschmeidigkeit seiner Politik, selbst wenn diese Politik im wesentlichen aus der Interessenlage der miteinander im Kampf befindlichen sozialen Klassen resultiert.

Für Robespierre handelt es sich darum, den Konvent zu säubern, ohne freilich von der Achtung vor ihm abzulassen. Vom Abend des 10. April an macht er seinen ganzen Einfluß geltend, um eine Bittschrift mit einer Geldstrafe belegen zu lassen, die von der Sektion der Weizenhalle verfaßt worden ist und in der die Absetzung der girondistischen Anführer gefordert wird. Es muß vermieden werden, den Konvent und die Departements gegen Paris aufzubringen. Die Funktion des Konvents als Repräsentant der Nation muß erhalten bleiben. Sein Rat wird befolgt, aber Robespierre täuscht sich. Vorsicht in revolutionären Zeiten ist vielleicht wünschenswert, aber sie trägt selten den Sieg davon.

Als die Sektion Weizenhalle dann am 15. April vorstellig wird (vor dem Konvent, der Marat gerade angeklagt hat) und eine Bittschrift bereithält, in der die Ächtung von 22 Abgeordneten verlangt wird, wenn die Departements sich zu diesem Punkt geäußert haben werden, interpretiert die Mehrheit des Konvents die Achtung vor dem Gesetz als Schwäche. Im Kampf sind Robespierres Vorsichtsmaßnahmen zu nichts nütze, außer vielleicht dazu, den Kampf zu verlängern und vor der Geschichte zu beweisen – und das ist für ihn die Hauptsache –, auf welcher Seite sich das Recht befunden hat.

Dieser neue Zwischenfall zeigt noch einmal, daß Maximilien kein revolutionärer Taktiker ist.

Nach dem 15. April setzt die Gironde zum Gegenangriff an. Pétion richtet einen Brief an alle Pariser: »Euer Eigentum ist bedroht ... Pariser, gebt endlich eure Lethargie auf und zwingt die giftigen Insekten in ihren Schlupfwinkel zurück!«

Die Gemäßigten und die Königstreuen versuchen, die Sektionen in die Hand zu bekommen. Während sie in Paris in wenigen Fällen Erfolg haben (so an den Champs-Elysées), beherrscht die sektionäre Bewegung in der Provinz die Städte: Bordeaux, Nantes, Marseille und besonders Lyon, wo die Jakobiner verjagt werden.

In Paris reagieren die Sansculotten am 24. April. Sie besetzen das Revolutionstribunal und setzen den Freispruch Marats durch. Das Ereignis wird mit einem triumphalen Umzug gefeiert. Immer noch demonstrieren die Frauen um Brot und gegen die Preiserhöhungen. Da geben die Linken und die Mitte des Konvents, also die Mehrheit, den Radikalen nach. Am 4. Mai wird ein Höchstpreis für Getreide und Weizenmehl in den einzelnen Departements festgesetzt.

Robespierre nimmt an dieser von ihm eingeleiteten Schlacht nur indirekt teil. An die Stelle des Kampfes treten für ihn die obersten Grundsätze. Fünf seiner Reden vom 15. bis zum 24. April sind der Erklärung der Menschenrechte, der Präambel aller künftigen Verfassungen, gewidmet.

Das Universum und der unsterbliche Gesetzgeber

Mitten im politischen Kampf, in einem Augenblick, da die Front zurückweicht und die Städte aufbegehren, erhebt und begeistert sich Robespierre für Prinzipien. Verglichen damit ist ihm die aktuelle Situation gleichgültig. »Laßt uns nur an das Universum denken, das uns zuschaut! Was gehen uns die Despoten an? Niemals darf der Vorwand äußerer Gefahren, von denen das Vaterland bedroht ist, niemals darf eine unserer nicht würdige Furcht die Verfassung beeinflussen, die wir Frankreich geben wollen.«

In diesem Willen, die Gegenwart zu beherrschen und sich der Bedrohung nicht zu stellen, in dem Versuch, ein Denkmal für die kommenden Jahrhunderte zu setzen, ein »ewiges Gesetz« zu entwerfen, liegt eine zweifellos grandiose Ablehnung der feindlichen und ungewissen Wirklichkeit zugunsten der Zukunft beschlossen. Maximilien ist für dieses Werk wie geschaffen, er, der in der Zukunft und für die Zukunft lebt.

Er setzt ein Manifest auf, ein Testament, das eine Geburtsurkunde der Zukunft ist – denn wer ist sich dessen schon sicher, daß die eben ausgearbeitete Konstitution auch einmal Anwendung finden wird –, das entspricht seiner Begabung und seiner Natur. Am 21. April abends liest er den Jakobinern aus seinem Projekt zur Erklärung der Menschenrechte vor, und am 24. bittet er, gegen Ende der Diskussion, im Konvent um das Wort und teilt den Mitgliedern deren Wortlaut mit.

Darin liegt der ganze Robespierre beschlossen, und alle Hoffnungen, die »entschlossene Vaterlandsfreunde« überhaupt nur hegen können, haben in ihr Ausdruck gefunden. Vermittels dieses Schriftstücks vermacht Robespierre den Revolutionären des 19. Jahrhunderts seine Anschauung von Mensch und Staat.

Während die Bürger der Vendée Erfolg über Erfolg erringen, während der Feind näherkommt und die Städte aufbegehren, bittet Maximilien den Konvent, »vor dem ganzen Universum und unter den Augen des unsterblichen Gesetzgebers die Deklaration der Menschen- und Bürgerrechte« verlesen zu dürfen. Robespierre zeigt darin Perspektiven auf. Vom ersten Artikel an (»Das Ziel jeder politischen Vereinigung ist die Aufrechterhaltung der natürlichen und unveräußerlichen Rechte des Menschen und die Entwicklung aller seiner Fähigkeiten«) bis zum 36. Artikel (»Die Menschen aller Völker sind Brüder«) und bis hin zum letzten Artikel, der davon spricht, daß die »Könige, Aristokraten, Tyrannen aller Art, die sich gegen den Herrn der Erde, das Menschengeschlecht, und gegen den Gesetzgeber des Universums, die Natur, aufgelehnt haben, Sklaven sind«, nimmt Robespierre die Themen der Philosophie des 18. Jahrhunderts wieder auf, ordnet und erweitert sie. Häufig geht er auch darüber hinaus. Auf einen Zettel hat er die Stichworte notiert:

Eigentum, seine Rechte.
Menschenhändler –
ein Schiff, in welches er
die Neger pfercht.
»Das ist mein Eigentum.«

Auf dem Rednerpult entwirft er, ausgehend von solchen trockenen Notizen, seine Rede: »Fragt doch den Menschenhändler danach, was Eigentum ist. Er wird euch einen länglichen Sarg zeigen, den er als Schiff bezeichnet, und in den hinein er Menschen gepfercht hat, die lebendig zu sein scheinen: Das ist mein Eigentum, sagt der Menschenhändler, ich habe sie Kopf für Kopf um soundsoviel gekauft.« Und Maximilien schließt mit folgender Definition: »Eigentum ist das Recht jedes Bürgers, sich des Teils seines Besitzes zu erfreuen und darüber zu verfügen, der ihm vom Gesetz garantiert worden ist.«

So kann das Recht auf Eigentum beschnitten werden und muß es auch, »dadurch, daß jeder verpflichtet ist, die Rechte des anderen zu respektieren«. Diese weitreichenden Schlußfolgerungen ergeben sich für Robespierre jedoch nicht aus einer genauen ökonomischen Analyse, sondern aus einer eher moralischen Betrachtungsweise des Problems: »Es geht viel eher darum, die Armut ehrenwert zu machen als den Reichtum zu ächten.« Im übrigen ist die völlige Gleichheit der Güter für ihn ein Hirngespinst.

Reichtum ist für Maximilien ein Beweis niedriger Gesinnung, ein Makel. Mögen doch die, die an diesem Zeichen der Infamie kleben, es behalten. Er wird sich nicht dazu herablassen, sie zu enteignen. Die bloße Berührung mit dem Gold wirkt schon zersetzend. »Schmutzige Seelen, ihr, die ihr das Gold anbetet. Ich will eure Schatzkästen nicht anrühren, wie immer besudelt deren Ursprung sein mag.« Alle Verachtung, deren Robespierre fähig ist, drückt sich hier gegenüber dem Reichtum aus. Aber diesem Ekel komplementär ist das Loblied auf die Askese, auf eine idealisierte und verfälschte Armut: »Die armselige Hütte des Fabricius steht dem Palast des Crassus in nichts nach.«

Mehr noch als um eine politische oder soziale Theorie handelt es sich hier um eine Moral und um Psychologie. Ohne den Erklärungen Robespierres eine gewisse Größe abstreiten zu wollen, muß man doch zugeben, daß in dieser physischen Aversion gegen den »Reichen«, diese »schmutzige Seele«, auch die Ablehnung des konkreten sozialen Problems beschlossen liegt. Denn es gibt mehrere Arten, den Reichtum zu bekämpfen. Man kann sich davon unabhängig machen, man kann ihn für sozial schädlich halten, man kann so tun, als ob es ihn gar nicht gäbe, aber wenn man zum Reichtum eine derart aggressionsgeladene Einstellung hat wie Robespierre, so kann das nur mit der ohnmächtigen Ablehnung eines ganzen Aspekts der Wirklichkeit gleichbedeutend sein.

Wenn Maximilien die »armselige Hütte des Fabricius« in idyllischen Farben ausmalt, muß man sich fragen, ob das nicht seine Unkenntnis und sein Unverständnis von Reichtum und Armut in ihren wechselseitigen Beziehungen bestätigt. Der Reichtum, für ihn unerreichbar, ist Schmutz und Auswurf, die Armut dagegen geheimnisvoll und erhaben, und sie wird besungen wie das verlorene Paradies. Maximilien spricht hier als typischer Vertreter des Mittelstandes, der seine eigene Situation idealisiert.

Während Robespierre in seiner Erklärung der Menschenrechte für eine Verfassung, die niemals rechtskräftig wird, die Zukunft entwirft, verschlechtert sich die Lage mit großer Schnelligkeit.

Vergniaud und Barbaroux geben Anfang Mai einen Aufruf an die Provinz heraus: »Männer der Gironde«, schreibt Vergniaud am 4. Mai, »erhebt euch und macht unsere Mariusse vor Schrecken erzittern!« In Paris, im Palais Luxembourg und auf den Champs-Elysées, weigern sich die jungen Leute, die Gerichtsschreiber und die Ladenschwengel, Soldaten zu werden, und veranstalten Demonstrationen. An den Grenzen wird die Armee der Republik weiter zurückgeschlagen.

Noch kann sich Robespierre angesichts der Gefahr halten und die konterrevolutionäre Bewegung anzeigen, die Paris bedroht. Am 8. Mai abends ergreift er vor den Jakobinern zugunsten all derer das Wort, die die Republik verteidigen wollen. »Laßt uns die Menschen nicht mehr nach Stand und Vermögen, sondern nach ihren Charakteren unterscheiden.« Seine Worte sind taktisch geschickt, weil sie die Bindung zwischen der äußersten Linken im Konvent und dem Bürgertum verstärken wollen, und – wie immer bei ihm – von tiefem Gefühl durchdrungen: »Es gibt überhaupt nur zwei Lager«, fährt er fort, »das der verdorbenen und das der tugendhaften Menschen.«

Die Überzeugung, daß sich die Einigung nicht nur aufdrängt, sondern der Natur der Dinge entspricht, verleiht dem Aufruf Robespierres den Atem der Aufrichtigkeit und der inneren Teilnahme. Selbst noch auf dem Höhepunkt der Tumulte aber spricht er unablässig von sich selbst. Denn in seiner Sicht beweist seine eigene Geschichte die Geschichte überhaupt: »Ein Teil von denen, die das Volk verteidigen, hat sich ins Verderben führen lassen. Auch ich hätte meine Seele für Reichtum verkaufen können, aber ich betrachte den Reichtum nicht nur als Preis, sondern auch als Strafe für das Verbrechen, und ich will lieber arm sein als unglücklich werden.«

Die dunklen Beweggründe, die ihn zur Handlung antreiben, färben alles, was er tut. Am 10. Mai erwähnt er das Verfassungsprojekt vor dem Konvent: »Der Mensch ist zum Glück und zur Freiheit geboren, und dennoch ist er unglücklich und versklavt«, beginnt er und bestimmt dann meisterhaft das, was als Voraussetzung der Verfassung zu gelten hat. Indes tritt am Abend vor den Jakobinern ein anderer Robespierre auf, der den inspirierten Redner vor dem Konvent überhaupt erst verständlich macht. Das ist der Gegenpol seines Wesens. Wenn der eine der Mann der Zukunft ist, dann läßt sich im anderen schwer der Mann verkennen, den die Gewißheit, zu sterben und zu scheitern, gepeinigt und wieder mit sich und den anderen versöhnt hat. Der eine wie der andere aber meiden den Kontakt mit der Wirklichkeit: »Wenn der öffentliche Geist sich nicht wiederbelebt, dann werde ich auf dem kurulischen Sessel warten, auf den mich das Volk erhoben hat, bis die Mörder kommen und mich opfern werden.« Nicht eine Geste, die darauf hindeuten würde, daß er den Tod flieht.

Der Satz ist schön wie ein biblisches Gleichnis: Robespierre spielt darin den standhaften Märtyrer, den das Volk zunächst auserwählt hat, um ihn dann dem rächenden Gotte zu überlassen. Die Worte schaffen ein religiöses, ein Opferklima, und man errät in ihnen verborgen das unschuldige, vom Vater allein gelassene, den Mördern, den anderen, der feindlichen Gesellschaft anheimgestellte Kind. Ein unschuldiges, aber dadurch unwissentlich auch schon schuldiges Kind, das durch den Verlust des Vaters traumatisiert ist. Ein Kind, das den Tod annimmt.

Eine solche Haltung, eine solche Todes- und Sühnebereitschaft kann die Notwendigkeiten der Geschichte nur bestärken. Sie bereitet aber nicht darauf vor, selber zu handeln, sondern wirkt einladend auf andere, den Kampf zu beginnen.

Am 11. Mai vermerkt ein Beobachter des Innenministeriums, daß »Robespierre, wie man sagt, auf Grund seines Kleinmutes das Vertrauen der Massen verliert«. Am 12. Mai treffen sich die Vertreter der einzelnen Sektionen im bischöflichen Palast und beratschlagen einen Aufstand gegen den Konvent. Im Gegensatz dazu bleibt Robespierre, selbst dann, wenn er Verdächtige namhaft macht und ihre Verhaftung verlangt, selbst dann, wenn er danach verlangt, die Sansculotten zu bewaffnen, auf Legalität bedacht. Aufs neue sind seine Vorsicht und seine

Sorge um die Erhaltung der Abgeordnetenversammlung, kurz sein Zurückschrecken vor jeder Art von revolutionärer Betätigung, offenkundig. Und wieder geben ihm die Fakten unrecht.

Schon am 12. Mai schreibt Dutard, ein Polizeispitzel: »Der Augenblick ist schrecklich und erinnert nur zu sehr an diejenigen, die dem 2. September vorhergegangen sind.« Leclerc, ein Radikaler, erklärt am 16. Mai: »Das Volk soll ein gerechtes Urteil fällen, weil die Gerechtigkeit inmitten des Volkes ihren Platz hat und weil das Volk sich gar nicht täuschen kann.« Der Anführer der bewaffneten Sektion der Sansculotten ruft vor der Kommune aus: »Denkt daran, wenn ihr in die Vendée aufbrecht, daß hier die Anhänger Rolands, Brissots und die ganze Brut des Marais zurückbleibt.«

So kommt es, daß Robespierre mit der Entwicklung, die die Volksbewegung genommen hat, nicht Schritt halten kann. Gleichzeitig werden die von ihm vorgelegten maßvollen Vorschläge durch die Haltung der Girondisten wie der Mehrheit des Konvents hinfällig. Dabei ist es doch gerade der Konvent, den Robespierre retten will, um ihn für seine Ziele zu nutzen.

Am 18. Mai denunziert Guadet die Pariser Autoritäten vor dem Konvent als »anarchistisch, gold- und machtgierig«. Wenn man ihm glauben will, muß man sie »zerschlagen« und durch Sektionsvorsitzende ablösen lassen. Die Stellvertreter der Abgeordneten sollen sich in Bourges versammeln. Eine Kommission aus zwölf Mitgliedern wird gebildet, die die Aufgabe hat, sich über die Pariser Kommune zu informieren. Am 24. Mai verlangt sie die Register von allen revolutionären Ausschüssen in den einzelnen Sektionen und entschließt sich, Hébert und die Radikalen Varlet und Marino verhaften zu lassen.

Am 25. erneuert Isnard das Braunschweiger Manifest auf seine Weise: »Wenn der Konvent jemals durch einen Aufstand entwürdigt wird«, droht er, »dann, so erkläre ich euch im Namen von ganz Frankreich, wird Paris dem Boden gleichgemacht werden.«

Die Zeitspanne vom 13. bis zum 25. Mai ist entscheidend. Während dieser zehn Tage, in denen die Ereignisse – die Initiative der Sansculotten und die Reaktion der Gironde darauf – den Unterschied zwischen den Lösungsvorschlägen Robespierres und der revolutionären Wirklichkeit klarmachen, ist

Maximilien krank. Zwischen dem 13. und dem 24. Mai unternimmt er überhaupt nichts. Wenn ihn gerade im entscheidenden Augenblick Müdigkeit überkommt, dann geht daraus einmal mehr hervor, daß sein Wille plötzlich nachlassen kann. Dieses Nachlassen erklärt sich aber damit, daß die politische Wirklichkeit seinen Vorhersagen allzu offensichtlich entgegenläuft.

In diesen zehn Tagen ist klargeworden, daß die revolutionären Kräfte allein über die Zukunft entscheiden, und Robespierre, der eine parlamentarische Lösung des Konflikts angestrebt hat, wird von dem Gefühl befallen, daß ihm alles entgleitet und sich außerhalb seines Einflußbereichs abspielt. Am 26. jedenfalls ist er wieder bei den Jakobinern. »Das Volk kann sich auf seiner Stärke ausruhen«, wirft er in die Versammlung. »Derjenige wäre ein Verbrecher, der ihm nicht sagen würde, daß es sich erheben muß.« Es scheint so, als wolle er sich feierlich dem Aufstand anschließen. »Denn wenn man den guten Glauben und den Anstand mit Füßen tritt, dann muß das Volk aufbegehren. Dieser Augenblick ist gekommen.«

In der Gesellschaft ist die innere Erregung auf ihrem Höhepunkt angekommen. »Ich möchte das Volk dazu auffordern«, fährt Maximilien fort, »im Konvent selber einen Aufstand gegen alle korrumpierten Abgeordneten zu inszenieren.«

In einem Augenblick, da Varlet und Hébert verhaftet sind, da der Ausschuß der Zwölf sich gebildet hat, denkt Robespierre weniger an kollektive Betätigung als daran, sich selbst den Schlägen auszusetzen – und das aus politischen Gründen. Er beschränkt den ersten Teil seiner Rede auf seine persönliche Tätigkeit: »Ich erkläre, daß ich vom Volk das Recht erhalten habe, seine Rechte zu verteidigen, und daß ich jeden, der mich unterbrechen oder mir das Wort nehmen will, als meinen persönlichen Unterdrücker betrachten werde.« Während sich ungezählte Männer innerhalb und außerhalb des Konvents in den Kampf eingemischt haben und die Situation immer noch ungewiß ist, bestätigt er seinen persönlichen Mut. Seine Rede ist zugleich Ausdruck stolzer Naivität und ein Beweis dafür, daß sein Ich immer noch sehr viel Platz einnimmt und ihn von den anderen trennt und einsam macht.

»Ich erkläre, daß ich ganz allein einen Aufstand gegen den Vorsitzenden und alle Mitglieder des Konvents beginnen werde, falls man sich dort der Verachtung gegen die Sansculotten schuldig machen sollte. Ich erkläre hiermit den Aufstand gegen diejenigen unter den Abgeordneten, die sich haben korrumpieren lassen . . .«

Die Rede trägt Spuren von Ekstase in sich. Diese Ekstase läßt sich ebenso mit der Bedeutung der historischen Stunde wie damit erklären, daß die stete Beschwörung der Haltung, die er einnehmen will, ihn trunken gemacht hat: »Ich ganz allein.«

Die physische Unmöglichkeit

Tatsächlich ist es Marat, der schon am 26. Mai Maßnahmen nennt, die es zu ergreifen gilt: einen Marsch auf den Konvent. Danton dagegen arbeitet in entgegengesetzter Richtung. Geschickt und voller Hintergedanken taktiert er zugunsten des Volksaufstandes und in Richtung auf die Mittelparteien hin, die er, wenn die Gironde erst geschlagen ist, mit der äußersten Linken verbinden will. Dunkelmänner, wie der Radikale Varlet und andere anonyme Sansculotten, bilden im bischöflichen Palast ein geheimes Revolutions-Komitee.

Robespierre versucht, völlig erschöpft, im Konvent das Wort zu ergreifen. »Es ist mir aus physischen Gründen unmöglich, alles zu sagen, was meine Empfänglichkeit für die Gefährdung des Vaterlandes mir eingegeben hat«, beginnt er. Entmutigung überfällt ihn, geht zur völligen Zerschlagenheit, zur Verzweiflung und zum Fatalismus über. Er beklagt sich: »Aus der Schwäche meines Sprachorgans wird Nutzen gezogen, um mich daran zu hindern, die Wahrheit vorzutragen«, und zieht sich kampflos zurück: »Ich sträube mich nicht dagegen, die Verbrecher ihre anrüchige Karriere beenden zu lassen. Ich überlasse ihnen dieses Rednerpult.«

Aber er erholt sich wieder und ruft die Kommune am 29. dazu auf, die aufständische Bewegung in die Hände zu nehmen, worauf er zu Bekenntnissen übergeht, erschöpft ist und das verzweifelte Gefühl nicht los wird, nichts zu vermögen, von allem abgeschnitten zu sein. Maximilien ist von der Angst gepackt, zu versagen. Denn jetzt reicht es nicht mehr aus, andere anzuzeigen, jetzt muß eine Aktion auf die Beine gestellt werden: »Ich bin unfähig«, gibt er mutig zu, »dem Volk die Mittel vorzuschreiben, um sich zu retten.«

Die Aufgabe geht über sein Vermögen hinaus. Er, der noch vor wenigen Tagen, noch vor wenigen Stunden so ruhig vorangeschritten ist, läßt die Arme sinken. »Das überfordert einen einzelnen. Das überfordert mich. Vier Jahre Revolution haben mich erschöpft.« Obgleich die eigentliche Aktion noch gar nicht begonnen hat, bricht jetzt schon das Gefühl des Versagens als eine dunkle Gewißheit in ihm aus: »Mich hat das herzzerreißende Schauspiel der triumphierenden Tyrannei und alles dessen ausgemergelt, was am allergemeinsten und am allerverderbtesten ist.«

Noch ist die Schlacht gar nicht geschlagen. Noch kann sie gewonnen oder verloren werden. Aber die versagende Stimme Robespierres verrät, daß er den Glauben verloren hat. Sie sagt auch, daß das feindliche, gemeine, verderbte Wirkliche ihn, der »von einem langsamen Fieber und besonders dem Fieber der Vaterlandsliebe dahingerafft wird«, vernichtet. Da steht er, an den Rand gedrängt, während die Ereignisse ihren Lauf nehmen, und wird bei aller Vorsicht und Klarsicht von der Last der Verantwortung erdrückt. »Ich habe gesprochen«, sagt er, »im Augenblick bleibt mir keine andere Pflicht.«

Am 31. Mai, einem Freitag, wird der Konvent, der in die Tuilerien umgezogen ist, von den Petitionären und von der Kommune besetzt. Die Kommunarden tragen ein umfassendes Programm zur Verteidigung der Revolution (Schaffung einer zentralen revolutionären Armee, Säuberungsaktionen) und ökonomische Forderungen vor (Besteuerung der Reichen, Preisbindung usw.). Robespierre ruft Vergniaud, der ihn mit einem ironischen »Zieht doch endlich die Schlußfolgerung!« unterbrochen hat, vom Rednerpult aus zu: »Meine Schlußfolgerung? – Das ist die Anklage gegen alle Mitverschwörer von Dumouriez und gegen alle diejenigen, die von den Petitionären namhaft gemacht worden sind.«

Aber die Manifestation verläuft sich im Sande. Am 1. Juni beschließt das Komitee der Aufständischen, den Konvent zu umzingeln. Am 2. Juni sind die Tuilerien von 80 000 Bewaffneten umstellt. Hanriot hat das Kommando. Die Petitionäre verlangen die Verhaftung von 34 girondistischen Abgeordneten. Billaud-Varenne und Marat unterstützen sie dabei. Danton und Barère versuchen, einen Ausgleich herbeizuführen. Der Konvent weigert sich aber, die Abgeordneten herauszugeben. Einige versuchen auszubrechen.

»Kanoniere, an die Geschütze«, ruft Hanriot aus, und die Abgeordneten ziehen sich zurück und stimmen auf Antrag von Couthon für den Hausarrest der girondistischen Anführer. Zuvor hatte Vergniaud dem Paralytiker von der äußersten Linken mit verachtungsvollem Lächeln auf den Lippen zugerufen: »Gebt Couthon ein Glas Blut. Er hat Durst.«

Robespierre hält sich unbeweglich auf seinem Platz. Er hat während der ganzen Sitzung kein Wort gesagt. Er hat alles geschehen lassen. Seit er sich zuletzt am 31. Mai eingemischt hat, schweigt er und fühlt sich als Zuschauer einer neuen Revolution, die den Konvent von all denen befreit, die er schon mehr als ein Jahr lang verdächtigt hat. Eine Revolution, die er analysiert und der er Impulse verleiht, ohne sie freilich zu leiten. Eine Revolution, die er in allen ihren Auswirkungen gewollt hat, ohne den Ablauf der Ereignisse doch vorhersehen zu können. Eine Revolution, deren Zweideutigkeiten er mit der hellsichtigen Schärfe im voraus fühlt, die die Gewißheit und Erwartung des eigenen Scheiterns verleihen.

Dritter Teil: Sterben

10. Die Straße, die zum Tode führt (2. Juni bis 27. Juli 1793)

Lebensunterhalt und Volksgesetzgebung

In Wirklichkeit haben die Radikalen am 2. Juni nur einen teilweisen und unsicheren Erfolg errungen. Die verhafteten girondistischen Abgeordneten sind nicht angeklagt worden. Sie stehen nur unter Hausarrest, aber niemand hindert sie daran, im Restaurant zu speisen; so gelingt 20 Abgeordneten die Flucht. Die beiden Minister Clavière und Lebrun üben sogar weiterhin ihre Funktion im Wohlfahrtsausschuß aus. Noch schlimmer: Am 6. Juni unterzeichnen 75 Abgeordnete eine Protestnote gegen den Aufstand vom 2. Juni. Gleichzeitig schlagen Danton und Barère die Auflösung aller Revolutionsausschüsse vor, ja schrecken nicht einmal davor zurück, Geiseln aus den Reihen der Bergpartei in die Departements zu schicken, deren girondistische Abgeordnete verhaftet worden sind.

Auf der anderen Seite bleibt die radikale Linke, deren Forderungen mit Ausnahme des Revolutionsheeres nicht berücksichtigt worden sind, dem Konvent gegenüber feindlich eingestellt. Schon am 4. und 7. Juni trägt sie heftige Angriffe gegen Danton, gegen die Gemäßigten und sogar gegen die Bergpartei vor; der politische Sieg der Linken ist nach wie vor gefährdet. Obwohl die Radikalen in Schranken gehalten werden, der Konvent immer noch besteht und die Girondisten ohne Blutbad verjagt sind, kann alles wieder in Frage gestellt werden; denn von Bordeaux bis Marseille und von der Normandie bis Lyon rebelliert die Provinz gegen die Hauptstadt.

Bei den ersten Anzeichen einer Beruhigung des politischen Lebens tritt auch Robespierre wieder in Aktion. Bereits am 3. Juni notiert er, daß »Intriganten im Konvent verbleiben«. Mit bemerkenswertem politischen Spürsinn umreißt er in seinem Notizbuch das künftige Programm:

»Wir brauchen einen einzigen, ungeteilten Willen ... Die inneren Gefahren kommen vom Bürgertum; um es zu besiegen, muß man das Volk hinter sich bringen ... Der Aufstand muß sich langsam ausbreiten ... Man muß die Sansculotten bezahlen und sie in der Stadt zurückhalten, man muß ihnen Waffen geben, sie in Zorn versetzen und sie aufklären; die Begeisterung für die Republik muß mit allen Mitteln entfacht werden.« Dennoch soll das Volk den Konvent nicht abschaffen. »Das Volk muß sich mit dem Konvent verbinden, und der Konvent muß sich auf das Volk stützen.« Wie kann man sich mit dem Volk verbinden? »Durch Sicherung des Lebensunterhaltes und durch Verabschiedung volkstümlicher Gesetze.«

Die Gefahr einer Konterrevolution wird immer drohender. Die republikanische Armee muß an allen Fronten zurückweichen, und die föderalistische Revolte hat unter dem Einfluß der Girondisten und der Royalisten inzwischen nahezu 60 Departements erfaßt. Dagegen müssen energische Maßnahmen ergriffen werden: Man muß die Bauern für sich gewinnen. Am 3. und 10. Juni und dann endgültig am 10. Juli wird die große Bodenreform beschlossen, die den Erwerb von Grund und Boden durch die armen Bauern begünstigt. Außerdem werden die Beamtengehälter erhöht. Die nach Robespierres Entwurf ausgearbeitete Verfassung wird nach einer Abstimmung mit 1 800 000 Stimmen gebilligt. Die Departements müssen erkennen, daß ihre Anklage, in Paris strebe man nach der Diktatur, jeder Grundlage entbehrt.

Ich habe nicht mehr die nötige Kraft

Gleichwohl bemüht sich Maximilien immer um Mäßigung. Er unterstützt die zweideutige Politik des Wohlfahrtsausschusses, mischt sich aber nicht in die Regierungsgeschäfte ein. Warum? Vielleicht weil Marat am 19. Juni hart festgestellt hat: »Robespierre ist als Parteichef ungeeignet, denn er geht jeder streitenden Gruppe aus dem Weg und erblaßt beim Anblick eines Säbels.« Er kann nur als einzelner handeln und läuft immer Gefahr, zu verzweifeln und dem auch deutlich Ausdruck zu geben.

Am Abend des 12. Juni 1793 erliegt er vor den verdutzten Jakobinern der Versuchung und spricht aus, was er in seiner Einsamkeit empfindet: »Ich habe nicht mehr die nötige Kraft, um die Aristokratie zu bekämpfen.« Die Jakobiner hören diesen verstörten Mann voller Skrupel, der sich demütigt und der auf Zuspruch wartet. Er fährt fort: »Vier Jahre mühseliger und fruchtloser Arbeit haben mich erschöpft; ich fühle, daß ich physisch und moralisch einer großen Revolution nicht mehr gewachsen bin, und erkläre hiermit, daß ich mein Amt niederlegen werde.«

Maximilien hat sich verausgabt. Man spürt in seinen Worten Qual und Enttäuschung; denn die Geschichte hat kein Ende, man erreicht das rettende Ufer nie, der Sturm legt sich nicht. Robespierre weiß ganz genau, daß er sein Amt nicht niederlegen kann. In den zitierten Sätzen wird der Aufschrei eines Menschen laut, den die Aktion immer weiter treibt, und der den ihm entgleitenden und ihn vernichtenden Mechanismus beherrschen möchte.

Dann fängt sich Robespierre wieder, spricht vor den Jakobinern – und spricht erneut von sich selbst: »Wir müssen die Klippen der Entmutigung und der Vermessenheit vermeiden.« Die Aktion nimmt ihn aufs neue gefangen. Vor den Jakobinern und im Konvent greift er im Laufe des Monats Juni mehr als vierzigmal in die Debatte ein. Wenn es in seinen Reden nicht immer häufiger jene düsteren Bekenntnisse gäbe, würde niemand vermuten, daß dieser unablässig tätige Mensch genau weiß: Er steht am Rande des Abgrundes und kämpft mit der dauernden Versuchung, sich hinunterzustürzen.

Noch ist für das Glück des Volkes nicht alles getan

Robespierre muß nun an zwei Fronten kämpfen; auch das erklärt seine Schwäche. Bisher hat er einfach gegen eine einzige Gruppe von Schurken und Verbrechern im Namen des Volkes zu sprechen gehabt; jetzt verfechten auch die Radikalen im Namen des leidenden Volkes ihre eigene Politik, auch sie haben ihre Führer.

Varlet, Chabot und vor allem Jacques Roux greifen an. Sie üben Kritik an der Verfassung und finden damit den Beifall der Cordeliers. Am 22. Juni wendet sich Roux an die Cordeliers: »Das ganze Volk soll sich beim Konvent einfinden und einstimmig rufen: Wir verehren die Freiheit, aber wir wollen nicht vor Hunger sterben!«

Auch gegen diese Männer muß Robespierre kämpfen, was keine leichte Aufgabe ist. Am 25. Juni beginnt Jacques Roux vor den Schranken des Konvents eine strenge und unerbittliche Abrechnung: »Vertreter des französischen Volkes, habt ihr den Börsenwucher unterbunden? Nein! Habt ihr die Spekulation verboten? Nein! Folglich erklären wir, daß ihr für das Glück des Volkes nicht alles getan habt.«

Es war ein leichtes, die Vertreter der reichen Bourgeoisie, La Fayette, Roland, Brissot oder Vergniaud, zu bekämpfen. Jetzt hat man es mit einem anderen Gegner zu tun, einem Gegner, der sogar den Abgeordneten der Bergpartei vorwirft, sie hätten »die Tränen und Seufzer des Volkes ohne Nahrung und Kleidung« überhört. Nicht mehr Barnave oder die Brüder Lameth klagen hier an, sondern die Armen selbst, das von Robespierre immer verteidigte Volk. Jacques Roux gelangt zu dem Schluß: »Abgeordnete der Bergpartei, ihr werdet euren Nachfolgern doch nicht das schreckliche Beispiel der Barbarei geben, die die Mächtigen an den Schwachen, die Reichen an den Armen zu verüben pflegen; ihr werdet eure Laufbahn doch nicht mit dieser Schmach beenden.«

Es ist sehr schwer für Robespierre, der bisher als einziger für das Volk eingetreten ist, jetzt die drohende Stimme des Volkes hören zu müssen. Aber er muß kämpfen, denn in Paris brechen Unruhen aus, und man plündert in den Häfen der Hauptstadt Schiffe, die Seife geladen haben.

Robespierre empört sich am 28. Juni: »Wenn wir uns wie die Parteigänger Brissots verhalten haben, werden wir gern die Konsequenzen unseres Verrats auf uns nehmen; da dies nicht der Fall ist, mißtraut diesen Intriganten.« Mit einem Satz urteilt er Jacques Roux voller Verachtung ab: »Glaubt ihr vielleicht, daß dieser Priester, der die besten Patrioten in Übereinstimmung mit den Österreichern anklagt, völlig uneigennützige und legitime Absichten haben kann? Er ist ein unwissender Intrigant, ein gescheitertes Subjekt, ein falscher Patriot.« Der so oft verleumdete Robespierre wird seinerseits zum Verleumder.

Es ist richtig, daß Pitts Agenten mit Hilfe der Banken reichlich Gelder verteilen, um die Unruhen in Paris zu schüren. Ebenso ist es richtig, daß der republikanische Block um den Konvent und die Bergpartei sich in diesen Zeiten höchster Gefahr durchsetzt und daß Robespierre ohne Inkonsequenz diesen Jacques Roux, »einen Mann, der seine angeblich vaterländischen

Beleidigungen zu wiederholen wagt«, nicht dulden kann. Dennoch darf man in Robespierres Vehemenz gegen Jacques Roux und die Radikalen nicht nur den Ausdruck einer politischen Notwendigkeit sehen. Sie ist der Aufschrei und die aggressive Verkrampfung eines verletzten Menschen, der zwar im Namen des Volkes und der Armen spricht, aber nicht zu ihnen gehört; er bleibt allein, tragische Verkörperung der objektiven Kräfte der Geschichte. In Robespierres Verachtung für Jacques Roux drückt sich nur seine eigene Verwirrung aus. Nach dem Urteil seines Verstandes hat er richtig gehandelt, sein Gefühl aber gibt ihm unrecht.

Sein Sieg über Jacques Roux und die Radikalen Ende Juni 1793 ändert nichts, er bleibt dennoch der Besiegte. In seinem Innersten lebt Maximilien noch einmal das Drama seiner Gesellschaftsschicht, des Teils des revolutionären Bürgertums, das die Republik mit Hilfe der Sansculotten retten will, aber dennoch von ihnen getrennt bleibt. Robespierre hat zwar die Offensive der Radikalen zurückgeschlagen, aber die Armen bleiben arm. Im Juli liegt der Kurs der Assignaten unter 70 Prozent ihres Nennwertes. An der Börse treibt der Wucher üppige Blüten.

Die Ehren des Dolches

Robespierre und die Bergpartei lehnen die Forderung von Jacques Roux, einen Artikel in die Verfassung aufzunehmen, nach dem Spekulation und Wucher mit dem Tode bestraft werden, ab. Indessen widmen sie am 13. Juli eine ganze Sitzung des Konvents der Debatte über einen nationalen Erziehungsplan, den Lepelletier de Saint-Fargeau schon vor seiner Ermordung im Januar vorgelegt hat. Robespierre selbst verliest das großzügige Projekt, das »zu den drei großen Denkmälern gehört, die der Konvent der Geschichte schuldet, nämlich die Verfassung, das bürgerliche Gesetzbuch und die Erziehung der Öffentlichkeit«. Das Dokument ist ganz vom Geiste Rousseaus geprägt, Ausdruck des demokratischen Ideals. Fern von den Forderungen der Radikalen, beim beruhigenden Bilde eines aufgeklärten Volkes, fühlt sich Robespierre natürlich wohl. Lepelletier schreibt: »Hier findet die Revolution der Armen statt . . . eine sanfte und friedliche Revolution, die weder das

Eigentum in Frage stellt noch den Gerechtigkeitssinn beleidigt.« Für diese Utopie, für diesen Traum von einer harmonischen Ordnung setzt sich Robespierre voller Begeisterung ein.

Aber Lepelletier ist eines gewaltsamen Todes gestorben, und am selben 13. Juli 1793, an dem Robespierre die Zukunft beschwört, wird Marat erdolcht. Am 16. Juli stirbt in Lyon der Jakobiner Chalier unter der Guillotine. Die Revolutionen sind eben nie sanft und friedlich.

In Paris schlägt der Tod Marats wie ein Blitz ein. Marats Herz wird auf einem Altar im Club der Cordeliers niedergelegt. Man betet ihn an: »Herz Jesu, Herz Marats, erbarmet euch unser!« Andere rufen: »Sammelt euch, Sansculotten, und spendet Beifall, Marat ist glücklich, unser Freund Marat ist für das Vaterland gestorben.«

Die Jakobiner fordern die Ehren des Pantheons für Marat, aber Robespierre ist dagegen. Er kann seine Weigerung nur schwer rechtfertigen. Er meint: »Es ist nicht der richtige Zeitpunkt, dem Volk das Schauspiel eines öffentlichen Leichenbegängnisses zu liefern.« Dabei hatte er selbst bereits am 21. Januar das Pantheon für Lepelletier verlangt. Während Robespierre von den Ehren spricht, um die alle für den »Volksfreund« Marat ersuchen, unterbricht ihn Bentabole mit den Worten: »Und die man ihm, seinen Neidern zum Trotze, erweisen wird!«

Um Robespierres Haltung zu verstehen, genügt es nicht, einfach zu sagen, er habe Marat nicht ausstehen können, oder er habe die posthume Verbreitung seines Denkens oder seines Beispiels befürchtet. Wenn diese Motive auch eine Rolle gespielt haben, so lassen Maximiliens verworrene Erklärungen und die mittelmäßige Argumentation doch viel eher auf einen gewissen Verdruß über diesen spontanen Kult des Volkes für den »Volksfreund« schließen. Vor allem eine Bemerkung erinnert stark an kleinliches Rivalitätsdenken. Er kann nicht von dem Mord sprechen, ohne sofort sein eigenes Schicksal vorauszusagen:

»Auch mir sind die Ehren des Dolches bestimmt . . . Marat ging mir nur zufällig voran.« Die hellsichtige und zugleich blinde Naivität dieses Satzes spricht Bände. »Auch ich«, sagt Robespierre. Aber nur Marat ist am 13. Juli gestorben.

Maximilien kann sich selbst nur als Märtyrer und Sprachrohr des Volkes ertragen. Er hat sein Leben für die Revolution und das Volk hingegeben, er kann neben sich nicht einmal das Andenken Marats dulden. Wieder entdecken wir die Reaktion des im Stich gelassenen, verratenen und frustrierten Kindes, das Anerkennung, Liebe oder Haß braucht, das auf jeden Fall im Mittelpunkt stehen will und keinen anderen neben sich duldet. Der Lauf der Geschichte wird Robespierre zufriedenstellen. Das Martyrium wird ihm nicht erspart bleiben.

Am 10. Juli ist der Wohlfahrtsausschuß neu gewählt worden. Danton wurde nicht wiedergewählt. Am 27. Juli wird Robespierre gegen seinen Willen als Nachfolger des Dantonisten Gasparin, der zurückgetreten ist, gewählt und nimmt das Amt an. Damit beginnt die Zeit der Verantwortung im Regierungsgeschäft.

Noch am 14. Juli, anläßlich des Todes von Marat, hat Robespierre unter dem Eindruck der Idee des Scheiterns erklärt: »Mein Fall steht immer unmittelbarer bevor.« Und in der Tat: Für Robespierre kennt die Straße, die zum Tode führt, nun keinen Umweg mehr.

11. Kämpfen für die Menschheit (27. Juli 1793 bis Februar 1794)

Erweiterung der Fähigkeiten

Genau ein Jahr trennt Robespierres Einzug in den Wohlfahrtsausschuß vom 9. Thermidor, dem Tag seiner Verhaftung. Ein Jahr lang wird er mit den Realitäten des Regierungsgeschäfts konfrontiert. Am Ende dieses Jahres wird sich die Lage der Republik völlig gewandelt haben.

Im Juli 1793 muß Mainz geräumt werden, Valenciennes ergibt sich dem Herzog von York, in Lyon tobt der Aufstand, Dünkirchen und Toulon werden von den Engländern besetzt. Im Juli 1794 dagegen fällt Brüssel nach dem entscheidenden Sieg bei Fleurus am 26. Juni, und am 9. Thermidor marschiert Jourdan in Lüttich ein. In diesem einen Jahr hat die Republik den großen Sturm überstanden.

Robespierre gehört zu ihren einflußreichsten Führern. Seit 1789 hat er sich fast ausschließlich der Revolution gewidmet, jetzt scheinen seine Kräfte noch einmal vervielfacht. Überall ist er gegenwärtig, im Wohlfahrtsausschuß, im Konvent und bei den Jakobinern. Er verzehrt sich selbstlos im Kampf um die Republik. Sein ganzes Denken und Tun kreist nur noch um die politische Aktion.

In seinem Bericht über die politische Lage Frankreichs vom 27. Brumaire (17. November) enthüllt ein Satz die Begeisterung, von der die Männer des Ausschusses besessen sind und die sie dazu treibt, die eigene Person ganz zurückzustellen. Er ruft aus: »Wer von uns fühlt die ungeheure Erweiterung seiner Fähigkeiten nicht, wer glaubt nicht, daß wir uns über die Menschheit erheben, wenn er daran denkt, daß wir nicht nur für ein Volk kämpfen, sondern für die ganze Menschheit, nicht nur für die Zeitgenossen, sondern für die Nachwelt!«

Nur diese Trunkenheit und die Faszination durch das eigene Schicksal und den historischen Auftrag befähigen Robespierre, der schon in den vier vorhergehenden Jahren höchster Anspannung seine Kräfte aufgerieben hat, die ungeheure Mühe auf sich zu nehmen, welche die politische Lage und die ihm zugefallene Führungsrolle noch einmal von ihm fordern.

Die treibende Kraft des Wohlfahrtsausschusses

Maximilien ist nur scheinbar ein Mitglied unter anderen, in Wirklichkeit ist er die hervorragende Persönlichkeit des Ausschusses*. Er vereinigt auf Grund seiner Vergangenheit, seiner Popularität und seines Einflusses im Konvent und bei den Jakobinern einen Großteil der politischen Macht des Ausschusses in seiner Person, vor allem wenn Couthon und Saint-Just ihn unterstützen.

Trotz dieser ausschlaggebenden Position ist er jedoch, wie die anderen Mitglieder, an die monatliche Wiederwahl durch den Konvent gebunden. In dieser Periode sind die Initiativen Robespierres oft nicht von der Leistung seiner elf Kollegen zu trennen, doch er beweist sein methodisches Geschick und sein Organisationstalent. Er selbst legt im Oktober 1793 die Richtlinien für die Arbeitsweise des Ausschusses fest, wenn er notiert: »Wir brauchen einen Generalsekretär von hohen Verdiensten, ein kluges und patriotisch gesinntes Büro von Sekretären ... Jedem Mitglied muß ein eigener Raum zur Verfügung gestellt werden, in dem es ungestört arbeiten kann ... Der Ausschuß muß unter Ausschluß der Öffentlichkeit beraten können; die Sitzungstermine müssen streng eingehalten werden, und jedes Mitglied muß die Namen der Verbindungsmänner zum Konvent kennen.«

Maximilien, der vier Jahre lang auf sich selbst und den Jakobinerclub angewiesen war, scheint nun die Möglichkeiten, die ihm der Apparat des Wohlfahrtsausschusses bietet, ohne Zögern ausnutzen zu wollen. Die Anpassung gelingt ihm ohne Schwierigkeiten, weil er sich schon immer als Gewissen der Nation empfunden hat und so auf seine Arbeit gut vorbereitet

* Der Ausschuß setzt sich aus zwölf Mitgliedern zusammen. Carnot und Prieur de la Côte-d'Or werden am 14. August aufgenommen. Am 6. September folgen Billaud-Varenne und Collot d'Herbois. Die übrigen Mitglieder sind: Barère, Robert Lindet, Jean Bon Saint-André, Couthon, Hérault de Séchelles, Prieur de la Marne und Saint-Just.

ist, weil er gleichsam von Natur aus gewohnt ist, als Staatsmann zu denken.

Er arbeitet in den Tuilerien, im Palais-Egalité, dem ehemaligen Pavillon de Flore. Bereits um 7 Uhr morgens ist er auf seinem Posten, liest Depeschen und studiert die Heeresberichte. Gegen 10 Uhr findet eine erste Sitzung des Ausschusses ohne Vorsitz und Protokoll statt, bei der Robespierre sicher seinen Einfluß geltend machen kann. Anschließend werden die Erlasse unterzeichnet, um 13 Uhr begibt er sich in den Konvent, wo man die Tagesordnung diskutiert. Gegen 20 Uhr beginnt aufs neue die Sitzung des Wohlfahrtsausschusses, die sich bis 1 oder 2 Uhr in der Nacht hinziehen kann. Findet dort keine Sitzung statt, so ist Robespierre bei den Jakobinern zu finden. In den wenigen freien Stunden bereitet er seine Reden im Konvent oder vor den Jakobinern vor. Er gibt sich dabei mit einer kurzen Notiz der hauptsächlichen Punkte dessen, was er sagen will, zufrieden. Eines seiner Notizhefte von Ende 1793 hat man wiedergefunden. Robespierre scheint sich demnach ebensosehr für Einzelfragen wie für grundsätzliche Probleme interessiert zu haben. Nichts entgeht ihm. So heißt es unter dem Monat Oktober:

Dentzel, Belin — Verräter, müssen endlich öffentlich angeklagt werden.
Erlaß zur Kalenderfrage — auf unbestimmt vertagen.
Organisation der Ausschüsse.
Bericht über die Zustände in der Vendée.
Parteiungen entlarven.
Bordeaux, Lyon, Toulon.
Korrespondenz.
Mißstände am Revolutionstribunal.
Erklärung: Die unter Arrest gestellte Sektion darf dem Vaterland nicht mehr dienen.
2 Pläne notwendig: einer von den Sekretären.
Ausschußorganisation.
Minister, Polizei, Oberbefehlshaber, öffentlicher Ankläger oder Strafgerichtspräsident müssen jeden Tag zur gleichen Stunde gehört werden.
Keinen Ausländer im Ausschuß empfangen. Sollen bei

den Ministern vorsprechen. Oder einen Kommissar ernennen, der sie empfängt.

Die Assemblée über die neue Arbeitsweise des Ausschusses in Kenntnis setzen.

Tabaksteuer zerstört unsere Handelsbeziehungen mit Amerika.

(Zitiert nach Mathiez)

Robespierre scheint sich um alles zu kümmern: persönliche Fragen, Organisationsprobleme, Innenpolitik, internationale Beziehungen oder Kriegführung — nichts bleibt ihm fremd. Genau und argwöhnisch wie er ist, spielt er im Wohlfahrtsausschuß die Rolle des »Generalkontrolleurs«.

Das Übermaß an Arbeit und die entnervende Spannung lassen unter den Männern des Ausschusses, die schon in politischer Hinsicht nicht einer Meinung sind — Carnot steht eher rechts, Billaud-Varenne ist der äußersten Linken zuzurechnen —, Antipathien und Rivalitäten aufkommen. Die zunehmende Ermüdung tut ein übriges, um Unverständnis und Haßgefühle zu fördern. Hinzu kommt noch, daß Robespierre ständig als Ankläger auftritt. Er hält sich für unentbehrlich, so daß die Konzentration der Macht in seinen Händen nicht nur ein Ergebnis objektiver Notwendigkeiten ist, sondern auch einer natürlichen Neigung seiner Person entspricht.

Dennoch unterzeichnet er weniger Erlasse als seine Kollegen Barère, Carnot oder Lindet. Selbst wenn die 542 Erlasse, die seine Unterschrift tragen, alle Tätigkeitsbereiche des Ausschusses umfassen, so geht aus dem Studium der Dokumente doch hervor, daß sich Robespierre weniger als Techniker der Macht denn als Ideenpolitiker betätigt. Die meisten Unterschriften fallen unter die Kategorie »Verhaftungen«. Anklagen, Säubern und Verfolgung der Konterrevolutionäre hat Maximilien schon immer zu seinen Aufgaben gerechnet, durch seine Wahl in den Ausschuß hat sich daran nichts geändert.

Aber Robespierre muß seinen Arbeitsrausch büßen. Er leidet immer häufiger unter Depressionen. Die übermenschlichen Anstrengungen höhlen seine Wangen aus, seine Gesichtsfarbe wird gelblich, und er muß die übermüdeten Augen mit einer grünen Brille schützen. Maximilien gibt sich ganz der Geschichte hin — sie wird ihn zermalmen.

Nach seinem Einzug in den Wohlfahrtsausschuß stürzt sich Robespierre zunächst unter dem Eindruck der Ereignisse in die Aktion. Am Tag seiner Wahl, am 27. Juli, erobern die Aufständischen der Vendée Ponts-de-Cé, und das Heer, das Mainz räumen muß, löst sich auf. Hungersnot herrscht, die Schlangen vor den Geschäften werden immer länger, und die rebellischen Provinzen, die Bretagne und die Normandie, stellen ihre Lieferungen nach Paris ein. Auf den Märkten der Hauptstadt kommt es zu Menschenansammlungen und Unruhen, so daß der Konvent noch am 27. Juli ein Dekret über die Bekämpfung von Wuchergeschäften herausgeben muß. Alle lebensnotwendigen Nahrungsmittel werden unter Kontrolle gestellt. Das bedeutet die Verwirklichung eines Programmpunktes der Radikalen, die sofort weitere Forderungen erheben: »Die Patrioten sollen sich bewaffnen und Bataillone bilden; die Unbewaffneten sollen sich als Munitionsführer betätigen; die Frauen Brot backen und die Lebensmittelversorgung übernehmen ...«

Leclerc greift Danton und den Konvent an. Er verlangt die Verhaftung aller Verdächtigen. Jacques Roux fordert in seiner Zeitung »die Guillotine für alle, die sich seit vier Jahren an den Tränen der Unglücklichen gesättigt haben; die Guillotine für alle schamlosen Verbrecher, die Raubtiere, aber keine Menschen sind.« Andere rufen nach einer »großen Säuberung«, einer »Neuauflage der Septembermorde«, alles Maßnahmen, die der Wohlfahrtsausschuß im Jahre II wird treffen müssen, die Robespierre im Augenblick aber noch zurückweist, weil er es als seine vordringlichste Aufgabe ansieht, zunächst die Radikalen zu vernichten, die recht ungeschickt versuchen, das Volk aufzuwiegeln.

Robespierre spricht als Mann der Ordnung und als Inhaber der Regierungsgewalt, dem es auf Wirksamkeit ankommen muß, aber auch als Betroffener, der keine anderen Führer des Volkes neben sich dulden kann. Er nennt es schamlos, seine Politik zu bekämpfen. Seine Reden gegen die Radikalen haben so nicht nur die politische Bedeutung des Kampfes gegen den Extremismus, sondern stellen gleichzeitig den Rechtfertigungsversuch eines Mannes dar, der sich angegriffen fühlt und daher seinen ganzen Groll ablädt, oft sogar wider besseres Wissen.

Am 5. August greift Vincent, ein Anhänger Héberts, vor den

Jakobinern den Konvent und Danton an. Robespierre reagiert verärgert. Er verurteilt die »neuen Männer, diese Eintagspatrioten, die dem Volke seine ältesten Freunde abspenstig machen wollen . . . denen es mit übertrieben patriotisch formulierten Sätzen gelingt, vor dem Volk den Eifer der neuen Freunde auf Kosten der alten hervorzuheben«.

Das ist mehr aggressive Selbstverteidigung als Kampf gegen die Demagogie. Robespierre schreckt nicht einmal vor Verleumdungen zurück; er spricht von »zwei Männern, die von den Feinden des Volkes gekauft sind . . . Der erste ist ein Priester, den man nur wegen zweier schrecklicher Taten kennt. Zuerst wollte er die Händler umbringen lassen, die – wie er meinte – zu überhöhten Preisen verkauften, dann wollte er das Volk überreden, gegen die Verfassung zu stimmen . . . Der zweite ist ein junger Mann, an dessen Beispiel man sehen kann, daß auch Jugend nicht gegen Bestechung feit. Es handelt sich um den verführerischen Leclerc, einen ehemaligen Adligen. Marat hat beide schon als Intriganten und Söldlinge der Emigranten und des Pitt entlarvt.«

Im Anschluß daran verteidigt er Danton, der gerade am 2. August eine Amnestie gefordert hatte. »Man wird Danton erst dann tadeln dürfen, wenn man bewiesen hat, daß man selbst mehr Kraft, Begabung und Liebe für das Vaterland hat . . . Niemand hat das Recht, gegen Danton den leisesten Vorwurf zu erheben.« Diese Worte sollten Robespierre einige Monate später nicht hindern, selber eine detaillierte Anklageschrift gegen Danton zu verfassen.

Der politische Angriff gegen die Radikalen wird persönlich genommen. Robespierres Stellung ist gefährdet, also reagiert er dementsprechend. Wie eh und je geraten ihm seine Gegner zu bestechlichen Intriganten. Selbst wenn er Danton verteidigt, geht es ihm weniger um die Einheit der Bergpartei oder darum, zunächst die unmittelbare Gefahr zu beseitigen; er sieht vielmehr in Danton eine Art Gegenpol, der ihn in seiner eigenen Rolle bestätigt, einen Gegner, dem im Weltbild Robespierres eine entscheidende Aufgabe zufällt; denn Danton bemüht sich nicht einmal, seine Korruption zu verheimlichen, und läßt auf diese Weise das Bild des reinen, unbestechlichen Robespierre, der im Interesse des Volkes handelt, um so leuchtender hervortreten. Dagegen stellen Roux, Leclerc und die Radikalen allein durch ihre Existenz sein Weltbild in Frage. Daher bekämpft er weniger ihre Politik – er hat ja schon verschiedene Punkte ihres Programms übernommen und wird weitere übernehmen – als die Tatsache, daß sie sie gegen ihn formulieren.

Am 6. August antwortet Théophile Leclerc ohne die geringste Ehrfurcht vor der Vergangenheit des Unbestechlichen. Der Zweiundzwanzigjährige sagt mit großem Stolz: »Ich glaube, daß die neuen Männer nur deshalb zu exaltiert erscheinen, weil die alten verbraucht sind. Ich bin überzeugt, daß nur die jungen Leute das nötige Feuer haben, um eine Revolution durchzuführen.«

Diese Sätze müssen auf Robespierre wie ein Schlag ins Gesicht wirken. Im übrigen spart Leclerc nicht mit Verachtung: »Irgend jemand hat vor den Jakobinern behauptet, ich sei ein ehemaliger Adliger ...«

Die Radikalen sind in Robespierres Augen nicht nur gefährliche und unverantwortliche Elemente, sondern darüber hinaus Bilderstürmer und respektlose Unruhestifter, gegen die sich alles in seinem Wesen aufbäumt. Durch sie wird deutlich, daß er nicht allein das Monopol der Geschichte, der Heiligkeit und der Armut gepachtet hat. Daher reagiert er ihnen gegenüber wie ein Etablierter gegenüber Außenseitern.

Von nun an verfolgt er sie mit Haß. Am 7. August behauptet er, sie verrieten das Vaterland und seien Agenten des Auslandes. Am 8. August bringt er die Witwe Marats dazu – Marats, dem er das Pantheon strittig gemacht hat –, dem Konvent eine Petition vorzulegen, die er mit großer Wahrscheinlichkeit selbst verfaßt hat, und in der die treue Lebensgefährtin des Volksfreundes »vor allem zwei Männer, nämlich Jacques Roux und Leclerc, anklagt«, die sich als Nachfolger Marats ausgeben, »aber in Wirklichkeit nach seinem Tode die mörderische Verleumdung fortsetzen, die in ihm den wahnwitzigen Apostel des Aufruhrs und der Anarchie sehen will«.

Maximiliens leidenschaftliche Anstrengungen führen zum Erfolg. Am 7. August wählen ihn die Jakobiner zum Präsidenten ihrer Gesellschaft, und die Gedenkfeiern zum 10. August verlaufen ohne äußere Störung.

Um die Sansculotten dem Einfluß der Radikalen zu entziehen, werden Anordnungen getroffen, dann aber doch nicht durchgeführt. Am 9. August setzt Barère im Namen des Wohlfahrtsausschusses die Schaffung eines Kornspeichers in jedem Distrikt durch. Robespierre selbst hat in der Nacht vom 1. zum 2. August die Delegierten der Sektionen empfangen, die die Überprüfung der städtischen Läden fordern. Er erwähnt das bevorstehende Fest vom 10. August und erreicht damit den Aufschub ihrer Forderungen, die freilich auch nach dem 10. niemals erfüllt werden.

Am 17. August begehrt Jacques Roux auf: »Ihr barbarischen Verwaltungsfachleute, ihr schurkischen Patrioten und egoistischen Konterrevolutionäre, mit welchem Recht verheimlicht ihr die augenblickliche Versorgungslage? Die großen Fragen der Nation müssen in Gegenwart des Volkes verhandelt werden . . .« Aber der Wohlfahrtsausschuß hat auf Anregung Robespierres Paris versorgen lassen, so daß man Jacques Roux am 22. August in aller Ruhe verhaften kann. Er schreibt: »Ich liege in Ketten, weil ich Menschheit und Gerechtigkeit verteidigt habe, weil ich die politischen Blutsauger und Wucherer mit meinem Blitz getroffen habe, weil ich den untreuen Repräsentanten des Volkes und den Verwaltern der Lebensmittel harte Wahrheiten vorgesetzt habe.«

Am Vortage ist Robespierre neben Danton und Tallien ins Präsidium des Konvents gewählt worden, aber dieser Erfolg droht ihn noch mehr vom Volke zu isolieren. Bisher waren die Bestechlichen seine Feinde, jetzt trennt er sich von Jacques Roux, einem Mann, der am 23. August schreiben kann: »Möge der entscheidende Augenblick für den Triumph der Freiheit und die Herrschaft des Glücks bald kommen.« Das ist die unerbittliche Logik der Geschichte: Die revolutionäre Masse des Volkes drängt vorwärts ohne Rücksicht auf die an die Macht gekommenen Vertreter des Bürgertums.

Die Radikalen haben mit ihren Hungerschreien und ihrer unehrerbietigen Haltung den Zauber, der von dem Unbestechlichen ausging, gebrochen. Ihnen gegenüber verhält sich Maximilien wie ein »vornehmer Herr« mit grüner Weste, dunkler

Hose, rundem Hut und halbhohen Stiefeln. Ein Mann, den Respekt und Bewunderung umgibt. Er muß die Radikalen zum Schweigen bringen!

Im Zuge dieser Entwicklung muß Robespierre gleichzeitig gegen eine Gruppe kämpfen, die die Macht des Wohlfahrtsausschusses beschränken will und die Auflösung des Konvents vorschlägt. Am 5. August hat er noch eine Lobrede auf Danton gehalten, jetzt muß er auch gegen Dantonisten wie Delacroix vorgehen. Am 11. August ruft er vor den Jakobinern mit heftiger Empörung aus: »Ich wurde gegen meine persönliche Neigung in den Wohlfahrtsausschuß gerufen und habe dort einerseits patriotische Mitglieder angetroffen ... aber auch Verräter. Seit ich die Regierung aus der Nähe beobachte, habe ich bemerken können, daß täglich Verbrechen begangen werden.«

Selbst die radikalsten Enragés sind mit ihren Anklagen niemals so weit gegangen. Robespierre fährt fort: »Ich werde nicht als unnützes Mitglied eines Ausschusses verkommen ... Wenn sich meine Vorhersagen bestätigen sollten, so erkläre ich, daß ich mich von dem Ausschuß trennen werde und daß keine menschliche Macht mich daran hindern kann, vor dem Konvent die ganze Wahrheit zu offenbaren.«

Setzt Robespierre seine Autorität und Popularität ein, um mit einem politischen Manöver jedem Versuch zuvorzukommen, die Revolution einzuschläfern? Dieses Element spielt eine wichtige Rolle, und der Erfolg bestätigt Robespierres Kalkül. Aber aufs neue bricht in seiner Empörung auch sein übertriebener Individualismus durch. Er ist dem Wohlfahrtsausschuß »gegen seine persönliche Neigung« beigetreten, ist ständig bereit, sich zurückzuziehen und allein weiterzukämpfen. Er ist von der Wirksamkeit der individuellen Tat überzeugt. Nur auf diese Weise, glaubt er, dem Staat zu nützen und zugleich rein bleiben zu können.

In diesem Zusammenhang kann man sein Mißtrauen gegenüber allen Massenbewegungen und Aufständen erklären. Vor ihrem Ausbruch erscheinen sie ihm gefährlich, unnütz, unsicher und von zwielichtigen Elementen hervorgerufen. Bürgerlicher Individualismus und Egozentrik sind in dieser Reaktion verbunden.

So steht er auch einer anderen Forderung der Radikalen und

der Föderierten, dem Massenaufgebot, mißtrauisch gegenüber. Am 12. August verlangt Roger: »Ruft das ganze Volk zu den Waffen, es allein kann viele Feinde vernichten.« Maximilien erwidert am 14. August vor den Jakobinern: »Nicht die Männer fehlen uns, sondern die Tugenden der Generale und ihr Patriotismus.«

Diese Sicht der Dinge ist zwar teilweise richtig, bestätigt aber gleichzeitig, daß Robespierre ausschließlich in den Kategorien des etablierten, auf Effektivität bedachten Machthabers denkt. Er erweist sich trotz seiner großzügigen Prinzipien als ein Mann der Revolution von oben. Dennoch muß der Konvent am 23. August unter dem Druck der Öffentlichkeit die Levée-en-masse verfügen: »Bis zur endgültigen Vertreibung der Feinde vom Boden der Republik muß sich jeder Franzose für den Waffendienst bereithalten.«

Auch in diesem Falle mußten Maximilien und der Konvent schließlich nachgeben. Wieder einmal hat Robespierre die Volksbewegung nicht ausgelöst, sondern nur nachträglich bestätigt; er wird von den Ereignissen nur getrieben.

Der Druck des Volkes

Ende August 1793 macht sich trotz der Verhaftung von Jacques Roux und Leclerc der Druck des Volkes wieder bemerkbar. Die Lebensmittelkrise führt dazu, daß Sansculotten, die nach vierjähriger Erfahrung mit der Revolution ihre Rechte und Ziele besser kennen, ihre Meinung sagen und beim Pariser Volk Gehör finden. Das Volk stellt Anfang September einen so bedeutenden Machtfaktor dar, daß Journalisten wie Hébert und Kommunemitglieder wie Chaumette genauso mit ihm rechnen müssen wie die Jakobiner. Ihnen gegenüber verkörpert Robespierre den Ausschuß, den Konvent, die Regierung und das Bürgertum.

Zwischen ihm und Hébert, der – obzwar literarisch gebildet – seinen »Père Duchesne« in einem volkstümlichen Jargon redigiert, wodurch das Blatt große Verbreitung findet, gibt es nichts Gemeinsames. Ein Abgrund trennt den Verfasser der »Verteidigung der Verfassung« und der »Briefe an seine Auftraggeber« von dem Journalisten, der seine Sätze mit volkstümlichen Flüchen herausputzt. Aber Hébert, das »laute Echo«

der Massen, hat die kräftige Stimme der Sansculotten, die ein »Maximum an Vermögen«, ein »Maximum an Lebensmitteln und Löhnen« fordern und die »den Schrecken auf die Tagesordnung setzen« wollen.

Von Anfang an bemüht sich Robespierre um Vermittlung. Einerseits muß er bereits am 3. August dem Druck nachgeben, andererseits weiß er eine von Hébert geführte Demonstration vor dem Konvent, bei der die Sansculotten eine Bittschrift überreichen wollen, zu verhindern. Am 4. September demonstrieren die Arbeiter und verlangen Brot von der Kommune. Sie schicken Chaumette in den Konvent. Robespierre hat dort das Präsidium und antwortet, daß »der Konvent sich um die Lebensmittel und demnach auch um das Glück des Volkes kümmert«. Obwohl man ihnen verspricht, Höchstlöhne und Festpreise anzuordnen, sind die Demonstranten nicht zufrieden. Sie planen für den 5. September eine neue Demonstration vor dem Konvent.

Am Abend spricht Robespierre vor den Jakobinern. Mit ihrer Unterstützung hatte er Zugang zu den entscheidenden Ämtern gefunden. Jetzt, wo er handeln und entscheiden könnte, fechten andere seine Macht an und verhindern die Verwirklichung seiner Pläne, wollen den Konvent zerstören, dessen Präsident er ist, wo er doch so viele Beweise seiner Uneigennützigkeit gegeben hat, er, der Unbestechliche.

Also wiederholt er seine Argumente gegen die Radikalen, spricht von Verirrten, Schurken und Intriganten: »Es gibt ein Komplott, um Paris auszuhungern und in ein Blutbad zu tauchen.« Abschließend berichtet er, daß Pache, der Bürgermeister von Paris, im Rathaus belagert werde. »Nicht vom Volk, sondern von einigen Intriganten, die ihn beschimpfen, beleidigen und bedrohen.«

In Wirklichkeit ist im Rathaus alles ruhig. Maximilien hat sich in die Irre führen lassen. Er verliert den Überblick über die Vorgänge in der Stadt, die ihm nicht mehr einmütig folgt und die sich radikalisiert hat. In der Stadt bricht man in Begeisterung über Royer aus, der ruft: »Handelt endlich! Genug der Worte ... Paris muß wie ein Mann aufstehen, seinen aufrichtigen Freunden folgen und mit seinen Jakobinern zum Allerheiligsten der Gesetze ziehen.«

Maximilien bleibt isoliert. Er verteidigt den geschickten und wendigen Barère. Seine Politik der Einigung des Konvents wird jedoch verworfen.

Am 5. September wird Jacques Roux, den man vorübergehend freigelassen hatte, zum zweiten Mal verhaftet. Es kommt zu Demonstrationen, bei denen die Menge Plakate mit der Aufschrift »Krieg den Tyrannen, Krieg den Aristokraten, Krieg den Wucherern!« mitträgt.

Robespierre präsidiert im Konvent. Er fühlt sich nicht zum Volke gehörig, sondern empfängt und beruhigt die Demonstranten mit Herablassung. »Die Aufmerksamkeit des Konvents gehört dem Unglück des Volkes«, sagt er. Dagegen unterstützt Billaud-Varenne die Bittsteller: »Die Revolutionen ziehen sich in die Länge, weil wir immer nur halbe Maßnahmen treffen.«

Wie immer, hält sich Robespierre zurück. Er hat zwar erklärt: »Der Arm des Volkes ist erhoben, die Gerechtigkeit wird ihn auf das Haupt der Verräter und Verschwörer niederschmettern lassen, so daß von dieser gottlosen Rasse keine Spur mehr übrigbleiben wird«, aber die Formulierung bleibt abstrakt. Dagegen schlagen Billaud-Varenne und die Sansculotten die Verhaftung der Verdächtigen vor. Nicht Maximilien, sondern der Demonstration des Volkes ist die Säuberung der Ausschüsse und die Schaffung eines Revolutionsheeres zu verdanken. Der Druck des Volkes ringt der bürgerlichen Bergpartei am 11. September das Maximum (Festpreise) für Getreide und am 29. September das allgemeine Maximum ab. Ein weiterer Erfolg ist der Einzug von Billaud-Varenne und Collot d'Herbois in den Wohlfahrtsausschuß.

Ohne daß Maximilien es gewollt hätte, ist die Revolution ein Stück vorangeschritten. Er ist weder Initiator, noch werden die Ergebnisse gegen seinen Willen, gegen den Ausschuß oder gegen den Konvent erreicht. Seine Stellung und die Zusammenarbeit von bürgerlicher Bergpartei und Sansculotten ist weiterhin gesichert.

Aber darf sich eine revolutionäre Macht, wenn sie in Schwierigkeiten gerät, auf diese Weise von der Straße abhängig machen? Kann das Bürgertum auf die Dauer akzeptieren, daß die Armen es in der Entfaltung seines Reichtums behindern? Kann sich ein Mann wie Robespierre auch nur vorstellen, daß sich das Volk seinem Einfluß entzieht, während der Unbestechliche an der Spitze der Regierung steht? Alle diese Elemente kommen zusammen und fördern die Neigung Maximiliens und des Wohlfahrtsausschusses, schon am 4. oder 5. September an die Vernichtung der »Intriganten« zu denken, die eine Herausforderung für die Revolution darstellen — eine Herausforderung für den Mann, der die Revolution verkörpert, und für den Ausschuß, der sie lenkt.

Indes hält der Druck des Volkes an; eine Konzentration der Macht bei der Revolutionsregierung ist die Folge. Am 13. September gelingt es dem Ausschuß, dem Konvent die Mitgliederliste des Allgemeinen Sicherheitsausschusses vorzulegen. Bereits am 6. September hat Maximilien vor den Jakobinern die Nachsicht dieses Ausschusses für die Schauspieler der Comédie française beanstandet. Seine Stellungnahme ist in ihrer ganzen Übertreibung sehr aufschlußreich:

»Die Theaterprinzessinnen sind nicht besser als die österreichischen Prinzessinnen. Beide Gruppen sind pervers und müssen mit gleicher Strenge behandelt werden.« Diese unangebrachte Strenge enthüllt uns die puritanische Seite Robespierres. Wenn er eine Schauspielerin mit Marie-Antoinette auf eine Stufe stellt, reagiert er wie ein verklemmter Bürger, den das Unbekannte, das er leidenschaftlich bekämpft, verstört. Der unangemessene Vergleich ist das Zeichen einer Verdrängung. Er sieht in den Theaterprinzessinnen eine Verkörperung des Bösen und der Perversion. Sie verführen die Revolutionäre, deshalb »muß hier Abhilfe geschaffen werden«.

Robespierres Auffassung von Moral und Tugend bestimmt auch seine Politik. So antwortet er dem Radikalen Varlet am 17. September überheblich: »Ich darf doch vermuten, daß ich mich auf dem Gebiet der Moral und der Prinzipien ebensogut auskenne wie der Sprecher der Bittsteller.«

Am selben Tag wird das Gesetz über die Verdächtigen verabschiedet, und schon am 18. September wird Varlet, der dem Wohlfahrtsausschuß zugerufen hatte: »Wollt ihr dem Volke die Augen verbinden?«, verhaftet. Am Tage darauf kann man im »Journal de la Montagne« lesen, daß »die Verbrecher, die zu den wilden und unrechtmäßigen Aufstandsbewegungen angestiftet haben, um den Feinden oder ihren eigenen Interessen zu dienen, schon immer mit Schande und Verachtung bedeckt worden seien«.

Einige Abgeordnete sind mit dieser Politik des Wohlfahrtsausschusses nicht mehr einverstanden. Robespierre verteidigt sie jedoch in einer glanzvollen Rede am 25. September. Sichtlich empört ruft er aus: »Hat man denn überhaupt schon über unsere schwierige Lage nachgedacht? Wir haben den Oberbefehl über elf Armeen, der Druck ganz Europas lastet auf unseren Schultern, wir müssen überall Verräter entlarven, die vom Ausland bezahlten Gesandten überwachen, eine korrupte Verwaltung überprüfen und schließlich gegen alle Tyrannen kämpfen... Unter diesen Voraussetzungen ist jeder, der den Konvent lähmen, teilen oder in den Schmutz ziehen will, ein Landesverräter... Ob er aus Dummheit oder Perversion handelt, ist gleichgültig; er gehört in jedem Falle zur Partei der Tyrannen, die gegen uns Krieg führen.«

Der Konvent folgt Robespierre und schenkt dem Wohlfahrtsausschuß weiterhin sein Vertrauen. Aber von nun an wird jeder, der die »Männer am Staatsruder« angreift, automatisch zum Landesverräter gestempelt. So will es der Zwang der Notwendigkeit und die Logik der Regierung, die, wie Saint-Just am 10. Oktober formuliert, »bis zum Frieden revolutionär sein muß« und »alle diejenigen mit Ketten regieren wird, die sich nicht durch Gerechtigkeit regieren lassen wollen«.

Das ist auch Robespierres Logik, der schon immer alle persönlichen Feinde für Feinde des Vaterlandes gehalten hat.

Die Ungeheuer müssen entlarvt werden

So beginnen im Oktober 1793 erneut die Tage der Schreckensherrschaft, an denen »die heilige Guillotine nie zur Ruhe kam«.

Die Girondisten Philippe-Egalité, Madame Roland, Bailly und Barnave werden enthauptet, Marie-Antoinette folgt ihnen am 16. Oktober auf das Schafott. Anläßlich des Prozesses der Königin beschuldigt Hébert, der Stellvertreter des Staatsanwaltes der Kommune, die »Witwe Capet« der Erregung öffentlichen Ärgernisses mit ihrem neunjährigen Sohn. Bestürzt wendet sich Marie-Antoinette ans Publikum: »Ich berufe mich auf alle anwesenden Mütter; kann auch nur eine solche Abscheulichkeiten ohne Schaudern vernehmen?«

Maximilien hört von der Szene während des Abendessens. Er empört sich und soll Teller und Gabel vor Zorn zerbrochen haben: »Dieser Dummkopf Hébert ... Das fehlte noch, daß er eine Agrippina aus ihr macht und ihr im letzten Augenblick die Gelegenheit eines öffentlichen Triumphes bietet!«

In keiner Situation vergißt Robespierre die politische Wirksamkeit. Am 3. Oktober lehnt er es ab, die 73 girondistischen Abgeordneten anzuklagen, die gegen die Ereignisse vom 31. Mai und 2. Juni protestiert haben. Er führt aus: »Der Konvent darf die Schuldigen nicht künstlich vermehren; er muß vor allem die Führer der verschiedenen Splittergruppen angreifen.« Die girondistischen Abgeordneten schreiben ihm aus dem Gefängnis: »Der Tod wird unser Herz zur Ruhe bringen, bevor Deine Wohltat in Vergessenheit gerät.«

Der Abgeordnete Garilhe erklärt: »Sie haben den Mut, für die irregeführte Unschuld zu sprechen ... Ich mache Sie zu meinem Verteidiger.« Maximilien rettet diese Abgeordneten, die ihn dann überleben, ja die ihn beschuldigen werden. Dagegen verfährt er gegen die »Staatsmänner« (Brissot, Vergniaud u. a.) erbarmungslos. Sie stellen für ihn die »heuchlerischste Gruppe dar, die man bisher in der Geschichte gekannt hat«.

Nachsicht und Strenge. Dabei hat die Erinnerung an Männer wie Brissot, Vergniaud und Guadet, die ihn seit dem Frühjahr 1792 bekämpft und oft versucht haben, ihn lächerlich zu machen, bestimmt eine Rolle gespielt. Die Antagonismen der Beteiligten und die der Politik sind untrennbar. Robespierre vergibt und vergißt nichts. Während der entscheidenden Monate September und Oktober 1793 läßt seine Wachsamkeit in keiner Weise nach. Nichts blendet ihn, weder die Erfolge der republikanischen Truppen bei Hondschoote (6.–8. September) und Wattignies (16. Oktober), weder die Popularität des Wohlfahrtsausschusses in Lyon und Bordeaux noch die bereitwillige Gefolgschaft des gesäuberten Konvents.

Er klagt die »Verbrecher« mit solcher Vehemenz an, daß der Redakteur des »Journal de la Montagne« seufzt, er habe nicht alle Schönheiten der Rede schriftlich festhalten können.

Am 14. Oktober ruft Maximilien vor den Jakobinern noch einmal aus: »Die Ungeheuer müssen entlarvt und vernichtet werden, sonst naht mein eigenes Ende.« Am 25. Oktober greift er im Konvent alle in Frankreich lebenden Ausländer an: »Die patriotischen Ausländer sind die Schmiede unseres Unglücks, ausnahmslos sind sie Agenten der Despotie gewesen. Wir dürfen keinen einzigen schonen.«

Diese plötzlichen Ausbrüche und ungerechten Angriffe Robespierres, auf die man seit Oktober 1793 immer wieder stößt, sind Zeichen seiner Abspannung und Unbeherrschtheit. Rede, Satz und Gedanke verwandeln sich in einen unmäßigen Schrei, in einen nicht mehr zu unterdrückenden Zorn. Mäßigung ist ihm von nun an fremd, es geht um alles oder nichts, denn am Ende erwarten ihn Tod, Ruhe, Frieden und Schweigen.

Gegen die »Zerstörer des Christentums«

Erschöpfung und Charakter erklären jedoch nicht alles. Im selben Augenblick, da Maximilien einen Bericht über die politische Lage der Republik vorbereitet, mit dem er die neutralen Mächte Europas beruhigen will, sieht er sich neuen Gefahren gegenüber.

Er verfaßt den Bericht ganz technisch-nüchtern, hat auch vorher Beziehungen zum Grafen Colchen, dem ersten Abteilungsleiter im Außenministerium, aufgenommen. Dieser ist ganz erstaunt, in Robespierre einen gepuderten und gekämmten Gesprächspartner zu finden, »dessen Kleidung gar nicht dem Zeitgeschmack entsprach«. Er wundert sich darüber, daß ihn Robespierre weder duzt noch das Wort »Bürger« gebraucht. Außerdem erweist sich Robespierre als aufmerksamer Zuhörer, der ihn gelegentlich mit Fragen unterbricht und ihn um eine Zusammenfassung bittet. Graf Colchen schreibt über das Gespräch: »Er versicherte, daß er mir mit Interesse und Vergnügen zugehört habe.«

In der Tat kann man bei Maximilien häufig dieses Bedürfnis nach genauer Information und ein völliges Fehlen jeglichen Sektierertums feststellen. Auch das »Vergnügen«, das er als Staatsmann im Gespräch mit einem hohen Beamten mit gewählten Umgangsformen empfinden muß, wird verständlich. Robespierre erscheint in diesem Gespräch als ein Mann der Ruhe und der Mäßigung, der die neuen Formen, die revolutionäre Mode des »Du« und der roten Mütze, für oberflächlich und überflüssig hält. Es ist unbestreitbar, daß es für ihn keine Revolution des Lebensstils geben kann.

Diese Bindung an die alte Welt bedeutet nicht nur den Verzicht auf billige Demagogie. Es drückt sich darin vielleicht der nicht ganz eingestandene Glaube aus, die Revolution dürfe gewisse Bestandteile des Alltagslebens wie Hut und Perücke, gestreiften Frack und Beinkleidung aus Seide nicht abschaffen: aufs neue ein Zeichen von Maximiliens Dualismus, der mit der alten Welt entschieden brechen, aber dennoch ihre äußeren Erscheinungen bewahren will.

Auf jeden Fall verhindert diese Haltung jede Verständigung zwischen Robespierre und Männern wie Marat, Hébert oder den Sansculotten, die in der Revolution auch eine neue Ausdrucks- und Lebensweise sehen.

Als der Konvent am 5. Oktober den Romme-Bericht über die neue republikanische Zeitrechnung annimmt, die mit Wirkung vom 22. September 1792 an die christliche Zeitrechnung ablösen soll, notiert Maximilien: »Vertagung des Erlasses über den Kalender auf unbestimmte Zeit.«

Er widersetzt sich vergeblich, denn die Entchristianisierung, für die die Änderung des Kalenders nur ein äußeres Zeichen ist, macht schnelle Fortschritte. Männer wie Chaumette oder Fouché wollen auf diese Weise den Druck des Volkes von den wirtschaftlichen Zielen ablenken, während sich für die Sansculotten in der Entchristianisierung eine antikatholische, manchmal sogar antireligiöse Haltung ausdrückt; einige Ausländer wie Clootz oder Proli offenbaren darüber hinaus ihren Atheismus.

Am 17. Brumaire gibt Gobel, der Bischof von Paris, sein Amt auf. Die Kirchen werden geschlossen, Gebetbücher verbrannt und Glockentürme auf öffentlichen Plätzen zerstört. Am 20. Brumaire wohnt der Konvent geschlossen dem Fest der Vernunft in Notre-Dame bei. Chaumette und Fouché dekretieren, »der Tod sei eine ewige Ruhe«.

Maximilien kann diese Politik und solche Reden nicht akzeptieren. Unter den Entchristianisierern wimmelt es von Schurken und Korrupten. Gewisse Abgeordnete haben sich in Finanzskandalen wie dem der Indischen Handelsgesellschaft kompromittiert. Die Gesellschaft hat den Abgeordneten, die ihr

Steuervorteile zuschustern, 500 000 Pfund ausbezahlt. Nun denunzieren sich die Betroffenen gegenseitig, entweder um ihre Haut zu retten oder um die Konkurrenten auszuschalten; dabei wenden sie sich einer nach dem anderen an Robespierre.

Fabre d'Eglantine bringt den Stein zum Rollen, als er am 12. Oktober darlegt, es gebe ein Komplott des Auslandes. Robespierre, der davon überzeugt ist, daß die Politik der Entchristianisierung nur dem Feinde nützen kann, übernimmt die These bereitwillig. Außerdem steht diese Politik ja seinen moralischen Vorstellungen und seiner Glaubensauffassung entgegen.

Er muß in der korrupten Welt an die Existenz einer Gottheit, an die Nachwelt oder an das Höchste Wesen glauben können. In seinem Weltbild hat die Vorstellung, der Tod könne nur eine ewige Ruhe sein, keinen Platz; nur unlautere Menschen können einem solchen Glauben anhängen.

Bereits am 27. Brumaire enthält sein Bericht über die Lage der Republik eine versteckte Antwort auf Chaumette und Fouché: »Stellt nicht schon der Tod, der Befreier, einen Triumph dar? Alle sterben, die Helden der Menschheit wie ihre Unterdrücker, aber sie sterben unter verschiedenen Voraussetzungen.«

Einige Tage später greift Robespierre vor den Jakobinern die Gegner des Christentums offen an. Er wirft ihnen vor, die Rückkehr des Fanatismus gerade durch dessen allzu heftige Verfolgung zu begünstigen. Außerdem habe der Konvent die Menschenrechte in Anwesenheit des Höchsten Wesens verkündet. Er ereifert sich und sieht die Republik von »einem Heer von Spionen und käuflichen Schurken umgeben, die sich überall, sogar zu den politischen Clubs, Zutritt verschaffen ...« Schließlich ruft er aus: »Wir haben ausschließlich den Fanatismus der unmoralischen, von den ausländischen Höfen besoldeten Männer zu fürchten!«

Die Zwangsvorstellung von »Schurken« und »Spionen« taucht immer wieder auf. Sie weitet sich zu einer echten Psychose aus, die gleichzeitig – und darin liegt die Gefahr – das Prinzip darstellt, nach dem er die politischen Fakten erklärt. Die moralische Sehweise durchsetzt allmählich die Analyse des Konkreten, so daß alle Gegner unmoralisch und korrupt erscheinen.

Am Ende einer solchen Psychose muß die Vereinsamung stehen, denn nur seine eigene moralische Integrität ist über allen Zweifel erhaben.

Darüber hinaus bringt Robespierre noch einen anderen Vorwurf gegen die Gegner des Christentums vor, denselben, den er schon den Radikalen gemacht hatte: »Mit welchem Recht wohl kämen diese Männer, deren Namen bislang völlig unbekannt waren, auf einmal auf dem Höhepunkt der revolutionären Ereignisse dazu, sich eine falsche Popularität zu verschaffen?«

Die Abwehr der Demagogie eines Hébert oder Chaumette, die in diesen Worten liegt, ist sicher gerechtfertigt. Aber darüber hinaus werden sie auch von Selbstverteidigung diktiert; Robespierre belegt die Revolution, die Popularität, die Nachwelt als seine ureigensten Güter mit Beschlag. Er hat sie im harten Kampf und unter Opfern erobert, jetzt wacht er eifersüchtig über sie, um sie nicht wieder zu verlieren. Nach diesem Denkschema können alle, die ihn unterstützen, noch nicht ganz verdorben sein. So denkt er auch von Danton.

Seit dem 12. Oktober hat Danton, der in zweiter Ehe ein junges Mädchen geheiratet hat, Paris verlassen und lebt nun in Arcis-sur-Aube. Er ist, wie er sagt, krank und »der Menschen überdrüssig«. In Wirklichkeit beunruhigen ihn die Angriffe der Radikalen, wie überhaupt die Radikalisierung der Volksmassen im September 1793.

In seiner Vergangenheit gibt es zu viele dunkle Geschäfte, als daß er sich in diesem Paris noch in Sicherheit fühlen könnte; diejenigen, mit denen er verdächtige Beziehungen unterhalten hat, werden einer nach dem anderen hingerichtet. Aber die Nachricht, man habe eine »Verschwörung des Auslands« aufgedeckt, in die ein Großteil seiner Freunde verwickelt sei, zwingt ihn, nach Paris zurückzukehren, um seine Verteidigung und einen Gegenangriff vorzubereiten.

Danton unterstützt Robespierre in seinem Kampf gegen die Gegner des Christentums: »Dem muß man einen Riegel vorschieben«, erklärt er am 6. Frimaire. Und schon am 2. hat er die Notwendigkeit der Schreckensherrschaft überhaupt in Frage gestellt: »Ich fordere, weiteres Blutvergießen zu verhindern!« Am 11. erinnert er daran, daß man zwar mit der Pieke »das

Gebäude der Gesellschaft niederreißen, aber nur der Leitstern der Vernunft und des Genies es wieder aufrichten und festigen kann«. Durch diese Tendenz zur Mäßigung kann Danton der Sache Robespierres von Nutzen sein und mithelfen, den Ansturm der Radikalen abzuschlagen.

Doch Maximiliens Haltung gegenüber Danton wird nicht nur von rein politischen Zielsetzungen diktiert. Wenn man seine Politik unterstützt, ist er auch aus »moralischer Überzeugung« bereit, die Fehler zu verzeihen. In seinen Augen verliert derjenige, der sich ihm nähert, ein wenig von seiner Korruptheit. Daher kommt er am 13. Frimaire Danton energisch zu Hilfe, als die Jakobiner gegen seine Anwesenheit im Club protestieren und er, von Unbehagen befallen, ihnen zuruft: »Bin ich nicht mehr derselbe, der euch in den Augenblicken höchster Not zur Seite gestanden hat?«

Robespierres Intervention ist ein geschicktes politisches Manöver, um einen wichtigen Alliierten zu retten, aber zugleich auch eine moralische Absolution: »Danton«, ruft er ihm zu, »weißt du nicht, daß die Feinde des Staates desto mehr auf Verderben sinnen, je mutiger einer ist und je mehr er sein Vaterland liebt? Danton fordert, man solle ihn richten. Er hat recht, man soll auch mich richten. Sie sollen sich doch zeigen, diese Männer, die das Vaterland mehr lieben als wir ... Ich bitte alle Freunde des Vaterlandes, nicht mehr zuzulassen, daß man Danton verleumdet.«

Eingeschüchtert wagen die Jakobiner nicht zu widersprechen. Danton ist gerettet. Für Marat oder Jacques Roux, für Leclerc oder Varlet hat Robespierre zu keinem Zeitpunkt ähnliche Worte gefunden. Waren sie vielleicht gefährlicher für die Revolution als Danton? Oder liegt es daran, daß sie Robespierre und seine Politik, seine Mäßigung und die Vorstellungen, die er sich von seiner Mission macht, schärfer in Frage stellten?

Auf jeden Fall gelingt es Robespierre mit Unterstützung Dantons, die Radikalen zum Schweigen zu bringen und den Konvent zu bestimmen, das Prinzip der Freiheit der Kulte erneut zu bekräftigen (18. Frimaire).

Der Kampf gegen die Gegner des Christentums, der unter dem Vorwand einer Verschwörung des Auslands geführt wird, hat dazu beigetragen, die Sansculotten zu verwirren und den

Elan des Volkes zu brechen. Der Wohlfahrtsausschuß geht gekräftigt aus der Machtprobe hervor, und das Dekret vom 14. Frimaire (4. Dezember) zieht den Schlußstrich unter die Zentralisation der Exekutive:

»Der Nationalkonvent«, heißt es im 1. Artikel, »ist einzig befugt, der Regierung politische Weisungen zu geben.« Unzweifelhaft ist damit die Schlagkraft der Revolution gestiegen. Am 19. Dezember wird Toulon von den Engländern befreit, am 23. werden die Aufständischen der Vendée vernichtet. So kann Robespierre vor dem Konvent in seiner »Antwort an die gegen die Republik verbündeten Könige« ausrufen:

»Franzosen, setzt den Kampf fort: Eure Sache ist heilig, euer Mut ist unbesiegbar, eure Vertreter wissen zu sterben, mehr noch, sie wissen zu siegen!«

Robespierre unter dem Einfluß der Gemäßigten

In diesen Worten, in denen ein sonst bei Robespierre nur selten anklingender Ton hörbar wird, spricht sich einen Augenblick lang seine Hoffnung auf ein ungestörtes, rationales, »natürliches« Funktionieren dieser Republik aus, durch die er, unter Mitwirkung aller Bürger, den Staat zum Siege führen zu können glaubt. Aber schon einige Tage später widerlegt er in einer Rede vor den Jakobinern seine eigene Darstellung als Illusion.

»Ich glaube, ... daß Wachsamkeit und Tatkraft mehr denn je vonnöten sind ... Beim Heer geht Verrat um ... Im Innern des Landes ist die Aristokratie gefährlicher denn je, weit hinterhältiger als zuvor ... Sie stößt insgeheim dort mit dem Dolch zu, wo man sich dessen nicht versieht ... Es ist höchste Zeit, den ehrbaren Leuten durch die Vernichtung der Verbrecher ihre Ruhe zu sichern.« Wieder werden die Verbrecher verantwortlich gemacht; denn wieder ist die scheinbare Einmütigkeit in Gefahr, weil die Gemäßigten, nachdem die Radikalen zur Vernunft gebracht sind, allzu übermütig werden.

Am selben Tage, an dem Robespierre vom Sieg spricht, hat Camille Desmoulins ein neues Journal auf den Markt gebracht, den »Vieux Cordelier«, in dem der einstige Freund und Gefährte Robespierres und jetzt durch zahllose Finanzskandale kompromittierte Journalist alle Radikalen als Agenten des Auslands hinstellt. Die zweite Nummer, am 20. Frimaire, greift den »Preußen« Clootz an, »an dem es nicht liegt«, wie Desmoulins schreibt, um Clootz bloßzustellen, »wenn die Könige von Dänemark und Schweden bislang neutral geblieben sind«.

Desmoulins wiederholt damit nur die Argumente Robespierres, und es ist offensichtlich, daß Danton und seine Anhänger, die Indulgenten, den Unbestechlichen für ihre Sache vereinnahmen wollen. Das scheint möglich und nützlich, bleibt er doch der beliebteste von allen Politikern, auf dessen Stimme das Volk hört.

Maximilien läßt sich in der Tat beeinflussen. Am 22. veranlaßt er bei den Jakobinern, die eine Säuberungsaktion durchführen, daß Clootz ausgeschlossen wird. Er schleudert Clootz die Sätze entgegen: »Sie werden einen Ausländer, der demokratischer sein will als die Franzosen, keineswegs als Patrioten betrachten.« Sicherlich war Clootz ein zweifelhaftes Subjekt, aber Desmoulins nicht minder. Diesen jedoch verteidigt Robespierre, herablassend zwar, aber mit aller nötigen Deutlichkeit: »Man muß bei Camille Desmoulins seine Tugenden und seine Schwächen gegeneinander abwägen. Manchmal ist er zwar schwach und allzu vertrauensselig, aber häufig mutig und immer republikanisch gesinnt ... Ich verpflichte Camille Desmoulins, seine Arbeit fortzusetzen, aber weniger unbeständig zu sein als früher.«

Der große Bruder und Beschützer kanzelt den jüngeren Bruder ab. Aber auf diese Weise geht Desmoulins aus der Abstimmung über seine politische Integrität siegreich hervor. Dennoch ist man, wie einige Wochen später ein Polizeispitzel notiert, »keineswegs zufrieden mit Robespierre wegen seiner Begünstigung Camille Desmoulins'. Man fragt sich, was aus seiner Unparteilichkeit geworden ist, die er sonst immer zur Schau gestellt hat«.

Robespierre scheint in der Tat eine Zeitlang den Indulgenten gegenüber blind gewesen zu sein, die zwar seine unverändert progressive Politik bekämpfen, aber nicht an seine Stellung als verehrter Führer der Revolution rühren. Hébert hingegen, obwohl er auch bald nachgeben wird, hat zunächst in aller Offenheit Robespierre im »Père Duchesne« angegriffen: »Verflucht noch mal, beklagen wir doch diejenigen, die das Unglück gehabt haben, aus der Masse des Volkes herauszutreten und auf dem großen Theater zu erscheinen ... Um so besser, wenn sie sich in den Porträts wiedererkennen; mir ist es Wurst, ich packe niemanden mit Handschuhen an ...«

Camille Desmoulins tut das sehr wohl, und er erreicht viel damit. Durch Robespierres schweigende Duldung wird am 27. Frimaire die Verhaftung der radikalsten Revolutionäre möglich: Vincent, der Generalsekretär des Kriegsministeriums, mit dessen Festnahme man den Minister Bauchotte selbst treffen will, und der General des Revolutionsheeres, Ronsin.

Am 30. Frimaire wird ein Justizausschuß gebildet, der die Freilassung einiger zu Unrecht Verhafteter ermöglichen soll. Robespierre hat wieder nachgegeben und Desmoulins feiert ihn: »O, mein lieber Robespierre, mein alter Schulfreund ... Schon bist du diesem Prinzip (der Gnade) sehr nahegekommen mit den Maßnahmen, die du heute getroffen hast. Eigentlich hätte zwar ein Untersuchungsausschuß gebildet werden sollen. Aber warum sollte ein Gnadenerweis in der Republik zum Verbrechen geworden sein?«

Am selben Abend macht auch Hébert im Jakobinerclub seine Verbeugung vor dem Unbestechlichen: »Danton und Robespierre«, sagt er, »sind die beiden Säulen der Revolution.«

So hat Robespierre, ohne sich persönlich zu engagieren, die Partei der Indulgenten durch sein wohlwollendes Stillhalten unterstützt. Aber das Bild wird sich schnell ändern.

Zwischen zwei Extremen: Gemäßigte und Radikale

Fabre d'Eglantine nämlich, der schärfste Gegner der Radikalen, wird seinerseits in den Skandal um die Indische Handelsgesellschaft verwickelt. Da es außerdem neue ökonomische Schwierigkeiten gibt, gehen die radikalen Patrioten zum Gegenangriff über. Am ersten Nivôse erscheint Collot d'Herbois, aus Lyon zurückgekehrt, vor dem Konvent mit dem Haupt und der Asche Chaliers, der als »vaterländischer Märtyrer« verehrt wird. Am selben Abend gibt er vor den Jakobinern seiner Entrüstung über die Verhaftung Ronsins Ausdruck: »Seid ihr euch denn nicht darüber im klaren, Jakobiner, daß diese Nachricht alle Aristokraten in der ›Befreiten Gemeinde‹* mit Freuden er-

* Name Lyons nach der Niederwerfung der konterrevolutionären Aufstände.

füllen wird und daß sie das schlechteste Licht auf die Armee der Revolution wirft?«

Auch Hébert faßt wieder Mut und schreibt: »Glücklicherweise, verdammt noch mal, ist eben rechtzeitig der unerschrokkene Verteidiger aller Sansculotten, der brave Collot d'Herbois erschienen, um uns aus der Klemme zu ziehen.« Von nun an fordern die Jakobiner, die Cordeliers und die progressiven Sektionen in Bittschriften die Freilassung Ronsins und Vincents.

Erst jetzt wird auch Robespierre gegenüber der Partei der Indulgenten aktiv. Am 3. Nivôse spricht er vor den Jakobinern. Der Andrang ist beachtlich; man bietet 25 Pfund, um einen Tribünenplatz zu ergattern. Collot d'Herbois spricht als erster. Er feiert das Gedächtnis des Patrioten Gaillard aus Lyon, der sich »aus Verzweiflung« über den Triumph der Indulgenten getötet hat. Mit erhobener Stimme schließt der ehemalige Schauspieler: »Man will die Revolutionsregierung mäßigen. Kann man etwa einen Gewittersturm lenken? Auch die Revolution ist ein solcher Gewittersturm. Auch ihre Gewalt kann und darf man nicht aufhalten.«

Robespierre ist anderer Ansicht. Er glaubt, daß man im Gegenteil den Staat kontrollieren und leiten müsse. Und so ruft er noch einmal alle Patrioten zur Einmütigkeit auf: »Seien wir davon überzeugt, die Taktik unserer Feinde besteht darin, uns zu entzweien. Man will, daß wir uns im Kampf gegeneinander mit unseren eigenen Händen zerreißen!«

Selbst wenn Maximilien nicht immer Einmütigkeit gepredigt hat, wenn es darum ging, die Radikalen zu bekämpfen, so kann man doch feststellen, daß diese Stellung oberhalb aller Parteiungen, als großer Vermittler und Einiger, der allein um das Gemeinwohl besorgt ist, am besten dem Bild entspricht, das er sich von sich selbst und seiner Rolle macht.

In einer großartigen Rede, die er am 5. Nivôse (25. Dezember), einen Tag nach der Rückeroberung Toulons, hält, definiert er vor dem Konvent »die Prinzipien der Revolutionsregierung«. In knappen Worten, denen der Stolz über den gerade errungenen Sieg anzumerken ist, erklärt er: »Bürger! Volksvertreter! Die Erfolge schläfern die Schwachen ein, aber sie stacheln die Starken an.« Er rechtfertigt die Terrormaßnahmen und antwortet zum ersten Mal in gereiztem Ton auf Desmoulins, der in der vierten Nummer seines »Vieux Cordelier« immer noch Milde fordert.

Die Formulierungen Maximiliens sind von äußerster Präzision, beinahe heiter, klar und eindeutig; denn dieses eine Mal steht seine Politik mit seiner Natur in Einklang: »Die Revolutionsregierung muß zwischen zwei Klippen hindurchsteuern, zwischen Schwäche und Übermut, zwischen Flaumacherei und übertriebener Härte; die Flaumacherei, die, verglichen mit der Mäßigung, der Impotenz im Vergleich zur Keuschheit entspricht, und die übertriebene Härte, die der Tatkraft ebensowenig gleicht wie Wassersucht der Gesundheit.«

Aber eine solche Politik des goldenen Mittelweges läßt sich auf die Dauer nicht verwirklichen, weil sie nur die Projektion eines Wunsches, eines Traumes, einer Abstraktion in die Realität ist, wohingegen die Klassen und der Kampf unter den sozialen Gruppen durchaus nicht irreal sind. Robespierre steht vor der Entscheidung für eine der beiden Klassen und die sie vertretenden Parteien. Er schwankt, nähert sich bald den Ultras, den Radikalen, bald den Citras, den Gemäßigten.

Als Mittel, seine eigene Politik zu verwirklichen, bietet sich noch die Diktatur an. Aber er ist nicht sicher, ob sie überhaupt möglich ist und ob er sie überhaupt will.

Zwei Feinde, die sich gegenseitig bedingen

Wie schwierig die Lage Maximilien Robespierres geworden ist, kündigt sich schon in den letzten Tagen des Jahres 1793 und zu Beginn des Jahres 1794 an. Am 6. Nivôse muß er einem Bittgesuch der Sektionen entgegentreten, die die Freilassung Ronsins fordern. Er reagiert heftig, und in seiner Reaktion ist die Erbitterung zu spüren über die Anklagen, die man gegen ihn vorbringt: »Ich bin alles andere als ein Gemäßigter oder ein Feuillant, wie man in den Cafés herumerzählt.«

Wieder weicht er in die allzu leichte Erklärung aus, die Anklage der anderen, die ihn beruhigt und bestätigt: »Die Schuld liegt bei den Ausländern, die die Patrioten ... zu den gegensätzlichsten Exzessen verleiten. Aus dieser Quelle kommen die voreiligen Anschuldigungen und die schamlosen Bittgesuche.« Aber die »engagierten Patrioten«, wie er die Cordeliers nennt, geben nicht nach. Sie fordern jeden Tag von neuem die Freilassung von Vincent und Ronsin. Dieser Vorstoß ist um so erfolgreicher, als sie ihre Gegner, die Indulgenten, mit handfesten Beweisen in der Affäre der Indischen Handelsgesellschaft kompromittieren können.

Am 15. Nivôse steht die Schuld Fabre d'Eglantines endgültig fest. Der Unruhestifter Clootz ist schon am 10. verhaftet worden. Dennoch setzt Camille Desmoulins, unvorsichtig wie er ist, im »Vieux Cordelier« seine Kampagne zugunsten der Gemäßigten und gegen die engagierten Patrioten fort, was ihm heftige Angriffe von allen Seiten einträgt. Am 18. Nivôse erklärt der »Beschützer« Robespierre vor den Jakobinern, daß die Nummern des »Vieux Cordelier« mit der Verachtung behandelt werden müßten, »die dergleichen Schmähungen verdienen«. Dann spricht er von Desmoulins als von einem »unartigen Kind«. »Aber man muß von ihm fordern, daß er seine Reue über all seinen Leichtsinn dadurch beweist, daß er den schlechten Umgang aufgibt, der ihn verdorben hat. Man muß«, schließt Robespierre, »die Nummern des ›Vieux Cordelier‹ in der Mitte des Saales verbrennen.«

Desmoulins begehrt gegen diese öffentliche Demütigung auf: »Verbrennen ist keine Antwort«, schreit er.

Maximilien explodiert. Bislang hielt ihn die frühere Freundschaft zurück, und das von Desmoulins bestätigte Gefühl der Überlegenheit stimmte ihn nachsichtig, aber mit seinem einen Satz hat Desmoulins all das vernichtet. »Wenn er es denn absolut will, werde ich ihn mit Schande bedecken ... Jemand, der so sehr an derartig hinterhältigen Schriften festhält, ist vielleicht mehr als nur in die Irre gegangen.«

Am nächsten Tag, als Hébert ums Wort bittet, um auf die Artikel zu antworten, unterbricht ihn Robespierre. Er hat Camille zum Schweigen gebracht, aber er will einen weitaus gefährlicheren Repräsentanten der Gemäßigten treffen, Fabre, »diesen Mann, ... der auf dem Theater so wunderbar die Intrigen darzustellen weiß«. Und mit einer Wendung zu Fabre bittet er ihn, »sich doch öffentlich erklären zu wollen, dann werden wir schon sehen, wie er sich aus dieser Intrige ziehen wird«.

Fabres Urteil ist damit gesprochen. In der Nacht vom 23.

auf den 24. Nivôse wird er festgenommen. »Wehe denen, die an seiner Seite gesessen haben«, ruft Billaud-Varenne zu Danton hinüber.

Die Indulgenten sind zum Schweigen gebracht, aber die engagierten Patrioten fordern nur um so ungestümer Genugtuung für Ronsin und Vincent, die immer noch in Haft sitzen. Dieser Konflikt, der stets von neuem ausbricht, diese Parteiungen, deren eine die andere hervorbringt, als ob sie sich gegenseitig bedingten, erschrecken Robespierre. Um die Geister abzulenken und um endlich zur erstrebten Einmütigkeit zu kommen, stellt er den Antrag, daß die Gesellschaft der Jakobiner sich nicht mehr um »einzelne Intriganten« kümmern, sondern sich »mit den Verbrechen der englischen Regierung« befassen solle. Damit hofft er die Patrioten einigen zu können.

So führt er am 11. Pluviôse aus: »In meiner Eigenschaft als Franzose, als Vertreter des Volkes, erkläre ich, daß ich das englische Volk hasse ... Meine einzige Hoffnung richtet sich auf unsere Soldaten und den tiefen Haß, den die Franzosen gegen dieses Volk hegen.« Aber diese allzu betonte Verachtung für ein Volk, »das sich so feigen Verbrechern unterworfen hat, die es mit frecher Stirn führen«, überzeugt niemanden.

Am Tag nach Maximiliens Rede, am 12. Pluviôse (31. Januar 1794), verhüllen die Cordeliers zum Zeichen des Protestes gegen die Einkerkerung Vincents und Ronsins die Tafel, auf der die Menschenrechte eingemeißelt sind. Robespierre schweigt. Am 14. Pluviôse beschließt der Allgemeine Sicherheitsausschuß die Freilassung Vincents und Ronsins. Die Indulgenten protestieren dagegen. Danton, allzu geschickt oder eingeschüchtert, stimmt dafür. Robespierre aber schweigt. Die Parteikämpfe wollen nie enden; denn die in sich widersprüchliche Wirklichkeit nistet sich wie eine Pflanze mit unzähligen Ablegern stets aufs neue in seine rationalen Konstruktionen ein, in denen die Einmütigkeit der Patrioten die einheitliche Leitung des Staates garantiert.

Am 16. Pluviôse stellt Brichet, ein engagierter Patriot aus dem Kriegsministerium, den Antrag bei den Jakobinern, »der Konvent soll sich selber säubern, um die gescheiterten Anhänger des Marais, die es gewagt haben, zur Bergpartei hinaufzuklettern, aus ihrer Mitte zu jagen«. Robespierre schweigt weiterhin. Am selben Tage kämpft Jacques Roux im Gefängnis Bicêtre mit dem Tode. Er hat einen Selbstmordversuch unternommen, und seine letzten Worte zeugen von einer außerordentlichen Entschlossenheit und Hellsichtigkeit: »Ich verachte das Leben. Den Freunden der Freiheit ist in einem künftigen Leben ein glücklicheres Los vorbehalten.«

Jacques Roux wird sterben, aber die Radikalen haben in den Cordeliers und den engagierten Patrioten würdige Nachfolger gefunden. Auf der anderen Seite sind zwar Fabre und Clootz in Haft, aber andere Indulgenten, andere Betrüger sind weiterhin in Freiheit, intrigieren und korrumpieren.

Das ist die enttäuschende Realität. Man muß sie ausschalten, ihr entfliehen. Robespierre will ihr noch einmal mit aller Kraft entgegentreten, sie noch einmal nach seinem Bilde formen.

Terror und Tugend

Am 17. Pluviôse tritt Maximilien vor den Konvent, um seine Lösung des Problems darzustellen. Er verliest sein »Gutachten über die Prinzipien der politischen Moral, die den Konvent bei der Verwaltung der Republik leiten müssen«.

Während Jacques Roux im Gefängnis stirbt und Brichet die Köpfe der 73 bis dahin verschonten Girondisten fordert, flüchtet sich Robespierre bei der Bestimmung des Endziels der Revolution in eine großartige Utopie: »Welches ist das Ziel, auf das wir zuhalten?« fragt er. »Es ist der ruhige Genuß von Freiheit und Gleichheit und die Herrschaft jener ewigen Gerechtigkeit, deren Gesetze nicht in Marmor oder Stein eingemeißelt sind, sondern in das Herz jedes einzelnen Menschen, selbst in das des Sklaven, der sie vergessen hat, und in das des Tyrannen, der sie verleugnet.«

Und in einigen wenigen Zeilen entwirft Robespierre ein idyllisches Bild der Zukunft, in dem sich das Licht des kommenden Glücks um so deutlicher von der dunklen Gegenwart abhebt. In dieser Aufzählung der »Tugenden und Wunder der Republik gegenüber den Lastern und Lächerlichkeiten der Monarchie« findet sich all das wieder, was Maximilien nicht geliebt und worunter er gelitten hat.

»Wir wollen«, sagt er, »in unserem Land statt Egoismus Moral, statt falschem Ehrgefühl Anstand, statt überholten Traditionen Prinzipien, statt Wohlwollen Pflichtgefühl, statt Tyrannei der Mode Herrschaft der Vernunft, statt Verachtung des Unglücks Verachtung des Lasters, statt Frechheit Stolz, statt Selbstgefälligkeit Seelengröße, statt Habsucht Ruhmsucht, statt guter Gesellschaft gute Menschen, statt Intrigen Verdienst, statt Witz Genie, statt Augenblickserfolgen Wahrheit, statt der Langeweile des Lasters die Freuden des Glücks, statt des Adels der Großen die Größe des Menschen, statt eines willfährigen, zynischen und elenden Volkes ein großherziges, mächtiges und glückliches Volk!«

Auch Maximilien geht es also darum, den Menschen und seine Beziehungen zu den Menschen zu ändern. Unter diesen gewiß utopischen Formulierungen verbirgt sich jedoch auch die Summe seiner menschlichen Erfahrungen. Er bekämpft nicht die Verelendung und Ausbeutung des Menschen durch die Arbeit noch seine Unfähigkeit, aus dem höllischen Zirkel der ökonomischen Gesetzmäßigkeiten auszubrechen. Ihm zufolge wird dieses Wunder einer Veränderung des Menschen ganz allein durch den Übergang zu »einer demokratischen oder republikanischen Regierung« gewährleistet. Der politische Umsturz führt somit notwendig zu einer neuen Moral und umgekehrt. »Denn das grundlegende Prinzip einer demokratischen, vom Volke getragenen Regierungsform, das heißt ihre Stütze und ihr Antrieb, ist die Tugend.«

Aber damit ist der Widerspruch nicht aufgehoben. Denn wie kann die Tugend verwirklicht werden, solange die Welt noch verdorben ist und die Errichtung eines demokratischen Regimes der Zukunft vorbehalten bleibt?

Auch darauf weiß Robespierre eine Antwort: »Die Triebfedern der Volksregierung im Stadium der Revolution sind Tugend und Terror zugleich: die Tugend, ohne die der Terror unheilvoll wäre, und der Terror, ohne den die Tugend machtlos ist.«

Damit ist das Mittel, durch das die Republik und damit die Tugend verwirklicht werden sollen, in der denkbar abstraktesten Weise definiert; denn Terror meint in diesem Zusammenhang nichts anderes als die Verwirklichung des Ideals durch die Negation – durch die Vernichtung des Wirklichen.

Angesichts des Wiederauflebens der Parteienkämpfe, der

Verschärfung der Forderungen der Massen, beschränkt sich Robespierre darauf, ein nicht zu verwirklichendes Projekt vorzulegen, das in zwei sich gegenseitig bedingenden Extremen seine Vollendung findet: in der Tugend und im Terror.

Diese Rede, die ein Aktionsprogramm darstellen soll, ist also in Wirklichkeit eine Flucht vor der Realität. Und sie ist zugleich das getreue Spiegelbild der persönlichen Erlebnisse Maximiliens, dieses begabten jungen Mannes aus der Klasse der Bourgeoisie, Spiegelbild seines Stolzes, aber auch seiner Schüchternheit und Verletzlichkeit.

Die Sprache und das Menschenbild dieses Grundsatzprogramms Robespierrescher Politik sind ohne Zweifel von Rousseau beeinflußt. Aber auch heute noch bewahrt es seine Unmittelbarkeit, weil sich in ihm die kindliche Hoffnung eines Mannes ausspricht, dessen ganzes bewußt gelebtes Leben im Dienste einer Republik der Tugend stand.

12. Gegen die Parteiungen (Februar bis April 1794)

Die Veteranen der Revolution

In den Monaten Pluviôse und Ventôse des Jahres II (Februar, März 1794) bricht in Paris erneut eine Hungersnot aus. Ein Polizeispitzel berichtet am 5. Ventôse über die Stimmung der Menschen, die häufig ab 3 Uhr morgens vor den Läden Schlange stehen: »Überall spricht man nur von dem Elend, das uns bedroht. Die Guillotine schreckt niemanden mehr. Denn es scheint immer noch besser, durch die Guillotine umzukommen als langsam Hungers zu sterben.«

Die Proteste gegen die Neureichen und die Luxusläden mit ihren vollgestopften Warenlagern mehren sich. Robespierre hatte am 17. Pluviôse erklärt: »Im System der Französischen Revolution ist alles, was unmoralisch ist, auch ein politisches Vergehen und alles, was korrumpiert, konterrevolutionär.« Nach Ansicht der Sansculotten trifft das vor allem auf Reichtum und soziale Ungerechtigkeit zu.

Aber in dem Augenblick, da die Ernährungskrise erneut deutlich werden läßt, wie weit das tägliche Leben mit seinem Elend und seinen Enttäuschungen noch von den idealen Zielen der Republik entfernt ist, wird Maximilien Robespierre krank.

Noch am 19. Pluviôse hatte er die Maßnahmen bekämpft, die einzelne extremistische Abgeordnete vorgeschlagen hatten, etwa jener Brichet, der eine Säuberung unter den gemäßigten Abgeordneten forderte. Maximilien begegnet dem mit Verachtung: »Brichet wirft sich in Positur, um sich als Begründer der Freiheit und uns als Gemäßigte und Feuillants hinzustellen ... Heute ist das eine dankbare Rolle, gegen die Gemäßigten und gegen neue Splittergruppen aufzutreten.«

Maximilien muß erkennen, daß die Anklagen, die schon die Feuillants gegen ihn vorgebracht hatten, von neuem erhoben werden. Nunmehr sind es die Cordeliers, die zum Widerstand entschlossen sind und darin von den hungernden Sansculotten bestärkt werden. Wenn es nach ihnen ginge, müßte die »heiße Hand« (die Guillotine) alle Reichen beseitigen.

Am 24. Pluviôse ruft Momoro im Club der Cordeliers aus: »Alle die Männer, die sich im Dienste der Republik verbraucht haben, alle diese Veteranen der Revolution halten uns für Extremisten, weil wir patriotisch gesinnt sind und sie es nicht mehr sein wollen.« Hébert spricht in der gleichen Versammlung von »denjenigen, die aus Machtgier alle Macht auf sich vereinigt haben, aber immer noch unersättlich, den Ausdruck ›Ultrarevolutionär‹ erfunden haben und in ihren Reden immerfort wiederholen, um die Freunde des Volkes zu vernichten, die ihre Machenschaften überwachen«.

Niemand anders als Robespierre kann mit diesen Worten gemeint sein. In diesem kritischen Augenblick aber wird er krank, so daß ihm einen ganzen Monat lang, vom 22. Pluviôse bis zum 22. Ventôse, jedes öffentliche Auftreten unmöglich ist. Auch diesmal ist die Ursache seiner Erschöpfung wieder das Gefühl der Ohnmacht angesichts dieser »Republik, die sich selbst verschlingt«.

Die Krankheit des Unbestechlichen beunruhigt das Volk von Paris. Denn noch immer ist er das Symbol der Revolution, sein Rat gilt viel. Der Jacobinerclub ernennt eigens Kommissare, die sich nach Maximiliens Befinden erkundigen sollen. Ein Polizeiapport vom 2. Ventôse berichtet, daß »man sich überall zuflüstert, Robespierre sei vergiftet worden. Aber die Medikamente, die man ihm noch gerade rechtzeitig geben konnte, lassen hoffen, daß wir ihn bald im Glanze eines noch größeren Ruhmes wiedersehen werden.« Während sich Robespierres Genesung immer länger hinauszögert, verschlechtert sich die Situation von Tag zu Tag.

»Das Volk hält dafür«, schreibt ein Spitzel, »solange man niemanden guillotiniert, stünden die Dinge schlecht.« Am 4. Ventôse greift Hébert, der Herausgeber des »Père Duchesne«, im Club der Cordeliers Robespierre direkt an: »Vergeßt niemals, Cordeliers, daß das Gewitter sich in der Stille zusammenzieht. Man hat uns Camille Desmoulins als Unschuldslamm hinstellen wollen ... Citoyens, hütet euch vor denen, die euch einschläfern wollen, und seid stets die tapfere Vorhut und der wachsame Schutz der Revolution. Man hat euch gesagt, daß die Girondisten vernichtet seien. Aber es bleiben immer noch einundsechzig Schuldige ungestraft... Nur wenn die Armee der Revolution mit der Guillotine an der Spitze marschiert, können wir des Erfolges sicher sein.« Der Mann, vor dem Hébert hier warnt, ist Robespierre, der Desmoulins und die Abgeordneten der Gironde in Schutz genommen hatte.

Maximilien hüllt sich angesichts dieser immer präziser werdenden Anschuldigungen in Schweigen. Zwar unternimmt der Wohlfahrtsausschuß einen Gegenvorstoß, indem er mit den Gesetzen zur Unterstützung der Armen, die von Saint-Just mit offensichtlicher Billigung Robespierres eingebracht werden, der Propaganda der Cordeliers entgegenzutreten sucht. Aber vergeblich; denn mit dem Beschluß, die Güter der Proskribierten einzuziehen, um sie zur Unterstützung der Armen zu verwenden, »die die wahre Macht dieser Welt sind und die das Recht haben, als Herren den Regierungen zu befehlen, die ihre Ansprüche vernachlässigen«, mit diesem Gesetzesantrag bleibt Saint-Just weit hinter den Forderungen der Sansculotten und der progressiven Patrioten zurück. Hinzu kommt noch, daß die Ausführungsbestimmungen so vage gehalten sind, daß das Ganze vor allem als taktisches Manöver gegen die Cordeliers erscheinen muß. Zwar lassen sich einige Sansculotten dadurch gewinnen, aber die Mehrzahl der Cordeliers verharrt in ihrer feindlichen Haltung.

Am 14. Ventôse läßt sich Hébert vor den Cordeliers von seinen Zuhörern dazu hinreißen, die »Ehrgeizlinge« anzuklagen, »diese Männer, die andere vorschieben und selbst im Hintergrund bleiben; die um so unersättlicher sind, je mehr Macht sie haben; die sich an die Macht drängen«. Der Saal fordert Namen, woraufhin er von einem Mann spricht, »der zweifelsohne ein Irrer ist... – ich wüßte nicht, wie ich ihn anders bezeichnen könnte – und der gerade im rechten Moment kam«, um Camille Desmoulins gegen den Willen des Volkes wieder in den Jakobinerclub zu bringen.

Robespierre erfährt von dieser Rede durch Polizeiberichte, und man kann sich seine Empörung vorstellen. Ihm, der stets alle öffentlichen Ämter abgelehnt hat, der nur widerwillig in den Wohlfahrtsausschuß eingetreten ist und alle bekämpft hat, die »die Revolution wie einen Beruf und die Republik wie eine Beute« für sich in Anspruch nehmen, ihm wirft man vor, aus persönlichem Ehrgeiz nach der Diktatur zu streben.

Die dramatischen Ereignisse des Monats Germinal

Noch nie zuvor ist Robespierre so direkt angegriffen worden. Am 20. Ventôse bekommt er einen Brief von einem seiner ihm treu ergebenen Zuträger namens Gravier: »Die Cordeliers haben Ihre Krankheit ausgenutzt, um sich gegen Sie zu verschwören. Ich weiß, daß sie Ihre Genesung fürchten, weil dadurch ihre hinterhältigen Pläne und ihre Rebellion vereitelt werden könnten... Verzeihen Sie, wenn ich Sie belästigt haben sollte, aber wir haben nur Sie, um Freiheit und Vaterlandsliebe zum Sieg zu verhelfen.«

Derartige Briefe, die ihn zum Handeln ermuntern, bringen ihn ebenso wie die gegen ihn gerichteten Angriffe schließlich dazu, Erschöpfung und Krankheit zu überwinden. Auch weiß er aus eigener Erfahrung recht gut, daß seine Popularität bei der Masse der Sansculotten immer noch ungeheuer groß ist und daß die Anführer der Cordeliers sich zu weit vorgewagt haben, als sie ihn, den »unbestechlichen Patrioten«, angriffen und ohne genügende Vorbereitung zur Rebellion aufgerufen haben. So spürt Maximilien, während sich die Lage langsam von selber klärt, wie er erneut Einfluß auf die Entwicklung gewinnt.

Andere, wie Hébert, Vincent, Momoro oder Saint-Just, haben während dieses Monats gehandelt. Er jedoch hat unbeweglich und ohnmächtig das neue Kräfteverhältnis zur Kenntnis genommen und sich die persönlichen Angriffe angehört, die ihn noch nie gleichgültig gelassen haben, zumal er mehr denn je davon überzeugt ist, daß ein Angriff gegen ihn eine lebensgefährliche Bedrohung für die Revolution darstellt.

Am 22. Ventôse begibt er sich in den Wohlfahrtsausschuß, in dem Maßnahmen gegen die Cordeliers beraten werden. Am Tage darauf hält Saint-Just vor dem Konvent zu dem von Robespierre angeschlagenen Thema und mit seiner Billigung eine Rede und enthüllt »die Verschwörung gegen das französische Volk und gegen die Freiheit«.

Noch schweigt Maximilien, aber dann, am selben Abend,

erscheint er unter dem rauschenden Beifall aller Anwesenden im Club der Jakobiner. Zunächst bedankt er sich für den begeisterten Empfang und fährt dann fort: »Nie zuvor ist die Freiheit so sehr beleidigt, nie zuvor von so gemeinen und gefährlichen Verschwörungen bedroht worden.« Mit eindringlicher Stimme schleudert er in den Saal: »Wenn es Gott gefiele, daß meine physischen Kräfte meinen moralischen Kräften gleichkämen, könnte ich heute die Verräter vernichten und die Rache der Nation auf die Häupter aller Schuldigen herabbeschwören.«

Die Worte, die Maximilien hier formuliert, sind kennzeichnend für die Bildwelt, in der sein Unbewußtes lebt. Er ist die Stimme, die die Verräter bloßstellt und anklagt, der Prophet, der seinen schrecklichen Gott anruft, der das beleidigte Vaterland rächt und dadurch seine eigene Rache vollzieht. Er ist zutiefst von der Notwendigkeit, ja der Heiligkeit seiner Mission durchdrungen.

Einige Stunden später, in der Nacht vom 23. zum 24. Ventôse, werden die Anführer der Cordeliers (Hébert, Ronsin, Vincent und Momoro) verhaftet und dem Revolutionstribunal vorgeführt. Ihr Prozeß wird mit dem Prozeß anderer Verdächtiger zusammengelegt, die, wie Clootz, Koch und Pereira, als Agenten des Auslandes und korrupte Bankiers vor Gericht stehen. Dadurch soll der Ruf der Cordeliers für immer untergraben werden.

Am 4. Germinal werden sie hingerichtet. Bevor der Henker das Beil auf den Nacken Héberts niedersausen läßt, der als letzter stirbt, schiebt er ihm mehrmals die rote Jakobinermütze ins Gesicht.

Mit der Ausschaltung von Roux, Ronsin und Hébert ist die Bewegung der progressiven Patrioten, der Enragés, der Cordeliers, der Extremen, endgültig gebrochen.

Robespierre und der Wohlfahrtsausschuß haben einen hohen Preis für ihren Machtzuwachs zahlen müssen. Die Sansculotten aus Paris und der Provinz ebenso wie die zahlreichen Leser des »Père Duchesne« haben ihr früheres Vertrauen in diese Regierung verloren, die Hébert und Ronsin enthauptet hat und die fortschrittlichen Patrioten aus den Sektionen verfolgt.

Maximilien ist auf dem Wege zu der von ihm erträumten

Einheit von Staat und Gesellschaft, aber es ist die lautlose Einförmigkeit des leeren Raumes, die sich um ihn ausbreitet. Dennoch vermag die Machtfülle, über die er gebietet, ihn noch eine Weile zu täuschen und ihn in seinen Illusionen bestärken.

Am Vorabend der Hinrichtung der Cordeliers schreibt ein Abgeordneter über den Unbestechlichen an einen Freund in der Provinz: »Alle sich bekämpfenden Gruppen, alle Parteien verstummen vor ihm. Er leitet alle Beratungen. Die öffenliche Meinung gibt ihm und nur ihm den nötigen Rückhalt. Alles, was er sagt, wird als ein Orakel der Weisheit verehrt, alles, was er verdammt, als Irrtum abgelehnt. Wenn er sich diese Gelegenheit entgehen läßt, wird er eine ähnliche niemals wiederbekommen.«

In Wirklichkeit ist Maximiliens Einfluß durch die gesellschaftlichen Kräfte außerordentlich eingeengt. Die Ausschaltung der Sansculottenführer muß notwendigerweise den Gemäßigten das Übergewicht geben. Daher versucht Robespierre nach der Verhaftung der Cordeliers vergeblich, die Säuberungen und die Verhaftungswelle einzudämmen. Gegen seinen ausdrücklichen Widerspruch wird am 7. Germinal (27. März) die Revolutionsarmee aufgelöst. Am Tag darauf wird die Kommune einem von der Regierung ernannten nationalen Bevollmächtigten unterstellt. Der Club der Cordeliers verliert jeglichen Einfluß, und Bouchotte wird aus dem Kriegsministerium entfernt. Am 12. Germinal verliert die Kommune schließlich auch ihre Befugnisse in bezug auf die Lebensmittelversorgung von Paris.

Innerhalb weniger Tage werden so alle Männer, die von den Sansculotten in den Ministerien plaziert worden sind, ausgeschaltet und ihre einflußreiche Position vernichtet. Die einmal ausgelöste Bewegung läßt sich nicht mehr aufhalten. Der Monat Germinal wird sich als neue entscheidende Etappe auf dem Weg zu Robespierres Sturz im Monat Thermidor erweisen.

Dennoch versucht Maximilien eine neue Politik aufzubauen. Nach den langen Monaten der Inaktivität und der Krankheit entwickelt er eine erstaunliche Energie, wobei er die Ereignisse geschickt auszunutzen weiß.

Vom 23. Ventôse bis zum 1. Germinal ergreift er bei den Jakobinern und im Konvent dreizehnmal das Wort, nimmt an den Sitzungen des Wohlfahrtsausschusses teil und trifft sich mehrmals mit Danton. Dann verfällt er erneut zehn Tage lang in Schweigen, um erst nach der Tat wieder einzugreifen: nachdem Danton und seine Freunde, die Gemäßigten, in der Nacht vom 10. auf den 11. Germinal verhaftet worden sind.

Am 11. spricht Maximilien wieder, und dieses Mal kann man nicht behaupten, er überlasse anderen die Aktion; vielmehr bezieht er mit aller Entschiedenheit Stellung gegen Danton.

Schon am 30. Ventôse hatte er vor dem Konvent erklärt, daß »die eine Partei, die das Vaterland zu zerstören drohte, vernichtet ist. Aber die andere ist noch lange nicht geschlagen ...« Die anderen, das sind die Gemäßigten um Danton. Die Hinrichtung Héberts hat ihnen Mut gemacht, so daß sie gegen »die Tyrannei des Wohlfahrtsausschusses« protestieren. Nach Robespierres Meinung haben sie sich damit zu schnell, zu weit und vor allem ohne Robespierres Zustimmung vorgewagt. Denn nach dem Erfolg, den für ihn die ohne Proteste und ohne Störung der öffentlichen Ordnung durchgeführte Verhaftung und Hinrichtung der Cordeliers darstellt, ist er mehr denn je davon überzeugt, daß seine Politik und die Politik Frankreichs identisch sein müssen. Nach der Vernichtung der einen Partei macht er sich jetzt daran, die andere auszuschalten.

Zu Beginn des Monats Germinal weigert er sich, Camille Desmoulins, dessen Kopf Hébert gefordert hatte, bei sich zu empfangen, und Camille weiß von diesem Augenblick an, daß er verloren ist.

In der Tat übernimmt Maximilien mit seinen Angriffen gegen die Gemäßigten einen Punkt der Forderungen Héberts und der Cordeliers. Aber diese Forderungen sind nunmehr ihrer sozialen oder ökonomischen Bedeutung völlig entkleidet. Sie sind einfach zu einem politischen Schachzug geworden, der darauf abzielt, die Macht des Wohlfahrtsausschusses und Robespierres zu stärken, wodurch endlich die Einmütigkeit über eine vernünftige und von ihm gelenkte Politik hergestellt würde. Aber zweifellos fällt es Maximilien schwer, sich zur Beseitigung Dantons zu entschließen.

Ende des Monats Ventôse führt er mehrere Unterredungen

mit dem Volkstribun. Wahrscheinlich ist es sogar Billaud-Varenne, den die Extremisten in den Wohlfahrtsausschuß gebracht haben, der als erster die Idee einer Verhaftung Dantons aufbringt: »Als ich Danton zum ersten Mal vor dem Wohlfahrtsausschuß beschuldigte«, schreibt er später, »erhob sich Robespierre in höchster Wut und schrie, daß ich die besten Patrioten umbringen wolle.«

Maximilien zögert. Zu viele Bande, die der gemeinsamen sozialen Herkunft und die des gemeinsamen jahrelangen Kampfes, haben sich zwischen ihm und Danton geknüpft. So kann Danton ihm bei ihrem letzten Gespräch ins Gesicht schleudern: »In noch nicht sechs Monaten wirst du, Robespierre, selbst angegriffen werden, wenn wir uns entzweien.«

All das hat Gewicht für Robespierre – auch die Erinnerung an Camille Desmoulins, und, in entgegengesetzter Richtung, der Abscheu, den er gegenüber dem aufgeschwemmten, starken Danton, dem Advokaten aus Arcis-sur-Aube, empfindet.

In Danton, der sich nur zu gut auf der Tribüne durchzusetzen weiß, der ein großer Esser und Trinker ist, dessen Manöver und Machenschaften äußerst geschickt sind und der auch die Liebe nicht verachtet, hat sich für den Unbestechlichen all das verkörpert, was er mit Schrecken verwirft und was er sich weigert, kennenzulernen. Nachdem er einmal den Entschluß gefaßt hat, Danton zu stürzen, arbeitet er für Saint-Just mit peinlicher Sorgfalt die Notizen aus, die es dem jüngsten Mitglied des Wohlfahrtsausschusses erlauben werden, die Anhänger Dantons zu vernichten.

Das korrumpierte Idol

Maximilien ist unerbittlich. Zunächst will er nur einen vorläufigen Bericht Saint-Justs vervollständigen. Dann läßt er sich nach und nach mitreißen, kommt auf die Anfänge der Revolution zurück und auf die Veröffentlichung des »Vieux Cordelier« durch Desmoulins.

Unter den politischen Argumenten fallen immer wieder Sätze auf, die vom Ekel Maximiliens Danton gegenüber geprägt sind: »Es gibt einen Zug an Danton, der seine undankbare, schwarze Seele beweist«, nämlich die Tatsache, »daß er sich zum Prinzip gemacht hat, selber die Werkzeuge, deren er sich bedient hat, zu zerbrechen.« Dann offenbart er in einem langen Abschnitt das, was ihm im Verhalten Dantons am skandalösesten zu sein scheint, den Punkt, in dem er sich fundamental von ihm unterscheidet: »Für das Wort Tugend hat Danton nur ein Lachen übrig. Es gebe keine festere Tugend, sagt er scherzend, als die, deren er sich alle Nächte mit seiner Frau befleißige.« Hier liegt für Maximilien das Übel. Dieser Danton kann nur schuldig sein, die politischen Argumente sind daneben sekundär.

Schon die Schamlosigkeit des Kolosses Danton muß Robespierre aufs höchste erbittern, weil er fühlt, wie genau dieser große, muskulöse Mann ihn, den keuschen Maximilien, durchschaut hat und mit seinen vulgären Worten hat treffen wollen, indem er die Tugend, die ihm als Heiligstes gilt, mit dem verabscheuten oder vernachlässigten sexuellen Akt vergleicht. Maximilien wird diese bösartige Bemerkung Dantons niemals vergessen. Er schließt sein Requisitoire mit einer Frage, auf die ihm die Antwort nur allzu klar zu sein scheint: »Wie kann ein Mann, dem jedes moralische Gefühl fremd ist, ein Verteidiger der Freiheit sein?«

Maximilien erinnert sich auch, wie Danton schon früher seine Eigenliebe verletzt hat, als er nicht seine Politik, wohl aber die ihr zugrunde liegenden Moralvorstellungen in Zweifel zog: »Als ich Danton das System der Verleumdungen eines Roland und der Girondisten offenlegte, das sich in allen staatlichen Dokumenten eingenistet hatte, antwortete er nur: ›Was geht das mich an! Die öffentliche Meinung ist eine Hure und die Nachwelt eine Kinderei.‹«

Alles an diesem Satz muß Robespierre aufs tiefste verletzen. Das, wofür er sein Leben opfert, das Volk, die Öffentlichkeit, die Nachwelt, wird hier in den Dreck gezogen und lächerlich gemacht und damit sein ganzer Lebensentwurf entwertet. Auch hier wieder hat Danton instinktiv Robespierre an seiner schwächsten Stelle getroffen. Der schweigt, weil er fühlt, daß der andere in seiner Weise recht hat.

Jetzt aber holt Maximilien das alles wieder aus seinem Gedächtnis hervor: »Danton legte für das Laster eine erstaunliche Toleranz an den Tag, wodurch er ebenso viele Bundesgenossen gewann, als es verderbte Menschen in der Welt gibt. Was unsere Sache schwächt, sagte er zu einem wahren Patrioten, dessen Einstellung er zu teilen vorgab, ist die Strenge unserer Prinzipien, die viele Menschen abschreckt.«

Hier zeigt sich, wie stark die Auseinandersetzung zwischen Danton und Robespierre persönlich gefärbt ist. Der unbarmherzige Kampf, der in jeder menschlichen Beziehung verborgen liegt, wird zwischen ihnen unverhüllt sichtbar. Diese beiden Männer können nicht friedlich nebeneinander leben. Die Revolution ist für sie nur ein Mittel, sich gegenseitig zu vernichten.

In der Nacht vom 10. zum 11. Germinal werden Danton und seine Anhänger verhaftet. Der Konvent widersetzt sich und fordert, die Angeklagten müßten die Möglichkeit erhalten, sich öffentlich zu verteidigen. Aber Robespierre stemmt sich dagegen und droht: »Am heutigen Tage werden wir sehen, ob der Konvent in der Lage ist, ein angebliches Idol, das schon längst verfault ist, zu zerschmettern ... Jeder, der in diesem Augenblick zittert, ist selber schuldig; denn noch nie hat Unschuld die Aufsicht der Öffentlichkeit gefürchtet.«

Und während sich die Assemblée vor diesen Worten duckt, zählt Robespierre alle die Männer auf, die einmal seine Freunde gewesen und die er hatte verurteilen müssen: »Auch ich war einst ein Freund Pétions, aber als er sich demaskiert hatte, habe ich ihn im Stich gelassen ... Danton will den Platz dieser Männer einnehmen. Daher ist er in meinen Augen nur noch ein Feind des Vaterlandes.«

Er bekennt sich zu seiner Verantwortung für die Verhaftung Dantons. Die Gefahren zählen nicht für ihn: »Mein Leben gehört dem Vaterland, mein Herz ist ohne Furcht, und wenn ich sterben müßte, so geschähe es ohne Schuld noch Schande.« Seine eigenen »heroischen Opfer« und ihre »schmerzliche Strenge« berauschen ihn: »Wir haben nur ein bißchen Tapferkeit und ein bißchen Hochherzigkeit nötig«, sagt er, fasziniert von seiner eigenen Entschlossenheit.

Der Konvent beugt sich. Danton wird nicht zu Wort kommen. Aber Robespierre, der nun mit der Ausschaltung Dantons auch die zweite Gruppe seiner Gegner vernichtet hat, ist künftighin politisch isoliert.

Zwar hat er abstrakt seinen Willen durchgesetzt und seine Politik der Verteidigung der Republik gegen die beiden Gefahren, den Extremismus und die Politik der Mäßigung, konsequent zu Ende geführt. Aber nun kann er sich im Konvent nur noch auf eine Partei stützen, die von keiner der sozialen Kräfte, weder von dem im »Marais« sich sammelnden Bürgertum noch von den Sansculotten, getragen wird. Ihm bleibt nur noch die Einsamkeit.

Die Revolution ist versteinert

Am 16. Germinal werden Danton und Desmoulins hingerichtet. Am selben Tage spricht Robespierre leidenschaftlicher denn je, beinahe zornig, vor den Jakobinern über die Feinde der Freiheit. Er fordert, man müsse sie frontal und »hartnäckig« angreifen. »Nur wenn wir den Dolch der Gerechtigkeit in ihr Herz senken, können wir die Freiheit vor all den Verbrechern schützen, die sie zerstören wollen.«

Also geht die Strafaktion weiter. In diesem Paris, in dem nacheinander Roux und Ronsin, Hébert, Danton und Desmoulins sterben mußten, beginnt es den Menschen allmählich vor der entstandenen Leere zu schwindeln. Der »Ekel vor der Guillotine« macht sich breit. Dennoch sind »die Verbrecher« gefährlicher und zahlreicher als vorher, weil die Staatsgewalt isoliert ist und Robespierre sehr gut weiß, daß sie nur noch durch die höchste Willensanstrengung all ihrer Mitglieder zusammengehalten wird.

Am 27. Germinal werden die Revolutionstribunale in der Provinz zugunsten des Pariser Gerichts aufgelöst, und der Wohlfahrtsausschuß eignet sich einen Großteil der Kompetenzen des Allgemeinen Sicherheitsausschusses an. Die Machtkonzentration in den Händen weniger erreicht damit ihren Höhepunkt, während zugleich der »Terror«, ohne noch länger vom Volke gebilligt zu werden, zu einer bloßen Verteidigungswaffe für die Regierungspolitik herabsinkt.

Im ganzen Land breitet sich die Schreckensherrschaft aus. Die Verhafteten in den Gefängnissen werden beschuldigt, eine Verschwörung vorzubereiten, und am 24. Germinal hingerichtet, unter ihnen Chaumette und der Bischof Gobel. In diesem »großen Schub« werden auch die Witwe Héberts und Lucile Desmoulins, deren Trauzeuge Maximilien gewesen war, ermordet.

Die Bestrafung dieser beiden Frauen erscheint maßlos. Während Maximilien alles daransetzt, um Madame Elisabeth, die Schwester Ludwigs XVI., vor dem Schafott zu retten, unternimmt er für Lucile, bei der er so oft eingeladen war und von deren gänzlicher Unschuld er überzeugt sein muß, nicht das geringste. Vielleicht gefällt er, der Einsame, sich in der Bewunderung der eigenen Unbestechlichkeit und ist von dem Mut, mit dem er Vergangenheit und persönliche Gefühle unterdrückt, fasziniert. Sicherlich empfindet er eine tiefe Lust darin, das in ihm aufsteigende Mitleid mit der Frau, deren Schwester er einst hatte heiraten wollen, schmerzlich in sich zu ersticken.

Während die Henkerskarren rollen, wird die Leere um Maximilien immer größer. Bald wird Saint-Just die berühmten Sätze schreiben: »Die Revolution ist versteinert, alle Prinzipien sind geschwächt. Es bleiben nur die roten Mützen auf den Köpfen von Intriganten. Die Schreckensherrschaft hat das Gefühl gegen das Verbrechen abgestumpft, wie zu starke Liköre den Gaumen abstumpfen.«

13. Terror und Tugend (April bis Juli 1794)

Robespierre – Perikles

Floreal, Prärial, Messidor: In diesen Frühlingsmonaten des Jahres II sind die gegnerischen Parteien vernichtet. Aber schon erheben neue Feinde ihre Stimme; denn die Toten hinterlassen immer Freunde und Rächer. Robespierre erscheint gerade dadurch, daß seine Macht durch den Fall Héberts und Dantons noch gewachsen ist, um so mehr bedroht.

Am 1. Floreal erklärt Billaud-Varenne, das ganze Volk müsse »eifersüchtig über seine Freiheit wachen und sich daher sogar vor den Tugenden der Männer hüten, die hervorragende Ämter bekleiden«. Dieses Wort kann nur auf Maximilien gemünzt sein. Carnot hatte schon im gleichen Sinne geschrieben: »Es wäre ein Unglück für eine Republik, wenn sie das Verdienst eines einzigen Mannes oder gar seine Tugend nötig hätte.« Und Billaud-Varenne polemisiert gegen »den Schurken Perikles, . . . der nach der Erringung der absoluten Macht der blutrünstigste aller Tyrannen wurde«.

So erheben die Gegner nunmehr ihre Stimme im Wohlfahrtsausschuß selbst, und die Beschuldigung, nur aus Ehrgeiz zu handeln, überfällt Robespierre nach dem eben überstandenen Kampf aufs neue. Seine Müdigkeit und das Gefühl, isoliert zu sein, nehmen immer mehr zu. Er arbeitet jeden Tag im Wohlfahrtsausschuß, aber seine öffentlichen Stellungnahmen werden seltener. Der Umfang und die unabdingbare Notwendigkeit der Regierungsgeschäfte allein können nur teilweise erklären, warum er sich am Ende des Monats Germinal und zu Beginn des Floreal zwanzig Tage in Schweigen hüllt. Sein Verstummen rührt vielmehr von seiner Erschöpfung und Enttäuschung her. Nach seiner fieberhaften Tätigkeit zieht er sich auf sich selbst zurück, ja manchmal packt ihn sogar die Versuchung, aus dem Kreis der Feinde in das gedämpfte Schweigen seiner eigenen idealen Welt zu flüchten und sich in eine unnahbare Einsamkeit, hinter der schon die Einsamkeit des Todes steht, zurückzuziehen. Je mehr er den Kontakt mit der Wirklichkeit verliert und seine Feinde von neuem sich erheben, desto mehr verliert er sich in diesen Abgrund von Schweigen und Vereinsamung, der ihn seit seiner Kindheit immer dann umgibt, wenn ihm eine Niederlage bevorsteht.

Der Konvent beschließt die Existenz des Höchsten Wesens

Dennoch versucht Maximilien in einer letzten vergeblichen Anstrengung, wie um sein nahes Scheitern auszugleichen und zu maskieren, an der Zukunft zu bauen und eine mythische Perspektive zu eröffnen, die er sich immer wieder vor Augen führt, um neuen Mut daraus zu schöpfen.

Am 18. Floreal (7. Mai) legt er im Namen des Wohlfahrtsausschusses in einem langen Text, dem letzten vor seinem Tode, seine Vorstellungen »Über die Beziehungen zwischen den religiösen und moralischen Ideen und den Grundlagen der Republik und über die Nationalfeste« nieder. Mit methodischer Konsequenz macht er sich darin, wie schon so oft, zur Aufgabe, »Frieden und Glück durch Weisheit und Moral ... zu sichern«; denn »das Fundament einer zivilisierten Gesellschaft ist die Moral«. Und er unterbreitet dem Konvent zur Abstimmung das berühmte Dekret, dessen erster Artikel lautet: »Das französische Volk erkennt die Existenz eines Höchsten Wesens und die Unsterblichkeit der Seele an.«

Der Artikel VII zählt die republikanischen Feste auf, die »am ersten Tag jeder Dekade« zu feiern sind. Darunter befindet sich ein Fest zu Ehren »der Wahrheit und der Gerechtigkeit«, ein Fest »der Keuschheit« und eines »der Mäßigung«. Es ist erstaunlich, in welchem Maße sich hier die persönlichen Ideen und Glaubenssätze Maximiliens niedergeschlagen haben.

In seiner Rede spricht er zwar vom Volke oder von den Menschen im allgemeinen, er bezieht sich auf »das Gut, welches das Vaterland ist, und auf die Interessen der Menschheit«, aber man spürt, daß der tiefere Grund seiner ganzen Rede die Empfindlichkeit eines verletzten und vereinsamten Menschen ist, der sich an seinen Glauben klammert, um darin die Kraft zum Widerstand zu finden. »Welchen Vorteil erhofft man sich davon«, ruft er aus, »den Menschen zu überzeugen, daß eine blinde Macht über seine Geschicke herrsche und ohne Unterschied Laster und Tugend treffe; daß seine Seele nichts sei als ein leichter Hauch, der an den Pforten des Grabes vergeht?«

Der Kampf gegen den Atheismus und gegen »die Sekte der Enzyklopädisten«, in der »es zwar einige achtbare Männer gab, aber auch eine große Anzahl ehrgeiziger Betrüger«, ist für Robespierre eine Notwendigkeit geworden; denn sein Glaube tröstet ihn. Was könnte es schon bedeuten, »wenn die Existenz Gottes oder die Unsterblichkeit der Seele nur Träume wären... Sie wären immer noch die schönsten aller Erfindungen des menschlichen Geistes.« Was bedeutet schon die Wirklichkeit, die Idee eines Höchsten Wesens ist unerläßlich, weil sie »das Fundament jeder Gesellschaft und der Republik« ist. Vor allem aber ist sie die Fiktion, mit deren Hilfe sich Robespierre, der an der Feindseligkeit der Realität zu ersticken droht, am Leben erhält.

Wenige Tage nur nach dieser ganz von der Perspektive der Zukunft beherrschten Rede brechen im Wohlfahrtsausschuß Uneinigkeit und Streit aus.

Saint-Just erhebt Vorwürfe gegen Carnot: »Wisse«, sagt er, »daß es nur einiger Zeilen von mir bedarf, um Anklage gegen dich zu erheben und dich innerhalb von zwei Tagen guillotinieren zu lassen.« Carnot bleibt kühl: »Nur zu, ich fürchte dich nicht, weder dich noch deine Freunde; ihr seid lächerliche Tyrannen.« Und zu Couthon und Robespierre gewandt, fügt er hinzu: »Triumvirn, ihr werdet verschwinden.«

An solchen Äußerungen zeigt sich, wie sehr der Haß angewachsen ist. »Das französische Volk scheint der übrigen Menschheit um zweitausend Jahre voraus zu sein«, hat Maximilien am 18. Floreal erklärt, aber nun widerlegt ihn der Haß, der selbst zwischen den Männern, die dieses »sensible und feinsinnige Volk« regieren, Zwietracht sät.

Die Spaltung des Wohlfahrtsausschusses wird noch vertieft durch die Einwirkungen von Müdigkeit und Erschöpfung, durch persönliche Antipathien und den Gegensatz der politischen Ansichten. Carnot ist ein Gemäßigter und unterstützt den Expansionskrieg, während Billaud-Varenne den radikalen Hébertisten nahesteht. Der Sieg eines dieser Männer und ihrer Partei im Wohlfahrtsausschuß wäre für die anderen der Tod.

Maximilien fühlt den offen zutage tretenden Haß und die Angriffe gegen seine Person mit um so größerer Empfindlichkeit, als er nur noch für die Zukunft lebt und seine ganze Kraft für ein Vaterland einsetzt, das dem Frieden und dem Glück geweiht sein soll und sich dem Höchsten Wesen unterstellt. Nachdem er seine Rede beendet hat und die Assemblée die »Existenz des Höchsten Wesens« definiert und beschlossen hat, verlangt die Gegenwart wieder ihr Recht – und sie wird von Mördern beherrscht.

Die Zeit der Mörder

Am 3. Prärial versucht ein früherer Domestike, der sich seit der Revolution in Cafés und Spelunken herumtreibt und sich als Liebhaber einer ehemaligen Adeligen durchs Leben bringt, einen Anschlag auf Robespierre. Aber durch eine Folge von Zufällen gelingt es ihm nicht, sein Opfer zu finden. Schließlich schießt er zweimal vergeblich auf Collot d'Herbois.

Er wird auf der Stelle festgenommen und gesteht, daß er die Absicht hatte, Robespierre zu töten. Maximilien, der schon seit langem etwas Ähnliches erwartet hat, übergeht den Zwischenfall mit Schweigen. Aber schon am nächsten Tag, am 4. Prärial (23. Mai), wird ein Mädchen festgenommen, als es versucht, zu Robespierre zu gelangen und, wie es scheint, ihn zu ermorden.

In dem Zustand äußerster nervlicher Anspannung, in dem sich Maximilien befindet, müssen diese beiden Anschläge ihn hart treffen und ihn in der Meinung bestärken, daß die Verschwörung gegen die Republik entschlossener denn je ist und ihn als Opfer ausersehen hat.

Die Tatsache, daß er persönlich von den Dolchen bedroht ist, läßt ihm die Opposition der Carnot, der Billaud-Varenne und anderer Abgeordneter des Konvents noch unerträglicher erscheinen. Aber zur gleichen Zeit heben ihn die Anschläge der Mörder auch über die anderen Mitglieder des Wohfahrtsausschusses hinaus.

Bei den Jakobinern, im Konvent und bei den Sektionen flüstert man sich zu, daß das Höchste Wesen und die Vorsehung ihn persönlich beschützen. »Der Gott der Natur hat nicht geduldet, daß das Verbrechen ausgeführt wurde.«

Dennoch hält sich bei Maximilien diese überwache Sensibilität, die von zu großer Müdigkeit herrührt, und die Verwundbarkeit eines Mannes, der immer auf der Hut sein muß, weil er überzeugt ist, daß man ihm fortwährend nach dem Leben trachtet. Daher kann er sich nicht mit den Glückwunschadressen zufriedengeben, die bei ihm eingehen, als er den Mördern entkommen ist. Zwar geben sie ihm wieder Selbstvertrauen; zeugen sie doch dafür, daß dieses ungeheure mythische Volk, dessen Symbol und Sprecher vor der Nachwelt er sein will, noch hinter ihm steht. Aber auf der anderen Seite gibt es die Bösen, die man bestrafen muß, weil sie nicht zur Vernunft kommen wollen. Zu ihnen zählt auch Lecointre, der am 5. Prärial eine Anklageschrift gegen Robespierre ausfertigt und sich mit acht weiteren »Helden« verschwört, Maximilien, diesen neuen Cäsar, vor dem versammelten Konvent niederzumachen.

Zu seinen Feinden gehören auch die Schurken und Bestechlichen wie Tallien, Fouché und Barras. Dieser letztere hat am 7. Prärial in einer Rede vor dem Konvent mit Bezug auf englische Pressemeldungen von »den Soldaten Robespierres, dieses untadeligen Mannes« gesprochen, womit er die Ansicht bestärkt hat, Maximilien Robespierre stehe über dem Wohlfahrtsausschuß und das Ausland sehe in ihm den eigentlichen Regierungschef. Damit wird in geschickter und indirekter Art die Anschuldigung bekräftigt, Maximilien sei von dem Ehrgeiz besessen, die höchste Macht im Staate zu erlangen.

Maximilien weiß von alledem; er hat die Bedrohung durch die Mörder, die Intrigen der Verschwörer, aber auch die Doppelzüngigkeit seiner falschen Freunde durchschaut.

Nach seiner Rede vom 18. Floreal hüllt sich Robespierre erneut achtzehn Tage lang in völliges Schweigen. Erst die beiden Attentate bringen ihn dazu, sich am 6., 7. und 8. Prärial bei den Jakobinern und im Konvent zu zeigen. Dann versinkt er erneut zwölf Tage in völlige Passivität. Damit wird deutlich, daß es Maximilien immer schwerer fällt, seine tiefe Müdigkeit zu überwinden, die aus dem Überdruß herrührt, fortwährend sich rechtfertigen zu müssen und stets dieselben, unter immer anderen Gesichtern maskierten Feinde zu bekämpfen. Zwar findet sich in den Reden vom 6. und 7. Prärial ein dringender Aufruf zum Kampf gegen »die Agenten des Auslands...

und gegen alle, welche die Schurken beschützen, die Konterrevolutionäre begünstigen, alle Anschläge rechtfertigen, die Tugend mißachten und die öffentliche Moral untergraben«. Aber zugleich kommt in diesen Reden auch seine Hoffnungslosigkeit, seine Einsamkeit zum Ausdruck. Sie sind ein Appell, der ihm aus tiefstem Herzen kommt, eine Beschwörung an den Tod, endlich diesen unmenschlichen Kampf zu beenden.

Die Mörder sollen wissen, daß Maximilien Robespierre nicht weichen wird, daß er sich ihnen ohne Deckung stellt und bereit ist, unter ihren Schlägen zu sterben, ja daß er das sogar herbeisehnt. »Ich spüre mehr denn je in meiner Seele das Verlangen«, ruft er aus, »die Verräter zu entlarven, ihnen die Masken abzureißen, unter denen sie sich zu verstecken wagen.«

Die Bösen bloßzustellen und anzuklagen, das bleibt ihm noch in dieser Welt, in der er nur noch auf Abruf lebt. Weil er am Rande des Grabes steht, kann er sagen: »Ich befinde mich schon in dem Zustand, in den die Mörder mich versetzen wollten. Ich fühle mich unabhängiger denn je gegenüber der Gemeinheit der Menschen.«

Maximilien kennt bereits die Einsamkeit des Todes, und deshalb will er alle Bande abtun, die ihn noch mit den Interessen der Menschen verknüpfen. So bekennt er: »Ich jedenfalls glaube nicht an die Notwendigkeit des Lebens, sondern nur an die Tugend und die Vorsehung.«

Gewiß können die geschilderten Umstände diese Geisteshaltung zum Teil erklären. Aber sie allein reichen nicht aus. Dieses Bekenntnis, das ihm durch seine schwierige Lage entlockt wird, spricht vielmehr die tiefe, tragische Wahrheit seines Lebens aus, durch die sich fast alle seine Handlungen erklären lassen, seine ständige Verlockung durch Scheitern und Tod und seine Unfähigkeit, mit dem Alltagsleben fertig zu werden.

Von Anfang an, seit seiner Kindheit, verdankt er sein Leben der Wohltätigkeit anderer, und dieses Leben »von fremden Gnaden« muß seit jeher bitter und ungenießbar für ihn gewesen sein. Es war Verrat an dem, was er am meisten liebte. Daher erscheint ihm der Tod als Befreiung, als Reinigung, als Wiederfinden der Identität. In ihm vereinigt er sich mit den verschwundenen Eltern und bleibt ihnen dadurch treu. Durch ihn wird er der drückenden Last seiner Verantwortlichkeiten enthoben. So wird ihm der Tod zum Freund, der ihm die ersehnte Ruhe und den Frieden bringt.

Unablässig wiederholt Robespierre sein politisches Testament. Am 7. Prärial, auf der Rednertribüne des Konvents, kommt er wieder auf seine Ahnungen vom Vortage zu sprechen: »Wenn die Mächte dieser Welt sich verbinden, um ein schwaches Individuum auszulöschen, dann sollte dieses sich nicht am Leben festklammern, und so haben auch wir in unseren Plänen es nicht als einen Vorteil erachtet, lange zu leben.« Im vorhinein schon verzichtet er: »Ich lege auf mein flüchtiges Leben keinen Wert mehr, außer aus Vaterlandsliebe und Durst nach Gerechtigkeit.« Und er schließt mit dem pathetischen Ausruf: »Ich habe lange genug gelebt!« Denn, so sagt er, er habe gesehen, wie das französische Volk seine Ketten zerriß.

So spricht er zu den Abgeordneten, als gehöre er schon nicht mehr zu den Lebenden. Zwar hat er noch nicht abgedankt; denn noch ist er bereit, zu kämpfen und anzuklagen. Aber kann man wirklich die wirksamen Mittel zum Kampfe finden, wenn einem der Ruf des Todes so verlockend erscheint?

Der verwirklichte Traum: das Fest des Höchsten Wesens

Natürlich sind es auch diesmal die Machtverhältnisse, die den Ausschlag geben. Seit der »Tragödie des Germinal« ist die Revolution wie »versteinert«, sie hat, wie Levasseur schreibt, »ihre Jugendkraft verloren. Der Wohlfahrtsausschuß mußte einsehen, daß in Zukunft seine Macht ohne reale Basis war.«

Im übrigen lassen die militärischen Siege, die gerade in den Monaten Floreal, Prärial und Messidor an den Grenzen errungen werden, die strenge und harte Disziplin der »Schreckensherrschaft« nicht nur den »Kröten im Sumpf« (den bürgerlichen Abgeordneten des Konvents), sondern auch der großen Masse des Volkes unerträglich erscheinen. Denn bislang hatte die Bourgeoisie den Terror nur hingenommen, um eine Rückkehr zum Ancien Regime zu verhindern.

Der Sieg von Fleurus am 8. Messidor (26. Juni), der vor allem den energischen Maßnahmen des Wohlfahrtsausschusses zu verdanken ist, kündigt zugleich dessen bevorstehende Niederlage an; denn von nun an ist er überflüssig geworden. So kommt es, daß die Opposition gegen Robespierre gerade in dem Augenblick an Boden gewinnt, als die Politik des Wohlfahrtsausschusses ihre Erfolge zeitigt und Maximilien den Höhepunkt seiner Macht erreicht zu haben scheint.

Am 16. Prärial wird er einstimmig zum Präsidenten des Konvents gewählt, was zwar eine weitere Ehrenbezeugung, zugleich aber auch eine Gefährdung für ihn darstellt. Denn die Eintracht ist trügerisch. Sie trägt dazu bei, in Maximilien trotz seines Wissens über die Komplotte, die gegen ihn geschmiedet werden, die Illusion aufrechtzuerhalten, daß diejenigen, die ihn hassen oder die Richtigkeit seiner Politik anzweifeln, nur eine kleine Minderheit darstellen, während das Volk und die Mehrzahl der Abgeordneten weiterhin für seine Ideen empfänglich sind und ihm folgen. So setzt sich in ihm die Überzeugung fest, es seien nur einige »Böswillige«, die ihn bedrohen.

Obwohl Pessimismus und Vorahnungen seines nahen Todes ihn bedrängen und die Verlockung des Martyriums immer stärker wird, fühlt sich Maximilien daher berechtigt zu glauben, es sei noch immer möglich, die Herrschaft der Tugend zu errichten. Er begreift nicht, daß seine Politik ihre sozialen Grundlagen verloren hat.

Das Fest des Höchsten Wesens, das am 20. Prärial gefeiert wird, versinnbildlicht einige Stunden lang den mythischen Gipfelpunkt der moralischen und gesellschaftlichen Einigungsbestrebungen, die Robespierre als Garanten einer friedlichen und glücklichen Zukunft ansieht. An diesem 20. Prärial, im Zug von den Tuilerien zum Marsfeld, unter den Klängen der Musik von Gossec und Mehul, lebt Maximilien schon die Zukunft. Als Präsident der Assemblée geht er an der Spitze der Abgeordneten des Konvents. Zu Ehren der feierlichen Stunde hat er einen himmelblauen Rock angelegt, dazu eine Schärpe in den Farben der Trikolore. In seinen Händen hält er einen großen Strauß von Blumen und Ähren. Er ist allein, umgeben nur von seinen Traumvisionen. Die ungeheure Menschenmenge, die zusammengeströmt ist, um an diesem von dem Maler David organisierten Schauspiel teilzunehmen, existiert nicht für ihn. Vor dem Standbild der Weisheit zündet er einige Strohpuppen an, die Atheismus, Ehrgeiz, Egoismus und falsche Einfachheit symbolisieren sollen. Einen Augenblick lang hat Maximilien Robespierre seinen Traum verwirklicht, selbst wenn in der

Gruppe der Abgeordneten Geflüster, Spott und Widerspruch laut werden.

Man kann sich kaum einen größeren Gegensatz denken als den zwischen den Abgeordneten, die einander untergehakt halten und die letzten Neuigkeiten über die militärische Situation austauschen, um dann »das Fest zu verlassen und sich in den Cafés der Stadt zu erfrischen«, und dem bleichen Maximilien, der ein religiöses Mysterium feiert und einer anderen Welt anzugehören scheint, einer Welt, in der Musik und Tugend die herrschenden Kräfte sind, in der es weder Egoismus noch ehrgeizige Kämpfe gibt und in der er anerkannt wird als der, der er sein will und gewesen ist: der Beste, der Gerechteste, der Tugendhafteste.

Maximilien ist in Verehrung versunken vor dem Höchsten Wesen, das ihn richtet und ihn tröstet, für das er immer gekämpft hat und dessen Stimme, Zeuge und Märtyrer er sein will.

Es ist sicher richtig, daß diese Zeremonie des 20. Prärial der Höhepunkt einer langen Entwicklung innerhalb der Gefühlskultur des ausgehenden achtzehnten Jahrhunderts ist; zugleich entspringt sie wohl auch einer realistischen politischen Überlegung, die mit »pädagogischem Eifer« dem Volk einen neuen Glauben und eine neue Liturgie zu geben versucht. Aber vor allem ist dieses Fest der ganz persönlich geprägte Ausdruck Maximiliens, eine Projektion seiner Glaubenssätze und Hoffnungen, seine feierliche und abstrakte Vision einer idealen Welt, in der die Konflikte ein für allemal ausgeschlossen sind.

Ich werde nicht mehr lange unter euch weilen

Maximilien hat seinen Traum gelebt. Aber aus eben diesem Grunde, weil er die höchste Identifikation zwischen seiner Utopie und seinem Leben erreicht hat, wird in ihm die Gewißheit noch stärker, daß sein Leben zu Ende geht, ja daß es beendet werden muß. Als er am 20. Prärial zu den Duplays nach Hause kommt, sagt er: »Ich werde nicht mehr lange unter euch weilen.« Er macht dieses Bekenntnis auf dem Höhepunkt seines Lebens nicht etwa deshalb, weil er die Spötteleien und Proteste einiger Mitglieder des Konvents gehört hätte, sondern weil ihm der Tod, wider alle Vernunft, der Preis für die

Freude dieses Nachmittags zu sein scheint. Wer den Willen des Höchsten Wesens inkarniert hat, kann nur noch zum Tode berufen sein.

Während diese Gewißheit alle Handlungen Maximiliens fanatisiert und zugleich rechtfertigt, bestärkt das Fest durch die offenkundige Einigkeit, die es flüchtig hergestellt hat, zeitweilig bei ihm die Idee, eine Bestrafung der Übeltäter werde es doch noch ermöglichen, die einen Augenblick lang verwirklichte »Republik der Tugend« für immer zu begründen.

Die Tatsache, daß Robespierre das Ausmaß der politischen Opposition durchaus bewußt ist, und seine Überzeugung, daß dieser letzte Kampf in Mißerfolg und Tod enden wird, geben den letzten Terrormaßnahmen, die er unterstützt oder verteidigt, ihre extreme Härte. Ihr innerster Kern ist Verzweiflung.

Zwei Tage nach dem Fest des Höchsten Wesens wird der Terror vereinfacht und dadurch die Schreckensherrschaft intensiviert. Couthon legt dem Konvent am 22. Prärial ein Gesetz vor, das den Angeklagten jeglichen Rechtsschutzes beraubt. Nach ihm geht es darum, »die unverbesserlichen Vasallen der Tyrannei auszurotten oder mit der Republik unterzugehen«. Künftighin hat das Revolutionstribunal nur noch die Wahl zwischen Freispruch und Todesurteil. Der Artikel VI, in dem die Volksfeinde definiert werden, ist so allgemein gehalten, daß praktisch jeder unter diese Kategorie fallen kann; denn es genügt »Mutlosigkeit zu verbreiten« oder zu versuchen, »die öffentlichen Sitten zu untergraben« oder die »Reinheit und Kraft der revolutionären Prinzipien zu verändern«. Nichts jedoch definiert die genauere Bedeutung dieser sehr vagen Ausdrücke.

Der eiskalte, puritanische Terror, der, von der Regierung gefördert, in zwei Monaten mehr Opfer fordert (1376) als das ganze voraufgegangene Jahr (1251 seit März 1793)*, bricht in einem Augenblick aus, als die militärischen Siege die Umklammerung durch die äußeren Feinde gelockert haben. Gewiß war

* Trotzdem bleibt diese Zahl, verglichen mit den Terroraktionen des 20. Jahrhunderts, erstaunlich gering.

das Gesetz vom Monat Prärial das Werk des gesamten Wohlfahrtsausschusses, gewiß auch hat Maximilien in der Folge die blutrünstigen Henker, die es skrupellos anwandten, heftig kritisiert. Aber es bleibt doch bestehen, daß sein Freund Couthon das Gesetz eingebracht hat und daß er selbst zweimal, am 22. und 24. Prärial, mit aller Schärfe in die Debatte eingriff, um zu fordern, daß es einstimmig angenommen werde, und um durchzusetzen, daß die Abgeordneten keine Ausnahmeregelungen zuließen, nicht einmal zum Schutz der Mitglieder des Konvents.

In dieser seiner letzten Rede vor dem 8. Thermidor handelt Robespierre nicht nur politisch ungeschickt, sondern er ist auch völlig isoliert. Er selbst muß zugeben, daß die Bergpartei, auf die er sich immer gestützt hat, nicht mehr existiert. »Die Bergpartei«, sagt er, »ist nur durch die Höhen der Vaterlandsliebe zu definieren. Ein Motagnard ist nichts anderes als ein reiner, vernünftiger, hochsinniger Patriot.« Und er fügt hinzu: »In der Konvention kann es nur zwei Parteien geben, die Guten und die Bösen, die Patrioten und die heuchlerischen Konterrevolutionäre.«

Es ist auffällig, wie sehr hier die moralische Wertung die politische Beurteilung der Lage verdrängt hat. Maximilien scheint die Mehrheit, die ihm zu entgleiten droht, auf moralischer Grundlage rekonstituieren zu wollen. Diese Haltung entspringt weniger politischer Taktik als vielmehr Maximiliens innerstem Wesen. Sie steht in direktem Bezug zu dem Dekret über das Höchste Wesen und zum Fest vom 20. Prärial. Wie diese ist sie zugleich Ausfluß von Hoffnung und Angst: Die Guten müssen auf seiner Seite stehen, sie werden auf seiner Seite stehen; aber werden sie zahlreich genug sein, um den Kreis der Einsamkeit zu sprengen? Wenn die Realität sich einem entzieht, gibt es nur noch einen Weg, sie zu ändern: die Bestrafung. So gesehen ist es nur konsequent, daß Maximilien sich selbst um die Bestrafung der Übeltäter kümmert und sie kontrolliert. Denn er ist der *einzige*, der Gute und Böse zu unterscheiden vermag.

Während die Müdigkeit ihn handlungsunfähig macht, sein Leben bedroht ist und er schon um des Überlebens willen einen geschickten und zähen politischen Kampf führen müßte, schließt er sich im Büro der Staatspolizei des Wohlfahrtsausschusses ein, um gewissenhaft Aktennotizen zu den Denunzierungen und Polizeiberichten zu machen und über die durchzuführenden Verhaftungen zu entscheiden.

Diese Art, allein zu sein, hat beinahe symbolischen Charakter. Er verweigert die Realität der politischen Auseinandersetzung, um sich statt dessen der abstrakten und faszinierenden Aktivität bürokratischer Repression hinzugeben, bei der ein Federstrich über Verhaftung oder Freilassung eines Verdächtigen entscheidet. Diese falsche Aktivität, dieses Zerrbild einer Entscheidung, ist für ihn der Vorwand, um dem Kampf ums Überleben aus dem Wege zu gehen. Sie zeugt dafür, daß er schon aufgegeben, seine Niederlage schon akzeptiert hat.

Ich verachte all diese kleinen Geister

Die Zahl der Gegner Maximiliens wird ständig größer. Die Mitglieder des Allgemeinen Sicherheitsausschusses, denen das Polizeibüro des Wohlfahrtsausschusses ihre Indemnität aberkannt hat, gehören als alte Anhänger Héberts oder Dantons zu den heftigsten Gegnern Robespierres.

Einer von ihnen, Vadier, bedient sich der Versammlungen, die bei der »Prophetin« und »Mutter Gottes« Cathérine Théot abgehalten werden, um zu verbreiten, daß der von der Théot erwartete Messias niemand anders als der Unbestechliche sei. Vadier spielt die Affäre geschickt hoch und bringt sie am 27. Prärial zum Platzen: Er erstattet Anzeige wegen Geheimbündelei. Der Konvent billigt den Bericht Vadiers, in dem es von böswilligen Anspielungen auf Maximilien wimmelt, und beschließt, ihn zu veröffentlichen. Auf diese Weise hofft Vadier, den verhaßten Gegner lächerlich und unmöglich machen zu können.

Catherine Théot und ihr Anhänger Dom Gerle, der im Besitz eines von Robespierre ausgestellten Leumundszeugnisses ist, werden vor das Revolutionstribunal gestellt. Damit wird klar, daß der Angriff eigentlich gegen Maximilien und – in seiner Person – gegen den Kult des Höchsten Wesens gerichtet ist. Er reagiert daher mit aller Schärfe, weil er sich an seinem empfindlichsten Punkt getroffen fühlt.

So zwingt er Fouquier-Tinville, ihm die Akten auszuhändigen, was einen offenen Rechtsbruch darstellt, und macht sich daran, Anklage gegen diesen »Bund korrumpierter Männer« zu erheben, die ihn unablässig verleumden, angreifen und des Ehrgeizes beschuldigen. Am 9. Messidor hält er eine Rede: »Warum sind wir immer wieder genötigt, von uns selbst zu sprechen? Warum können wir das öffentliche Wohl nicht verteidigen, ohne uns selbst verteidigen zu müssen? Warum hat man unsere Person so sehr mit dem öffentlichen Interesse verquickt, daß wir nicht mehr von der Regierung, dem Konvent oder unseren Prinzipien sprechen können, ohne in den Verdacht zu geraten, uns selbst zu verteidigen?«

Dann kommt er selbstsicher und herablassend zum Schluß: »Brissot ging nach derselben Methode vor . . . Er wollte uns lächerlich machen, um uns zu vernichten. Aber ich verachte alle diese kleinen Geister und verfolge ohne Zögern mein Ziel: Wahrheit und Freiheit.«

Zu diesen kleinen Geistern zählt er von nun an die Mehrzahl der Ausschußmitglieder, von Billaud-Varenne bis Cambon, von Collot d'Herbois bis Carnot. Täglich kommt es zu Zusammenstößen mit seinen Kollegen vom Wohlfahrtsausschuß. Mit Billaud-Varenne hat er eine heftige Auseinandersetzung um die Affäre Théot. Mit Carnot liegt er ununterbrochen im Streit. Am 10. Messidor kommt es zum offenen Bruch, weil Carnot Robespierre öffentlich einen Diktator schimpft. Außer sich vor Empörung, ruft Maximilien aus: »Ihr könnt das Vaterland ohne mich retten!« und verläßt, von Saint-Just gefolgt, den Sitzungssaal.

Diese leidenschaftliche Reaktion hat schwerwiegende Folgen. Fünfundzwanzig Tage lang, vom 10. Messidor (28. Juni) bis zum 5. Thermidor (23. Juli), bleibt Maximilien den Sitzungen des Wohlfahrtsausschusses fern. Auch im Konvent sieht man ihn nicht mehr – er erscheint dort erst wieder am 8. Thermidor –, und bei den Jakobinern ergreift er nur selten das Wort. Er hat sich in seine Einsamkeit zurückgezogen, um seine Rückkehr vorzubereiten, und seine Abwesenheit hat ohne jeden Zweifel politisches Gewicht. Aber in psychologischer Hinsicht macht dieser Rückzug die Unfähigkeit Maximiliens deutlich, die direkte politische Auseinandersetzung, den harten Kampf von Mann zu Mann, durchzustehen.

Dabei spielt natürlich seine ungeheure Ermüdung eine Rolle. Im Messidor des Jahres II ist er einfach mit seiner Kraft und mit den Nerven am Ende. Aber andererseits ist es auch deutlicher denn je, daß Maximilien gar nicht mehr wirklich siegen will, sondern im Grunde einen solchen Rückzug in die Einsamkeit sucht. Zwar will er noch immer beschuldigen und anklagen. So sagt er am 1. Thermidor bei den Jakobinern: »Ich für meinen Teil erkläre den Konterrevolutionären, die ihr Heil im Verderben des Vaterlandes suchen, daß ich, was auch immer kommen mag und trotz der gegen mich gerichteten Verschwörungen, fortfahren werde, die Verräter zu demaskieren und die Unterdrückten zu beschützen.«

Aber auch dieser Satz bestätigt, wie schon seine vorhergehenden Reden, daß er sein Ende erwartet. Im selben Sinne hat er schon am 13. Messidor (1. Juli) erklärt: »Wenn die Vorsehung sich entschlossen hat, mich aus den Händen meiner Mörder zu retten, so hat sie mich damit an meine Pflicht erinnern wollen, die kurze Zeit, die mir noch verbleibt, nützlich zu verwenden.«

Warum sollte sich Robespierre, der im Grunde seines Wesens überzeugt ist, daß er bald sterben wird, mit diesen »Schädlingen«, mit Männern wie Fouché oder Tallien, herumschlagen, »deren Hände von Schmutz und Blut besudelt sind«? Er nimmt ihnen gegenüber, schon von der Unnahbarkeit seines baldigen Endes umgeben, eine verächtliche Haltung ein. Nicht mehr ihnen gilt sein Interesse, sondern der Nachwelt. Seine einzige Sorge ist es, sich vor der Geschichte zu rechtfertigen.

Das ist der tiefere Grund für seinen Rückzug in die Einsamkeit. Im übrigen hat er sich noch nie in eine Gruppe eingliedern können. Er war nie der Taktiker, der sich mit Hilfe seines Clans der Macht zu versichern gewußt hätte. Jetzt wartet er einfach ab und gibt damit seinen Gegnern im Konvent und in den Ausschüssen Gelegenheit, sich zu organisieren. Das einzige, wozu er sich bereit erklärt, ist eine Rede vor dem Konvent. In seiner üblichen Naivität ist er davon überzeugt, daß das bloße Wort genügen werde, die Assemblée zu säubern und die Stimmung zu seinen Gunsten umschlagen zu lassen.

Sich rechtfertigen um jeden Preis

Obwohl Maximilien sich zurückgezogen hat, bleiben seine Anhänger nicht untätig. Saint-Just, der weiterhin den Sitzungen des Wohlfahrtsausschusses beiwohnt, bittet Robespierre, einen Kompromißvorschlag zu akzeptieren, zu dessen Annahme Wohlfahrtsausschuß und Allgemeiner Sicherheitsausschuß zusammentreten wollen. Robespierre sagt zu.

Damit scheint sich eine Versöhnung anzubahnen. Saint-Just wird beauftragt, dem Konvent einen Bericht über die politische Situation vorzulegen. Couthon kann am 6. Thermidor vor den Jakobinern verkünden, daß die Ausschüsse von neuem in vollem Einvernehmen zusammenarbeiten. Am 7. berichtet Barère im Namen der Ausschüsse über den »Einfluß des Auslandes« und lobt dabei zugleich – aus Doppelzüngigkeit oder Klugheit – die Verdienste Robespierres. So scheinen sich die Wogen schließlich doch noch zu glätten.

Doch in Wirklichkeit hat der politische Kompromiß unter seinen Anhängern und seinen Gegnern Robespierre keineswegs zufriedengestellt, sondern die Zugeständnisse Saint-Justs, der versprochen hat, in dem von ihm vorbereiteten Bericht die Frage des Höchsten Wesens mit Stillschweigen zu übergehen, empören ihn zutiefst. Auf diesem Gebiet ist er unerbittlich. Außerdem hat er das Gefühl, daß ihn sogar seine nächsten Mitarbeiter im Stich lassen, während er wegen seiner Isolierung noch größere Schwierigkeiten hat, die politische Realität richtig einzuschätzen.

Am 7. Thermidor erfährt er, daß Dubois-Crancé, den er aus dem Jakobinerclub hat ausschließen lassen, den Antrag gestellt hat, sich vor dem Konvent verteidigen zu dürfen. Damit ist für ihn das Maß voll. Ohne seine Freunde zu konsultieren, entscheidet Robespierre allein – wie er es immer gemacht hat –, in die Debatte einzugreifen. Die geschickte opportunistische Taktik Saint-Justs ist damit zum Scheitern verurteilt.

Maximilien will um jeden Preis den Kampf beenden, weil er von seiner Natur her, vor jeder vernünftigen Überlegung, solche Kompromisse nicht ertragen kann. Daher faßt er in der Nacht vom 7. auf den 8. Thermidor eine Rede ab, die nur seine letzte sein kann.

Die eigentliche geschichtliche Entscheidung, die von den Machtverhältnissen bestimmt wird, war schon im Germinal gefallen. Die Ereignisse des Thermidor sind nur ein weiterer Markstein auf dem Wege, der zum völligen Triumph der bürgerlichen Revolution und damit zu Napoleons Machtergreifung am 18. Brumaire des Jahres VIII (9. November 1799) führt.

Aber Maximilien Robespierre macht durch die Aufopferung seines Lebens aus diesem 8. und 9. Thermidor des Jahres II das symbolische Datum für das Ende einer Epoche, die in Wirklichkeit schon seit einigen Monaten der Geschichte angehört.

14. »Welcher Freund des Vaterlandes kann noch überleben wollen ...« (26., 27. und 28. Juli 1794)

Ich muß mein Herz ausschütten

Maximilien Robespierres letzte Zuflucht ist, wie immer, eine Rede. Er versteht sich als Verkünder der Wahrheit, und so wird er noch ein letztes Mal seine Rolle erfüllen und dabei zugleich sagen, warum er sie nicht länger erfüllen kann.

Die Rede, die er am 8. Thermidor vor dem Konvent hält, ist zwar auch ein Versuch, die Mehrheit auf seine Seite zu bringen, und Maximilien scheint einen Augenblick sogar Erfolg zu haben; aber der politische Teil seiner Rede ist ungeschickt. Er führt in der Tat dazu, daß sich das ganze Haus gegen ihn stellt, weil er alle politischen Lager des Konvents zugleich angreift: »Ich sehe, daß die Welt von betrogenen Dummköpfen und Schurken wimmelt. Aber die Zahl der Schurken ist die geringere; sie müssen für die Verbrechen und das Unglück dieser Welt bestraft werden.«

Aber als man ihn auffordert, diese wenigen Schurken zu nennen, weigert er sich, so daß sich der Konvent in seiner Gesamtheit bedroht fühlt. Dann klagt er die Extremisten an und schließlich die Finanzverwaltung, wobei er, ohne noch irgendwelche Rücksichten zu nehmen, erklärt: »Ich gehorche nur der Pflicht. Ich brauche weder die Unterstützung noch die Freundschaft von irgend jemand. Ich bin nicht darauf aus, mir eine Partei zu bilden.«

Diesen politischen Fehlgriffen liegen eindeutig psychologische Ursachen zugrunde. Maximilien will allein bleiben. Wenn er auch nach außen hin noch Anstrengungen macht zu siegen, im Unterbewußtsein sucht er nur noch diesen letzten, einsamen Kampf. Daher sind die bedeutendsten Abschnitte seiner Rede wieder diejenigen, in denen er von sich selbst, seiner Rolle und seinem Leben spricht. In der Verzweiflung, die sich darin ausdrückt, liegt einer der Gründe für seine politische Niederlage.

»Ich muß mein Herz ausschütten«, beginnt er, »denn alles hat sich gegen mich verbunden und gegen die, welche dieselben Grundsätze vertreten wie ich.«

Er spricht, als gehöre er schon nicht mehr zum Wohlfahrtsausschuß. Er beschreibt die Schurken in seiner Umgebung, denen es gelungen sei, ihn aus dem Wohlfahrtsausschuß zu verdrängen und so »einen unbequemen Aufpasser durch den Zweifel am endgültigen Sieg des Guten zu entfernen«. Und er fügt das Bekenntnis hinzu: »Mein Verstand, nicht mein Herz, beginnt an dieser Republik der Tugend zu zweifeln, deren Plan ich mir entworfen hatte.«

Aber seinen Feinden genügt auch dieser Sieg noch nicht; denn »seine bloße Existenz ist für sie ein Gegenstand des Entsetzens«. Doch Maximilien läßt sie wissen, daß ihm wenig am Leben gelegen ist: »Ach, ich würde es ihnen ohne Bedauern lassen; denn ich kenne die Vergangenheit, und ich sehe die Zukunft.« Schließlich bricht er in einen Schrei der Verzweiflung aus, beschwört er den Tod:

»Welcher Freund des Vaterlandes kann noch überleben wollen in einer Zeit, da man ihm nicht mehr dienen kann? ... Warum noch in einer Ordnung der Dinge ausharren, in der die Intrigen stets über die Wahrheit triumphieren? Und wie die Qual noch länger ertragen, diesen schrecklichen Reigen von Verrätern mitansehen zu müssen?«

Der Ekel vor der Wirklichkeit des Lebens hat Maximilien schon besiegt; denn jetzt weiß er, daß er die Realität nicht mehr wird ändern können. Es bleibt ihm nur noch zu sterben. Sein politischer Kampf ist verloren, weil er ihn schon nicht mehr interessiert. Allein die Nachwelt ist noch von Bedeutung für ihn: »Manchmal habe ich gezittert, in den Augen der Nachwelt durch die Nachbarschaft zu diesen verdorbenen Menschen beschmutzt zu werden ...«

Aber »Tyrannen und Freunde der Freiheit treten nicht unter denselben Bedingungen von dieser Erde ab ... Der Tod ist der Beginn der Unsterblichkeit.«

Hier kommt Maximiliens eigentliches Anliegen zum Vorschein. Er ist nur noch nach außen hin ein Mensch, der um eine parlamentarische Mehrheit und einen politischen Sieg kämpft. Worum es ihm eigentlich zu tun ist, ist das Bild, das die Zukunft von ihm behalten wird. Seine Gewißheit, bald sterben zu müssen, ist so groß, daß er erklären kann, er habe den Unterdrückern des Volkes ein »fürchterliches Testament« zu übergeben: »Ich hinterlasse ihnen als Erbe den Schrecken der Wahrheit und den Tod.«

Während es ihm also eigentlich darum gehen müßte, wie Maximilien selbst übrigens ganz richtig feststellt, »die Übeltäter zu bestrafen, ... den Allgemeinen Sicherheitsausschuß zu säubern und ihn dem Wohlfahrtsausschuß zu unterstellen«, flieht er in den Tod, magisch angezogen durch sein Wunschbild von einem Manne, »der recht behalten hat und für sein Vaterland zu sterben weiß«. Er will dieser Mann sein, dem man später nichts wird »vorwerfen« können.

Er schließt seine Rede mit Worten, die eindeutig von seiner Abdankung Zeugnis ablegen: »Ich bin gemacht, um das Verbrechen zu bekämpfen, aber nicht um zu regieren. Noch ist die Zeit nicht gekommen, in der die Menschen ungestraft ihrem Vaterland dienen können. Die Verteidiger der Freiheit werden immer Geächtete sein, solange die Bande der Schurken an der Macht ist.«

Vielleicht hat er in seinem tiefsten Innern, naiv wie er ist, die Hoffnung gehegt, daß sein Martyrium Bewunderung erregen und die Mitglieder des Konvents mitreißen würde, ja daß seine Tugend und das offen akzeptierte Opfer die Reinen zur Nachfolge bestimmen könnte.

Das eigentlich Bedeutende an seiner Rede ist jedoch nicht diese dunkle und vergebliche Hoffnung, die ebenfalls aus seiner Kindheit stammt, sondern die Gewißheit, daß er gescheitert ist und daher sterben muß.

Allein

Die Assemblée beschließt zunächst die Drucklegung von Maximiliens Rede, um dann unter dem Einfluß von Cambon und all denen, die als Schurken oder Extremisten für ihr Leben fürchten müssen, zu bestimmen, die Rede müsse zur Beratung an die Ausschüsse überwiesen werden.

Das ist Robespierres erste Niederlage. Es folgen die Angriffe Cambons und Billaud-Varennes, auf die er nur schwach reagiert. Dann plötzlich bricht er los, weigert sich aber, zu widerrufen oder die »Schurken« zu nennen, wodurch er in eine ganz unhaltbare Position gerät, aus der ihm nur der Tod oder der absolute Sieg als Ausweg bleibt. »Ich habe meinen Schild von mir geworfen und mich ungedeckt meinen Feinden preisgegeben. Ich habe niemandem geschmeichelt und habe niemanden verleumdet. Ich fürchte niemanden.«

Mit diesen Worten verläßt Maximilien den Konvent, um sich zu den Jakobinern zu begeben. Dort wird er unter großem Beifall empfangen, während seine Gegner, Collot d'Herbois und Billaud-Varenne, die ebenfalls anwesend sind, mit dem Ruf »Auf die Guillotine! Auf die Guillotine!« vertrieben werden.

Maximilien ergreift das Wort und erklärt: »Die Aufrührer fürchten im Angesicht des Volkes bloßgestellt zu werden... Ich bin ihnen dankbar, daß sie sich selbst so deutlich zu erkennen gegeben haben und mir dadurch meine Feinde und die Feinde des Vaterlandes unfehlbar sichtbar gemacht haben.«

Aber anstatt die günstige Stimmung des Saales auszunutzen, verliest er noch einmal – wie es üblich ist – die Rede, die er im Konvent gehalten hat. Dann kehrt er nach Hause zurück. Logischerweise konnte er auch nichts anderes tun. Er hat immer zum Respekt vor dem Konvent gemahnt. Nun ist er an sein Wort gebunden. Auch hat er sich stets gegen einen Handstreich der Sektionen und gegen die Diktatur gewandt, und schließlich ist er, wie er häufig genug bewiesen hat, völlig unfähig, sich zu einer anderen als der parlamentarischen Aktion zu entschließen. So wird es ihm sowohl durch seine Persönlichkeit wie durch seine früheren politischen Entscheidungen unmöglich gemacht, eine Aktion zusammen mit seinen Anhängern vorzubereiten.

Hinzu kommt, daß die äußere Situation ihm ungünstig ist: Die Sansculotten haben seit dem Germinal an Macht eingebüßt; die Festsetzung einer Höchstgrenze für die Löhne (das Maximum) schafft Unzufriedenheit unter den Arbeitern; die Gesetze vom Monat Ventôse sind noch immer nicht zur Ausführung gekommen; die militärischen Siege schließlich berauben Robespierre der Unterstützung des gemäßigten Bürgertums, so daß er auch in sozialer Hinsicht völlig isoliert ist.

Während Maximilien zum letzten Mal zu den Duplays heimkehrt, gewinnen Tallien und Fouché den Marais für ihren

Plan, während die Mitglieder der Ausschüsse – von Carnot bis Collot d'Herbois – die ganze Nacht über beraten. Der Plan, auf den sich die Abgeordneten des Marais, die Extremisten und die Anhänger der Bergpartei einigen, läuft darauf hinaus, Maximilien in der Sitzung vom 9. Thermidor nicht mehr zu Wort kommen zu lassen.

Als Saint-Just am 9. Thermidor auf die Konvents-Tribüne steigt, kann er von der langen Rede, die er die Nacht zuvor verfaßt hat, nur die drei Sätze vortragen, die seitdem berühmt geworden sind: »Ich gehöre keiner der rivalisierenden Parteien an; ich werde sie alle bekämpfen. Sie werden jedoch nur durch Verfassungen ganz verschwinden, die dem Menschen seine Rechte garantieren, der Herrschaft ihre Grenzen setzen und den menschlichen Stolz ohne die Möglichkeit einer Umkehr unter das Joch der öffentlichen Freiheit beugen werden.«

Tallien unterbricht ihn und hindert ihn daran, seine Rede zu Ende zu führen, so daß Saint-Just wie gelähmt von der Tribüne verdrängt wird und stumm den letzten Ansturm mitansehen muß, den Tallien, Billaud-Varenne, Vadier und Fréron fünf Stunden lang gegen Robespierre führen.

Maximilien müht sich, gegen die Verleumdungen zu protestieren. Elfmal versucht er die Zurufe »Nieder mit dem Tyrannen! Nieder! Nieder!« zu übertönen, die sich jedesmal erheben, wenn er versucht, seiner Entrüstung Luft zu machen.

Diese Versuche, man täusche sich nicht, sind jedoch kein Zeichen dafür, daß Maximilien sich an Sieg und Leben festklammert, sondern eher Ausdruck der heftigsten Entrüstung eines Mannes, der sich für unschuldig hält und über dem die Wogen der Verleumdung zusammenschlagen, zugleich wohl auch Ausdruck seines Glaubens an die Tugenden des Parlamentarismus.

»Mit welchem Recht«, schreit er Thuriot zu, der die Debatte leitet, »schützt der Präsident die Mörder?« In dem allgemeinen Lärm hört man immer wieder seine Zwischenrufe: »Schurken ... Feiglinge ... Heuchler!« Ja schließlich: »Ich fordere den Tod.« Dieser Satz beweist, wie sehr er außer sich ist, weil er spürt, daß »die Schurken triumphieren«.

Das parlamentarische Ränkespiel hat Erfolg gehabt. Die beiden Brüder Robespierre, Saint-Just, Couthon und Le Bas werden für verhaftet erklärt und gegen 17 Uhr an diesem 9. Thermidor des Jahres II von der Polizei abgeführt.

Eine Revolte, die zu nichts führt

Noch bleiben ihm vierundzwanzig Stunden zu leben ... Sie sind für Maximilien die schlimmste Prüfung; denn er muß trotz seiner Niederlage und seiner Erschöpfung noch weiter handeln, weil andere sich dazu entschlossen haben.

Hanriot sprengt die Türen des Allgemeinen Sicherheitsausschusses, wo die fünf Festgenommenen in Haft sind, um seine Freunde zu befreien; er wird auf frischer Tat ertappt.

Unterdessen versammeln die Mitglieder der Kommune Truppen vor dem Rathaus. Einige Polizeivorsteher geben den Schließern der Gefängnisse Anweisung, die Gefangenen zurückzuweisen.

So kommt es, daß Maximilien, der nach dem Abendessen unter strengster Bewachung von den Tuilerien zum Luxemburg überführt werden soll, dort nicht aufgenommen wird. Man führt ihn zum Bürgermeisteramt am Quai des Orfèvres, wo er von der Menge mit Jubel begrüßt wird. Er ist frei — und hat noch einmal die Möglichkeit, sein Schicksal zu wenden. Es ist erst 20 Uhr.

Die Kommune bittet ihn, ins Rathaus zu kommen, was er jedoch ablehnt. Er bleibt im Bürgermeisteramt, weil ihn seine Müdigkeit und das tiefe Gefühl endgültigen Scheiterns lähmen. Vielleicht spielt auch die Sorge mit, nichts zu riskieren und sich nicht zu weit vorzuwagen. Wie immer besteht seine Taktik darin, den Ereignissen ihren Lauf zu lassen, ohne sich selbst wirklich zu engagieren.

So weigert er sich, ins Rathaus zu kommen und sich damit an die Spitze des Aufstandes zu stellen; aber er gibt den Rat, »die Gittertore zu schließen, ... alle Druckpressen der Journalisten zu versiegeln und die dazu nötigen Befehle an die Polizeikommissare zu erteilen, die Journalisten zu verhaften und ebenfalls die Verräter unter den Abgeordneten«. Diese Notiz schließt mit den Worten: »Das ist die Meinung Robespierres und unsere.«

Maximilien unterschreibt also nicht. Er wartet auf seinen Tod. Soll er noch dazu einen Aufstand lenken, was er während der ganzen Revolution niemals vermocht hatte? Er müßte erst ein ganz anderer Mensch werden in dieser Nacht des 9. Thermidor.

Andere, vor allem Coffinhal, suchen für ihn zu handeln. Doch ihre Aktionen sind schlecht geplant und unüberlegt: Die Truppen der Kommune besetzen die Tuilerien, ziehen sich aber wieder zurück, nachdem sie Hanriot befreit haben.

Im Rathaus konstituiert sich ein Exekutivausschuß aus neun Mitgliedern. Aber schon hat sich die Lage gewendet. Die Anhänger Robespierres haben die militärische Lage nicht ausgenutzt, sie haben keinen Abgeordneten verhaftet und sich dadurch zwischen 20.30 und 21 Uhr selbst zur Niederlage, und damit zum Tode, verurteilt.

Noch einmal hat sich alles entschieden ohne Maximilien Robespierre, der weiter im Bürgermeisteramt bleibt. Gegen 22 Uhr richten die Mitglieder der Kommune auf die Nachricht hin, daß der Konvent alle Anhänger Robespierres geächtet hat, einen neuen dringenden Appell an den Unbestechlichen: »Der vom Rat ernannte Exekutivausschuß braucht deine Hilfe. Komm möglichst schnell hierher. Nachfolgend die Namen der Mitglieder: Châtelet, Coffinhal, Lerebours, Grenard, Legrand, Desboiseaux, Arthur, Payan, Louvet ...«

Daraufhin erst ist Maximilien einverstanden, sich ins Rathaus zu begeben, und nimmt so selber offen am Aufstand teil.

Er, der den Konvent immer als Schiedsrichter angesehen hat, der gegen die Radikalen und die Hébertisten gekämpft hat, weil sie die Vertretung der Nation Säuberungen unterziehen wollten, er ist jetzt geächtet und zur Illegalität gezwungen, obwohl er weiß, daß sein Einsatz unnütz geworden ist. Couthon, sein engster Vertrauter, weigert sich übrigens bis zum letzten Moment, sein Gefängnis zu verlassen, das für ihn die Legalität bedeutet.

Als Maximilien im Rathaus angekommen ist, ruft er zum Widerstand auf und gibt Anweisung, »das Volk in die richtige Stimmung zu versetzen«, dieses Volk in Waffen, das schon seit Stunden auf dem Platz wartet und sich unter dem Einfluß der Emissäre des Konvents zu zerstreuen beginnt oder sich in den umliegenden Cafés erfrischt.

Jetzt schwächt jede Minute, die vergeht, die Position der

Anhänger Robespierres. Trotzdem fassen sie den Beschluß, die »nichtswürdigen Verschwörer« zu verhaften, um »den Konvent von der Opposition zu befreien, die ihn unterdrückt«. Dieser von Payan unterzeichnete Text macht unmißverständlich klar, daß Maximilien immer noch daran denkt, seine Politik auf einen gesäuberten Konvent zu stützen, und daß der Aufstand, an dem er teilnimmt, für ihn kein neues revolutionäres Ziel darstellt. Dennoch fordert er, daß die von Couthon an die Armee gerichtete Proklamation »im Namen des französischen Volkes« und nicht mehr »im Namen des Konvents« unterzeichnet wird.

Aber was bedeutet in diesem Zusammenhang schon das »französische Volk«? Maximilien wird von seiner eigenen Geschichte und den geschichtlichen Ereignissen zugrunde gerichtet. Er müßte die Diktatur seiner Gruppe durchsetzen, aber er hat sie weder erzwingen können noch wollen, weil er durch seine Herkunft, seine Prinzipien und auch durch den Geist seiner Epoche an den Respekt einer Legalität gebunden ist, die ihn verurteilt.

Er beruft sich auf das französische Volk, aber der Platz vor dem Rathaus wird immer leerer. Die Kanoniere sind fort. Nur in Maximiliens unmittelbarer Nähe versuchen einige Männer vergeblich eine Geschichte fortzusetzen, die längst zu Ende ist.

Später, nach seiner Verhaftung, erklärt Augustin Robespierre, daß man ihm mit der Befreiung aus dem Gefängnis einen schlechten Dienst erwiesen habe. Maximilien hätte dasselbe sagen können.

Er war bereit, zu sterben. Er hatte seinen Gegnern »den Schrecken der Wahrheit und den Tod« hinterlassen; er war bereit, sich erhobenen Hauptes dem Gericht zu stellen. Jetzt aber ist er ein Aufständischer, ohne es eigentlich gewollt oder vorbereitet zu haben.

Schon dringt die Abordnung des Konvents, die sich aus Mitgliedern von Sektionen der reichen Quartiere, aber auch aus Sansculotten der Sektion von Gravilliers zusammensetzt, unter der Führung von Léonard Bourdon in den Saal der Gleichheit ein ...

Jetzt bleibt nur noch der Tod. Augustin Robespierre springt aus dem Fenster. Couthon wehrt sich. Le Bas tötet sich mit einem Schuß aus seiner Pistole. Nur Saint-Just rührt sich nicht.

Auch Maximilien versucht, sich den Tod zu geben. Daß es ihm damit Ernst ist, kann man wohl nicht bezweifeln, wenn man seine psychologische Entwicklung und seine letzten Reden kennt. Aber auch dieser letzte Versuch mißlingt: Die Kugel aus seiner Pistole zerschmettert nur sein Kinn.

So verfehlt er zu allerletzt auch noch seinen eigenen Tod. Und seine Qual, die beinahe als natürlicher Abschluß eines von Anfang an dem Unglück und dem Opfer geweihten Lebens erscheint, wird noch einige Stunden länger dauern.

Das sind die letzten Augenblicke in dieser langen Geschichte einer Einsamkeit, die nur der Tod aufheben konnte.

Für Menschen, deren Seele, wie Stendhal von einem seiner Helden sagt, »zu groß und leidenschaftlich ist, um sich mit der Realität des Lebens abzufinden«, ist die Nachwelt, ist das Gedächtnis, das ihnen die Geschichte bewahrt, brüderlicher als das Leben.

Anhang

Revolutionskalender

(eingeführt am 22. September 1792 mit dem Jahre I)

Vendémiaire (Weinlesezeit)
vom 22. September bis zum 21. Oktober

Brumaire (Nebelzeit)
vom 22. Oktober bis zum 20. November

Frimaire (Reifzeit)
vom 21. November bis zum 20. Dezember

Nivôse (Schneezeit)
vom 21. Dezember bis zum 19. Januar

Pluviôse (Regenzeit)
vom 20. Januar bis zum 18. Februar

Ventôse (Windzeit)
vom 19. Februar bis zum 20. März

Germinal (Zeit der Knospen)
vom 21. März bis zum 19. April

Floréal (Zeit der Blüten)
vom 20. April bis zum 19. Mai

Prairial (Zeit der Wiesen)
vom 20. Mai bis zum 18. Juni

Messidor (Zeit des Korns)
vom 19. Juni bis zum 18. Juli

Thermidor (Zeit der Hitze)
vom 19. Juli bis zum 17. August

Fructidor (Zeit der Früchte)
vom 18. August bis zum 16. September

Chronologie

Die geschichtlichen Ereignisse der Französischen Revolution, in Beziehung gesetzt zu den Lebensdaten Maximilien Robespierres

Kursivzeilen in der linken Spalte geben Ereignisse aus der Geschichte der deutschen Staaten wieder.

GESCHICHTE	ROBESPIERRE
1754 Ludwig XVI. in Versailles geboren.	
1756 *Beginn des Siebenjährigen Krieges zwischen Preußen und Österreich.*	
1757 Attentat Damiens' auf Ludwig XV.	**6. Mai 1758** Maximilien Robespierre in Arras geboren.
	1760 Charlotte Robespierre, Maximiliens Schwester, geboren.
1762 Rousseau vollendet den »Contrat Social«: die Theorie von der Gleichheit der Menschen u. von der Volkssouveränität.	
1763 Der Friede von Paris beendet den britisch-französischen Kolonialkrieg. Frankreichs Einfluß in Nordamerika geht verloren.	**1763** Augustin Robespierre, Maximiliens Bruder, geboren.
Friede zu Hubertusburg. Unter Friedrich II. steigt Preußen zur fünften europäischen Großmacht auf. Österreich führt unter Maria-Theresia innere Reformen durch.	**1764** Robespierre ist sechs Jahre alt, als seine Mutter stirbt und der Vater die Familie im Stich läßt.
1769 Geburt Napoleon Bonapartes.	**1769** Robespierre tritt mit elf Jahren ins Collège Louis-le-Grand in Paris ein.
1770 Ludwig XVI. heiratet sechzehnjährig Marie-Antoinette, Tochter Maria-Theresias.	
1774 Ludwig XVI. wird König, versucht einen Reformkurs durchzusetzen und beruft den Physiokraten Turgot zum Finanzminister. Ein Drittel des Staatshaushaltes wird für die Zinsen	

der Staatsschulden, ein weiteres Drittel für das Heerwesen verbraucht. Die Bürger werden von der Steuerlast erdrückt, während der Adel auf Grund seiner Privilegien fast steuerfrei ist. Turgots Reformpläne scheitern am Widerstand des Adels, der in Marie-Antoinette eine Fürsprecherin gefunden hat.

Unter Friedrich II. innere Kolonisation in Preußen. Förderung der Landwirtschaft (Erbuntertänigkeit der Bauern), Ausbau der Verwaltung, des Heeres und der Schulen. Strenge ständische Gliederung des Staates. Lenz, »Der Hofmeister«, Goethe, »Die Leiden des jungen Werthers«.

1778 Tod Rousseaus.

Der Schweizer Bankier Necker, Turgots Nachfolger, versucht die neuen Militärausgaben – Frankreich unterstützt Amerika im Unabhängigkeitskrieg (La Fayette) – durch Anleihen zu decken.

1781 Necker legt die Finanzmisere in einem »compte rendu« dar. Der Widerstand unter den Adligen und im Bürgertum gegen die Mißwirtschaft verstärkt sich.

Goethe Minister in Weimar.

1782 Laclos, »Gefährliche Liebschaften«.

1783 Beaumarchais, »Die Hochzeit des Figaro«. *Schiller, »Die Verschwörung des Fiesko zu Genua. Ein republikanisches Trauerspiel«.*

1786 *Friedrich II. stirbt.*

1787 *In Österreich führen die streng zentralistischen Reformen Jo-*

1775 Der 17jährige Robespierre rezitiert beim Einzug Ludwigs XVI. in Paris eine Glückwunschadresse an den König.

1781 Robespierre wird mit 23 Jahren Lizenziat der Pariser Universität und kehrt nach Arras zurück, um sich als Rechtsanwalt niederzulassen.

1782 Robespierre wird Richter in Arras.

1783 Robespierre wird in die Akademie von Arras gewählt.

sephs II. (1780–1790) zu Unruhen und Aufständen.

1788 Ludwig XVI. sieht sich durch die steigende Unruhe und den drohenden Staatsbankrott gezwungen, die Generalstände (Versammlung der Vertreter des Adels, des Klerus und des Bürgertums), die 1614 zuletzt getagt hatten, einzuberufen.
Kant, »Kritik der praktischen Vernunft«.

1788 Robespierre veröffentlicht seinen »Aufruf an die Nation von Arras«.

1789

5. Mai: Feierliche Eröffnung der Generalstände in Versailles.

17. Juni: Die 600 Abgeordneten des Dritten Standes erklären sich zur »Nationalversammlung« und beschließen, Frankreich eine Verfassung zu geben (Konstituante). Das Bürgertum erweist sich zum ersten Mal als treibende Kraft der Revolution.

Der 31jährige Robespierre, Abgeordneter des Dritten Standes von Arras, siedelt nach Versailles über.

14. Juli: Das Volk von Paris erstürmt die Bastille, die als Symbol absolutistischer Gewaltherrschaft gilt. Auflösung der Armee; La Fayette bildet eine Nationalgarde.

4. August: Teilweise Abschaffung der Feudalrechte des Adels, der geglaubt hatte, durch die Generalstände seinen Einfluß zu vergrößern, nun aber von der ökonomisch aufsteigenden Klasse des Bürgertums überspielt wird. Bauernunruhen und Zusammenbruch der Verwaltung in der Provinz.

26. August: Erklärung der Menschen- und Bürgerrechte.

5./6. Oktober: Die hungernden Frauen von Paris zwingen den König und den Hof, von Ver-

Robespierre richtet sich in der Rue Saintonge, Paris, ein.

sailles nach Paris überzusiedeln, wohin ihm die Nationalversammlung folgt.
Die aktiven Elemente des Bürgertums gründen den Jakobinerclub, zu dem zunächst auch noch die Verfechter einer konstitutionellen Monarchie gehören.

Dezember: Die Kron- und Kirchengüter werden verstaatlicht und als Deckung für die Assignaten (Papiergeld) verwandt, mit deren Hilfe die Finanzkrise überwunden werden soll.
Goethe beendet den »Torquato Tasso«.

1790

April: Gründung des radikalen Clubs der Cordeliers.

Juli: Zivilverfassung des Klerus, wodurch die Kirche in Opposition zur Revolution getrieben wird.

14. Juli: Das erste große Föderationsfest, bei dem sich das »befreite« Frankreich in einem Augenblick nationalen Aufschwungs um den »Altar des Vaterlandes« auf dem Marsfeld geeint glaubt. Beginn der Emigration der Adligen.

Mai: Robespierre, 32 Jahre alt, bekämpft Mirabeau, der sich dem Hof zur Verfügung stellt.
Robespierre setzt sich mehrmals für die Rechte der Passivbürger (Bürger mit geringem Steueraufkommen) ein.
Robespierre wird in Versailles zum Richter gewählt. Saint-Just tritt mit ihm in Verbindung.

1791

2. April: Tod Mirabeaus.

20. Juni: Die Flucht des Königs und seiner Familie und seine Verhaftung in Varennes vereiteln die letzten Chancen für eine Errichtung der konstitutionellen Monarchie.

14. Juni: Die Konstituante beschließt auf Robespierres Antrag die Nichtwiederwählbarkeit ihrer Mitglieder.

15. Juli: Die Assemblée spricht den König frei.

17. Juli: Die auf dem Marsfeld zum Protest versammelten Bürger werden von La Fayettes Bürgergarde zusammengeschossen.

3. September: Verkündigung der neuen Verfassung: Konstitutionelle Monarchie mit Übergewicht bei der Gesetzgebenden Versammlung (Legislative), die nach dem Zensuswahlrecht von den Aktivbürgern gewählt wird. Garantie der Menschenrechte und des Privateigentums. Neue Verwaltungseinteilung (Departements).

14. September: Der König schwört auf die Verfassung.

1. Oktober: Zusammentritt der neugewählten Legislative, in der es (auf Robespierres Antrag) keine Abgeordneten der Konstituante mehr gibt.

Robespierre und die radikaleren Jakobiner fordern die Abdankung Ludwigs XVI.

Robespierre fühlt sich bedroht und siedelt zu den Duplays über.

Die radikaleren Elemente des Bürgertums, als deren Führer sich mehr und mehr Robespierre bestätigt, scheinen an Einfluß zu verlieren. Robespierre verhindert die Auflösung der Jakobiner.

Robespierre reist ins Artois.

1792

Februar: *Österreich und Preußen vergessen über dem neuen gemeinsamen Feind die innerdeutsche Rivalität und schließen ein »Schutzbündnis«.*

März: Die Lage im Innern spitzt sich zu. Mangelnde Versorgung mit Lebensmitteln provoziert Unruhen und Aufstände unter dem Volk von Paris.
Unter diesen Umständen kommen die Girondisten, die Vertreter des Besitzbürgertums, an die Macht.

20. April: Kriegserklärung an Österreich. Die französische Nation versteht sich als Vorkämpferin gegen den Feudalismus und

Robespierre trifft sich mit Marat und wendet sich entschieden gegen die Kriegsabsichten der Girondisten.

Robespierre kämpft gegen den Krieg.

für eine Befreiung aller Völker vom Absolutismus. Jedoch spielen bei der Entscheidung der Girondisten auch ökonomische Interessen und der Versuch, den drohenden inneren Konflikt nach außen abzulenken, eine Rolle.

20. Juni: Durch Volksaufstände – der König wird in den Tuilerien gezwungen, sich die rote Mütze der Revolutionäre aufzusetzen – gewinnen die radikalen Jakobiner erneut an Einfluß.

Robespierre spricht sich gegen die Aktionen der Straße aus.

25. Juli: *Das von Emigranten verfaßte Manifest des Herzogs von Braunschweig, des Oberbefehlshabers der österreichisch-preußischen Koalitionsarmee, droht damit, Paris dem Erdboden gleichzumachen.*

29. Juli: Robespierre entwirft das Programm für einen Volksaufstand, zieht sich dann aber bis zum 10. August aus der Öffentlichkeit zurück.

10. August: Die Volksmassen stürmen die Tuilerien und setzen den König und seine Familie im »Temple« fest.

2. bis 7. September: Unter dem Eindruck der vorrückenden Koalitionsarmeen kommt es in Paris zu Mordaktionen des Pöbels an politischen Gefangenen, die von dem girondistischen Justizminister Danton geduldet werden. Weitere Emigranten, unter ihnen La Fayette, verlassen das Land.

Robespierre nimmt den Kampf gegen Brissot und die Girondisten auf.

Maßnahmen zur Bekämpfung des Wuchers und Einführung von Festpreisen.

Um ihren durch militärische Niederlagen und ökonomische Mißerfolge schwindenden Einfluß zu stärken, lösen die Girondisten die Legislative auf und lassen den Konvent wählen.

Robespierre wird in Paris mit der höchsten Stimmenzahl zum Abgeordneten gewählt.

20. September: Erster Zusammentritt des Konvents. Frankreich wird zur Republik erklärt. Einführung des republikanischen Kalenders, der das Jahr 1792 als Jahr I zählt. Im Konvent zwei große Parteien: die »Ebene« (Marais), in der sich die Gemäßigten finden, und die radikale »Bergpartei« (Montagnards).

Kanonade von Valmy, in der die französischen Armeen unter General Dumouriez zum ersten Mal siegreich bleiben.

Goethe nimmt an der Seite des Herzogs Karl August von Weimar, der ein preußisches Regiment kommandiert, an der »Kampagne in Frankreich« teil und wohnt der Schlacht bei. Am Abend will er gesagt haben: »Von hier und heute geht eine neue Epoche der Weltgeschichte aus, und ihr könnt sagen, ihr seid dabeigewesen.«

Dezember: Der Prozeß gegen den König beginnt.

Robespierre beantragt die Todesstrafe. Er ist in den letzten Monaten des Jahres fast ununterbrochen krank.

1793

21. Januar: Hinrichtung des Bürgers Capet (Ludwig XVI.).

Februar: *England tritt auf der Seite Österreichs und Preußens in den Krieg gegen Frankreich ein.*

Robespierre wendet sich erneut gegen die Girondisten.

März: In der Vendée und in Südfrankreich brechen royalistische Bauernaufstände aus.

Dumouriez wird bei Neerwinden geschlagen. Die Österreicher erobern Belgien zurück. Paris ist erneut in Gefahr.

10. März: Gegenüber der äußeren und inneren Bedrohung radikalisiert sich die Politik des Kon-

vents. Das Revolutionstribunal wird gebildet.	
6. April: Um die Macht der Exekutive zu konzentrieren, wird der »Wohlfahrtsausschuß« (12 vom Konvent gewählte Mitglieder) gegründet.	
31. Mai bis 2. Juni: Die Girondisten werden ausgeschaltet.	Robespierre spielt dabei eine entscheidende Rolle.
24. Juni: Der Konvent beschließt eine neue, radikal-demokratische Verfassung.	
13. Juli: Ermordung Marats.	**23. Juli:** Robespierre, 35 Jahre alt, wird in den Wohlfahrtsausschuß gewählt.
August: Der Wohlfahrtsausschuß erhält diktatorische Vollmachten. Das Revolutionstribunal verurteilt alle »Verdächtigen«. In den Departements schlagen Kommissare die Aufstände mit Terrormaßnahmen nieder.	
23. August: Carnot organisiert die »levée en masse«, wodurch die französische Armee in ein Volksheer umgeformt wird.	Widerstand Robespierres gegen die Massenbewegung.
29. September: Das »Maximum«, die Festsetzung von Höchstpreisen, wird beschlossen.	
Oktober bis Dezember: Von den Hébertisten (nach ihrem Anführer Hébert benannt) geht eine radikale Entchristianisierungsbewegung aus. Notre Dame wird zum »Tempel der Vernunft« gemacht.	**8. Dezember:** Robespierre ist gegen den radikalen Atheismus und läßt »die Freiheit der Kulte« dekretieren.

1794

	5. Februar: Robespierre behauptet in seinem Gutachten über »die Prinzipien der politischen Moral, die den Konvent bei der Verwaltung der Republik leiten müssen«, nur durch Terror könne der endgültige Triumph der Tugend gesichert werden.
26. Februar und 3. März: Die Dekrete vom 8. und 13. Ventôse ordnen die Beschlagnahme der Güter von Verdächtigen an, um sie an die Armen zu verteilen. Die Dekrete werden nie ausgeführt.	

24. März: Am 4. Germinal läßt Robespierre die radikalen Hébertisten und Cordeliers aus dem Konvent ausschließen und hinrichten.

5. April: Am 16. Germinal teilen ihre gemäßigten Gegenspieler (Indulgenten), unter ihnen Danton, dasselbe Schicksal.

8. Juni: Am 20. Prärial läßt Robespierre das »Fest des Höchsten Wesens« feiern.

10. Juni: Verschärfung des revolutionären Justizterrors. »Moralische Beweise« genügen nunmehr zur Verurteilung. Säuberungsaktionen unter den Jakobinern und Massenhinrichtungen.

26. Juni: Am 8. Messidor siegt General Jourdan bei Fleurus. Holland wird von den Österreichern befreit.
Da damit der Druck von außen nachgelassen hat, im Innern der Terror jedoch unvermindert weitergeht, kommt es zu einer Verschwörung aller politischen Gruppen gegen Robespierre.

22./23. Juli: Am 4./5. Thermidor scheitern Versuche einer Aussöhnung zwischen Robespierre und den Mitgliedern des Wohlfahrtsausschusses.

26. Juli: Robespierre hält am 8. Thermidor seine letzte Rede im Konvent, bedroht die Abgeordneten.

27. Juli: Am 9. Thermidor wird Robespierre verhaftet.
Am 10. Thermidor wird Robespierre mit seinen Anhängern, unter ihnen Saint-Just, hingerichtet. Er ist 36 Jahre und zwei Monate alt geworden.

28. Juli: Aufstand der Kommune zur Rettung Robespierres scheitert.

September: Verbot der politischen Clubs und des Revolutionstribunals.

1795 Regierung des Directoire, in der das Besitzbürgertum endgültig an die Macht gelangt.

8. November 1799: Staatsstreich vom 18. Brumaire, Napoleon Bonaparte wird Erster Konsul.

Kurzbiographien

Die wichtigsten Akteure des revolutionären Geschehens

Bailly, Jean-Sylvain, (1789) 53 Jahre alt,
besitzt als Mitglied der Academie Française und Schüler Franklins schon zur Zeit des Ancien régime großes wissenschaftliches Ansehen. 1789 wird er von den Parisern mit den meisten Stimmen zum Abgeordneten gewählt. Später ist er Bürgermeister der Hauptstadt, muß jedoch zurücktreten, weil das Blutbad, das die Nationalgarde am 17. Juli 1791 auf dem Marsfeld anrichtet, von den Patrioten ihm zur Last gelegt wird. Im September 1793 wird er auf dem Marsfeld hingerichtet, nachdem der Henker zuvor die rote Fahne verbrannt hat, mit der 1791 den Kanonen der Nationalgarde das Zeichen gegeben worden war, das Feuer auf die Bittsteller zu eröffnen. Bailly, Anhänger einer konstitutionellen Monarchie, kann als typischer Vertreter der Revolutionäre des Jahres 1789 gelten.

Barbaroux, Charles-Jean-Marie, (1789) 22 Jahre alt,
mit zwanzig Jahren Advokat in seiner Geburtsstadt Marseille, wo er aktiv an den politischen Bestrebungen der Patrioten teilnimmt. 1792 zieht es ihn nach Paris. Dort wird er einer der Anstifter des Volksaufstandes vom 10. August, später Abgeordneter des Konvents und Vertrauter der Madame Roland. Als Anhänger der Gironde wird er geächtet und flieht nach Caën, wo er um die Liebe Charlotte Cordays wirbt. Bei seiner Verhaftung in der Gegend von Bordeaux sucht er sich mit seiner Pistole den Tod zu geben, zerschmettert sich aber nur, wie später Robespierre, die Kinnlade. 1794 wird er, 27 Jahre alt, in Bordeaux guillotiniert.

Barère, Bertrand de, (1789) 34 Jahre alt.
Der begabte und brillante Advokat aus Toulouse wird zum Abgeordneten der Generalstände und später des Konvents gewählt. Als der Prozeß gegen den König beginnt, ist er Präsident der Assemblée. Später arbeitet er unermüdlich im Wohlfahrtsausschuß. Am 9. Thermidor taktiert er vorsichtig und schließt sich im letzten Augenblick der Verschwörung gegen Robespierre an. Trotzdem verhaften ihn die neuen Machthaber. Es gelingt ihm jedoch, zu fliehen und unterzutauchen. Erst im Jahre 1799, nachdem Napoleon an die Macht gekommen ist, zeigt er sich wieder und erhält den Auftrag, wöchentlich Berichte über die Stimmung der Öffentlichkeit abzufassen. Während der Restauration muß er als Königsmörder in Brüssel im Exil leben. Doch nach der Julirevolution von 1830 kehrt er nach Frankreich zurück, wo er in den

letzten Jahren seines Lebens hohes Ansehen genießt. Er stirbt 1841 im Alter von 86 Jahren.

Barnave, Antoine, (1789) 29 Jahre alt.
Schon seit 1785 hatte dieser kluge und leidenschaftliche Redner in der Dauphiné den Widerstand gegen die Monarchie geschürt, obwohl er seiner Herkunft nach eher dem gemäßigten Großbürgertum zuzurechnen ist. Als er als Abgesandter des Konvents die königliche Familie nach deren Flucht aus Varennes zurückgeleitet, gerät er unter den Einfluß Marie-Antoinettes. Er träumt von einer Karriere und betätigt sich als politischer Berater des Hofes. Dadurch kompromittiert, zieht er sich 1791 nach Grenoble zurück, wird aber trotzdem ein Jahr später festgenommen und im November 1793 verurteilt. Sich, wie so viele, durch Emigration zu retten, ist ihm in seiner unbekümmerten Sorglosigkeit nicht in den Sinn gekommen. Aber auch jetzt gibt er noch nicht auf; vom Schafott aus versucht er zum Volk zu sprechen. Der Henker unterbricht ihn. Barnave muß mit 33 Jahren sterben.

Barras, Paul-François, Vicomte, (1789) 34 Jahre alt.
Dieser heruntergekommene Adelige aus der Provence wird als Abgeordneter des Var in den Konvent gewählt. In Paris ernennt man ihn zum Volkskommissar und entsendet ihn zur Italienarmee, wo er sich den jungen Leutnant Bonaparte zu verpflichten weiß. Damit beginnt sein Aufstieg. Weil er spielt und seine Amtspflichten verletzt, gerät er in Gegensatz zum »Unbestechlichen«; doch ehe ihm dieser gefährlich werden kann, zettelt er die Verschwörung vom 9. Thermidor an, stürzt Robespierre und wird dadurch zum »König der Republik«. Er schlägt ein Jahr später den Royalistenaufstand (13. Vendémiaire 1795) nieder und »schenkt« Napoleon die Italienarmee und Josephine. Aber Napoleons Staatsstreich vom 18. Brumaire 1799 setzt seiner Karriere ein Ende. Zuerst aus Paris entfernt, muß er 1810 endgültig Frankreich verlassen. Der Kaiser liebt die Männer nicht, die ihn »gemacht« haben. Nach dem Zusammenbruch des Empire kann Barras aus dem Exil zurückkehren. Er stirbt 1829 im Alter von 74 Jahren.

Billaud-Varenne, Jacques-Nicolas, (1789) 33 Jahre alt, Sohn eines reichen Advokaten aus La Rochelle, selber ebenfalls Jurist, jedoch ohne großen Erfolg. Er geht nach Paris und versucht, seinen Lebensunterhalt als Gelegenheitsschriftsteller mit Pamphleten, schlüpfrigen Versen und schlechten Romanen zu verdienen. Im Jakobinerclub gehört er zu den wenigen Verfechtern radikaler Maßnahmen zur Errichtung der Republik. Noch vor Robespierre verurteilt er den Krieg der Gironde. Nach dem Aufstand vom 10. August 1792 wird er zum Substitut des Öffentlichen Anklägers der Kommune ernannt. In diesem Amt läßt er die Septembermorde zu, ja fördert sie sogar. Im Konvent gehört er zu den radikalen Abgeordneten und wird deshalb von den Cordeliers in den Wohlfahrtsausschuß entsandt. Obwohl er an der Verschwörung gegen Robespierre teilnimmt, bleibt er für die Männer des Thermidor doch ein Jakobiner und wird von ihnen nach Cayenne deportiert.

Napoleon begnadigt ihn; er jedoch verweigert die Annahme und bleibt im Exil, wo er 1819 im Alter von 63 Jahren stirbt, gequält von Gewissensbissen wegen seines Verrats an Robespierre.

Brissot, Jean-Pierre, (1789) 35 Jahre alt.
In jungen Jahren bricht er mit seiner reichen Familie und schlägt sich mit literarischen Gelegenheitsarbeiten durchs Leben. In London sperrt man ihn als Schuldner ein, in Paris sitzt er eine Zeitlang wegen eines Pamphlets gegen Marie-Antoinette in der Bastille. Dann wird er Sekretär des Herzogs von Orleans und verbringt 1788 vier Monate in den USA, um Grundstücke zu kaufen. Er nimmt an der Revolution zunächst als Journalist, dann als Abgeordneter der Legislative aktiven Anteil. Im Jakobinerclub widersetzt er sich Robespierre in der Kriegsfrage und wird einer der Anführer der Girondisten, die nach ihm auch »Brissotisten« genannt werden. Bei der Säuberung, der die Gironde zum Opfer fällt, kommt auch er aufs Schafott. Er stirbt im Alter von 39 Jahren.

Cambon, Pierre-Joseph, (1789) 33 Jahre alt,
Sohn eines reichen Kaufmanns aus Montpellier. Er erwirbt ein Vermögen durch Spekulation mit dem »Nationaleigentum« und wird in den Konvent gewählt. Dort avanciert er schnell zum Fachmann für Finanzfragen und setzt sich wie das revolutionäre Großbürgertum, das er vertritt, für den Eroberungskrieg ein. Robespierre kritisiert mit Recht seine Verwaltung der Staatsfinanzen, wodurch er sich Cambon zum erbitterten Gegner macht. Am 8. Thermidor ist er einer der ersten, die sich gegen den »Unbestechlichen« wenden. Später nimmt er noch einmal an der Seite des Volkes am Aufstand vom 12. Germinal des Jahres III (April 1795) teil. Deswegen wird er geächtet, aber nach einer Amnestie verbringt er seinen Lebensabend friedlich in Montpellier.

Carnot, Lazare, (1789) 36 Jahre alt,
liegt als Pionieroffizier in Arras in Garnison, wo er Robespierre kennenlernt. Später ist er Abgeordneter der Legislative und des Konvents. Von Barère unterstützt, gelingt es ihm, in den Wohlfahrtsausschuß zu kommen, wo er als Fachmann für Militärfragen Einfluß gewinnt, aber wegen seiner gemäßigten Anschauungen auch im Gegensatz zum Radikalismus Robespierres gerät. Auf beiden Gebieten, sowohl als Neuorganisator des Militärwesens wie im Kampf gegen Robespierre, ist ihm Erfolg beschieden. Während des Direktoriums tritt er für die monarchistische Restauration ein, schließt sich dann aber Bonaparte an. Im Jaher 1814 bietet er seine Dienste Ludwig XVIII. an, wird aber nichtsdestotrotz von Napoleon während der Herrschaft der Hundert Tage zum Innenminister gemacht. 1823 stirbt er im Exil.

Carrier, Jean-Baptiste, (1789) 33 Jahre alt,
lebt zunächst als Staatsanwalt ein arbeitsreiches und unauffälliges Leben. Erst die Revolution macht ihn zu einem der grausamsten Terroristen, be-

rüchtigt als Urheber der »Noyaden von Nantes«, bei denen angeblich Gegner der Revolution, zu Paaren zusammengebunden, lebendig in der Loire versenkt werden. Als Terrorist fühlt er sich am 8. Thermidor von Robespierre bedroht und schließt sich der Verschwörung gegen ihn an. Doch nach Robespierres Hinrichtung machen ihn die Verschwörer zum Sündenbock, um ihre eigene Schuld von sich abzuwälzen. Er wird angeklagt und 1794 im Alter von 38 Jahren hingerichtet.

Chaumette, Anaxagoras, (1789) 26 Jahre alt,
Gelegenheitsarbeiter, tritt erst 1790 in den Club der Cordeliers ein, fühlt sich als Verteidiger und Fürsprecher der Armen und wird schnell einer der eifrigsten Verfechter der Terrorherrschaft. Er nimmt maßgeblich am Aufstand des 10. August 1792 teil und wird Mitglied der Kommune. Von ihm geht die Bewegung der Dechristianisierung aus, die versucht, die alte Religion durch einen neuen Staatskult zu ersetzen. Da er jedoch damit in Gegensatz zu Robespierres religiösen Anschauungen gerät, mildert er seine radikalen Pläne, schwört ihnen schließlich ab. Doch diese Vorsicht kommt zu spät. 1794 muß er mit 31 Jahren aufs Schafott steigen.

Collot d'Herbois, Jean-Marie, (1789) 40 Jahre alt,
Schauspieler und dramatischer Dichter, kommt mit der Revolution durch den Jakobinerclub in Kontakt, dessen Mitglied er wird und in dem er bald durch seine »professionelle Eloquenz« erheblichen Einfluß gewinnt. Im Wohlfahrtsausschuß führt er mit Billaud-Varenne zusammen den linken Flügel an und nimmt an der Verschwörung gegen Robespierre teil. Aber da er sich bei der Niederwerfung des Aufstandes von Lyon als Terrorist hervorgetan hat, halten ihn die Männer des Thermidor für kompromittiert und lassen ihn nach Cayenne deportieren. Dort setzt er seine revolutionäre Propaganda unter den Negern fort, weswegen er erneut festgenommen wird. Er stirbt 1796 in der Haft.

Corday, Charlotte, (1789) 21 Jahre alt,
eine entfernte Verwandte des Dichters Corneille. Dieses einfache Provinzmädchen glaubt die Revolution und das Vaterland retten zu können, indem sie es von dem befreit, der es ihrer Meinung nach verdirbt. Mit der von ihr allein geplanten und ausgeführten Ermordung Marats will sie, wie sie schreibt, »dem Frieden dienen«. Am Tatort festgenommen, wird sie nach kurzem Prozeß, in dem sie durch ihre tapferen Antworten Staunen erregt, im Jahre 1793 im Alter von 25 Jahren guillotiniert. Die Bewunderung ihrer Zeitgenossen für ihren Mut und ihre Schönheit schwingt noch immer in dem Bilde nach, das die französische Geschichtsschreibung von ihr gibt, so vor allem bei Michelet, der sie zu einer Heiligen der Revolution stilisiert.

Couthon, Aristide, (1789) 34 Jahre alt,
Advokat in Clermont-Ferrand, seit 1791 gelähmt, Abgeordneter der Legislative und des Konvents. 1792 schließt er sich Robespierre an und ist seit-

dem einer seiner engsten Mitarbeiter. Trotz seines körperlichen Handikaps ist er unermüdlich als Emissär des Wohlfahrtsausschusses bei der Truppe oder in der Provinz tätig. In der Nacht vom 9. auf den 10. Thermidor findet man ihn verletzt am Fuße der Rathaustreppe, wahrscheinlich ist er von oben hinabgestürzt worden. Er kommt, 39jährig, als erster von den Anhängern Robespierres auf die Guillotine.

Danton, Georges-Jacques, (1789) 30 Jahre alt.
Nach einer bewegten Jugend und unregelmäßigen Studien kommt er als Advokat nach Paris und wird das »Herz« der Revolution. Obwohl er gegen Bestechung nicht gefeit ist, bleibt er doch immer ein aufrichtiger Patriot und steht mehrmals an der Spitze der entscheidenden revolutionären Ereignisse. Als Abgeordneter der Legislative und des Konvents ist er, der »geborene Politiker«, stets zu Kompromissen bereit. Dadurch und durch seinen persönlichen Lebenswandel erweckt er die Feindschaft des »Unbestechlichen«. Obwohl er sich nach der Ausschaltung der Gironde im Oktober 1793 mit seiner jungen Gattin nach Arcis-sur-Aube zurückzieht, wird er von Robespierre weiter verfolgt. Um sich zu verteidigen, kehrt er nach Paris zurück, wo er im Alter von 35 Jahren hingerichtet wird.

David, Louis, (1789) 41 Jahre alt.
Als Rompreisträger und Mitglied der Königlichen Akademie für Malerei ist David schon ein berühmter Mann, ehe er sich als Abgeordneter des Konvents für die Revolution engagiert. Er plant und leitet die großen Revolutionsfeiern und hält zugleich die Hauptereignisse und Akteure der Revolution in seinen Zeichnungen und Bildern für die Nachwelt fest. Wegen seiner Zugehörigkeit zum Allgemeinen Sicherheitsausschuß kommt er nach den Thermidor-Ereignissen in Haft, wird jedoch bald wieder freigelassen. Nach 1899 schließt er sich Napoleon an und wird »Hofmaler des Kaisers«. Er stirbt im Jahre 1825 im Exil.

Desmoulins, Camille, (1789) 29 Jahre alt,
zusammen mit Robespierre Stipendiat am Collège Louis-le-Grand. Er wird Rechtsanwalt, hat jedoch keinen Erfolg, arbeitet im Jahre 1789 einige Tage als Sekretär Mirabeaus und erlangt bald durch seine Flugblätter Berühmtheit. Durch seine Heirat mit der reichen Lucile Duplessis wird er finanziell unabhängig. Politisch schließt er sich zunächst Robespierre, dann Danton an. Wegen seiner letzten Veröffentlichungen im »Vieux Cordelier« wird er von Robespierre, seinem eigenen Trauzeugen, aufs Schafott gebracht. Einige Tage später folgt ihm seine junge Frau.

Dumouriez, Charles François, (1789) 50 Jahre alt,
Geheimagent des Ancien Regime. Trotz der scharfen Polemik Marats gegen ihn gelingt es ihm, eine bedeutende Rolle in der Revolution zu spielen. Er wird Jakobiner, Girondist, schließlich sogar Minister. Bei Valmy erringt er

als Oberkommandierender den ersten Sieg für die Revolutionstruppen und verrät sie bei Neerwinden. Während dieser ganzen Periode erhält er seine geheimen Verbindungen zum Hofe wie zum Hause Orleans aufrecht. Der künftige Bürgerkönig Louis-Philippe ist sein Adjutant. Als Wellington 1815 in Frankreich einfällt, dient er ihm als militärischer Berater. Er stirbt 1823 im Alter von 84 Jahren.

Fouquier-Tinville, Antoine-Quentin, (1789) 43 Jahre alt,
Staatsanwalt am Châtelet, in armseligen Verhältnissen lebend, ein Verwandter Camille Desmoulins'. Er wird mit einer Stimme Mehrheit zum Öffentlichen Ankläger am Revolutionstribunal gewählt und dort, wie er selber sagt, zum »gelehrigen Rädchen« der Ausschüsse. Am 9. Thermidor hält er sich den Ereignissen fern, um sich dann den Siegern anzuschließen. So kommt es, daß er am 10. Thermidor den Prozeß gegen Robespierre und seine Anhänger führt. Aber der Konvent hat seine Vergangenheit nicht vergessen: 1795 wird er hingerichtet, nachdem er sich vorher als guter Jurist hartnäckig verteidigt hatte. Dem Henker, einem alten Bekannten, schüttelt er, bevor er aufs Schafott steigt, die Hand.

Fréron, Stanislas, (1789) 35 Jahre alt,
mit Robespierre und Desmoulins zusammen Schüler am Collège Louis-le-Grand. Von Hause aus sehr reich, nutzt er sein Vermögen, um die Zeitung »Orateur du Peuple« zu gründen, an der zeitweise Marat mitarbeitet. Er wird Abgeordneter des Konvents. Von der Regierung in den Süden des Landes entsandt, mißbraucht er seine Mission zu Terrorakten gegen die Bevölkerung und wird deshalb von Robespierre verfolgt. Daher arbeitet er mit am Sturze des »Unbestechlichen« und unterhält später Banden von konterrevolutionären Jugendlichen (Muscadins), die mit Schlagstöcken Jagd auf die Sansculotten machen. Ruiniert und von seiner letzten Mätresse, Pauline Bonaparte, im Stich gelassen, beschließt er seine Tage als Unterpräfekt von San Domingo, wo er achtundvierzigjährig stirbt.

Hanriot, François, (1789) 30 Jahre alt,
Sohn eines Domestike gewordenen Bauern, Angestellter der Zollbehörde in Paris. Die Revolution weckt seine schlummernden Talente. Er steigt zum Kommandanten des Bataillons der Sektion des Jardin des Plantes auf und spielt eine hervorragende Rolle bei den Ereignissen, die zur Eliminierung der Girondisten führen. Daraufhin zum Oberbefehlshaber der Pariser Garden ernannt, gelingt es ihm mit Geschick, im Jahre II der Republik Ruhe und Ordnung aufrechtzuerhalten. Als Parteigänger Héberts entgeht er dem Sturz nur dank der persönlichen Gunst Robespierres. Am 9. Thermidor sucht er zwar die Situation durch mutigen persönlichen Einsatz zu retten, aber seine Unentschlossenheit läßt schließlich die zu Robespierres Gunsten mobilisierten Volksmassen auseinanderlaufen. Mit Robespierre zusammen steigt er im Alter von 35 Jahren aufs Schafott, ein Mann aus dem Volke, der seinen Ursprüngen treu geblieben ist.

Hébert, Jacques-René, (1789) 32 Jahre alt,
mit einer ehemaligen Nonne aus dem Kloster zur Unbefleckten Empfängnis verheiratet, bekanntgeworden als Journalist. Seine Zeitung, der »Père Duchesne«, gilt als Sprachrohr der Sansculotten und ist das meistgelesenste Blatt der Epoche. Seine heftige atheistische Propaganda ruft die Dechristianisierungsbewegung hervor (Hébertisten). Als er versucht, auch aktiv in die Politik einzugreifen, wird er von seinen Anhängern ins Lager der Radikalen gedrängt und mit diesen zusammen im Alter von 37 Jahren hingerichtet.

Laclos, Choderlos de, (1789) 48 Jahre alt,
Berufsoffizier, Sekretär des Herzogs von Orleans, Autor des skandalumwitterten Briefromans »Gefährliche Liebschaften«. Als Jakobiner versucht er den Club im Sinne der Interessen des Herzogs zu beeinflussen. Er wird verhaftet, aber auf seine Bitte hin wieder freigelassen, da er, wie er sagt, ein neues Artilleriegeschoß erfunden hat, das er ausprobieren müsse. Erneut festgenommen, wird er endgültig nach dem 9. Thermidor freigelassen. Napoleon befördert ihn zum General. Er stirbt 1803 als Artilleriebefehlshaber der Armee von Neapel.

La Fayette, Marquis de, (1789) 32 Jahre alt,
Adliger von liberaler Gesinnung. Wegen seiner aktiven Beteiligung am amerikanischen Unabhängigkeitskrieg erhält er den Ehrentitel »Held der Alten und der Neuen Welt«. Abgeordneter der Generalstände, dann Oberkommandierender der Pariser Nationalgarde. Er unterhält eine Privatarmee, mit deren Hilfe er seine ehrgeizigen politischen Pläne zu verwirklichen sucht, entweder Premierminister einer von Grund auf erneuerten Monarchie oder aber der Washington einer Republik der Ordnung zu werden. Doch als er sieht, daß seine Versuche, den Lauf der Dinge aufzuhalten, vergeblich sind, emigriert er. Im Jahre 1830 spielt er noch einmal eine politische Rolle, ist aber damals schon zu alt, um seinen Traum, Berater einer bürgerlichen Monarchie zu werden, noch verwirklichen zu können. Er stirbt 1834 im Alter von 77 Jahren.

Marat, Jean-Paul, (1789) 46 Jahre alt,
in der Schweiz geboren, Vater italienischer Herkunft, unstete und schwierige Jugend in Paris, Bordeaux und London. Er gibt sich als Arzt aus, treibt wissenschaftliche Forschungen und schreibt philosophische Abhandlungen, Pamphlete und einen Roman. In Schottland erwirbt er den offiziellen Doktortitel. Als Arzt der Leibwache des Grafen von Artois verdient er sich seinen Lebensunterhalt. Schon damals leidet er an einer äußerst schmerzhaften Hautkrankheit. Die Revolution macht aus dem unbekannten Mediziner mit einem Schlage eine politische Macht. Am 12. September 1789 erscheint die erste Nummer seines Journals »Der Volksfreund«. Seitdem verzehrt er sich im Dienste der Revolution, wobei er vor allem die Interessen der revolutionären Pariser Massen vertritt. Ununterbrochen verfolgt, zunächst von den Royalisten, später auch von den bürgerlichen Revolutionären, muß er trotz

seines Abgeordnetenmandats im Konvent die meiste Zeit im Untergrund leben. Seine Ermordung durch Charlotte Corday am 13. Juli 1793 macht ihn in den Augen des revolutionären Volkes zum Märtyrer, dem religiöse Verehrung entgegengebracht wird.

Mirabeau, Gabriel Riquetti, Comte de, (1789) 40 Jahre alt,
liberaler Adliger. In ihm verkörpert sich der Widerstand der Generalstände gegen die absolutistische Monarchie. Trotz seiner anfänglichen Popularität wird er sehr schnell von den Ereignissen überholt. Im Jahre 1790, als sein Einfluß schon gering ist, verkauft er sich an den Hof. Ein Jahr später stirbt er, durch sein unsolides Leben verzehrt. Trotzdem bleibt sein Name beim Volk groß, bis man nach dem 10. August 1792 im »Panzerschrank« die Dokumente entdeckt, die seine Verbindung zum Hof beweisen.

Orléans, Louis-Philippe-Joseph, Herzog von, genannt Philipp-Egalité, (1789) 42 Jahre alt,
sehr populär in Paris, weil er liberale Ideen vertritt und deshalb 1787 von Ludwig XVI. nach Villers-Cotterets ins Exil geschickt wird. Als Abgeordneter bei den Generalständen schafft er sich mit seinem Vermögen eine ihm ergebene Partei. Im Jahre 1792 wird er als Philippe-Egalité Abgeordneter des Konvents. Sein Intrigenspiel bei den Jakobinern und den Cordeliers, seine Verbindungen zu Danton und Dumouriez sollen seinem Plan dienen, Bürgerkönig eines von ihm befriedeten Frankreich zu werden. Er geht sogar so weit, für den Tod Ludwigs XVI. zu stimmen, entgeht aber selber im Jahre 1793 dem Schafott nicht. Erst sein Sohn sollte im Jahre 1830 die Träume des Vaters verwirklichen.

Pétion, Jérôme, (1789) 33 Jahre alt,
Advokat, Abgeordneter der Generalstände und des Konvents, im Jahre 1791 Bürgermeister von Paris. Er ist zunächst ein enger Vertrauter Robespierres und wird mit ihm zusammen nach Auflösung der »Konstituante« als der »jungfräuliche Abgeordnete« gefeiert. Später schließt er sich jedoch der Gironde an und flieht vor der drohenden Verhaftung in die Gegend von Bordeaux, wo er im Alter von 38 Jahren Selbstmord begeht.

Roland, Manon, (1789) 35 Jahre alt.
Die Frau des um zwanzig Jahre älteren girondistischen Abgeordneten Jean-Marie Roland, eines reichen Bürgers aus Lyon, erringt durch ihren persönlichen Charme und die Leidenschaften, die sie erregt, einen nicht zu unterschätzenden politischen Einfluß unter den Abgeordneten der Gironde. Nicht zuletzt auf sie ist die wachsende Feindschaft zwischen der Bergpartei und der Gironde zurückzuführen. Mit ihren Freunden zum Tode verurteilt, erregt sie noch auf dem Schafott durch ihren stoischen Gleichmut die Bewunderung der Menge. Ihr Mann begeht Selbstmord, als er die Nachricht von ihrer Hinrichtung erhält.

Roux, Jacques, (1789) 37 Jahre alt,
Professor am Priesterseminar von Angoulême. Als er von seinen Oberen abberufen wird, wandelt er sich in einen leidenschaftlichen Revolutionär, der seine Sektion von Gravilliers zu einem der Zentren der Radikalen macht. Er ist einer der wenigen, die die Bedeutung der sozialen Frage für die Revolution erkannt haben und sich tatkräftig für die Armen einsetzen. Deshalb wird er sowohl von den Gemäßigten wie von den Jakobinern unerbittlich verfolgt. Robespierre greift ihn wiederholt heftig an. Mehrmals verhaftet, entzieht er sich im Jahre 1794 der drohenden Hinrichtung durch Selbstmord. Ein Vorläufer der Revolutionäre des 20. Jahrhunderts.

Saint-Just, Louis-Antoine de, (1789) 22 Jahre alt,
Abgeordneter des Konvents und Mitglied des Wohlfahrtsausschusses. Der junge Mann, von Robespierre beauftragt, dem Konvent die Tätigkeitsberichte der Ausschüsse vorzulegen, gewinnt schnell einen entscheidenden Einfluß sowohl im Parlament als auch bei der Armee, in der er die Beschlüsse des Wohlfahrtsausschusses durchzusetzen weiß. Er ist ein unbedingter Anhänger Robespierres; doch politisch geschickter und ohne Zweifel auch realistischer als dieser, versucht er am 5. Thermidor einen Kompromiß mit den Ausschüssen zustande zu bringen. Nach dem endgültigen Scheitern stirbt er in unerschütterlicher Ruhe, ohne daß noch ein Wort über die Lippen des 27jährigen kommt. Michelet sagt von ihm: »Frankreich wird den Verlust dieses hoffnungsvollen Jünglings niemals verschmerzen.«

Vadier, Albert, (1789) 53 Jahre alt,
Abgeordneter der Generalstände und des Konvents. Er steht sowohl den Girondisten wie auch Robespierre feindlich gegenüber. Als Mitglied des Allgemeinen Sicherheitsausschusses ist er einer der Hauptanstifter des 9. Thermidor. Wegen seiner Vergangenheit als Terrorist wird er später nach Cayenne deportiert und stirbt 1828 im Exil. Trotz seiner Feindschaft gegen Robespierre ein echter Revolutionär.

Zum Bild auf den letzten Seiten:

Robespierre, der Unbestechliche, Danton, das korrumpierte Idol, und Marat, der »Volksfreund«: drei herausragende Führer – und Opfer – der Revolution.
(Nach einem Gemälde von Alfred Loudet.)